ITQ 한글 2022

해람북스 기획팀 지음

JN390571

초판 발행일 | 2024년 12월 30일
저자 | 해람북스 기획팀
발행인 | 최용섭
책임편집 | 이준우
기획진행 | 김미경

㈜**해람북스**
주소 | 서울시 용산구 한남대로 11길 12, 6층
문의전화 | 02-6337-5419
팩스 | 02-6337-5429
홈페이지 | https://class.edupartner.co.kr

발행처 | (주)미래엔에듀파트너 **출판등록번호** | 제2020-000101호

ISBN 979-11-6571-219-8 (13000)

※ 잘못된 책은 바꾸어 드립니다.
※ 책 가격은 뒷면에 있습니다.

정보기술자격(ITQ) 시험 안내

정보기술자격(ITQ) 시험이란?

정보화 시대의 기업, 기관, 단체 구성원들에 대한 정보기술능력 또는 정보기술 활용능력을 객관적으로 평가하는 시험입니다. 정보기술 관리 및 실무능력 수준을 지수화, 등급화하여 객관성을 높였으며, 과학기술정보통신부에서 공식 인증하는 국가공인자격 시험입니다. 또한, 산업인력의 정보 경쟁력 강화를 통한 국가 정보화 촉진을 목적으로 시행하고 있으며, 초등학생부터 대학생, 직장인, 노년층에 이르기까지 다양한 계층에서 IT 실력을 검증받고 있습니다.

응시 자격 및 시험 과목

- 정보기술자격(ITQ) 시험은 대한민국 국민 누구나 응시가 가능합니다.
- 동일 회차에 아래한글/MS, 한글엑셀/엑셀, 한글액세스, 한글파워포인트/한쇼, 인터넷의 5개 과목 중 최대 3과목까지 응시가 가능합니다. 단, 한글엑셀/한셀, 한글파워포인트/한쇼, 아래한글/MS 워드는 동일 과목군으로 동일 회차에 응시가 불가능합니다(자격증에는 "한글엑셀(한셀)", "한글파워포인트(한쇼)"로 표기되며, 최상위 등급이 기재됨).

자격 종목(과목)		프로그램 및 버전		등급	시험 방식	시험 시간
		S/W	공식 버전			
ITQ 정보기술자격	아래한글	한컴오피스	2022 / 2020 선택 응시	A등급 B등급 C등급	PBT	60분
	한셀		2022 단일 응시			
	한쇼					
	MS워드	MS오피스	2021 / 2016 선택 응시			
	한글엑셀					
	한글액세스					
	한글파워포인트					
	인터넷	내장 브라우저 IE8.0 이상				

※ 아래한글 : 2022/2020 중 선택 응시(시험지 2022/2020 공용), 한쇼/한셀 : 2022 단일 응시

※ MS오피스 : 2021/2016 중 선택 응시(시험지 2021/2016 공용)

합격 결정 기준

500점 만점을 기준으로 A등급부터 C등급까지 등급별 자격을 부여하며, 낮은 등급을 받은 응시자가 차기 시험에 다시 응시하여 높은 등급을 받으면 등급을 업그레이드 해주는 방법으로 평가를 합니다.

등급	점수	수준
A등급	400점 ~ 500점	주어진 과제의 80%~100%를 정확히 해결할 수 있는 능력
B등급	300점 ~ 399점	주어진 과제의 60%~79%를 정확히 해결할 수 있는 능력
C등급	200점 ~ 299점	주어진 과제의 40%~59%를 정확히 해결할 수 있는 능력
500점 만점이며 200점 미만은 불합격입니다.		

| 시험 배점 및 시험 시간 |

시험 배점	문항 및 시험 방법	시험 시간
과목당 500점	5~10문항 실무 작업형 실기 시험	과목당 60분

| 시험 출제 기준(아래한글/MS워드) |

문항	배점	출제 기준
스타일	50점	한글/영문 텍스트 작성 능력과 스타일 기능의 사용 능력을 평가 • 한글/영문 텍스트 작성 • 스타일 이름/문단 모양/글자 모양
표와 차트	100점	표를 작성하고 이를 이용하여 간단한 차트를 작성할 수 있는 능력을 평가 • 표 내용 작성/정렬/셀 배경색 • 표 계산 기능/캡션 기능/차트 기능
수식 편집기	40점	수식 편집기 사용 능력을 평가 • 수식 편집기를 이용한 수식 작성
그림/그리기	110점	다양한 기능을 통합한 문제로 도형, 그림, 글맵시, 하이퍼링크 등 문서 작성 시의 응용 능력을 평가 • 도형 삽입 및 편집, 하이퍼링크 • 그림/글맵시(워드아트) 삽입 및 편집, 개체 배치 • 도형에 문자열 입력하기
문서작성능력	200점	다문서 작성을 위한 다양한 능력을 평가 • 문서 작성 입력 및 편집(글자 모양/문단 모양), 한자 변환, 들여쓰기 • 책갈피, 덧말, 문단 첫 글자 장식, 문자표, 머리말, 쪽 번호, 각주 • 표 작성 및 편집, 그림 삽입 및 편집(자르기 등)

| 아래한글/MS워드의 운영 목표 |

워드프로세싱 프로그램인 아래한글/MS워드를 이용하여 하나의 형태로 구성된 실무적인 문항을 통해 다양한 기능의 문서 작성 능력을 배양하여 가독성과 전달성 있는 전문 문서를 작성할 수 있는 실무자를 배출한다.

| 기관별 ITQ 시험 활용 분야 |

구분	활용 분야
기업	의무 취득, 입사 시 우대, 사원교육제도, 승진가점, 경진대회 등
대학교/대학	학점인정, 교양필수, 개설과목적용, 졸업인증제, 정보화능력배양, 신입생특별전형 등
정부부처/지자체	의무 취득, 공무원 채용가점, 공무원 승진가점, 경진대회, 이벤트, 주민정보화교육 등

ITQ 답안 작성 요령

❖ 시험 절차

수험자 시험 시작 20분전 입실

▼

답안 파일 작성 교육

▼

수험자 등록(수험번호)

▼

시험 시작(응시 과목 답안 작성)

▼

답안 파일 저장(수험자 PC에 저장)

▼

답안 파일 전송(감독관 PC로 전송)

▼

시험 종료(수험자 퇴실)

❖ 수험자 로그인

❶ 바탕 화면에서 [KOAS 수험자용] 아이콘을 더블 클릭하여 실행한 후 시험 과목(아래한글)을 선택합니다.

❷ [수험자 등록] 대화 상자가 나타나면 수험번호를 입력하고, [확인] 버튼을 클릭합니다.

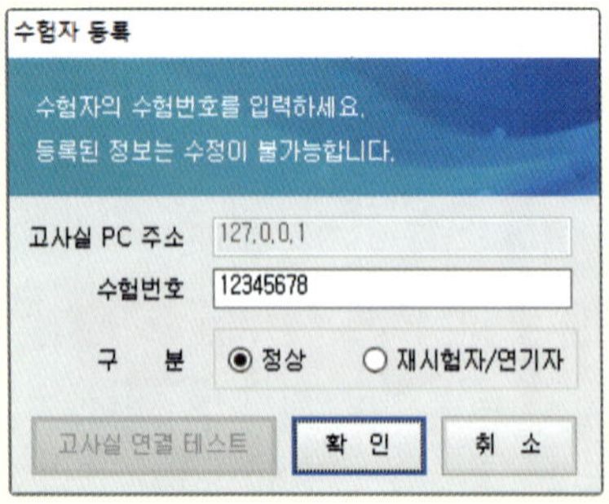

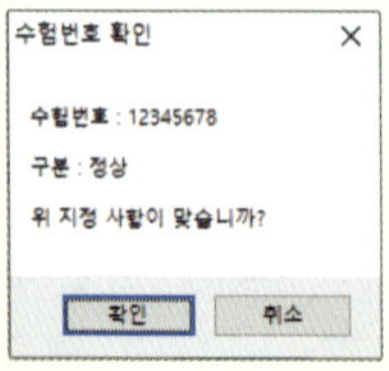

❸ [수험자 버전 선택] 대화 상자에서 수험자 정보를 확인하고, [확인] 버튼을 클릭합니다(수험자 정보가 다른 경우 [취소] 버튼을 클릭한 후 감독위원에게 문의).

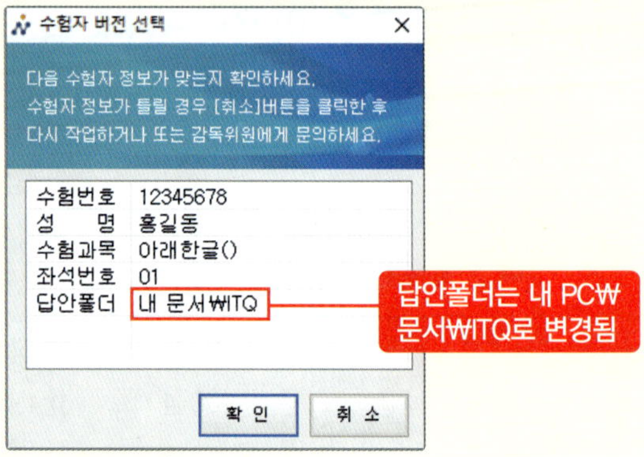

❖ 답안 파일 저장(수험자 PC에 저장)

❶ 한글 2022를 실행한 후 [파일]-[저장하기]를 선택합니다.

❷ [다른 이름으로 저장하기] 대화 상자에서 저장 위치(내 PC₩문서₩ITQ)와 파일 이름(12345678-홍길동)을 지정하고, [저장] 버튼을 클릭합니다.

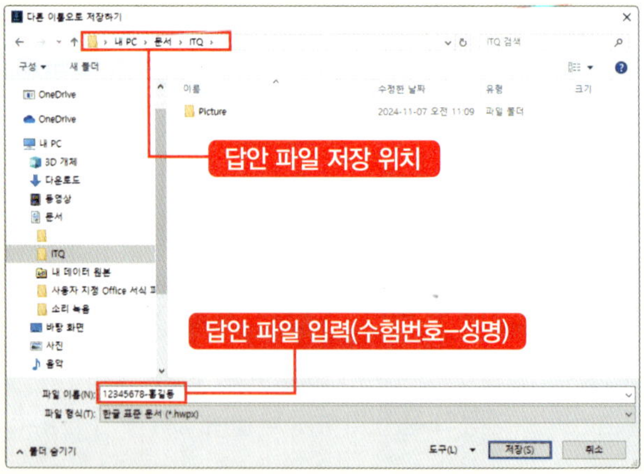

❸ 제목 표시줄에서 저장된 파일 이름(수험번호-성명)을 확인합니다.

12345678-홍길동.hwpx [C:₩Users₩ ₩Documents₩ITQ₩] - 한글

❹ 답안 파일을 작성하는 중간에도 주기적으로 저장(Ctrl+S)합니다.

❖ 답안 파일 전송(감독관 PC로 전송)

❶ 답안 파일을 전송하기 위해 [답안 전송] 버튼을 클릭합니다.

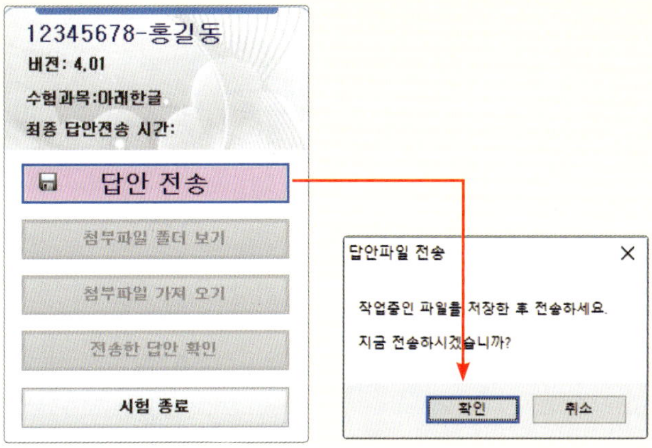

❷ [고사실 PC로 답안 파일 보내기] 대화 상자에서 답안 파일을 확인하고, [답안전송] 버튼을 클릭합니다(이전 파일 용량과 동일하다는 창이 나타나면 파일을 재저장한 후 [전송] 버튼을 클릭).

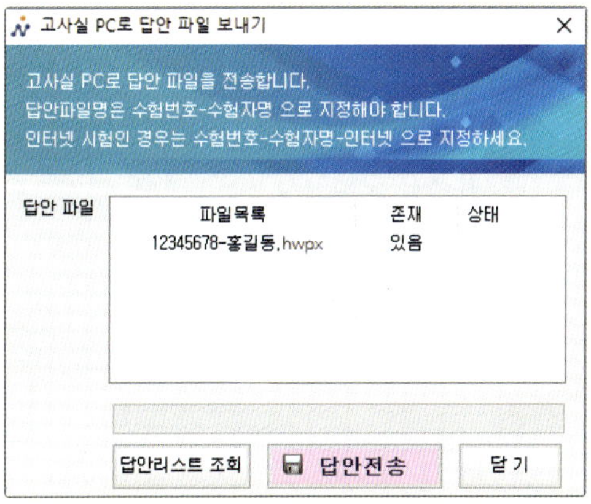

❸ 계속해서 답안 파일의 전송 상태(성공)를 확인하고, [닫기] 버튼을 클릭합니다(전송 상태가 '실패'로 표시될 경우 [답안전송] 버튼을 다시 클릭).

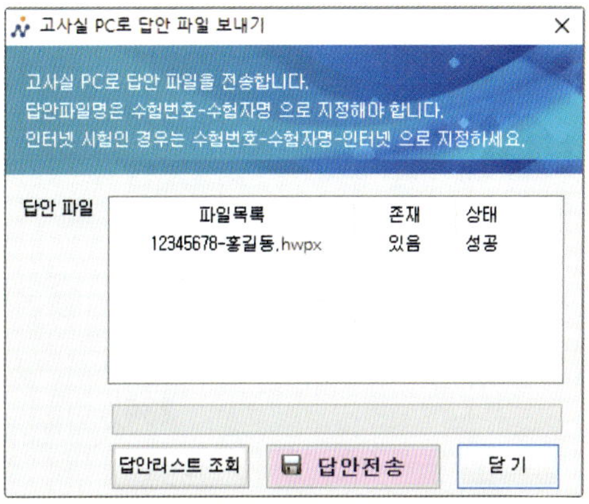

❖ 시험 종료 전 주의사항

- 파일명은 본인의 "수험번호-성명"으로 입력하여 답안 폴더(내 PC₩문서₩ITQ)에 하나의 파일로 저장하고, 답안 문서 파일명이 "수험번호-성명"과 일치하지 않거나 답안 파일을 전송하지 않아 미제출로 처리될 경우 실격 처리합니다(예 : 12345678-홍길동.hwpx).
- 답안 작성을 마치면 파일을 저장하고, [답안전송] 버튼을 클릭하여 감독위원 PC로 답안을 전송하되 수험생 정보와 저장한 파일명이 다를 경우는 전송되지 않습니다.
- 답안 작성 중에도 주기적으로 저장하면서 [답안전송]을 해야 문제 발생을 줄일 수 있으며, 작업한 내용을 저장하지 않고 전송할 경우 이전에 저장된 내용이 전송됩니다.
- 시험을 완료한 수험자는 답안 파일이 전송되었는지를 확인한 후 감독위원의 지시에 따라 문제지를 제출하고 퇴실합니다.

❖ 교재의 [ITQ답안폴더] 설치하기

❶ ITQ 시험에서는 [내 PC₩문서₩ITQ] 폴더가 자동으로 생성되어 있으므로 별도로 폴더를 작성할 필요가 없습니다.

❷ 본 교재에서는 부록으로 제공된 'ITQ답안폴더.exe' 파일을 이용하여 폴더를 생성합니다.

❸ 미래엔에듀파트너(https://class.edupartner.co.kr)의 [자료실]-[IT수험서]에서 'ITQ답안폴더.exe' 파일을 다운로드한 후 파일을 더블 클릭하면 [내 PC₩문서₩ITQ] 폴더가 자동으로 생성됩니다.

❹ 그림 문제의 경우는 반드시 [내 PC₩문서₩ITQ₩Picture] 폴더에서 정확한 파일을 선택하여 삽입합니다.

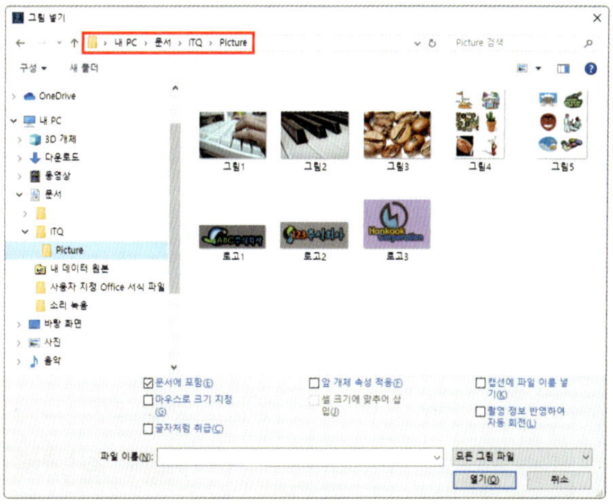

CONTENTS

이 책의 차례

PART 01 출제 유형 완전 분석

PART 02 실전모의고사

PART 03 최신기출유형

PART 01

출제 유형 완전 분석

유형 분석

01 [기본 서식 설정]

기본 서식 설정에서는 답안 작성 시 미리 공통적으로 지정해야 되는 글꼴 서식과 용지 여백 그리고 페이지 구분 방법에 대하여 알아봅니다.

시험 유형 미리 보기

• 예제 파일 : 없음 / • 완성 파일 : 유형 분석 01₩유형 01_완성.hwpx

《조건》

○ 글꼴에 대한 기본 설정은 함초롬바탕, 10포인트, 검정, 줄 간격 160%, 양쪽 정렬로 합니다.

○ 용지 여백은 왼쪽 · 오른쪽 11㎜, 위쪽 · 아래쪽 · 머리말 · 꼬리말 10㎜, 제본 0㎜로 합니다.

○ 각 항목은 지정된 페이지에 출력형태와 같이 정확히 작성하시기 바라며, 그렇지 않을 경우에 해당 항목은 0점 처리됩니다.

※ 페이지 구분 : 1페이지 – 기능평가 Ⅰ (문제 번호 표시 : 1. 2.),
2페이지 – 기능평가 Ⅱ (문제 번호 표시 : 3. 4.),
3페이지 – 문서작성 능력평가

《출력형태》

1.

2.

유형 잡기 01 글꼴 서식과 편집 용지 설정하기

1 한글 2022 프로그램을 실행한 후 서식 도구 상자에서 글꼴은 '함초롬바탕', 글자 크기는 '10', 글자 색은 '검정', 정렬 방식은 '양쪽 정렬', 줄 간격은 '160'을 확인합니다.

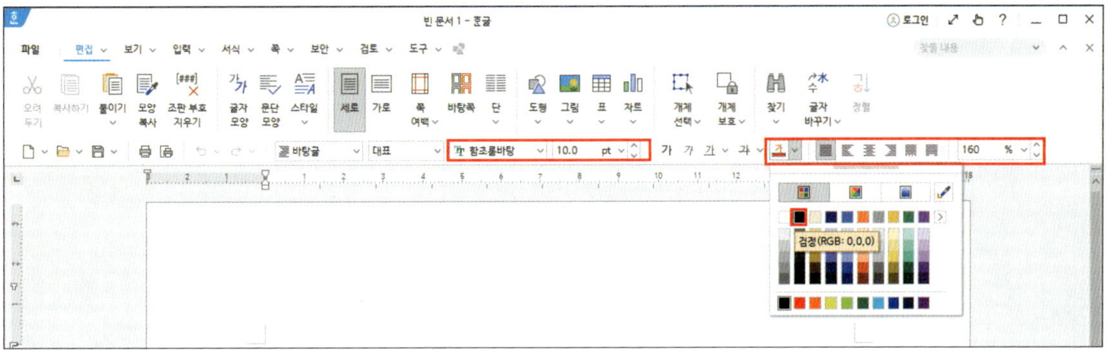

2 용지 여백을 설정하기 위하여 [파일]-[편집 용지]를 선택하거나 F7 키를 누릅니다.

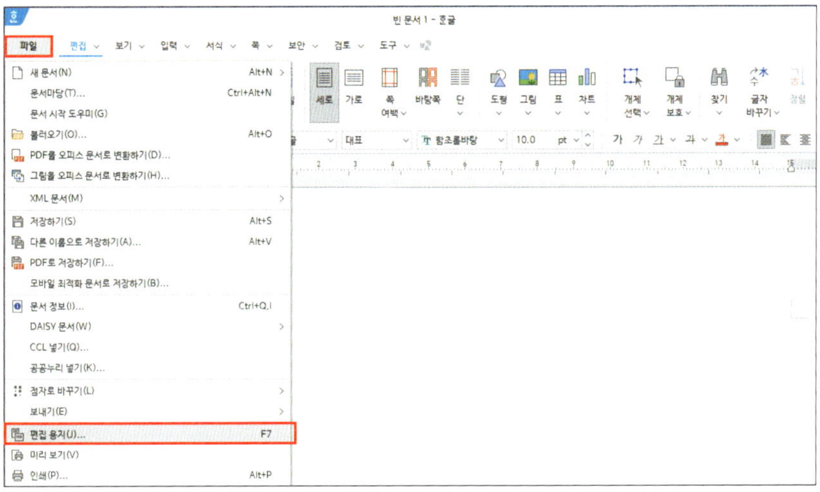

3 [편집 용지] 대화 상자의 용지 여백에서 왼쪽(11), 오른쪽(11), 위쪽(10), 아래쪽(10), 머리말(10), 꼬리말(10), 제본(0)을 각각 지정하고, [설정] 버튼을 클릭합니다.

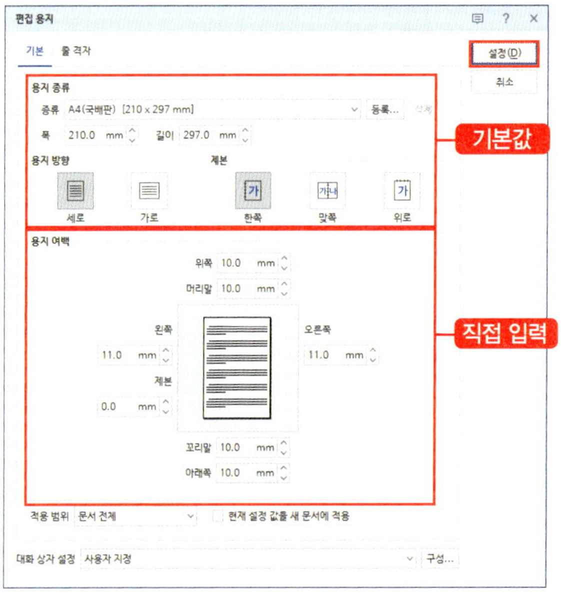

| TIP | 머리말/꼬리말

머리말은 문서의 각 페이지 위쪽에 고정적으로 들어가는 문구이고, 꼬리말은 문서의 각 페이지 아래쪽에 고정적으로 들어가는 문구입니다.

유형 잡기 02 문제 번호와 페이지 구분하기

1 1페이지 맨 윗줄에서 "1."을 입력하고, Enter 키를 다섯 번 정도 누릅니다. 이때, '1.' 다음에는 SpaceBar 키를 누르지 않습니다.

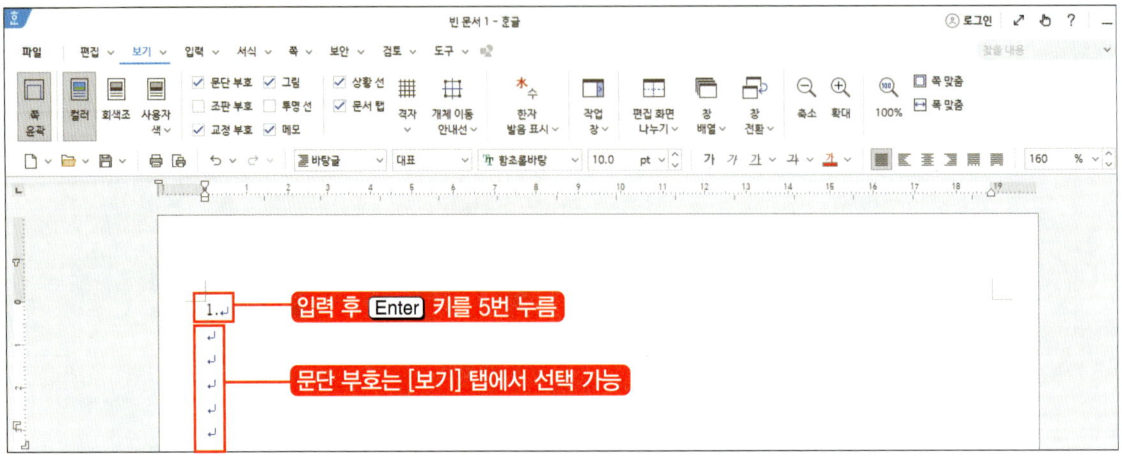

2 계속해서 "2."를 입력하고, Enter 키를 두 번 누른 후 [쪽] 탭에서 구역 나누기(구역 나누기) 단추를 클릭합니다 (=Alt+Shift+Enter).

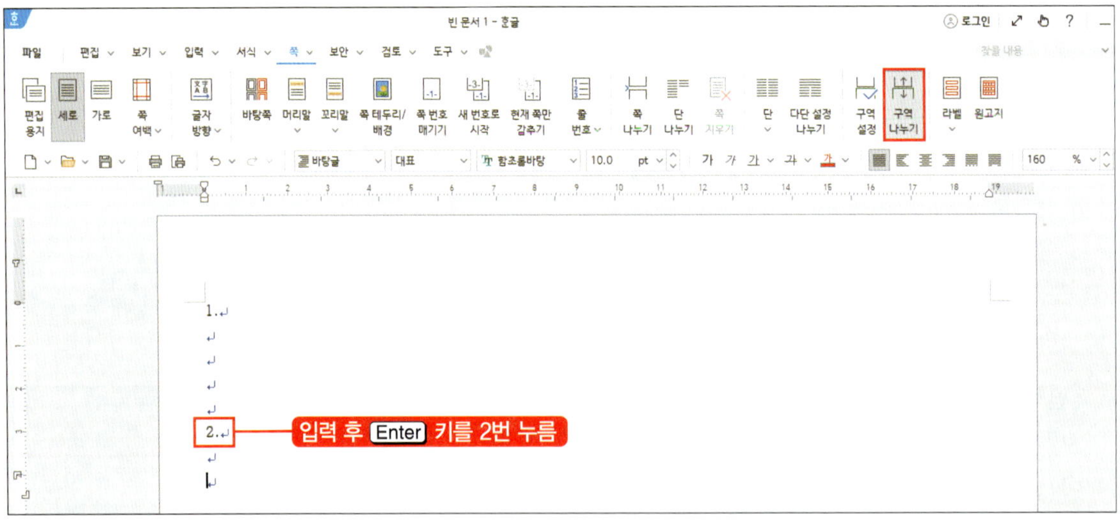

| TIP | 구역 나누기

커서 위치부터 구역을 새롭게 나누는 기능으로 구역마다 [편집 용지]를 다르게 설정할 수 있습니다. 시험에서는 [문서작성 능력평가] 부분에서 해당 페이지에만 쪽 번호를 입력할 수 있습니다.

3 2페이지로 커서가 이동하면 1페이지와 동일한 방법으로 "3."과 "4."를 각각 입력한 후 [쪽] 탭에서 구역 나누기(구역 나누기) 단추를 클릭합니다.

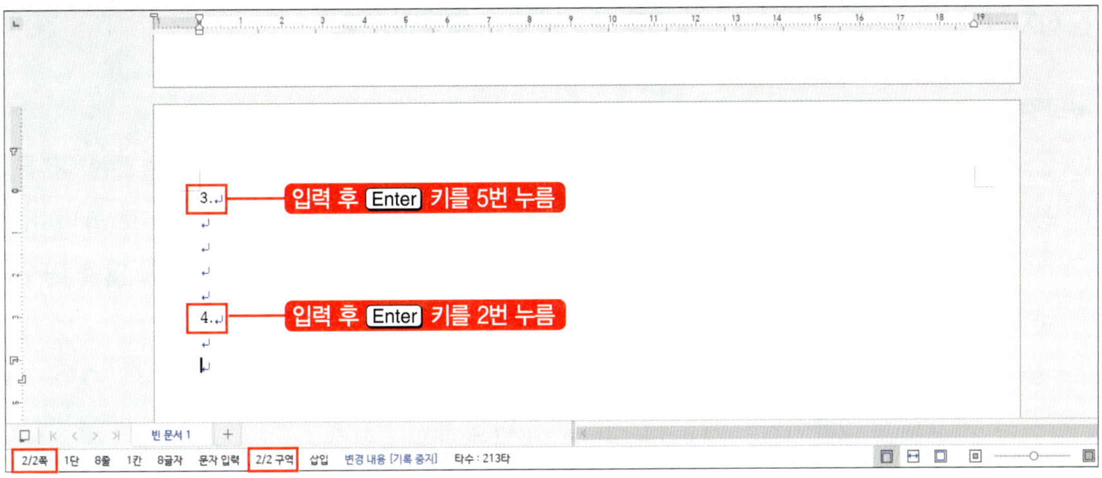

4 그 결과 3페이지로 커서가 이동된 것을 확인할 수 있습니다.

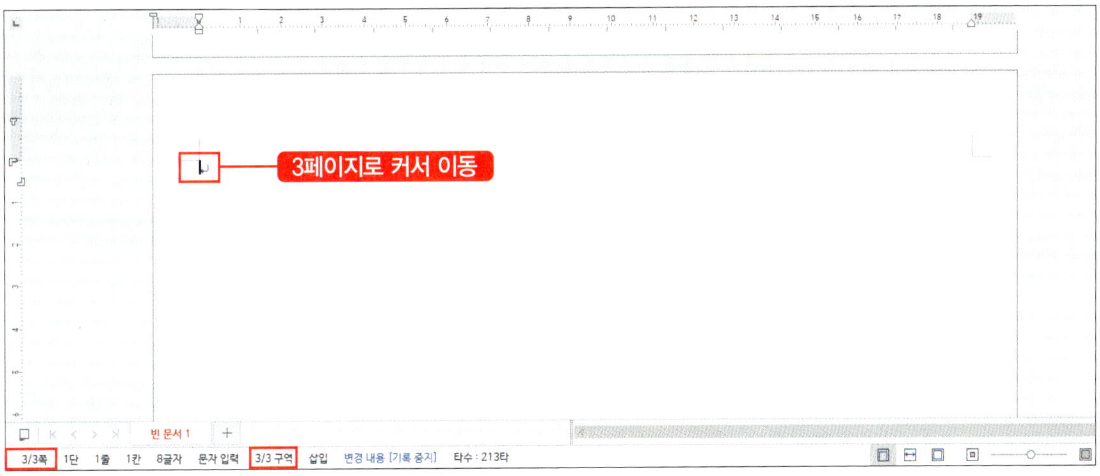

| TIP | **페이지 구분**

페이지 구분에 대한 준비가 완료되면 1페이지는 기능평가 I(문제 번호 표시 : 1. 2.), 2페이지는 기능평가 II(문제 번호 표시 : 3. 4.), 3페이지는 문서작성 능력평가에 맞추어 답안을 작성합니다.

5 모든 작업이 완료되면 서식 도구 상자에서 저장하기( ) 단추를 클릭하여 완성 파일을 저장합니다.

출제 유형 문제

• **예제 파일** : 없음 / • **완성 파일** : 유형 분석 01₩유형 02_완성.hwpx

01 문제지의 ≪조건≫을 참조하여 ≪출력형태≫에 맞게 작업하시오.

≪조건≫

○ 글꼴에 대한 기본 설정은 함초롬바탕, 10포인트, 검정, 줄 간격 160%, 양쪽 정렬로 합니다.

○ 용지 여백은 왼쪽 · 오른쪽 11㎜, 위쪽 · 아래쪽 · 머리말 · 꼬리말 10㎜, 제본 0㎜로 합니다.

○ 각 항목은 지정된 페이지에 출력형태와 같이 정확히 작성하시기 바라며, 그렇지 않을 경우에 해당 항목은 0점 처리됩니다.

※ 페이지 구분 : 1페이지 – 기능평가 I (문제 번호 표시 : 1. 2.),
2페이지 – 기능평가 II (문제 번호 표시 : 3. 4.),
3페이지 – 문서작성 능력평가

≪출력형태≫

1.

2.

출제 유형 문제

• **예제 파일** : 없음 / • **완성 파일** : 유형 분석 01₩유형 03_완성.hwpx

02 **문제지의 ≪조건≫을 참조하여 ≪출력형태≫에 맞게 작업하시오.**

≪조건≫

○ 글꼴에 대한 기본 설정은 함초롬바탕, 10포인트, 검정, 줄 간격 160%, 양쪽 정렬로 합니다.

○ 용지 여백은 왼쪽 · 오른쪽 11㎜, 위쪽 · 아래쪽 · 머리말 · 꼬리말 10㎜, 제본 0㎜로 합니다.

○ 각 항목은 지정된 페이지에 출력형태와 같이 정확히 작성하시기 바라며, 그렇지 않을 경우에 해당 항목은 0점 처리됩니다.

※ 페이지 구분 : 1페이지 – 기능평가 I (문제 번호 표시 : 1. 2.),
2페이지 – 기능평가 II (문제 번호 표시 : 3. 4.),
3페이지 – 문서작성 능력평가

≪출력형태≫

1.

2.

출제 유형 문제

• **예제 파일** : 없음 / • **완성 파일** : 유형 분석 01₩유형 04_완성.hwpx

03 문제지의 ≪조건≫을 참조하여 ≪출력형태≫에 맞게 작업하시오.

≪조건≫

○ 글꼴에 대한 기본 설정은 함초롬바탕, 10포인트, 검정, 줄 간격 160%, 양쪽 정렬로 합니다.

○ 용지 여백은 왼쪽 · 오른쪽 11㎜, 위쪽 · 아래쪽 · 머리말 · 꼬리말 10㎜, 제본 0㎜로 합니다.

○ 각 항목은 지정된 페이지에 출력형태와 같이 정확히 작성하시기 바라며, 그렇지 않을 경우에 해당 항목은 0점 처리됩니다.

※ 페이지 구분 : 1페이지 – 기능평가 I (문제 번호 표시 : 1. 2.),
2페이지 – 기능평가 II (문제 번호 표시 : 3. 4.),
3페이지 – 문서작성 능력평가

≪출력형태≫

1.

2.

출제 유형 문제

• **예제 파일** : 없음 / • **완성 파일** : 유형 분석 01₩유형 05_완성.hwpx

04 **문제지의 ≪조건≫을 참조하여 ≪출력형태≫에 맞게 작업하시오.**

≪조건≫

○ 글꼴에 대한 기본 설정은 함초롬바탕, 10포인트, 검정, 줄 간격 160%, 양쪽 정렬로 합니다.

○ 용지 여백은 왼쪽 · 오른쪽 11㎜, 위쪽 · 아래쪽 · 머리말 · 꼬리말 10㎜, 제본 0㎜로 합니다.

○ 각 항목은 지정된 페이지에 출력형태와 같이 정확히 작성하시기 바라며, 그렇지 않을 경우에 해당 항목은 0점 처리됩니다.

※ 페이지 구분 : 1페이지 – 기능평가 I (문제 번호 표시 : 1. 2.),
2페이지 – 기능평가 II (문제 번호 표시 : 3. 4.),
3페이지 – 문서작성 능력평가

≪출력형태≫

1.

2.

유형 분석

02 [기능평가 Ⅰ - 스타일 지정]

스타일 지정에서는 문제지의 내용을 입력한 후 스타일 이름과 문단 모양 및 글자 모양을 각각 설정하여 스타일을 추가하고, 해당 스타일을 적용하는 방법에 대하여 알아봅니다.

시험 유형 미리 보기

• 예제 파일 : 유형 분석 02₩유형 01_문제.hwpx / • 완성 파일 : 유형 분석 02₩유형 01_완성.hwpx 50점

1. 다음의 ≪조건≫에 따라 스타일 기능을 적용하여 ≪출력형태≫와 같이 작성하시오.

《조건》

(1) 스타일 이름 – mascot

(2) 문단 모양 – 왼쪽 여백 : 15pt, 문단 아래 간격 : 10pt

(3) 글자 모양 – 글꼴 : 한글(돋움)/영문(궁서), 크기 : 10pt, 장평 : 95%, 자간 : –5%

《출력형태》

1.

Ever since Shuss, a red, white and blue mascot on skis, appeared at the Olympic Winter Games Grenoble 1968, mascots have been fun and festive ambassadors of the Olympic Movement.

1968년 동계 올림픽 그르노블에서 스키를 탄 빨간색, 흰색, 파란색 마스코트 슈스가 등장한 이래로 마스코트는 재미있고 축제 같은 올림픽 운동의 홍보대사였다.

2.

유형 잡기 01 스타일 내용 입력하기

1 [파일]-[불러오기]를 선택한 후 [불러오기] 대화 상자에서 '유형 분석 02₩유형 01_문제.hwpx'를 불러오기 합니다.

2 1페이지에서 '1.' 아래를 클릭하여 커서를 위치시킵니다.

3 문제지의 ≪출력형태≫를 보고 주어진 내용을 입력합니다. 이때, 내용을 모두 입력한 후 맨 마지막에서 [Enter] 키를 누르지 않습니다.

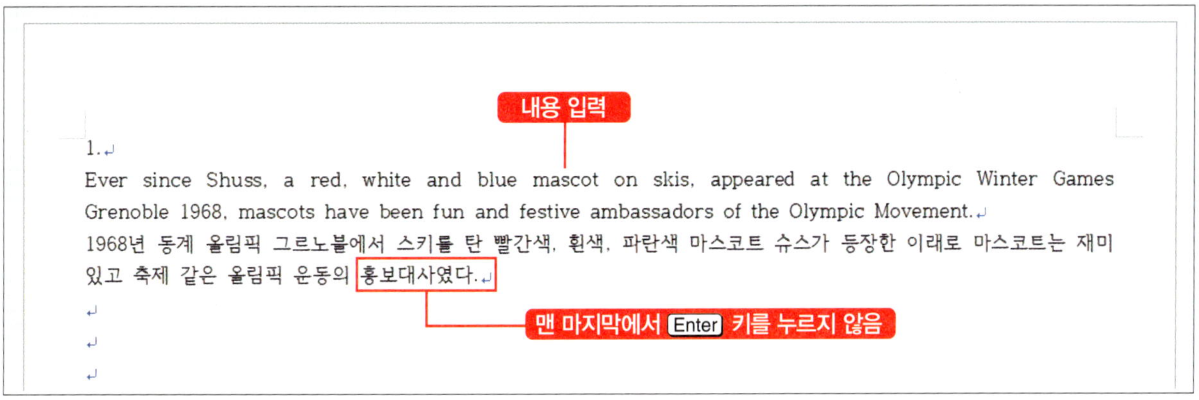

| TIP | **문단 부호**

내용 입력 시 줄 바꿈(↵)을 나타내는 기능으로 문단 부호의 체크(선택) 유무는 시험 점수와는 상관이 없습니다.

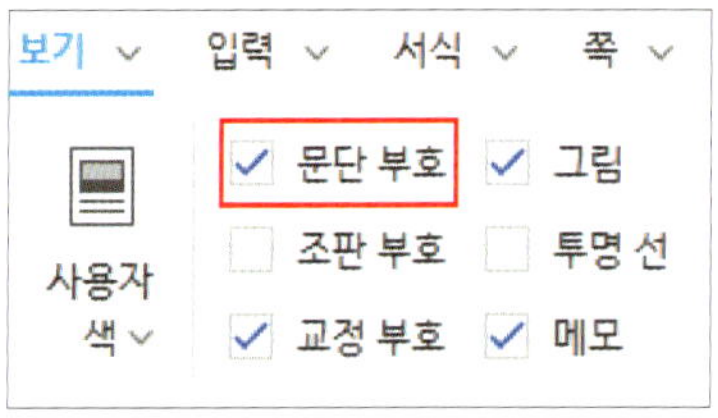

유형 잡기 02 스타일 지정하기

1 스타일을 지정하기 위하여 입력한 내용을 블록 지정한 후 [서식] 탭에서 스타일 추가하기( ) 단추를 클릭합니다.

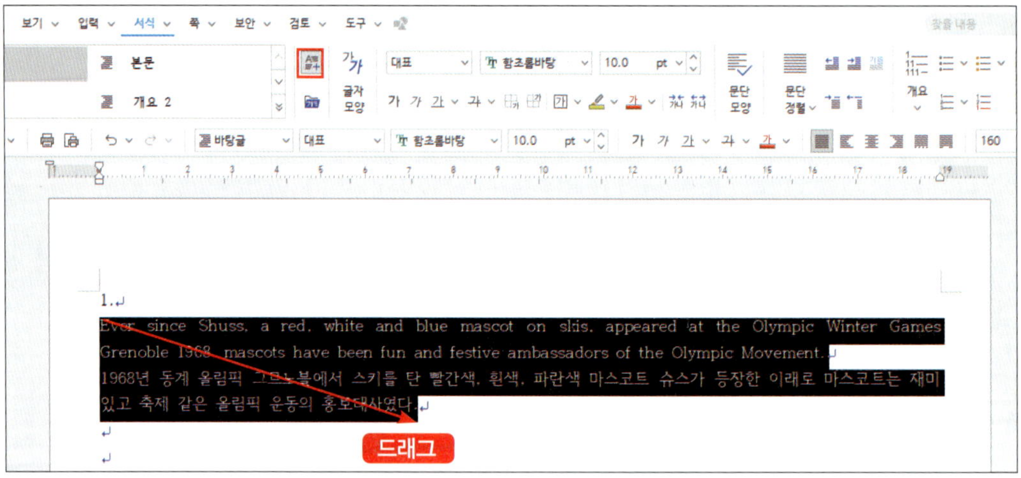

2 [스타일 추가하기] 대화 상자에서 스타일 이름에 “mascot”를 입력하고, [문단 모양] 버튼을 클릭합니다.

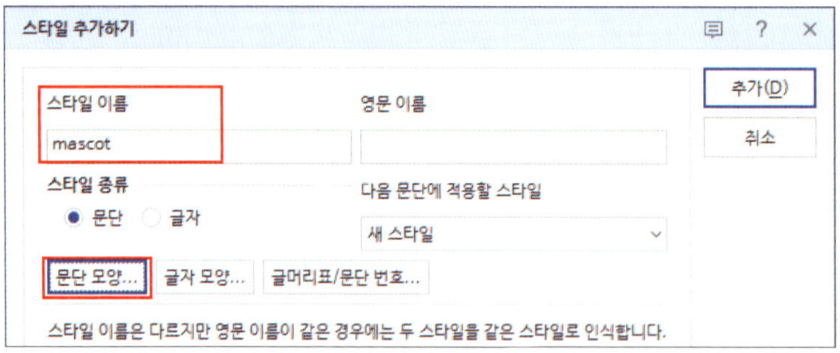

3 [문단 모양] 대화 상자의 [기본] 탭에서 여백의 왼쪽은 ‘15’, 간격의 문단 아래는 ‘10’을 각각 지정하고, [설정] 버튼을 클릭합니다.

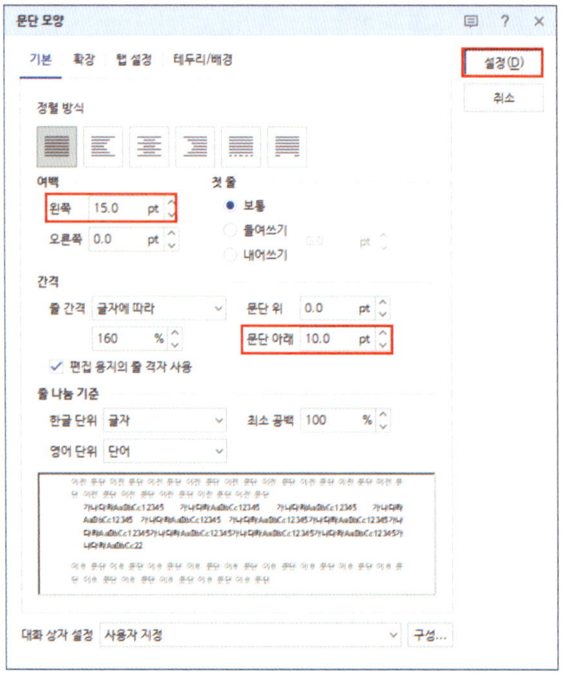

4 다시 [스타일 추가하기] 대화 상자가 나타나면 [글자 모양] 버튼을 클릭합니다.

5 [글자 모양] 대화 상자의 [기본] 탭에서 기준 크기는 '10', 언어는 '한글', 글꼴은 '돋움', 장평은 '95', 자간은 '-5'를 각각 지정하고, [설정] 버튼을 클릭합니다.

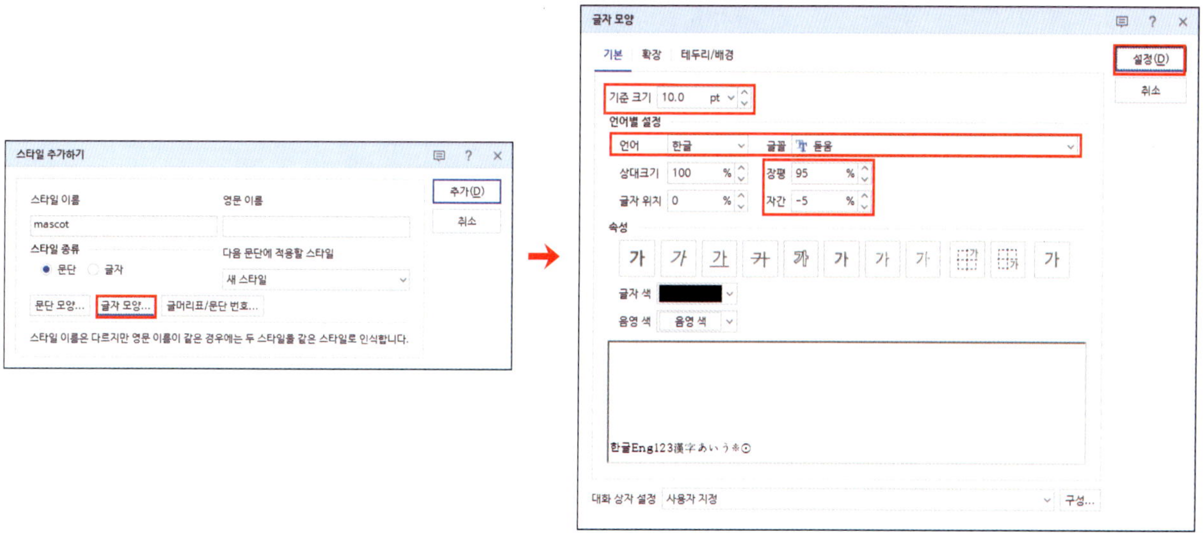

6 다시 [스타일 추가하기] 대화 상자가 나타나면 [글자 모양] 버튼을 클릭합니다.

7 [글자 모양] 대화 상자의 [기본] 탭에서 기준 크기는 '10', 언어는 '영문', 글꼴은 '궁서', 장평은 '95', 자간은 '-5'를 각각 지정하고, [설정] 버튼을 클릭합니다.

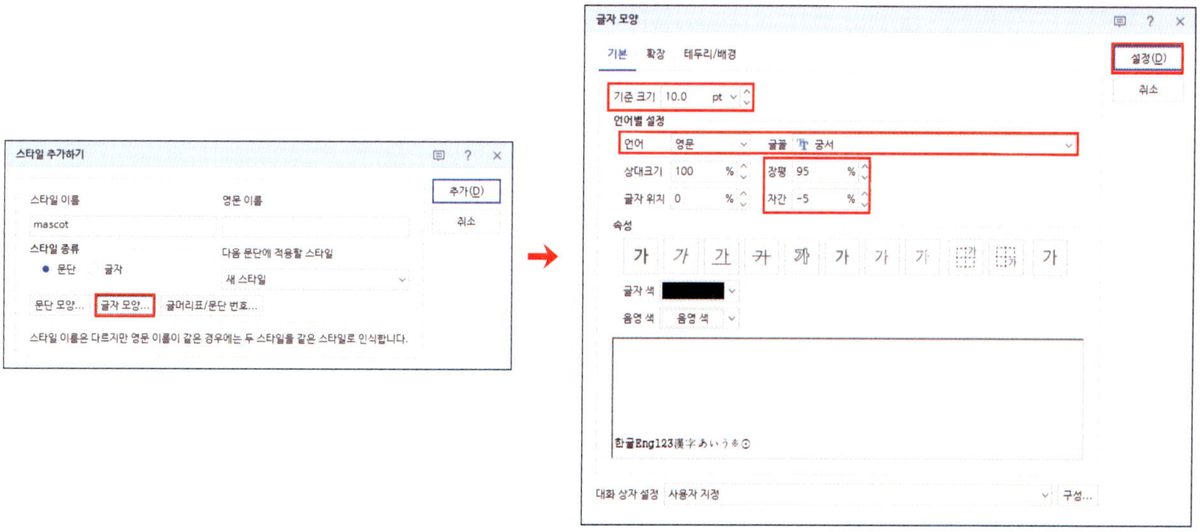

8 다시 [스타일 추가하기] 대화 상자가 나타나면 [추가] 버튼을 클릭합니다.

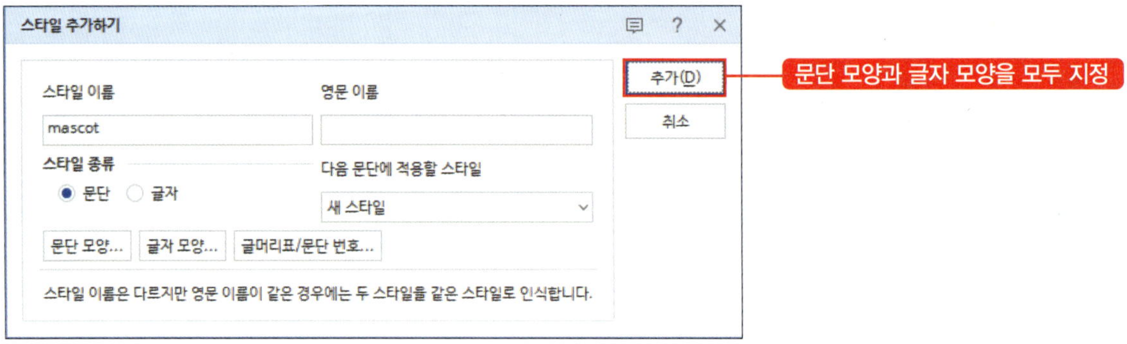

9 [서식] 탭에서 스타일 목록에 추가된 'mascot'를 클릭하면 블록으로 지정된 내용에 해당 스타일이 적용됩니다.

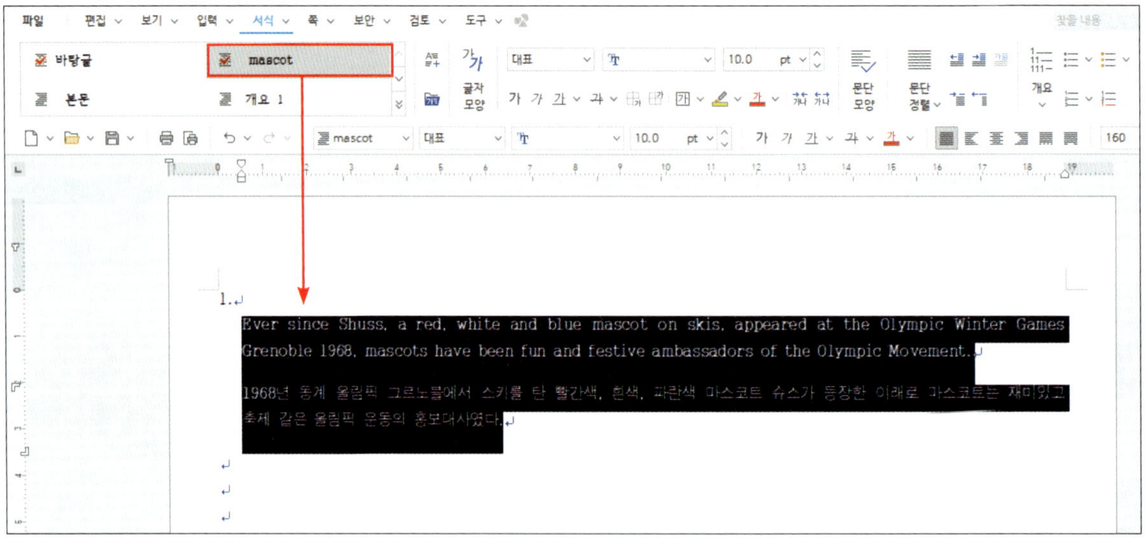

| TIP | 스타일 편집하기

① [서식] 탭에서 자세히(≫) 단추를 클릭하고, [스타일]을 선택하거나 F6 키를 누릅니다.

② [스타일] 대화 상자의 스타일 목록에서 지정한 스타일을 선택하고, 스타일 편집하기(✎) 버튼을 클릭하면 스타일 이름, 문단 모양, 글자 모양 등을 수정할 수 있습니다.

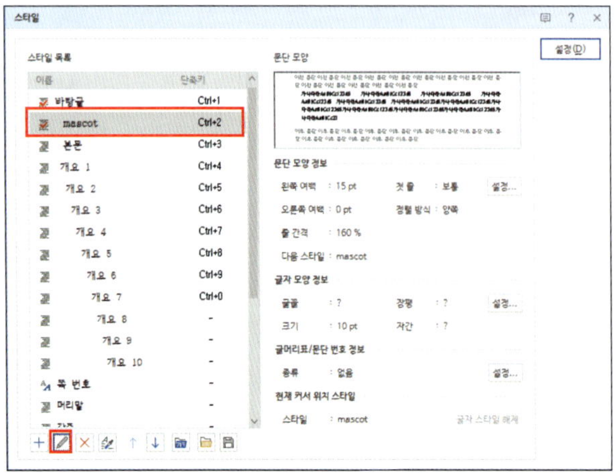

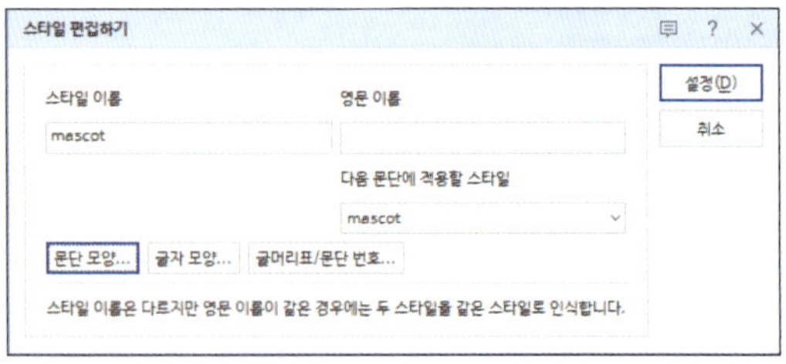

10 블록을 해제하기 위하여 ESC 키를 누른 후 ≪출력형태≫와 비교하여 틀린 부분이 없는지 확인합니다.

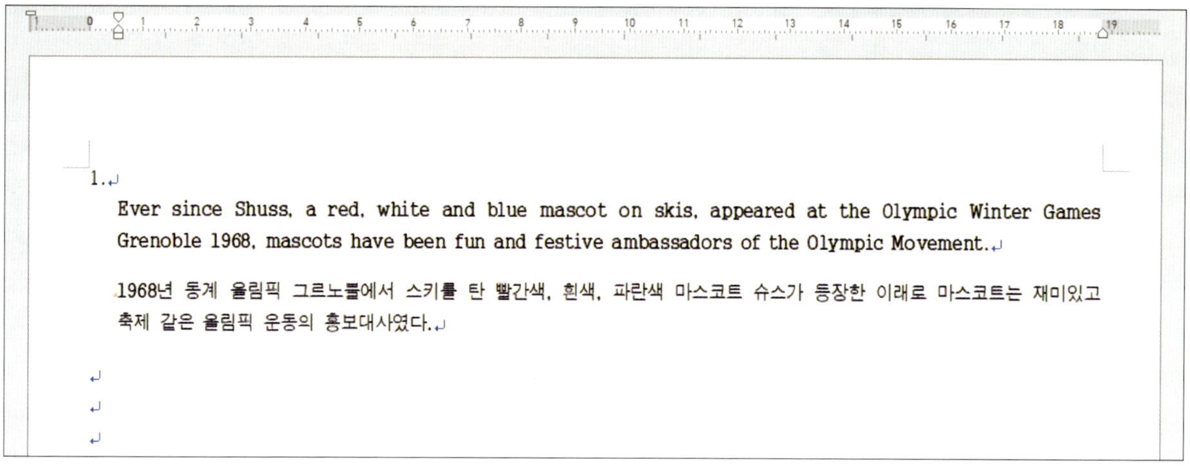
1.

Ever since Shuss, a red, white and blue mascot on skis, appeared at the Olympic Winter Games Grenoble 1968, mascots have been fun and festive ambassadors of the Olympic Movement.

1968년 동계 올림픽 그르노블에서 스키를 탄 빨간색, 흰색, 파란색 마스코트 슈스가 등장한 이래로 마스코트는 재미있고 축제 같은 올림픽 운동의 홍보대사였다.

11 모든 작업이 완료되면 서식 도구 상자에서 저장하기( ) 단추를 클릭하여 완성 파일을 저장합니다.

출제 유형 문제

• **예제 파일** : 유형 분석 02₩유형 02_문제.hwpx / • **완성 파일** : 유형 분석 02₩유형 02_완성.hwpx

01 **다음의 ≪조건≫에 따라 스타일 기능을 적용하여 ≪출력형태≫와 같이 작성하시오.**

≪조건≫

(1) 스타일 이름 – learning

(2) 문단 모양 – 왼쪽 여백 : 15pt, 문단 아래 간격 : 10pt

(3) 글자 모양 – 글꼴 : 한글(굴림)/영문(돋움), 크기 : 10pt, 장평 : 95%, 자간 : 5%

≪출력형태≫

1.

Lifelong learning is the "ongoing, voluntary, and self-motivated" pursuit of knowledge for either personal or professional reasons.

평생학습은 학교 교육뿐만 아니라 가정, 사회교육 등을 망라하여 연령에 한정을 두지 않고 전 생애에 걸친 교육으로 조직화되어야 한다는 교육관에 기초를 두고 있다.

2.

Hint

- [문단 모양] 대화 상자의 [기본] 탭에서 여백의 왼쪽은 '15', 간격의 문단 아래는 '10'을 각각 지정합니다.
- [글자 모양] 대화 상자의 [기본] 탭에서 기준 크기는 '10', 언어는 '한글', 글꼴은 '굴림', 장평은 '95', 자간은 '5'를 각각 지정합니다.
- [글자 모양] 대화 상자의 [기본] 탭에서 기준 크기는 '10', 언어는 '영문', 글꼴은 '돋움', 장평은 '95', 자간은 '5'를 각각 지정합니다.

출제 유형 문제

• 예제 파일 : 유형 분석 02₩유형 03_문제.hwpx / • 완성 파일 : 유형 분석 02₩유형 03_완성.hwpx

02 **다음의 ≪조건≫에 따라 스타일 기능을 적용하여 ≪출력형태≫와 같이 작성하시오.**

≪조건≫

(1) 스타일 이름 – happiness

(2) 문단 모양 – 왼쪽 여백 : 15pt, 문단 아래 간격 : 10pt

(3) 글자 모양 – 글꼴 : 한글(돋움)/영문(굴림), 크기 : 10pt, 장평 : 95%, 자간 : 5%

≪출력형태≫

1.

The assessment of gross national happiness was designed in an attempt to define an indicator that measures quality of life or social progress in more holistic.

행복지수란 경제적 가치 뿐 아니라 개인의 가치관, 개인적 목표의 성취, 자부심, 희망, 사랑 등 인간의 행복과 삶의 질을 포괄적으로 고려해서 측정하는 지표이나 현실적인 제약 및 한계가 존재한다.

2.

Hint

- [문단 모양] 대화 상자의 [기본] 탭에서 여백의 왼쪽은 '15', 간격의 문단 아래는 '10'을 각각 지정합니다.
- [글자 모양] 대화 상자의 [기본] 탭에서 기준 크기는 '10', 언어는 '한글', 글꼴은 '돋움', 장평은 '95', 자간은 '5'를 각각 지정합니다.
- [글자 모양] 대화 상자의 [기본] 탭에서 기준 크기는 '10', 언어는 '영문', 글꼴은 '굴림', 장평은 '95', 자간은 '5'를 각각 지정합니다.

출제 유형 문제

• **예제 파일** : 유형 분석 02₩유형 04_문제.hwpx / • **완성 파일** : 유형 분석 02₩유형 04_완성.hwpx

03 **다음의 ≪조건≫에 따라 스타일 기능을 적용하여 ≪출력형태≫와 같이 작성하시오.**

≪조건≫

(1) 스타일 이름 – history

(2) 문단 모양 – 첫 줄 들여쓰기 : 15pt, 문단 아래 간격 : 10pt

(3) 글자 모양 – 글꼴 : 한글(돋움)/영문(굴림), 크기 : 10pt, 장평 : 105%, 자간 : –5%

≪출력형태≫

1.

History does nothing, possesses no enormous wealth, fights no battles. It is rather man, the real, living man, who does everything, possesses, fights.

백제의 왕도, 충청남도 공주시와 부여군에서 개최되는 백제문화제는 진취적인 기상으로 찬란한 문화를 꽃피웠던 백제의 역사와 예술혼을 만날 수 있는 역사문화축제이다.

2.

Hint

• [문단 모양] 대화 상자의 [기본] 탭에서 첫 줄의 들여쓰기는 '15', 간격의 문단 아래는 '10'을 각각 지정합니다.
• [글자 모양] 대화 상자의 [기본] 탭에서 기준 크기는 '10', 언어는 '한글', 글꼴은 '돋움', 장평은 '105', 자간은 '-5'를 각각 지정합니다.
• [글자 모양] 대화 상자의 [기본] 탭에서 기준 크기는 '10', 언어는 '영문', 글꼴은 '굴림', 장평은 '105', 자간은 '-5'를 각각 지정합니다.

출제 유형 문제

• 예제 파일 : 유형 분석 02₩유형 05_문제.hwpx / • 완성 파일 : 유형 분석 02₩유형 05_완성.hwpx

04 **다음의 ≪조건≫에 따라 스타일 기능을 적용하여 ≪출력형태≫와 같이 작성하시오.**

≪조건≫

(1) 스타일 이름 – parking

(2) 문단 모양 – 왼쪽 여백 : 15pt, 문단 아래 간격 : 10pt

(3) 글자 모양 – 글꼴 : 한글(돋움)/영문(굴림), 크기 : 10pt, 장평 : 97%, 자간 : 5%

≪출력형태≫

1.

It may be desirable for the car to pass close to the entrance before parking, after which its passengers approach the same entrance a second time on foot.

주택가 주차난이 심각한 것으로 조사되어 공공용지의 지하를 활용하거나 근린시설 및 대형 건물의 주차장 야간 개방, 그린파킹 사업 시행 등 다양한 해소 방안이 추진되고 있다.

2.

Hint

• [문단 모양] 대화 상자의 [기본] 탭에서 여백의 왼쪽은 '15', 간격의 문단 아래는 '10'을 각각 지정합니다.

• [글자 모양] 대화 상자의 [기본] 탭에서 기준 크기는 '10', 언어는 '한글', 글꼴은 '돋움', 장평은 '97', 자간은 '5'를 각각 지정합니다.

• [글자 모양] 대화 상자의 [기본] 탭에서 기준 크기는 '10', 언어는 '영문', 글꼴은 '굴림', 장평은 '97', 자간은 '5'를 각각 지정합니다.

출제 유형 문제

• **예제 파일** : 유형 분석 02₩유형 06_문제.hwpx / • **완성 파일** : 유형 분석 02₩유형 06_완성.hwpx

05 다음의 ≪조건≫에 따라 스타일 기능을 적용하여 ≪출력형태≫와 같이 작성하시오.

≪조건≫

(1) 스타일 이름 – ransomware

(2) 문단 모양 – 왼쪽 여백 : 15pt, 문단 아래 간격 : 10pt

(3) 글자 모양 – 글꼴 : 한글(궁서)/영문(굴림), 크기 : 10pt, 장평 : 95%, 자간 : 5%

≪출력형태≫

1.

Ransomware is malicious program that locks the system or encrypts data in combination with ransom and software, and requires money to be paid hostage.

랜섬웨어는 몸값과 소프트웨어의 합성어로 시스템을 잠그거나 데이터를 암호화해 사용할 수 없도록 하고 이를 인질로 금전을 요구하는 악성 프로그램을 말한다.

2.

Hint

- [문단 모양] 대화 상자의 [기본] 탭에서 여백의 왼쪽은 '15', 간격의 문단 아래는 '10'을 각각 지정합니다.
- [글자 모양] 대화 상자의 [기본] 탭에서 기준 크기는 '10', 언어는 '한글', 글꼴은 '궁서', 장평은 '95', 자간은 '5'를 각각 지정합니다.
- [글자 모양] 대화 상자의 [기본] 탭에서 기준 크기는 '10', 언어는 '영문', 글꼴은 '굴림', 장평은 '95', 자간은 '5'를 각각 지정합니다.

출제 유형 문제

• **예제 파일** : 유형 분석 02₩유형 07_문제.hwpx / • **완성 파일** : 유형 분석 02₩유형 07_완성.hwpx

06 다음의 ≪조건≫에 따라 스타일 기능을 적용하여 ≪출력형태≫와 같이 작성하시오.

≪조건≫

(1) 스타일 이름 – architects

(2) 문단 모양 – 왼쪽 여백 : 15pt, 문단 아래 간격 : 10pt

(3) 글자 모양 – 글꼴 : 한글(굴림)/영문(돋움), 크기 : 10pt, 장평 : 95%, 자간 : 5%

≪출력형태≫

1.

The Korean Institute of architects hopes to actively contribute to the promotion of architecture by inspiring the architects creativity and advance the status of architects.

건축은 인간의 여러 가지 생활을 담기 위한 기술과 구조 및 기능을 수단으로 하여 이루어지는 공간 예술로 몇 세기에 걸쳐 유지될 수 있는 역사적 대상이며 사회적 존재이다.

2.

Hint

- [문단 모양] 대화 상자의 [기본] 탭에서 여백의 왼쪽은 '15', 간격의 문단 아래는 '10'을 각각 지정합니다.
- [글자 모양] 대화 상자의 [기본] 탭에서 기준 크기는 '10', 언어는 '한글', 글꼴은 '굴림', 장평은 '95', 자간은 '5'를 각각 지정합니다.
- [글자 모양] 대화 상자의 [기본] 탭에서 기준 크기는 '10', 언어는 '영문', 글꼴은 '돋움', 장평은 '95', 자간은 '5'를 각각 지정합니다.

유형 분석

03 [기능평가 Ⅰ-표 작성]

표 작성에서는 표 내용(문자/숫자)의 정렬과 셀 배경색 및 테두리를 지정한 후 표의 블록 계산과 캡션 기능을 적용하는 방법에 대하여 알아봅니다.

시험 유형 미리 보기

• 예제 파일 : 유형 분석 03₩유형 01_문제.hwpx / • 완성 파일 : 유형 분석 03₩유형 01_완성.hwpx 100점

2. 다음의 ≪조건≫에 따라 ≪출력형태≫와 같이 표와 차트를 작성하시오.

《표 조건》

(1) 표 전체(표, 캡션) – 돋움, 10pt
(2) 정렬 – 문자 : 가운데 정렬, 숫자 : 오른쪽 정렬
(3) 셀 배경(면색) : 노랑
(4) 한글의 계산 기능을 이용하여 빈칸에 합계를 구하고, 캡션 기능 사용할 것
(5) 선 모양은 ≪출력형태≫와 동일하게 처리할 것

《출력형태》

1.

Ever since Shuss, a red, white and blue mascot on skis, appeared at the Olympic Winter Games Grenoble 1968, mascots have been fun and festive ambassadors of the Olympic Movement.

1968년 동계 올림픽 그르노블에서 스키를 탄 빨간색, 흰색, 파란색 마스코트 슈스가 등장한 이래로 마스코트는 재미있고 축제 같은 올림픽 운동의 홍보대사였다.

2.

한국 하계올림픽 특정 종목 역대 메달 현황(단위: 개)

종목	레슬링	양궁	유도	태권도	근대 5종
금메달	11	27	11	12	0
은메달	11	9	17	3	0
동메달	14	7	18	7	1
합계					

유형 잡기 01 표 만들기

1 [파일]-[불러오기]를 선택한 후 [불러오기] 대화 상자에서 '유형 분석 03₩유형 01_문제.hwpx'를 불러오기 합니다.

2 1페이지에서 '2.' 아래를 클릭하여 커서를 위치시킨 후 [입력] 탭에서 표(▦) 단추를 클릭합니다(=Ctrl+N, T).

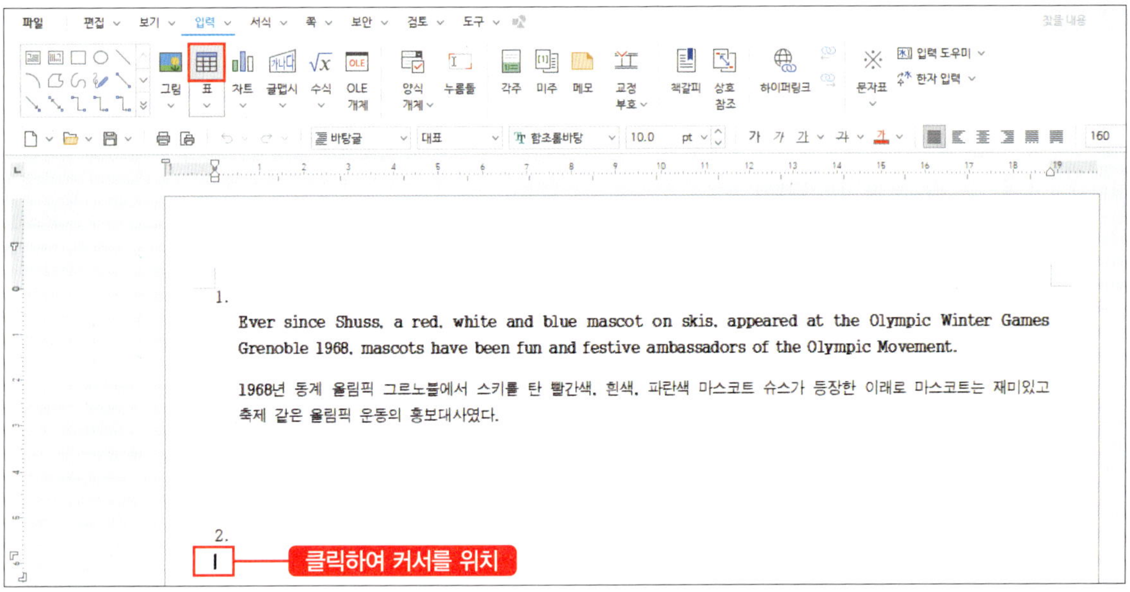

3 [표 만들기] 대화 상자에서 줄 개수는 '5', 칸 개수는 '6'을 지정한 후 '글자처럼 취급'을 선택하고, [만들기] 버튼을 클릭합니다.

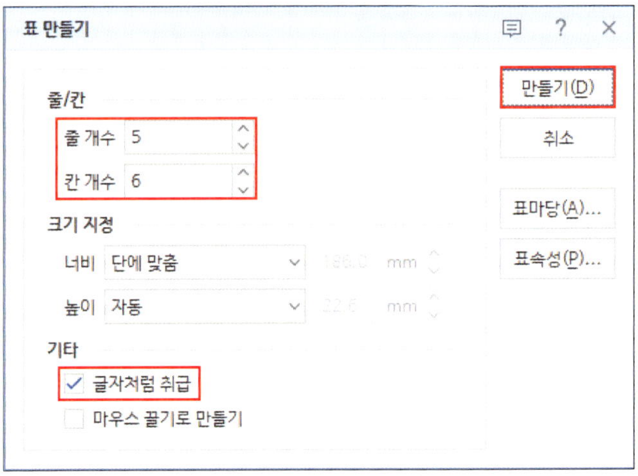

TIP | 글자처럼 취급

표를 보통 글자와 동일하게 취급하는 기능으로 글을 입력하거나 삭제하는 대로 표의 위치가 변경되며, 표를 정렬시킬 수 있습니다.

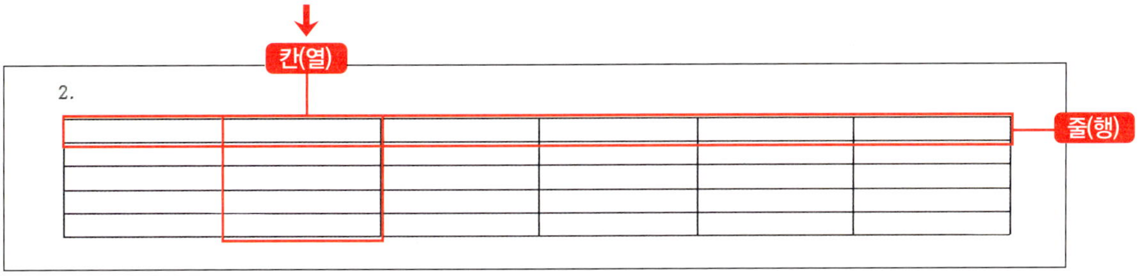

02 표 내용 입력과 정렬하기

1 표가 나타나면 ≪출력형태≫를 참고하여 주어진 내용을 입력합니다.

2.

종목	레슬링	양궁	유도	태권도	근대 5종
금메달	11	27	11	12	0
은메달	11	9	17	3	0
동메달	14	7	18	7	1
합계					

표에서 커서 이동은 Tab 키나 방향키를 이용

2 표 전체를 드래그하여 블록 지정한 후 서식 도구 상자에서 글꼴은 '돋움', 글자 크기는 '10', 정렬은 '가운데 정렬'을 각각 설정합니다.

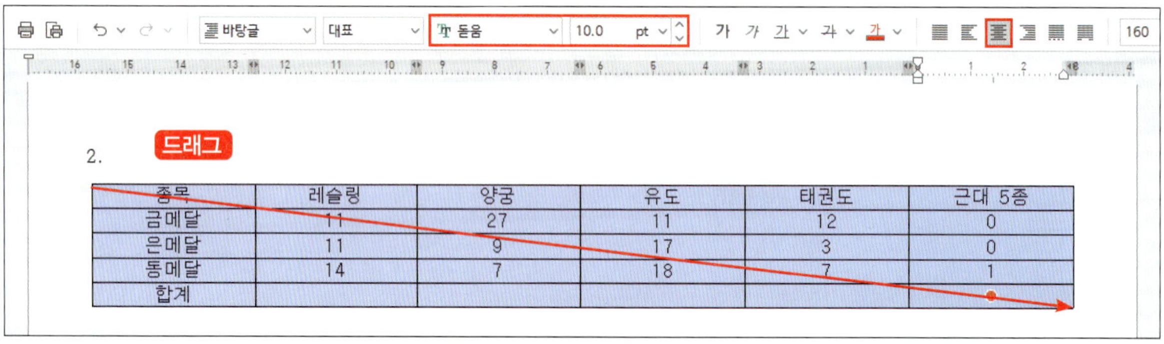

| TIP | 서식 도구 상자의 글꼴

서식 도구 상자에서 글꼴을 설정할 경우 글꼴 목록(⌄) 단추를 클릭하고, [모든 글꼴]을 선택한 후 주어진 글꼴을 적용합니다.

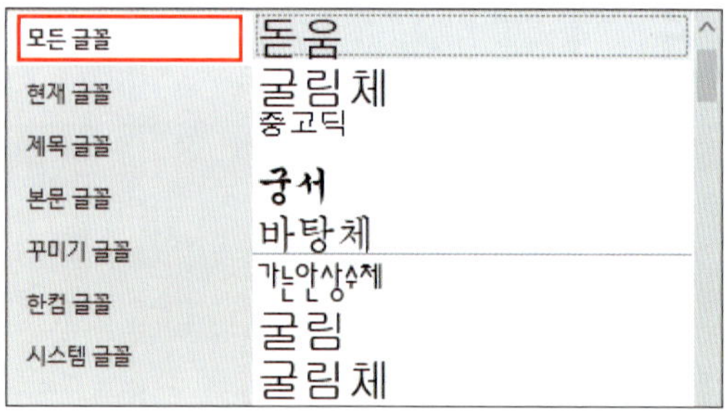

3 표에서 숫자(수치) 부분만을 드래그하여 블록 지정한 후 서식 도구 상자에서 오른쪽 정렬(≡) 단추를 클릭합니다. 이때, 합계 행(줄)은 블록 계산식을 이용하여 숫자가 입력되므로 미리 오른쪽 정렬을 적용합니다.

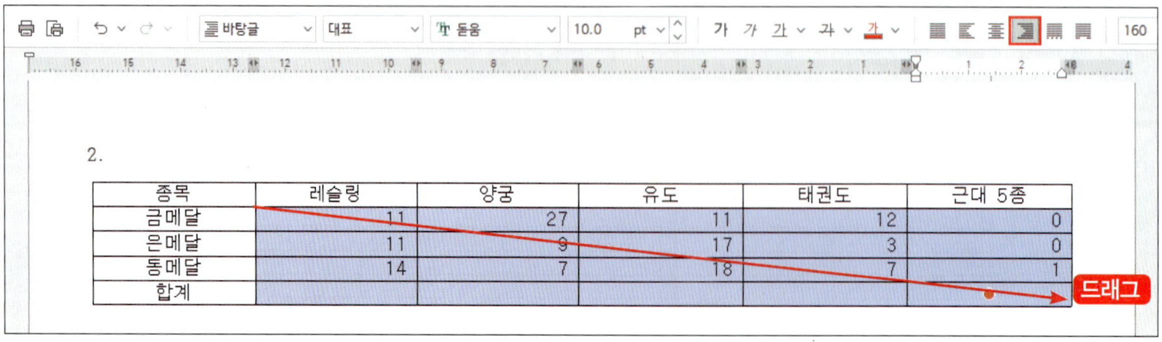

유형 잡기 03 표의 셀 배경색과 테두리 지정하기

1 셀 배경색을 지정하기 위하여 해당 부분을 드래그하여 블록 지정합니다.

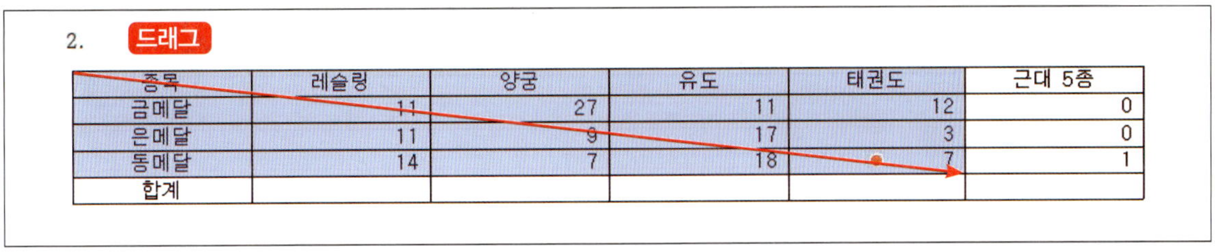

종목	레슬링	양궁	유도	태권도	근대 5종
금메달	11	27	11	12	0
은메달	11	9	17	3	0
동메달	14	7	18	7	1
합계					

2 [표 디자인] 탭에서 표 채우기의 목록(표 채우기) 단추를 클릭하고, '노랑'을 선택합니다(블록을 해제하려면 ESC 키를 누름).

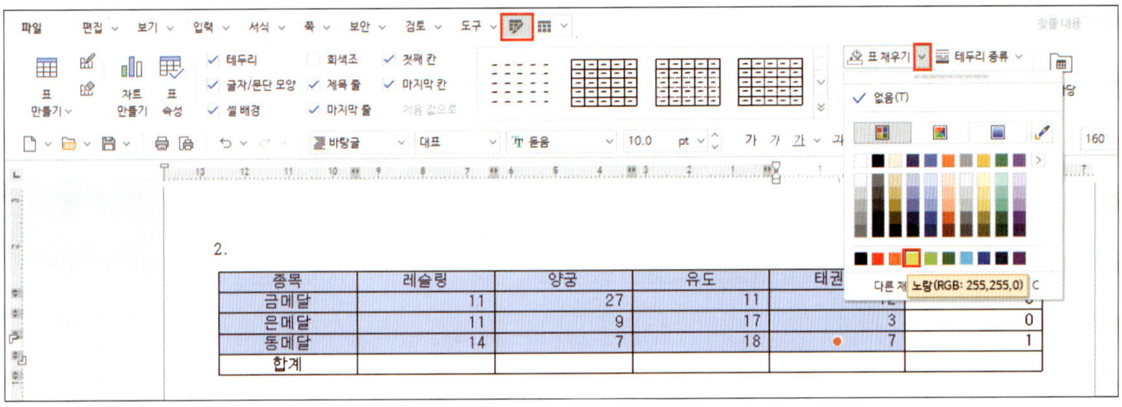

| TIP | **색상 테마**

표 채우기 색상에서 '노랑'이 없을 경우는 테마 색상표(>) 단추를 클릭하고, [오피스]를 선택합니다. 시험에서 출제되는 색상은 흰색을 제외하고, 모두 오피스 색상이므로 색상 테마를 [오피스]로 변경한 후 작업하면 편리합니다.

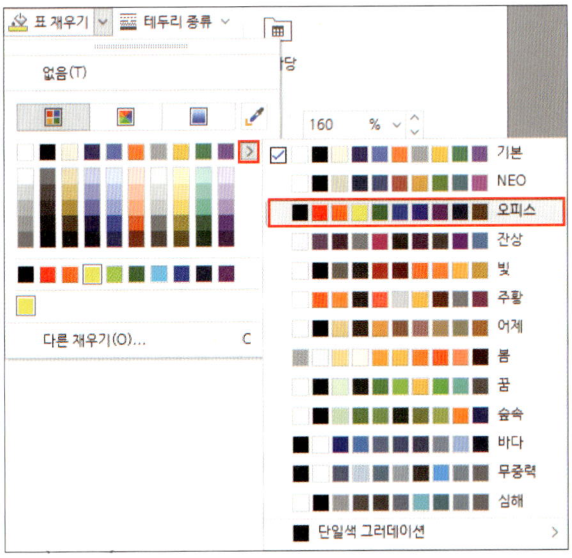

3 셀 테두리를 지정하기 위하여 표 전체를 드래그하여 블록 지정합니다.

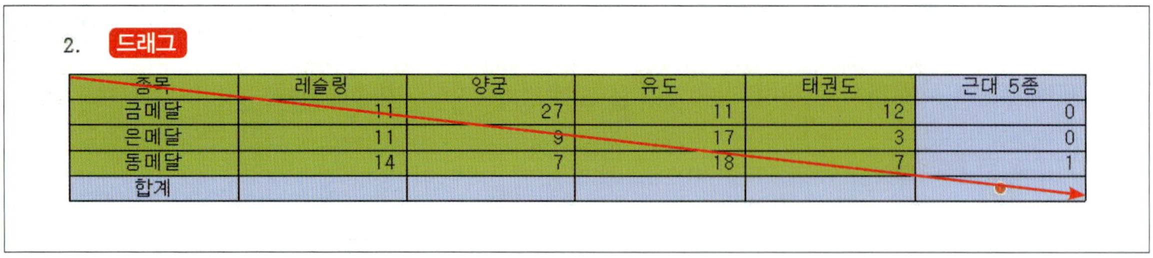

4 [표 레이아웃] 탭에서 목록(⌄) 단추를 클릭하고, [셀 테두리/배경]-[각 셀마다 적용]을 선택하거나 Ⓛ 키를 누릅니다.

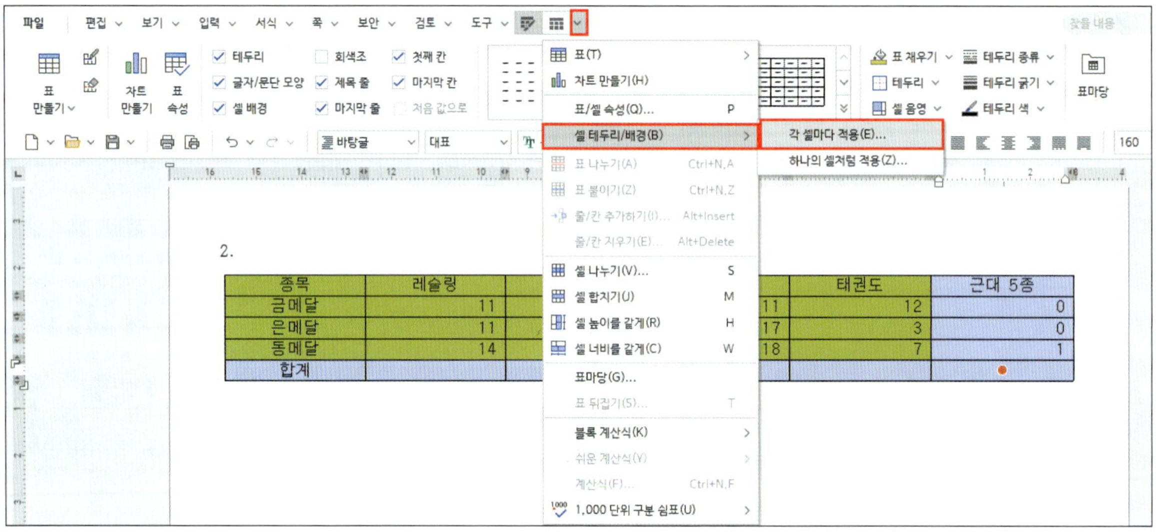

5 [셀 테두리/배경] 대화 상자의 [테두리] 탭에서 종류는 '이중 실선'과 '바깥쪽'을 선택하고, [설정] 버튼을 클릭합니다.

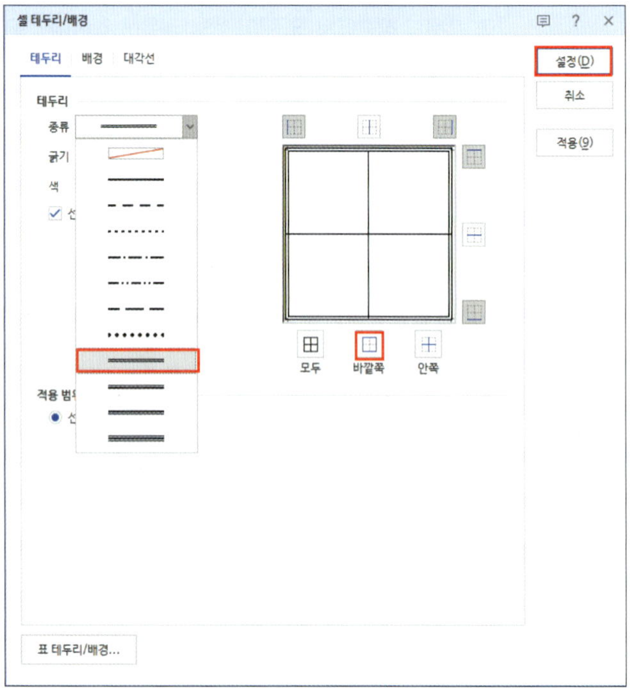

6 첫 번째 행(줄)을 블록 지정한 후 다시 [셀 테두리/배경] 대화 상자의 [테두리] 탭에서 종류는 '이중 실선'과 '아래쪽 테두리( )'를 선택하고, [설정] 버튼을 클릭합니다.

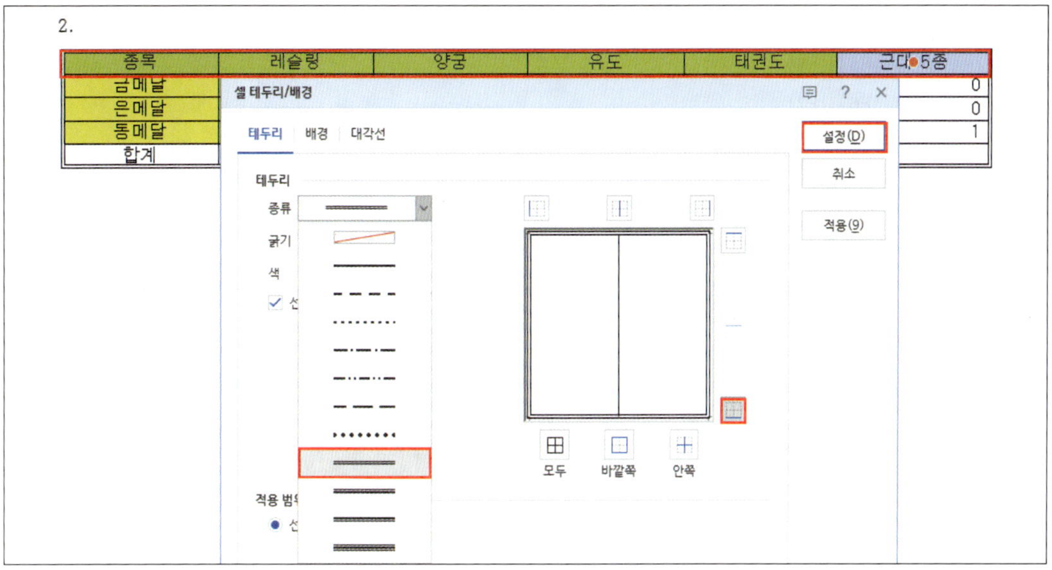

7 첫 번째 열(칸)을 블록 지정한 후 다시 [셀 테두리/배경] 대화 상자의 [테두리] 탭에서 종류는 '이중 실선'과 '오른쪽 테두리( )'를 선택하고, [설정] 버튼을 클릭합니다.

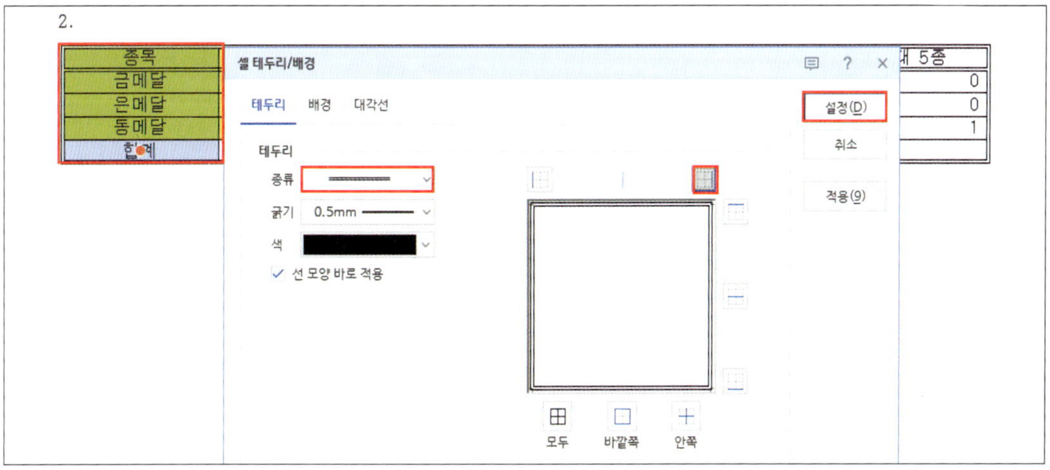

8 셀에 대각선을 지정하기 위하여 마지막 셀에서 F5 키를 누른 후 [표 레이아웃] 탭에서 목록( ) 단추를 클릭하고, [셀 테두리/배경]-[각 셀마다 적용]을 선택합니다.

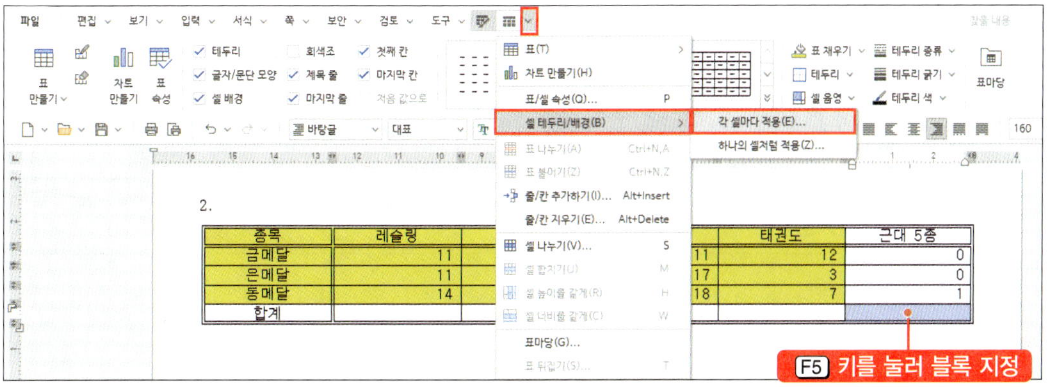

| TIP | **블록 지정**

- 일반적인 선택 : 마우스로 해당 부분을 드래그
- 하나의 셀만 선택 : F5
- 행(줄) 전체 선택 : F5+F8
- 열(칸) 전체 선택 : F5+F7

9 [셀 테두리/배경] 대화 상자의 [대각선] 탭에서 종류는 '실선'과 대각선은 '⧅, ⧄'을 각각 선택하고, [설정] 버튼을 클릭합니다.

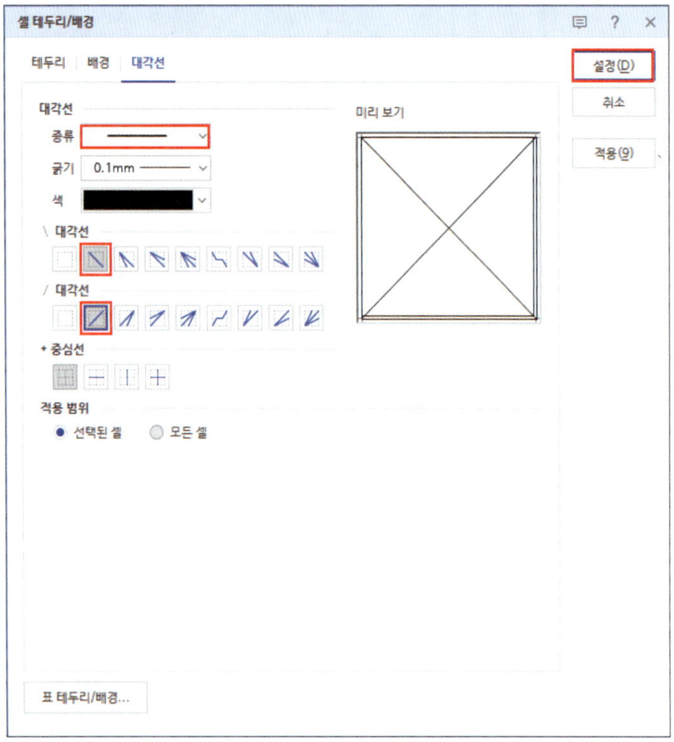

유형 잡기 04 표의 블록 계산과 캡션 입력하기

1 표에서 합계를 구하기 위하여 해당 부분을 드래그하여 블록 지정합니다.

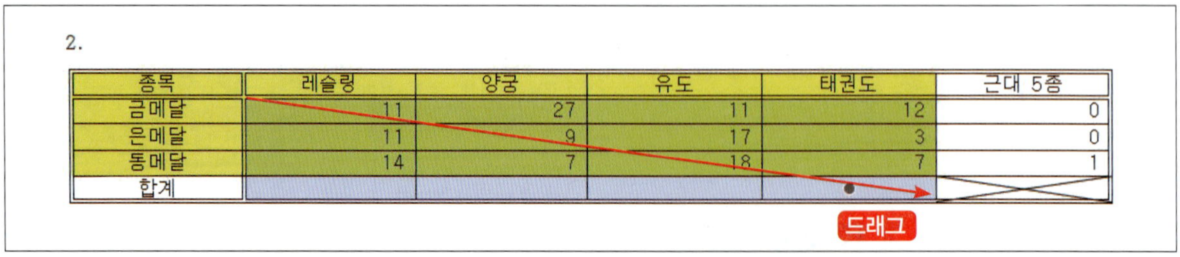
2.

종목	레슬링	양궁	유도	태권도	근대 5종
금메달	11	27	11	12	0
은메달	11	9	17	3	0
동메달	14	7	18	7	1
합계					

2 [표 레이아웃] 탭에서 계산식( ) 단추를 클릭하고, [블록 합계]를 선택합니다.

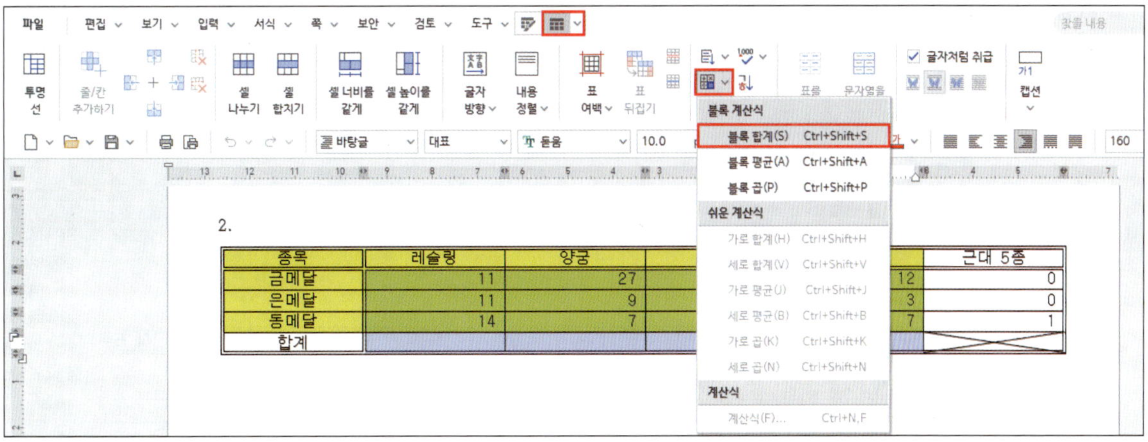

| TIP | 블록 계산

- 블록 계산식은 표에서 하나의 셀 또는 비연속적인 셀을 블록으로 지정한 경우에는 사용할 수 없습니다.
- ≪출력형태≫에서는 합계 열이 빈칸이지만 ≪조건≫에 따라 계산 기능을 이용하여 합계를 구합니다.

3 합계가 구해지면 ESC 키를 눌러 블록 지정을 해제합니다.

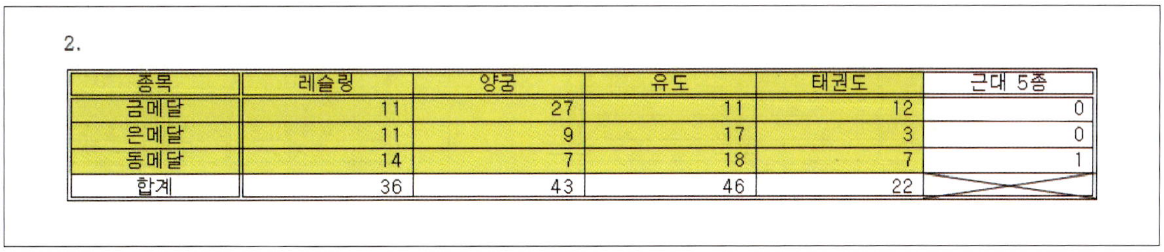

2.

종목	레슬링	양궁	유도	태권도	근대 5종
금메달	11	27	11	12	0
은메달	11	9	17	3	0
동메달	14	7	18	7	1
합계	36	43	46	22	

| TIP | 평균(소수점 자릿수)

- ≪표 조건≫에서 한글의 계산 기능을 이용하여 빈칸에 평균(소수점 두 자리)을 구하는 문제가 출제되면 소수점 자릿수를 지정해야 하는데 현재 시험에서는 블록 평균 형식이 기본 자릿수(소수점 두 자리)로 출제되고 있습니다.
- 소수점 자릿수를 다르게 지정할 경우는 평균으로 계산된 임의의 숫자에서 마우스 오른쪽 버튼을 클릭하고, [계산식 고치기]를 선택합니다. [계산식] 대화 상자에서 형식의 목록( ) 단추를 클릭하고, 주어진 자릿수를 선택한 후 [설정] 버튼을 클릭합니다.

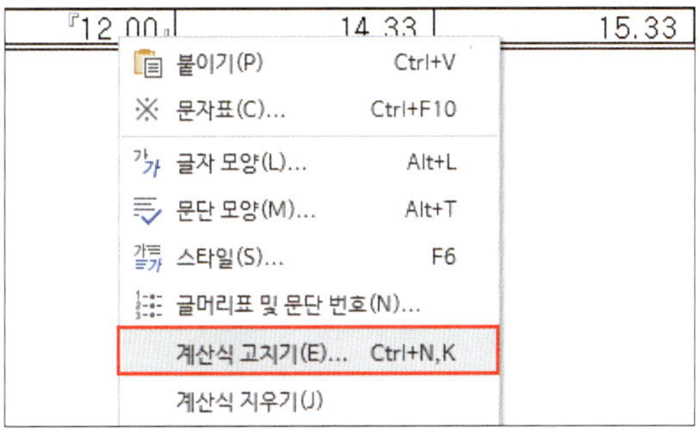

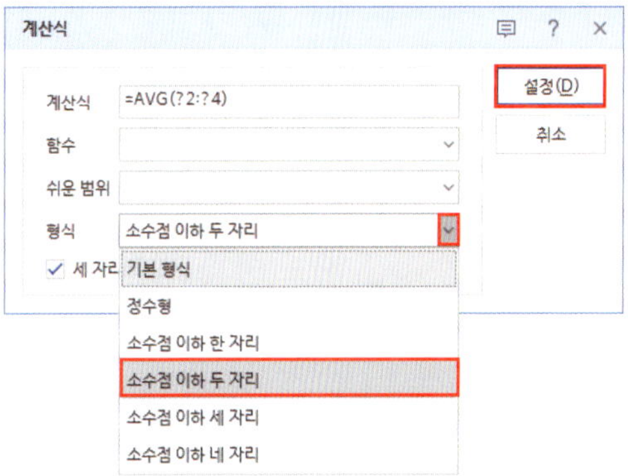

4 표에 캡션을 지정하기 위하여 표를 선택한 후 [표 레이아웃] 탭에서 캡션의 목록( ) 단추를 클릭하고, [위]를 선택합니다.

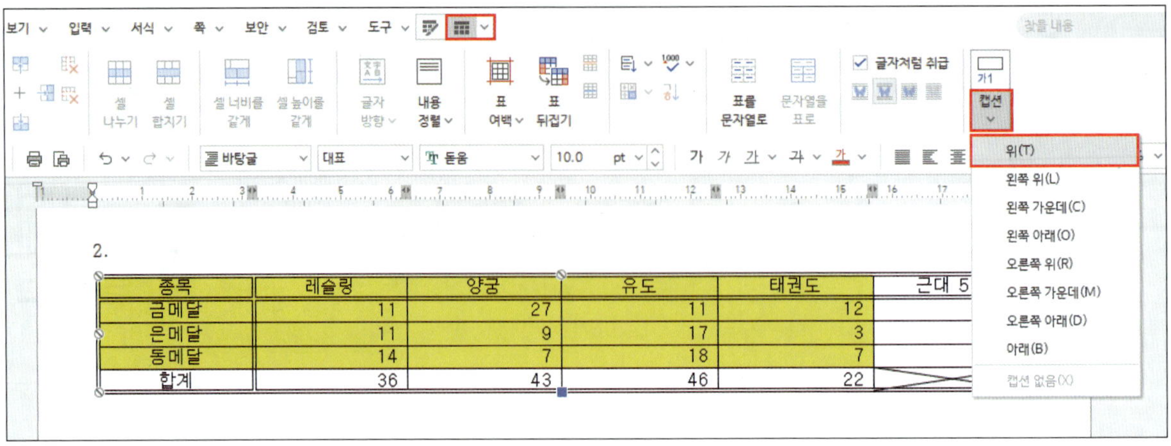

5 표 왼쪽 상단에 '표 1'을 블록 지정한 후 주어진 내용(한국 하계올림픽 특정 종목 역대 메달 현황(단위: 개))을 입력합니다.

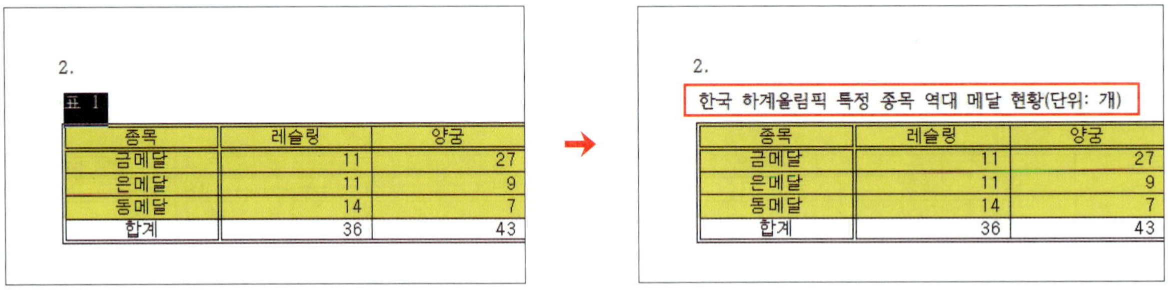

6 다시 캡션 내용을 블록 지정한 후 서식 도구 상자에서 글꼴은 '돋움', 글자 크기는 '10'을 지정하고, 오른쪽 정렬( ) 단추를 클릭합니다.

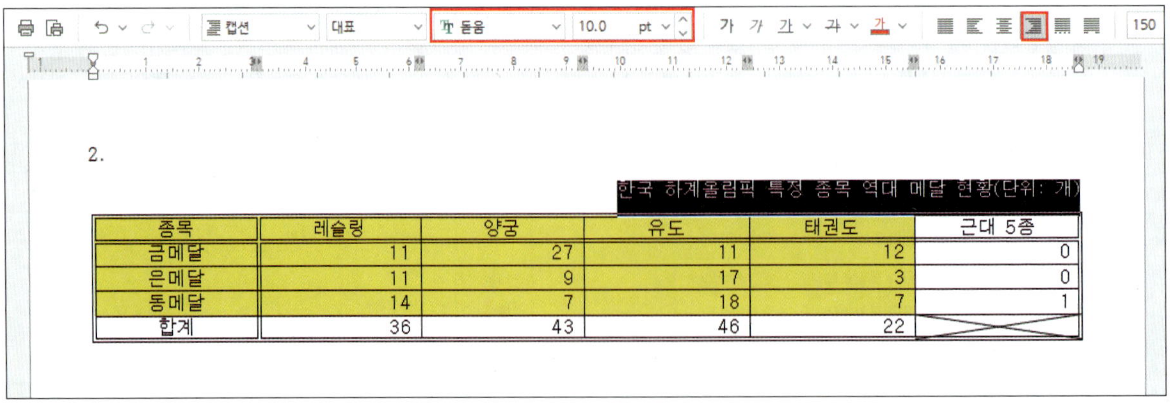

7 표 전체를 블록 지정한 후 Ctrl+↓ 키를 한 번만 눌러 표의 행(줄) 높이를 조절합니다.

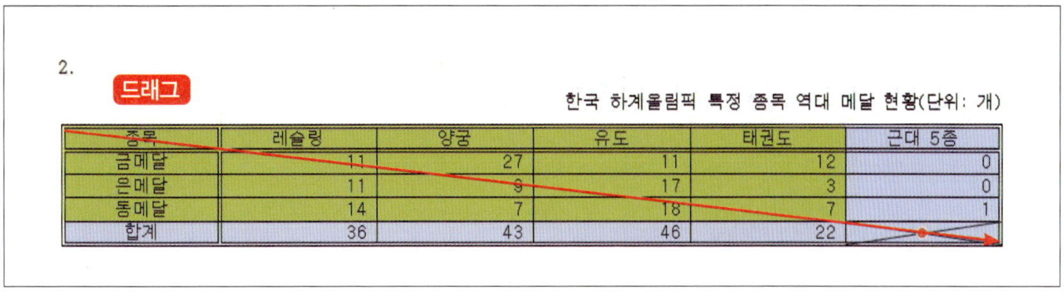

2.

한국 하계올림픽 특정 종목 역대 메달 현황(단위: 개)

종목	레슬링	양궁	유도	태권도	근대 5종
금메달	11	27	11	12	0
은메달	11	9	17	3	0
동메달	14	7	18	7	1
합계	36	43	46	22	

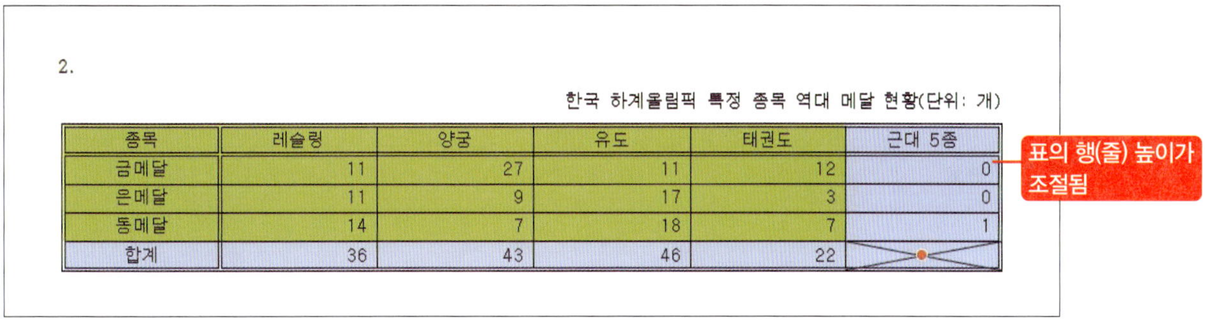

2.

한국 하계올림픽 특정 종목 역대 메달 현황(단위: 개)

종목	레슬링	양궁	유도	태권도	근대 5종
금메달	11	27	11	12	0
은메달	11	9	17	3	0
동메달	14	7	18	7	1
합계	36	43	46	22	

| TIP | **표 크기 조절**

표의 크기를 조절할 때 Ctrl 키는 표의 전체 크기를 조절하고, Alt 키는 선택된 셀의 행(줄)이나 열(칸)만을 조절합니다.

8 모든 작업이 완료되면 서식 도구 상자에서 저장하기( ) 단추를 클릭하여 완성 파일을 저장합니다.

출제 유형 문제

• **예제 파일** : 유형 분석 03₩유형 02_문제.hwpx / • **완성 파일** : 유형 분석 03₩유형 02_완성.hwpx

01 다음의 ≪조건≫에 따라 ≪출력형태≫와 같이 표와 차트를 작성하시오.

≪표 조건≫

(1) 표 전체(표, 캡션) – 굴림, 10pt

(2) 정렬 – 문자 : 가운데 정렬, 숫자 : 오른쪽 정렬

(3) 셀 배경(면색) : 노랑

(4) 한글의 계산 기능을 이용하여 빈칸에 평균(소수점 두 자리)을 구하고, 캡션 기능 사용할 것

(5) 선 모양은 ≪출력형태≫와 동일하게 처리할 것

≪출력형태≫

1\.

Lifelong learning is the "ongoing, voluntary, and self-motivated" pursuit of knowledge for either personal or professional reasons.

평생학습은 학교 교육뿐만 아니라 가정, 사회교육 등을 망라하여 연령에 한정을 두지 않고 전 생애에 걸친 교육으로 조직화되어야 한다는 교육관에 기초를 두고 있다.

2\.

연령대별 평생학습 장애요인(단위 : %)

요인	20대	30대	40대	50대	평균
시간문제	55.1	56.3	58.9	43.9	
동기부족	8.5	10.2	12.4	17.9	
학습비용	13.9	13.4	11.0	12.1	
기타	22.5	20.1	17.7	26.1	

Hint

- [표 디자인] 탭에서 표 채우기의 [목록] 단추를 클릭하고, '노랑'을 선택합니다.
- [셀 테두리/배경] 대화 상자의 [테두리] 탭에서 종류는 '이중 실선'과 '바깥쪽'을 선택합니다.
- 첫 번째 행(줄)/열(칸)을 블록 지정한 후 [셀 테두리/배경] 대화 상자의 [테두리] 탭에서 종류는 '이중 실선'과 '아래쪽 테두리'/'오른쪽 테두리'를 각각 선택합니다.
- 마지막 셀은 [셀 테두리/배경] 대화 상자의 [대각선] 탭에서 종류는 '실선'과 '대각선'을 각각 선택합니다.
- 평균의 해당 부분을 블록 지정한 후 [표 레이아웃] 탭에서 [계산식] 단추를 클릭하고, [블록 평균]을 선택합니다.
- 표를 선택한 후 [표 레이아웃] 탭에서 캡션의 [목록] 단추를 클릭하고, [위]를 선택합니다.
- 표 왼쪽 상단에 '표 1'을 블록 지정한 후 주어진 내용을 입력하고, 서식 도구 상자에서 글꼴은 '굴림', 글자 크기는 '10'을 지정한 다음 [오른쪽 정렬] 단추를 클릭합니다.

출제 유형 문제

• **예제 파일** : 유형 분석 03₩유형 03_문제.hwpx / • **완성 파일** : 유형 분석 03₩유형 03_완성.hwpx

02 다음의 ≪조건≫에 따라 ≪출력형태≫와 같이 표와 차트를 작성하시오.

≪표 조건≫

(1) 표 전체(표, 캡션) – 돋움, 10pt

(2) 정렬 – 문자 : 가운데 정렬, 숫자 : 오른쪽 정렬

(3) 셀 배경(면색) : 노랑

(4) 한글의 계산 기능을 이용하여 빈칸에 합계를 구하고, 캡션 기능 사용할 것

(5) 선 모양은 ≪출력형태≫와 동일하게 처리할 것

≪출력형태≫

1.

The assessment of gross national happiness was designed in an attempt to define an indicator that measures quality of life or social progress in more holistic.

행복지수란 경제적 가치 뿐 아니라 개인의 가치관, 개인적 목표의 성취, 자부심, 희망, 사랑 등 인간의 행복과 삶의 질을 포괄적으로 고려해서 측정하는 지표이나 현실적인 제약 및 한계가 존재한다.

2.

경제행복도지수의 부문별점수(단위 : 점)

구분	2021년	2022년	2023년	2024년	합계
소비	0.65	0.87	0.92	0.98	
소득	0.63	0.78	0.99	0.82	
분배	0.20	0.27	0.18	0.18	
안정	0.40	0.38	0.29	0.01	

Hint

- [표 디자인] 탭에서 표 채우기의 [목록] 단추를 클릭하고, '노랑'을 선택합니다.
- [셀 테두리/배경] 대화 상자의 [테두리] 탭에서 종류는 '이중 실선'과 '바깥쪽'을 선택합니다.
- 첫 번째 행(줄)/열(칸)을 블록 지정한 후 [셀 테두리/배경] 대화 상자의 [테두리] 탭에서 종류는 '이중 실선'과 '아래쪽 테두리'/'오른쪽 테두리'를 각각 선택합니다.
- 마지막 셀은 [셀 테두리/배경] 대화 상자의 [대각선] 탭에서 종류는 '실선'과 '대각선'을 각각 선택합니다.
- 합계의 해당 부분을 블록 지정한 후 [표 레이아웃] 탭에서 [계산식] 단추를 클릭하고, [블록 합계]를 선택합니다.
- 표를 선택한 후 [표 레이아웃] 탭에서 캡션의 [목록] 단추를 클릭하고, [위]를 선택합니다.
- 표 왼쪽 상단에 '표 1'을 블록 지정한 후 주어진 내용을 입력하고, 서식 도구 상자에서 글꼴은 '돋움', 글자 크기는 '10'을 지정한 다음 [오른쪽 정렬] 단추를 클릭합니다.

출제 유형 문제

• **예제 파일** : 유형 분석 03₩유형 04_문제.hwpx / • **완성 파일** : 유형 분석 03₩유형 04_완성.hwpx

03 다음의 ≪조건≫에 따라 ≪출력형태≫와 같이 표와 차트를 작성하시오.

≪표 조건≫

(1) 표 전체(표, 캡션) – 궁서, 10pt

(2) 정렬 – 문자 : 가운데 정렬, 숫자 : 오른쪽 정렬

(3) 셀 배경(면색) : 노랑

(4) 한글의 계산 기능을 이용하여 빈칸에 평균(소수점 두 자리)을 구하고, 캡션 기능 사용할 것

(5) 선 모양은 ≪출력형태≫와 동일하게 처리할 것

≪출력형태≫

1.

History does nothing, possesses no enormous wealth, fights no battles. It is rather man, the real, living man, who does everything, possesses, fights.

백제의 왕도, 충청남도 공주시와 부여군에서 개최되는 백제문화제는 진취적인 기상으로 찬란한 문화를 꽃피웠던 백제의 역사와 예술혼을 만날 수 있는 역사문화축제이다.

2.

백제문화제 관람객 현황(단위 : 백 명)

구분	2021년	2022년	2023년	2024년	평균
초중고교생	3,980	3,860	3,250	4,370	
대학생	4,260	5,200	4,480	5,030	
성인	8,150	7,450	8,320	7,180	
외국인	1,650	1,370	1,610	1,510	

Hint

- [표 디자인] 탭에서 표 채우기의 [목록] 단추를 클릭하고, '노랑'을 선택합니다.
- [셀 테두리/배경] 대화 상자의 [테두리] 탭에서 종류는 '이중 실선'과 '바깥쪽'을 선택합니다.
- 첫 번째 행(줄)/열(칸)을 블록 지정한 후 [셀 테두리/배경] 대화 상자의 [테두리] 탭에서 종류는 '이중 실선'과 '아래쪽 테두리'/'오른쪽 테두리'를 각각 선택합니다.
- 마지막 셀은 [셀 테두리/배경] 대화 상자의 [대각선] 탭에서 종류는 '실선'과 '대각선'을 각각 선택합니다.
- 평균의 해당 부분을 블록 지정한 후 [표 레이아웃] 탭에서 [계산식] 단추를 클릭하고, [블록 평균]을 선택합니다.
- 표를 선택한 후 [표 레이아웃] 탭에서 캡션의 [목록] 단추를 클릭하고, [위]를 선택합니다.
- 표 왼쪽 상단에 '표 1'을 블록 지정한 후 주어진 내용을 입력하고, 서식 도구 상자에서 글꼴은 '궁서', 글자 크기는 '10'을 지정한 다음 [오른쪽 정렬] 단추를 클릭합니다.

출제 유형 문제

• **예제 파일** : 유형 분석 03₩유형 05_문제.hwpx / • **완성 파일** : 유형 분석 03₩유형 05_완성.hwpx

04 다음의 ≪조건≫에 따라 ≪출력형태≫와 같이 표와 차트를 작성하시오.

≪표 조건≫

(1) 표 전체(표, 캡션) – 굴림, 10pt

(2) 정렬 – 문자 : 가운데 정렬, 숫자 : 오른쪽 정렬

(3) 셀 배경(면색) : 노랑

(4) 한글의 계산 기능을 이용하여 빈칸에 합계를 구하고, 캡션 기능 사용할 것

(5) 선 모양은 ≪출력형태≫와 동일하게 처리할 것

≪출력형태≫

1.

It may be desirable for the car to pass close to the entrance before parking, after which its passengers approach the same entrance a second time on foot.

주택가 주차난이 심각한 것으로 조사되어 공공용지의 지하를 활용하거나 근린시설 및 대형 건물의 주차장 야간 개방, 그린파킹 사업 시행 등 다양한 해소 방안이 추진되고 있다.

2.

지역별 주차장 현황(단위 : 개소)

구분	노상 유료	노상 무료	노외 공영	노외 민영	합계
충북	2,290	12,300	27,170	13,800	
강원	4,370	18,300	42,170	14,700	
대전	4,070	15,700	9,500	13,900	
대구	6,790	71,400	14,320	15,400	

Hint

• [표 디자인] 탭에서 표 채우기의 [목록] 단추를 클릭하고, '노랑'을 선택합니다.
• [셀 테두리/배경] 대화 상자의 [테두리] 탭에서 종류는 '이중 실선'과 '바깥쪽'을 선택합니다.
• 첫 번째 행(줄)/열(칸)을 블록 지정한 후 [셀 테두리/배경] 대화 상자의 [테두리] 탭에서 종류는 '이중 실선'과 '아래쪽 테두리'/'오른쪽 테두리'를 각각 선택합니다.
• 마지막 셀은 [셀 테두리/배경] 대화 상자의 [대각선] 탭에서 종류는 '실선'과 '대각선'을 각각 선택합니다.
• 합계의 해당 부분을 블록 지정한 후 [표 레이아웃] 탭에서 [계산식] 단추를 클릭하고, [블록 합계]를 선택합니다.
• 표를 선택한 후 [표 레이아웃] 탭에서 캡션의 [목록] 단추를 클릭하고, [위]를 선택합니다.
• 표 왼쪽 상단에 '표 1'을 블록 지정한 후 주어진 내용을 입력하고, 서식 도구 상자에서 글꼴은 '굴림', 글자 크기는 '10'을 지정한 다음 [오른쪽 정렬] 단추를 클릭합니다.

출제 유형 문제

• **예제 파일** : 유형 분석 03₩유형 06_문제.hwpx / • **완성 파일** : 유형 분석 03₩유형 06_완성.hwpx

05 다음의 ≪조건≫에 따라 ≪출력형태≫와 같이 표와 차트를 작성하시오.

≪표 조건≫

(1) 표 전체(표, 캡션) - 굴림, 10pt

(2) 정렬 - 문자 : 가운데 정렬, 숫자 : 오른쪽 정렬

(3) 셀 배경(면색) : 노랑

(4) 한글의 계산 기능을 이용하여 빈칸에 평균(소수점 두 자리)을 구하고, 캡션 기능 사용할 것

(5) 선 모양은 ≪출력형태≫와 동일하게 처리할 것

≪출력형태≫

1.

Ransomware is malicious program that locks the system or encrypts data in combination with ransom and software, and requires money to be paid hostage.

랜섬웨어는 몸값과 소프트웨어의 합성어로 시스템을 잠그거나 데이터를 암호화해 사용할 수 없도록 하고 이를 인질로 금전을 요구하는 악성 프로그램을 말한다.

2.

분기별 악성코드 통계 현황(단위 : 건)

종류	1분기	2분기	3분기	4분기	평균
랜섬웨어	275	255	347	463	
정보탈취	80	130	44	82	
원격제어	224	38	18	25	
기타	42	13	54	73	

Hint

• [표 디자인] 탭에서 표 채우기의 [목록] 단추를 클릭하고, '노랑'을 선택합니다.

• [셀 테두리/배경] 대화 상자의 [테두리] 탭에서 종류는 '이중 실선'과 '바깥쪽'을 선택합니다.

• 첫 번째 행(줄)/열(칸)을 블록 지정한 후 [셀 테두리/배경] 대화 상자의 [테두리] 탭에서 종류는 '이중 실선'과 '아래쪽 테두리'/ '오른쪽 테두리'를 각각 선택합니다.

• 마지막 셀은 [셀 테두리/배경] 대화 상자의 [대각선] 탭에서 종류는 '실선'과 '대각선'을 각각 선택합니다.

• 평균의 해당 부분을 블록 지정한 후 [표 레이아웃] 탭에서 [계산식] 단추를 클릭하고, [블록 평균]을 선택합니다.

• 표를 선택한 후 [표 레이아웃] 탭에서 캡션의 [목록] 단추를 클릭하고, [위]를 선택합니다.

• 표 왼쪽 상단에 '표 1'을 블록 지정한 후 주어진 내용을 입력하고, 서식 도구 상자에서 글꼴은 '굴림', 글자 크기는 '10'을 지정한 다음 [오른쪽 정렬] 단추를 클릭합니다.

출제 유형 문제

• **예제 파일** : 유형 분석 03₩유형 07_문제.hwpx / • **완성 파일** : 유형 분석 03₩유형 07_완성.hwpx

06 다음의 ≪조건≫에 따라 ≪출력형태≫와 같이 표와 차트를 작성하시오.

≪표 조건≫

(1) 표 전체(표, 캡션) – 궁서, 10pt

(2) 정렬 – 문자 : 가운데 정렬, 숫자 : 오른쪽 정렬

(3) 셀 배경(면색) : 노랑

(4) 한글의 계산 기능을 이용하여 빈칸에 평균(소수점 두 자리)을 구하고, 캡션 기능 사용할 것

(5) 선 모양은 ≪출력형태≫와 동일하게 처리할 것

≪출력형태≫

1.

The Korean Institute of architects hopes to actively contribute to the promotion of architecture by inspiring the architects creativity and advance the status of architects.

건축은 인간의 여러 가지 생활을 담기 위한 기술과 구조 및 기능을 수단으로 하여 이루어지는 공간 예술로 몇 세기에 걸쳐 유지될 수 있는 역사적 대상이며 사회적 존재이다.

2.

건축대전 응시 현황(단위 : 작품)

구분	2021년	2022년	2023년	2024년	평균
대학생	537	860	749	956	
대학원생	678	593	886	1,032	
직장인	321	453	406	763	
기타	426	533	612	497	

Hint

• [표 디자인] 탭에서 표 채우기의 [목록] 단추를 클릭하고, '노랑'을 선택합니다.

• [셀 테두리/배경] 대화 상자의 [테두리] 탭에서 종류는 '이중 실선'과 '바깥쪽'을 선택합니다.

• 첫 번째 행(줄)/열(칸)을 블록 지정한 후 [셀 테두리/배경] 대화 상자의 [테두리] 탭에서 종류는 '이중 실선'과 '아래쪽 테두리'/'오른쪽 테두리'를 각각 선택합니다.

• 마지막 셀은 [셀 테두리/배경] 대화 상자의 [대각선] 탭에서 종류는 '실선'과 '대각선'을 각각 선택합니다.

• 평균의 해당 부분을 블록 지정한 후 [표 레이아웃] 탭에서 [계산식] 단추를 클릭하고, [블록 평균]을 선택합니다.

• 표를 선택한 후 [표 레이아웃] 탭에서 캡션의 [목록] 단추를 클릭하고, [위]를 선택합니다.

• 표 왼쪽 상단에 '표 1'을 블록 지정한 후 주어진 내용을 입력하고, 서식 도구 상자에서 글꼴은 '궁서', 글자 크기는 '10'을 지정한 다음 [오른쪽 정렬] 단추를 클릭합니다.

유형 분석

04 [기능평가 Ⅰ-차트 작성]

차트 작성에서는 주어진 데이터를 이용하여 차트를 작성한 후 차트 디자인과 차트 서식을 활용하여 차트 종류, 차트 제목, 축 제목, 눈금선, 범례, 축 속성 등을 설정하는 방법에 대하여 알아봅니다.

시험 유형 미리 보기

• 예제 파일 : 유형 분석 04₩유형 01_문제.hwpx / • 완성 파일 : 유형 분석 04₩유형 01_완성.hwpx 100점

2. 다음의 ≪조건≫에 따라 ≪출력형태≫와 같이 표와 차트를 작성하시오.

《차트 조건》

(1) 차트 데이터는 표 내용에서 메달별 레슬링, 양궁, 유도, 태권도의 값만 이용할 것
(2) 종류 – 〈묶은 세로 막대형〉으로 작업할 것
(3) 제목 – 글꼴 : 굴림, 진하게, 12pt,
속성 : 채우기(밝은 색 : 하양), 테두리, 그림자(바깥쪽 : 대각선 오른쪽 아래)
(4) 제목 이외의 전체 글꼴 – 굴림, 보통, 10pt
(5) 축 제목과 범례는 ≪출력형태≫와 동일하게 처리할 것

《출력형태》

2.

한국 하계올림픽 특정 종목 역대 메달 현황(단위: 개)

종목	레슬링	양궁	유도	태권도	근대 5종
금메달	11	27	11	12	0
은메달	11	9	17	3	0
동메달	14	7	18	7	1
합계	36	43	46	22	

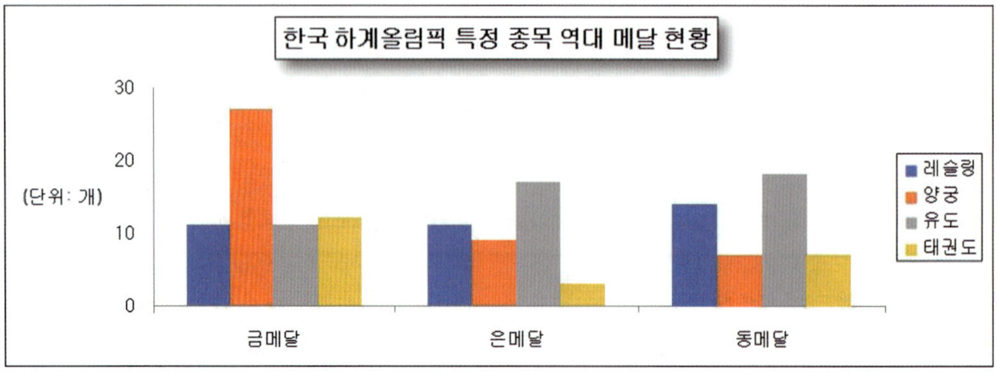

유형 잡기 01 차트 만들기

1 [파일]-[불러오기]를 선택한 후 [불러오기] 대화 상자에서 '유형 분석 04₩유형 01_문제.hwpx'를 불러오기 합니다.

2 표에서 차트로 작성할 내용을 블록 지정한 후 [표 디자인] 탭에서 차트 만들기(차트 만들기) 단추를 클릭합니다.

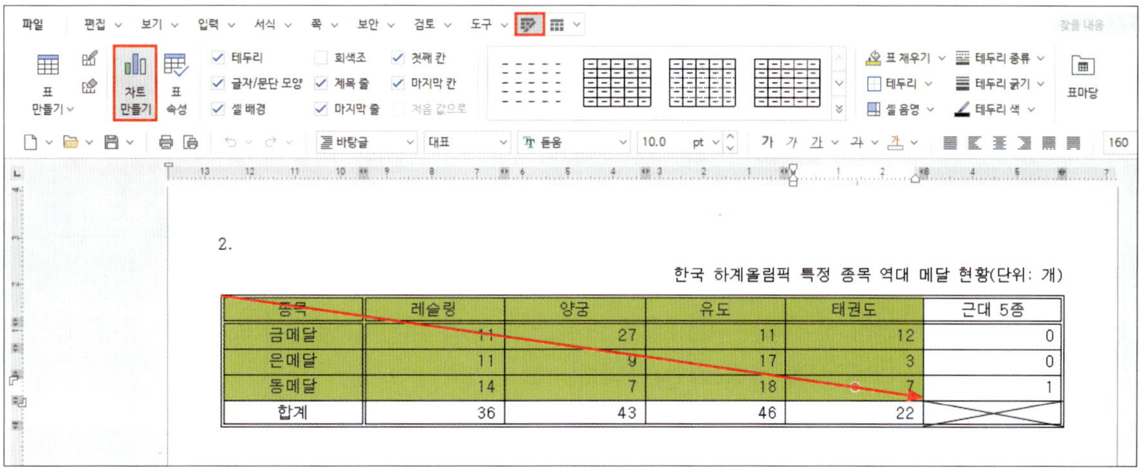

3 표 위에 기본 차트와 [차트 데이터 편집] 대화 상자가 나타나면 데이터 내용을 확인하고, 닫기(×) 단추를 클릭합니다.

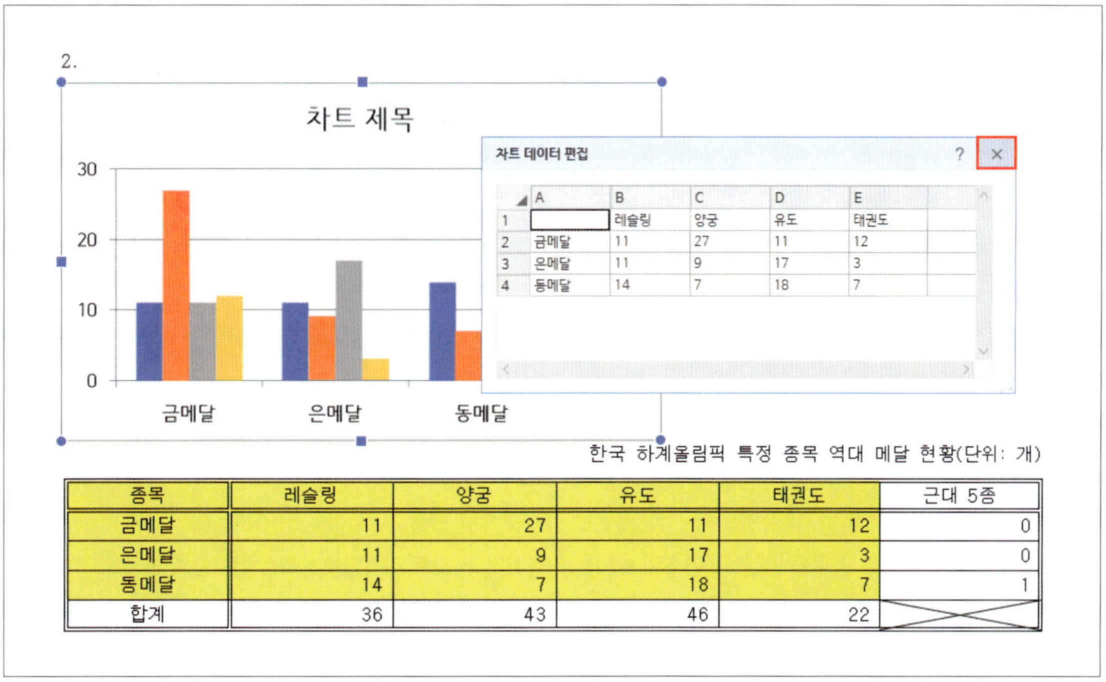

4 차트를 선택한 후 [차트 서식] 탭에서 '글자처럼 취급'을 체크(선택)합니다.

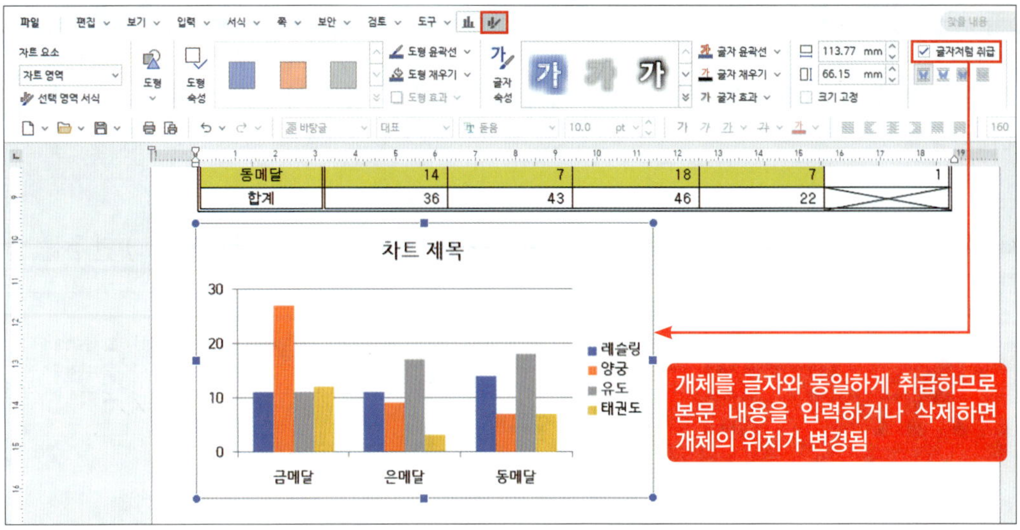

5 차트 종류를 확인하기 위하여 차트에서 마우스 오른쪽 버튼을 클릭하고, [차트 종류 변경]-[세로 막대형]-[묶은 세로 막대형]을 선택(확인)합니다.

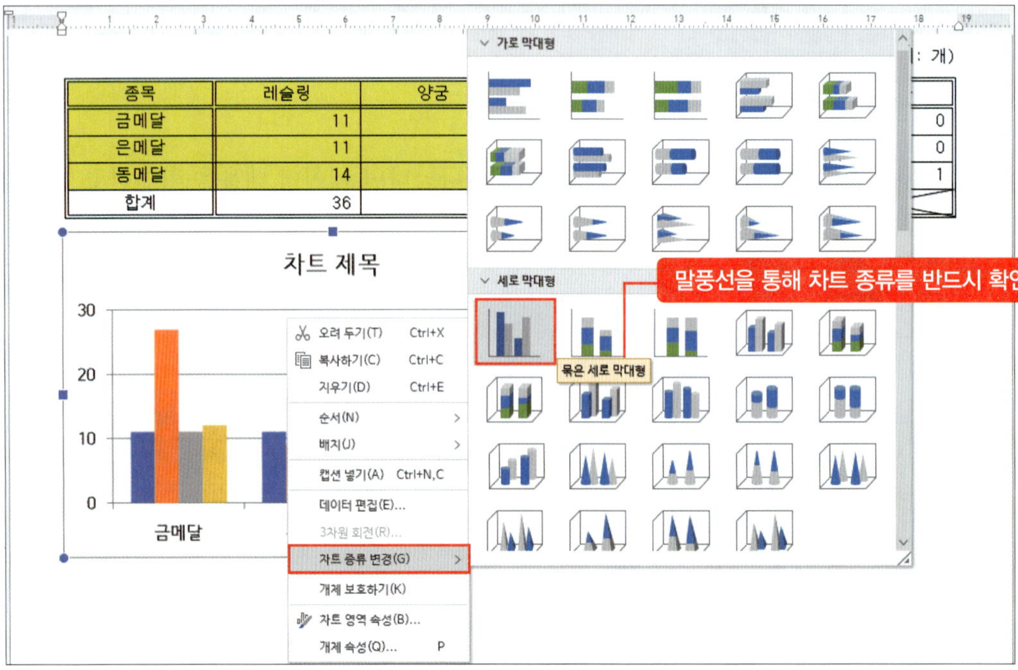

| TIP | **차트 종류**

차트 조건에 따라 차트 종류를 변경하려면 **5**의 방법을 이용하거나 [차트 디자인] 탭에서 차트 종류 변경( ) 단추를 클릭하고, 조건에 맞는 차트를 선택합니다.

6 차트가 선택된 상태에서 크기 조절점을 오른쪽으로 드래그하여 차트의 가로 크기를 적당히 조절합니다.

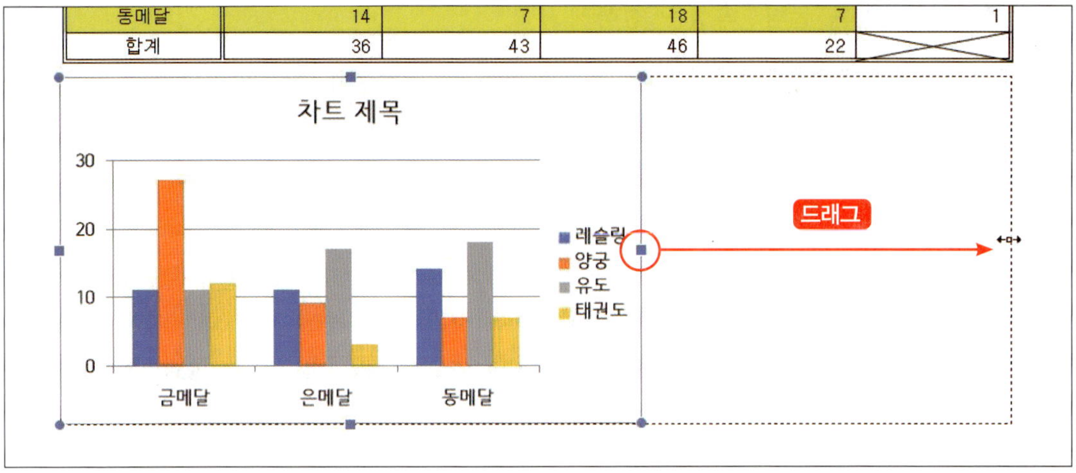

| TIP | 차트의 축 방향

차트를 작성한 후 차트의 행(줄)과 열(칸)을 변경하려면 [차트 디자인] 탭에서 줄/칸 전환( ) 단추를 클릭합니다. 차트의 축 방향은 ≪출력형태≫를 보고 결정합니다.

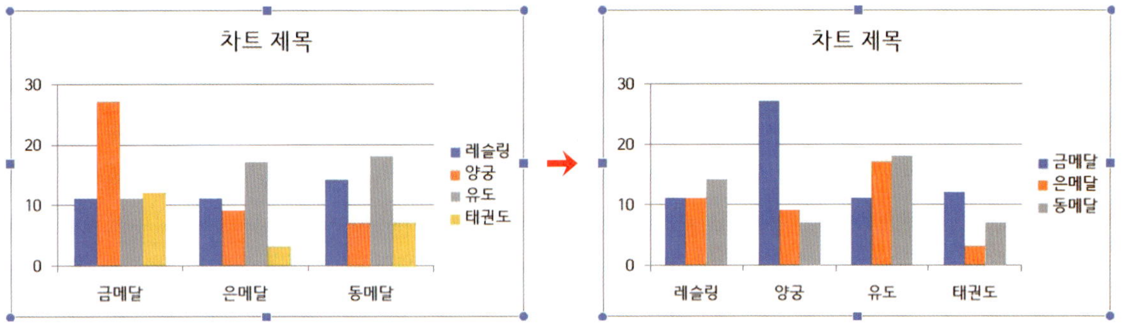

유형 잡기 02 차트 편집하기

1 차트 제목을 클릭한 후 마우스 오른쪽 버튼을 클릭하고, [제목 편집]을 선택합니다.

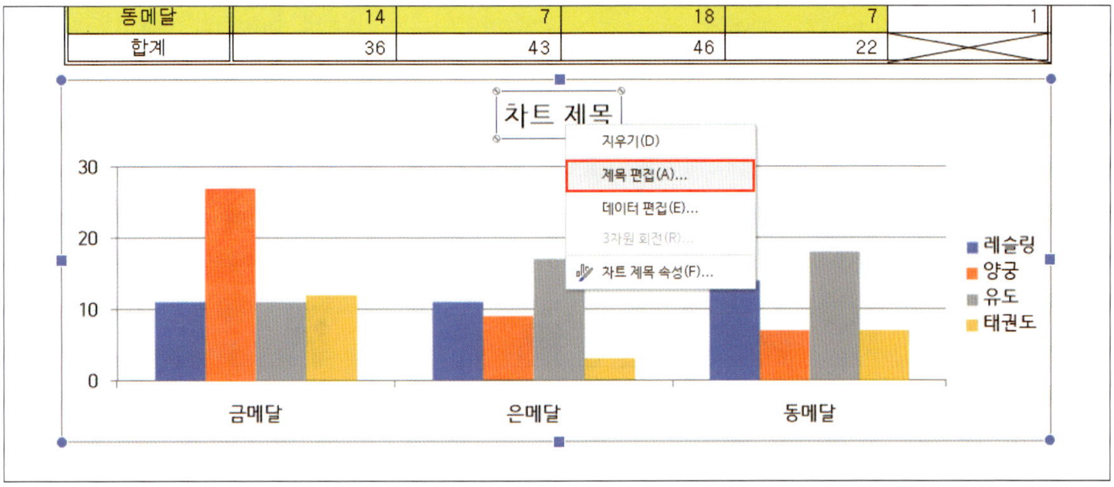

2 [차트 글자 모양] 대화 상자에서 글자 내용을 입력한 후 한글 글꼴은 '굴림', 속성은 '진하게', 크기는 '12'를 각각 지정하고, [설정] 버튼을 클릭합니다.

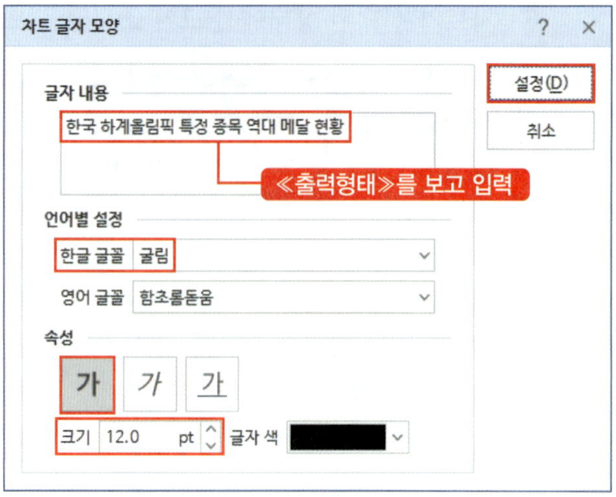

3 계속해서 [차트 서식] 탭에서 도형 윤곽선(도형 윤곽선) 단추를 클릭하고, '검정'을 선택합니다.

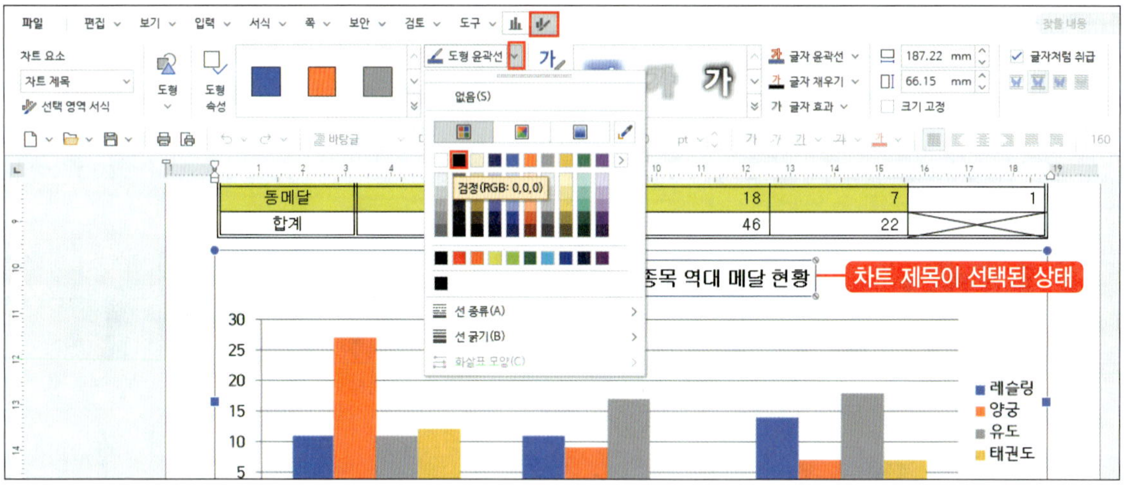

4 계속해서 [차트 서식] 탭에서 도형 채우기(도형 채우기) 단추를 클릭하고, '하양'을 선택합니다.

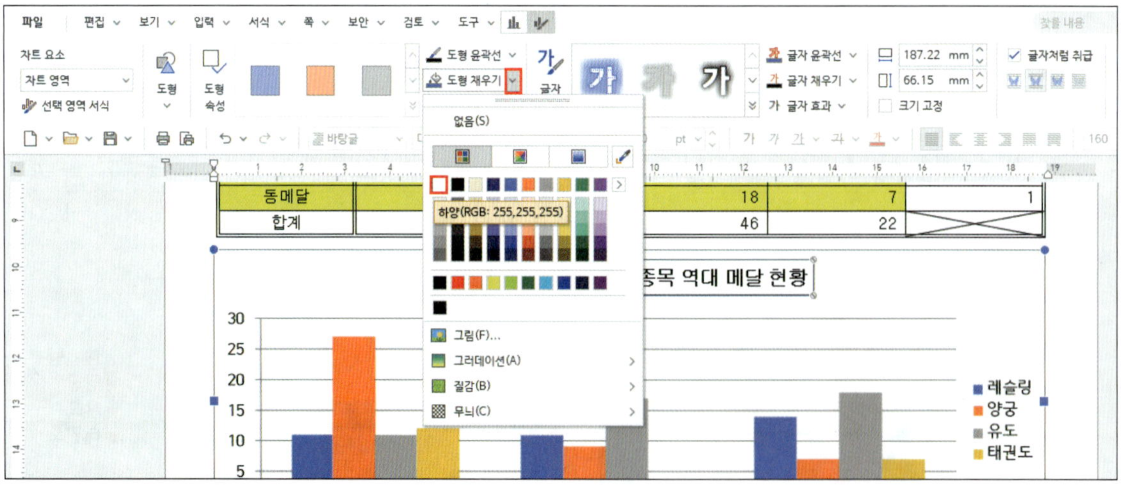

5 마지막으로 [차트 서식] 탭에서 도형 효과(도형 효과) 단추를 클릭하고, [그림자]-[바깥쪽]-[대각선 오른쪽 아래]를 선택합니다.

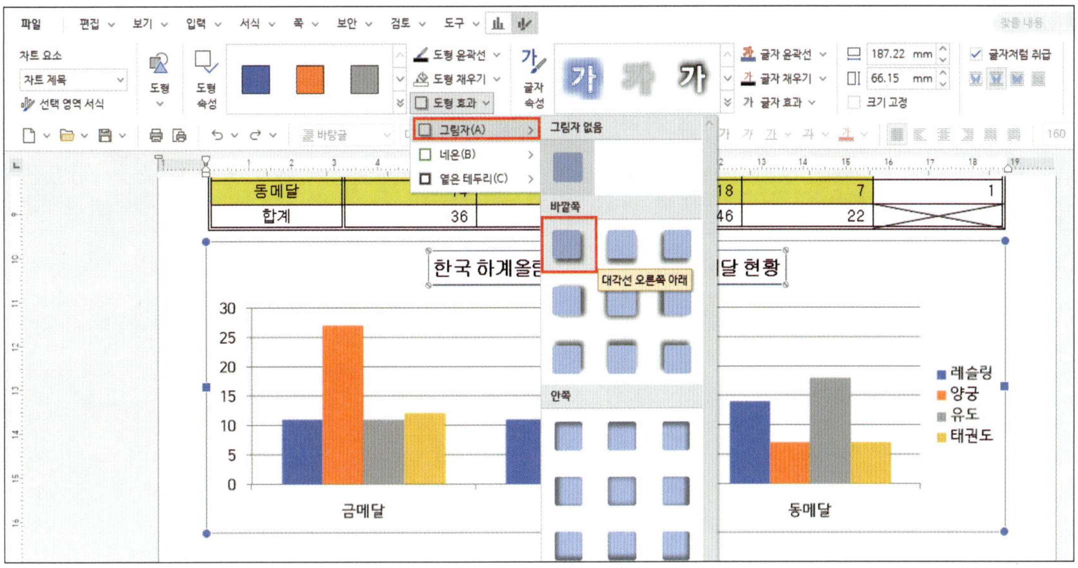

6 다시 차트만을 선택한 후 [차트 디자인] 탭에서 차트 구성 추가( ) 단추를 클릭하고, [축 제목]-[기본 세로]를 선택합니다.

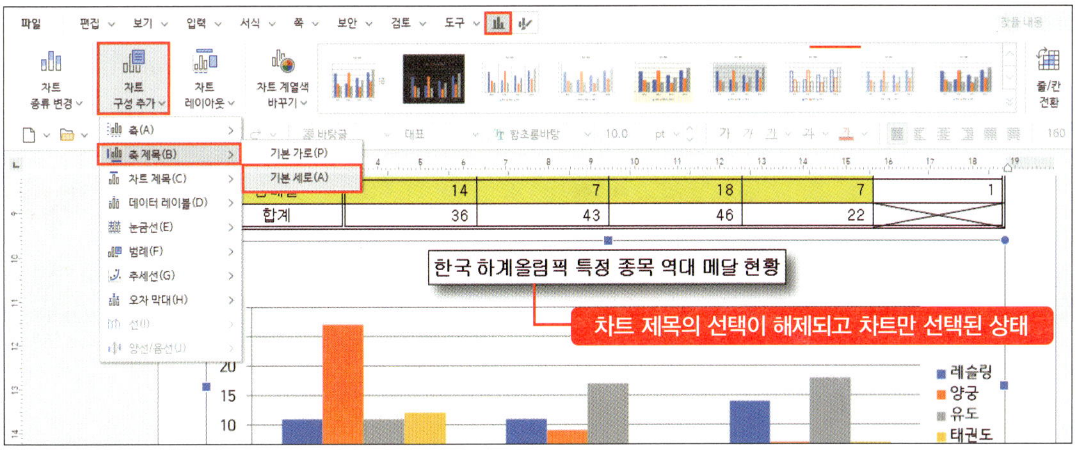

7 축 제목에서 마우스 오른쪽 버튼을 클릭하고, [제목 편집]을 선택한 후 [차트 글자 모양] 대화 상자에서 글자 내용과 한글 글꼴을 각각 지정하고, [설정] 버튼을 클릭합니다.

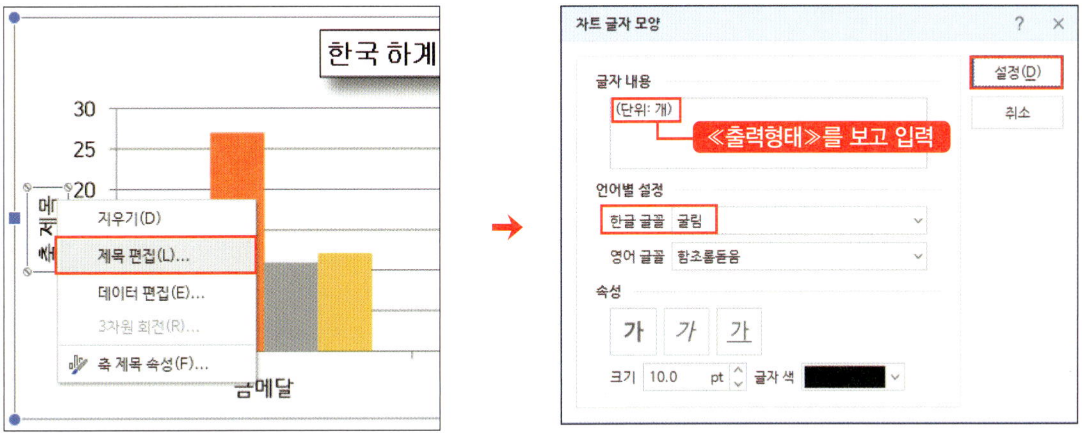

8 이번에는 축 제목을 더블 클릭한 후 개체 속성 작업 창이 나타나면 크기 및 속성의 글상자에서 글자 방향을 [가로]로 선택하고, 작업 창 닫기(×) 단추를 클릭합니다.

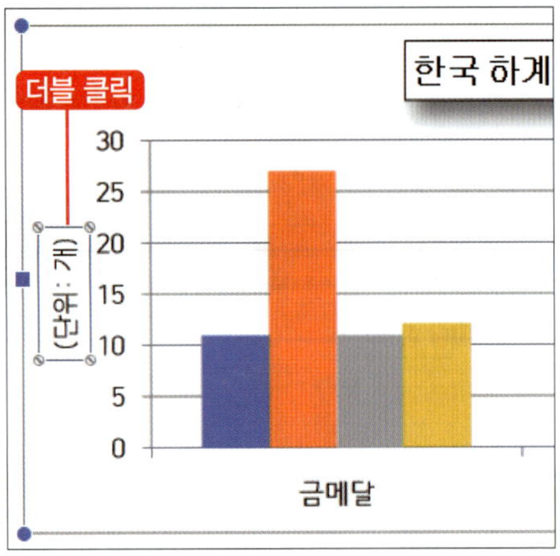

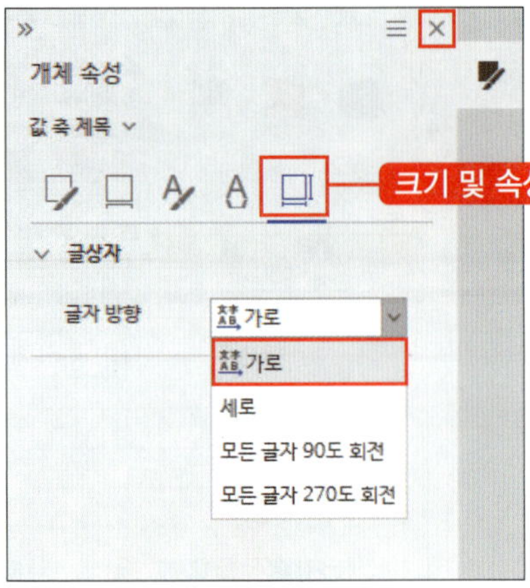

9 범례를 선택한 후 [차트 서식] 탭에서 도형 윤곽선(도형 윤곽선) 단추를 클릭하고, '검정'을 선택합니다.

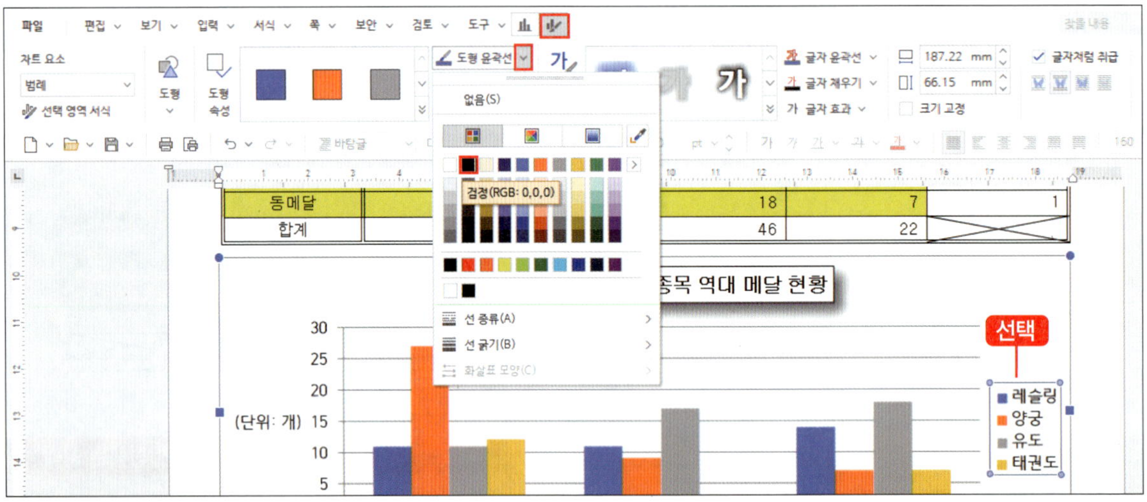

10 차트의 범례에서 마우스 오른쪽 버튼을 클릭하고, [글자 모양 편집]을 선택한 후 [차트 글자 모양] 대화상자에서 한글 글꼴을 '굴림'으로 지정하고, [설정] 버튼을 클릭합니다.

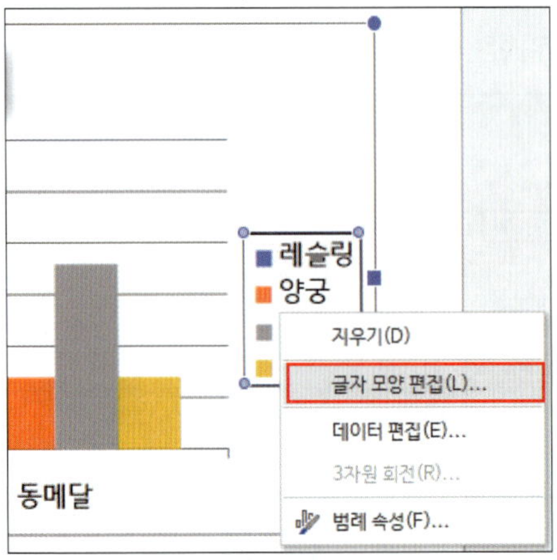

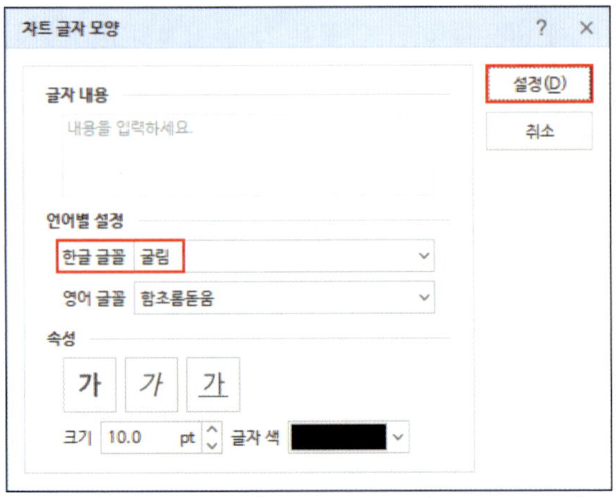

11 차트의 기본 가로 축에서 마우스 오른쪽 버튼을 클릭하고, [글자 모양 편집]을 선택한 후 [차트 글자 모양] 대화 상자에서 한글 글꼴을 '굴림'으로 지정하고, [설정] 버튼을 클릭합니다.

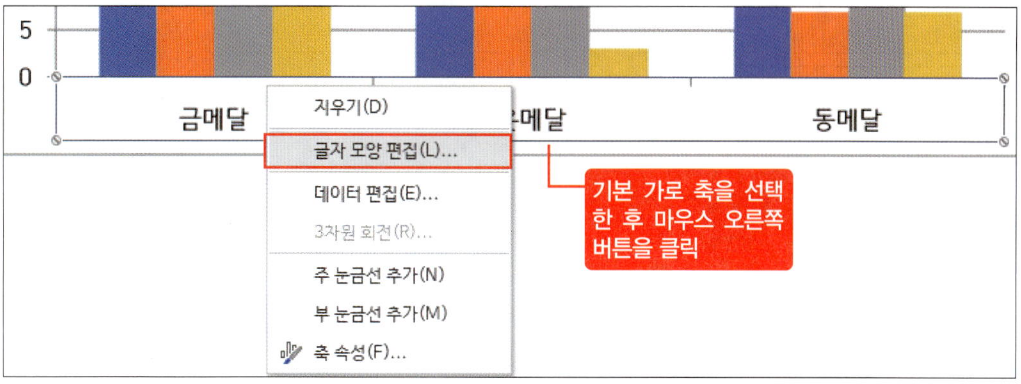

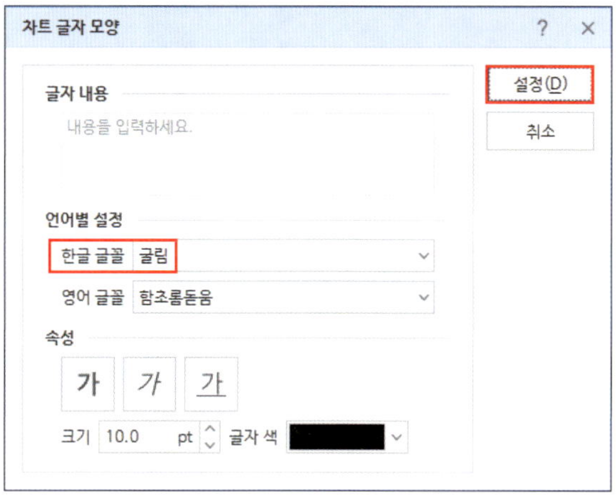

12 차트의 기본 세로 축에서 마우스 오른쪽 버튼을 클릭하고, [글자 모양 편집]을 선택한 후 [차트 글자 모양] 대화 상자에서 영어 글꼴을 '굴림'으로 지정하고, [설정] 버튼을 클릭합니다.

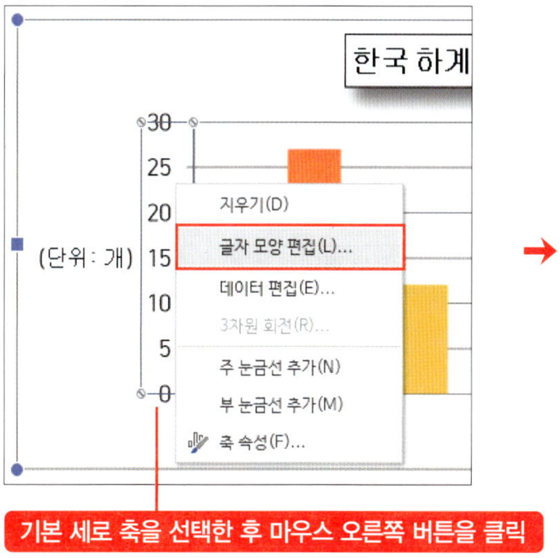

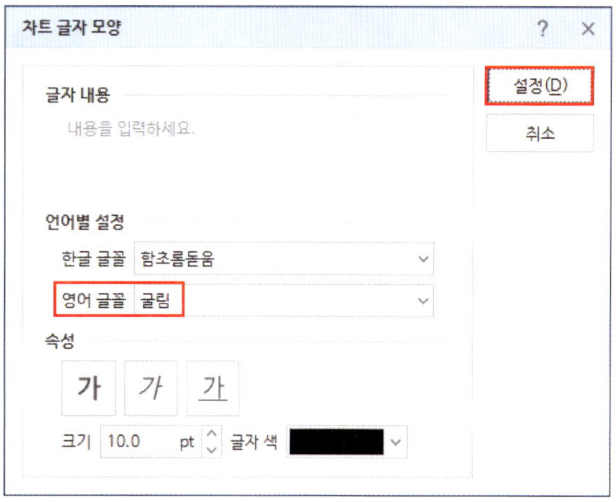

| TIP | 영어 글꼴

차트의 구성 요소 중에서 값 축에 해당하는 숫자는 한글 글꼴이 아닌 영어 글꼴임을 기억해야 합니다.

13 이번에는 차트의 기본 세로 축을 더블 클릭한 후 개체 속성 작업 창이 나타나면 축 속성의 단위에서 '주'를 선택하고, "10"을 입력한 다음 눈금의 주 눈금을 '없음'으로 선택하고, 작업 창 닫기(×) 단추를 클릭합니다.

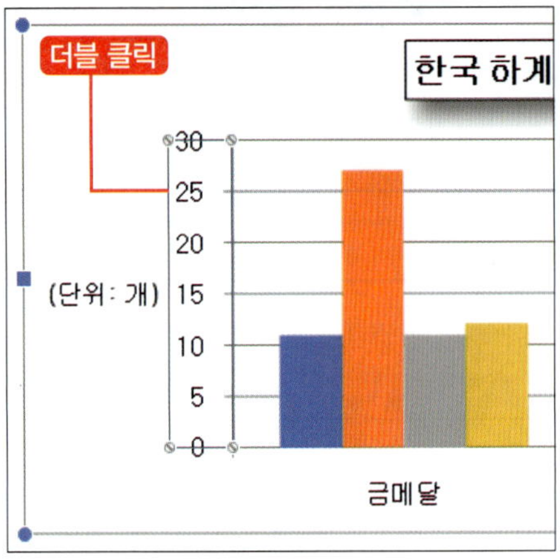

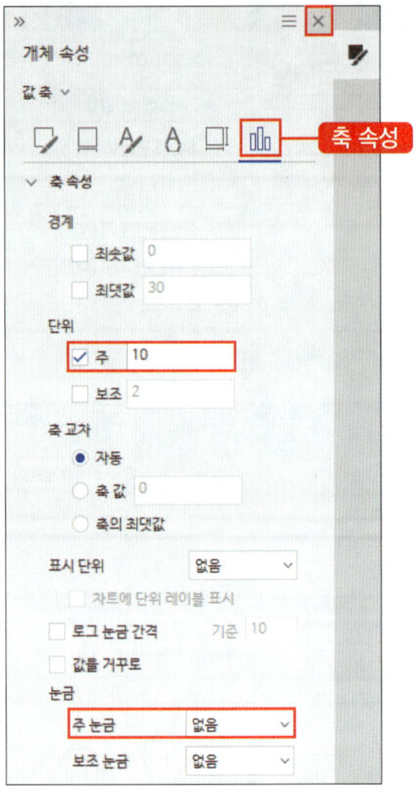

14 다시 차트만을 선택한 후 [차트 디자인] 탭에서 차트 구성 추가( ) 단추를 클릭하고, [눈금선]-[기본 주 가로]를 선택하여 체크 표시를 해제합니다.

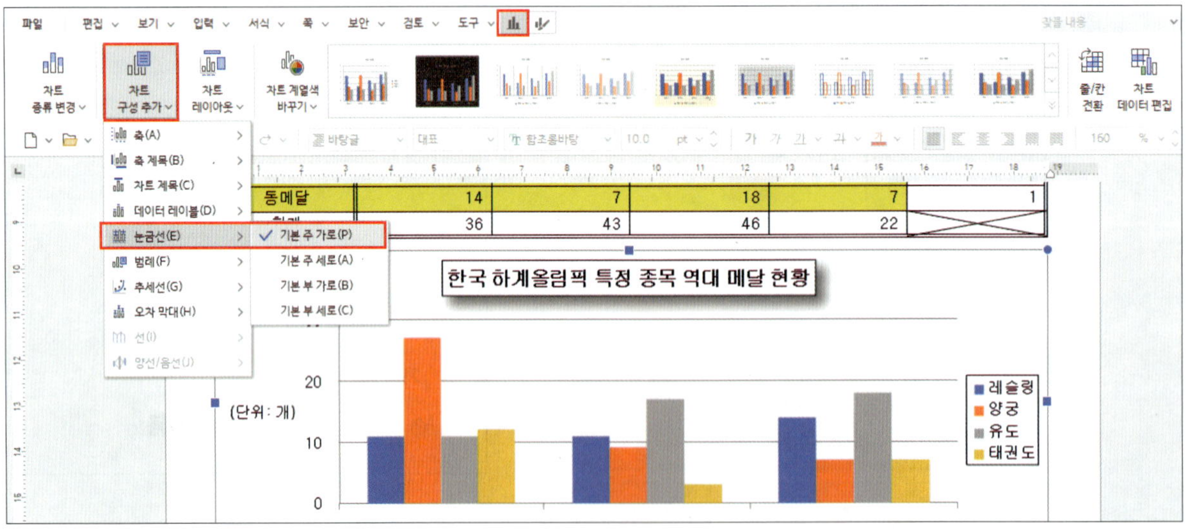

| TIP | **차트의 구성 요소**

차트에서 구성 요소를 선택할 경우 [차트 서식] 탭에서 차트 요소의 목록(⌄) 단추를 클릭하면 원하는 항목을 쉽게 선택할 수 있습니다.

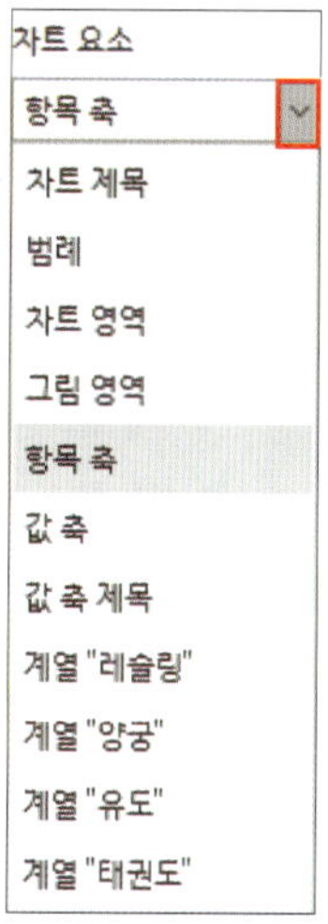

15 차트 작업이 완료되면 차트 맨 앞에 커서를 위치시킨 후 Enter 키를 한 번 누르고, ≪출력형태≫와 비교하여 틀린 부분이 없는지 확인합니다.

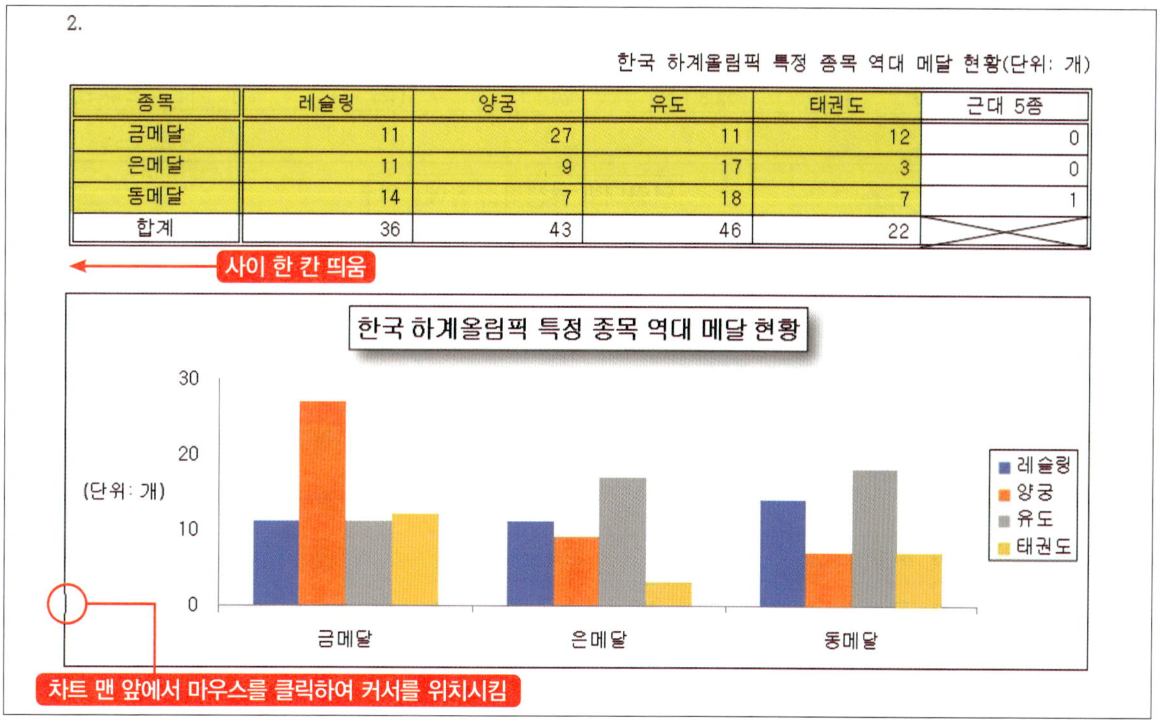
2.

한국 하계올림픽 특정 종목 역대 메달 현황(단위: 개)

종목	레슬링	양궁	유도	태권도	근대 5종
금메달	11	27	11	12	0
은메달	11	9	17	3	0
동메달	14	7	18	7	1
합계	36	43	46	22	

16 모든 작업이 완료되면 서식 도구 상자에서 저장하기(💾) 단추를 클릭하여 완성 파일을 저장합니다.

출제 유형 문제

• 예제 파일 : 유형 분석 04₩유형 02_문제.hwpx / • 완성 파일 : 유형 분석 04₩유형 02_완성.hwpx

01 다음의 ≪조건≫에 따라 ≪출력형태≫와 같이 표와 차트를 작성하시오.

≪차트 조건≫

(1) 차트 데이터는 표 내용에서 연령대별 시간문제, 동기부족, 학습비용의 값만 이용할 것

(2) 종류 – 〈묶은 세로 막대형〉으로 작업할 것

(3) 제목 – 글꼴 : 돋움, 진하게, 12pt,
속성 : 채우기(밝은 색 : 하양), 테두리, 그림자(바깥쪽 : 아래쪽)

(4) 제목 이외의 전체 글꼴 – 돋움, 보통, 10pt

(5) 축 제목과 범례는 ≪출력형태≫와 동일하게 처리할 것

≪출력형태≫

2.

연령대별 평생학습 장애요인(단위 : %)

요인	20대	30대	40대	50대	평균
시간문제	55.1	56.3	58.9	43.9	53.55
동기부족	8.5	10.2	12.4	17.9	12.25
학습비용	13.9	13.4	11.0	12.1	12.60
기타	22.5	20.1	17.7	26.1	

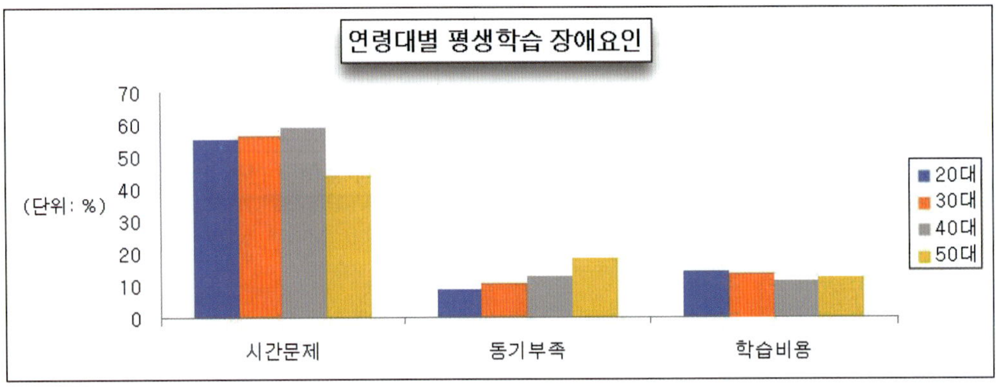

Hint

• 차트 제목은 [차트 서식] 탭에서 도형 윤곽선은 '검정', 도형 채우기는 '하양', 도형 효과는 [그림자]-[바깥쪽]-[아래쪽]을 선택합니다.

• 차트만을 선택한 후 [차트 디자인] 탭에서 [차트 구성 추가] 단추를 클릭하고, [축 제목]-[기본 세로]를 선택합니다.

• 축 제목을 더블 클릭한 후 개체 속성 작업 창이 나타나면 크기 및 속성의 글상자에서 글자 방향을 [가로]로 선택합니다.

• 범례는 [차트 서식] 탭에서 [도형 윤곽선] 단추를 클릭하고, '검정'을 선택합니다.

• 기본 세로 축을 더블 클릭한 후 개체 속성 작업 창이 나타나면 축 속성의 단위에서 '주'를 선택하고, "10"을 입력한 다음 눈금의 주 눈금을 '없음'으로 선택합니다.

• 차트만을 선택한 후 [차트 디자인] 탭에서 [차트 구성 추가] 단추를 클릭하고, [눈금선]-[기본 주 가로]를 선택하여 체크 표시를 해제합니다.

출제 유형 문제

• **예제 파일** : 유형 분석 04₩유형 03_문제.hwpx / • **완성 파일** : 유형 분석 04₩유형 03_완성.hwpx

02 다음의 ≪조건≫에 따라 ≪출력형태≫와 같이 표와 차트를 작성하시오.

≪차트 조건≫

(1) 차트 데이터는 표 내용에서 연도별 소비, 소득, 분배의 값만 이용할 것

(2) 종류 – 〈묶은 가로 막대형〉으로 작업할 것

(3) 제목 – 글꼴 : 굴림, 진하게, 12pt,

속성 : 채우기(밝은 색 : 하양), 테두리, 그림자(바깥쪽 : 대각선 왼쪽 아래)

(4) 제목 이외의 전체 글꼴 – 굴림, 보통, 10pt

(5) 축 제목과 범례는 ≪출력형태≫와 동일하게 처리할 것

≪출력형태≫

2.

경제행복도지수의 부문별점수(단위 : 점)

구분	2021년	2022년	2023년	2024년	합계
소비	0.65	0.87	0.92	0.98	3.42
소득	0.63	0.78	0.99	0.82	3.22
분배	0.20	0.27	0.18	0.18	0.83
안정	0.40	0.38	0.29	0.01	

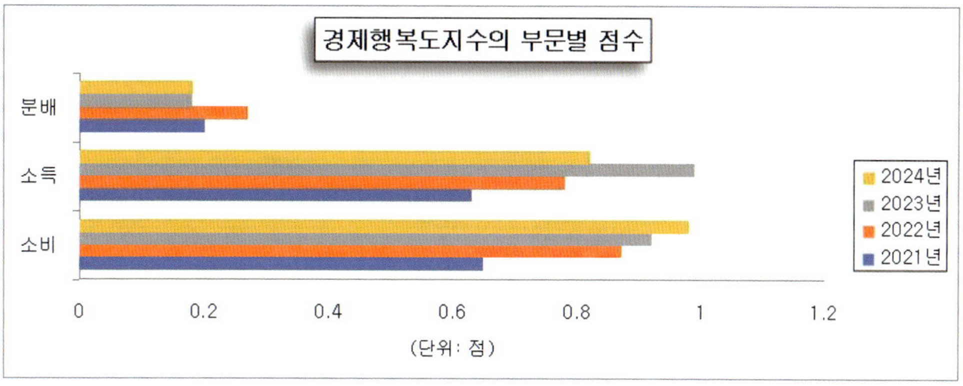

Hint

- 차트 종류를 변경하기 위하여 차트를 선택한 후 [차트 디자인] 탭에서 [차트 종류 변경] 단추를 클릭하고, '묶은 가로 막대형'을 선택합니다.
- 차트 제목은 [차트 서식] 탭에서 도형 윤곽선은 '검정', 도형 채우기는 '하양', 도형 효과는 [그림자]-[바깥쪽]-[대각선 왼쪽 아래]를 선택합니다.
- 차트만을 선택한 후 [차트 디자인] 탭에서 [차트 구성 추가] 단추를 클릭하고, [축 제목]-[기본 가로]를 선택합니다.
- 범례는 [차트 서식] 탭에서 [도형 윤곽선] 단추를 클릭하고, '검정'을 선택합니다.
- 기본 값 축을 더블 클릭한 후 개체 속성 작업 창이 나타나면 축 속성의 눈금에서 주 눈금을 '없음'으로 선택합니다.
- 차트만을 선택한 후 [차트 디자인] 탭에서 [차트 구성 추가] 단추를 클릭하고, [눈금선]-[기본 주 세로]를 선택하여 체크 표시를 해제합니다.

출제 유형 문제

• **예제 파일** : 유형 분석 04₩유형 04_문제.hwpx / • **완성 파일** : 유형 분석 04₩유형 04_완성.hwpx

03 **다음의 ≪조건≫에 따라 ≪출력형태≫와 같이 표와 차트를 작성하시오.**

≪차트 조건≫

(1) 차트 데이터는 표 내용에서 연도별 초중고교생, 대학생, 성인의 값만 이용할 것

(2) 종류 – 〈꺾은선형〉으로 작업할 것

(3) 제목 – 글꼴 : 굴림, 진하게, 12pt,
속성 : 채우기(밝은 색 : 하양), 테두리, 그림자(바깥쪽 : 오른쪽)

(4) 제목 이외의 전체 글꼴 – 굴림, 보통, 10pt

(5) 축 제목과 범례는 ≪출력형태≫와 동일하게 처리할 것

≪출력형태≫

2.

백제문화제 관람객 현황(단위 : 백 명)

구분	2021년	2022년	2023년	2024년	평균
초중고교생	3,980	3,860	3,250	4,370	3,865.00
대학생	4,260	5,200	4,480	5,030	4,742.50
성인	8,150	7,450	8,320	7,180	7,775.00
외국인	1,650	1,370	1,610	1,510	

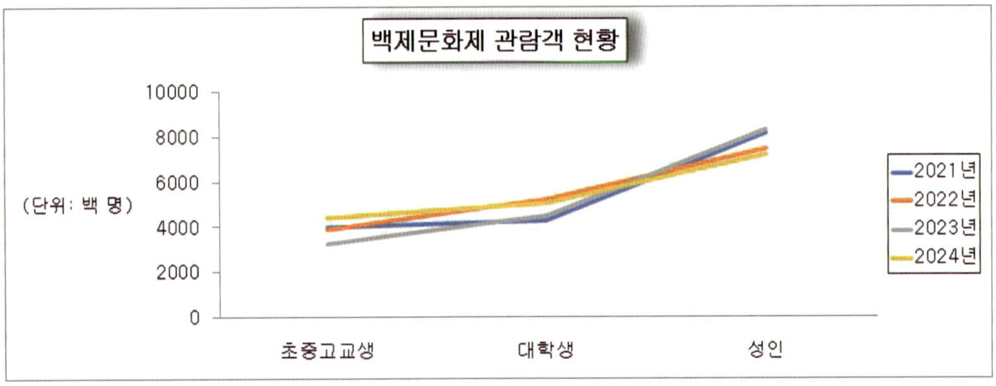

Hint

• 차트 종류를 변경하기 위하여 차트를 선택한 후 [차트 디자인] 탭에서 [차트 종류 변경] 단추를 클릭하고, '꺾은선형'을 선택합니다.

• 차트 제목은 [차트 서식] 탭에서 도형 윤곽선은 '검정', 도형 채우기는 '하양', 도형 효과는 [그림자]-[바깥쪽]-[오른쪽]을 선택합니다.

• 차트만을 선택한 후 [차트 디자인] 탭에서 [차트 구성 추가] 단추를 클릭하고, [축 제목]-[기본 세로]를 선택합니다.

• 축 제목을 더블 클릭한 후 개체 속성 작업 창이 나타나면 크기 및 속성의 글상자에서 글자 방향을 [가로]로 선택합니다.

• 범례는 [차트 서식] 탭에서 [도형 윤곽선] 단추를 클릭하고, '검정'을 선택합니다.

• 기본 가로 축을 더블 클릭한 후 개체 속성 작업 창이 나타나면 축 속성의 눈금에서 주 눈금을 '없음'으로 선택합니다.

• 차트만을 선택한 후 [차트 디자인] 탭에서 [차트 구성 추가] 단추를 클릭하고, [눈금선]-[기본 주 가로]를 선택하여 체크 표시를 해제합니다.

출제 유형 문제

• **예제 파일** : 유형 분석 04₩유형 05_문제.hwpx / • **완성 파일** : 유형 분석 04₩유형 05_완성.hwpx

04 **다음의 ≪조건≫에 따라 ≪출력형태≫와 같이 표와 차트를 작성하시오.**

≪차트 조건≫

(1) 차트 데이터는 표 내용에서 구분별 충북, 강원, 대전의 값만 이용할 것

(2) 종류 – 〈묶은 세로 막대형〉으로 작업할 것

(3) 제목 – 글꼴 : 궁서, 진하게, 12pt,

속성 : 채우기(밝은 색 : 하양), 테두리, 그림자(바깥쪽 : 가운데)

(4) 제목 이외의 전체 글꼴 – 궁서, 보통, 10pt

(5) 축 제목과 범례는 ≪출력형태≫와 동일하게 처리할 것

≪출력형태≫

2.

지역별 주차장 현황(단위 : 개소)

구분	노상 유료	노상 무료	노외 공영	노외 민영	합계
충북	2,290	12,300	27,170	13,800	55,560
강원	4,370	18,300	42,170	14,700	79,540
대전	4,070	15,700	9,500	13,900	43,170
대구	6,790	71,400	14,320	15,400	

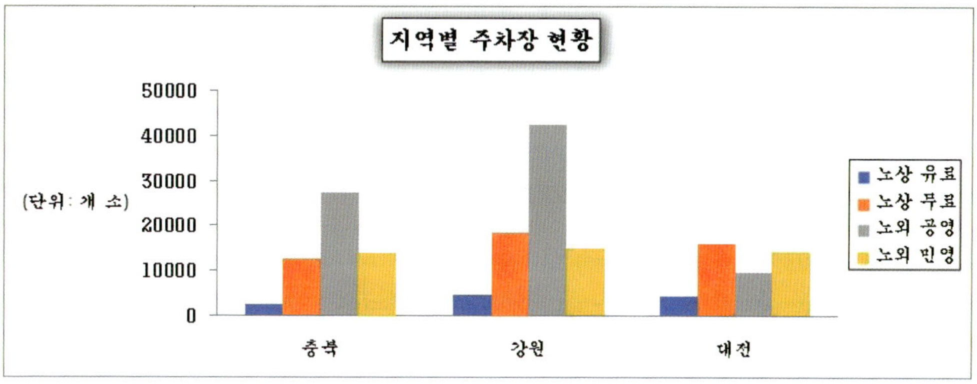

Hint

• 차트 제목은 [차트 서식] 탭에서 도형 윤곽선은 '검정', 도형 채우기는 '하양', 도형 효과는 [그림자]-[바깥쪽]-[가운데]를 선택합니다.

• 차트만을 선택한 후 [차트 디자인] 탭에서 [차트 구성 추가] 단추를 클릭하고, [축 제목]-[기본 세로]를 선택합니다.

• 축 제목을 더블 클릭한 후 개체 속성 작업 창이 나타나면 크기 및 속성의 글상자에서 글자 방향을 [가로]로 선택합니다.

• 범례는 [차트 서식] 탭에서 [도형 윤곽선] 단추를 클릭하고, '검정'을 선택합니다.

• 기본 세로 축에서 마우스 오른쪽 버튼을 클릭하고, [글자 모양 편집]을 선택한 후 [차트 글자 모양] 대화 상자에서 영어 글꼴을 '궁서'로 지정합니다.

• 기본 가로 축을 더블 클릭한 후 개체 속성 작업 창이 나타나면 축 속성의 눈금에서 주 눈금을 '없음'으로 선택합니다.

• 차트만을 선택한 후 [차트 디자인] 탭에서 [차트 구성 추가] 단추를 클릭하고, [눈금선]-[기본 주 가로]를 선택하여 체크 표시를 해제합니다.

• **예제 파일** : 유형 분석 04₩유형 06_문제.hwpx / • **완성 파일** : 유형 분석 04₩유형 06_완성.hwpx

05 다음의 ≪조건≫에 따라 ≪출력형태≫와 같이 표와 차트를 작성하시오.

≪차트 조건≫

(1) 차트 데이터는 표 내용에서 분기별 랜섬웨어, 정보탈취, 원격제어의 값만 이용할 것

(2) 종류 – 〈묶은 세로 막대형〉으로 작업할 것

(3) 제목 – 글꼴 : 궁서, 진하게, 12pt,

속성 : 채우기(밝은 색 : 하양), 테두리, 그림자(바깥쪽 : 왼쪽)

(4) 제목 이외의 전체 글꼴 – 궁서, 보통, 10pt

(5) 축 제목과 범례는 ≪출력형태≫와 동일하게 처리할 것

≪출력형태≫

2.

분기별 악성코드 통계 현황(단위 : 건)

종류	1분기	2분기	3분기	4분기	평균
랜섬웨어	275	255	347	463	335.00
정보탈취	80	130	44	82	84.00
원격제어	224	38	18	25	76.25
기타	42	13	54	73	

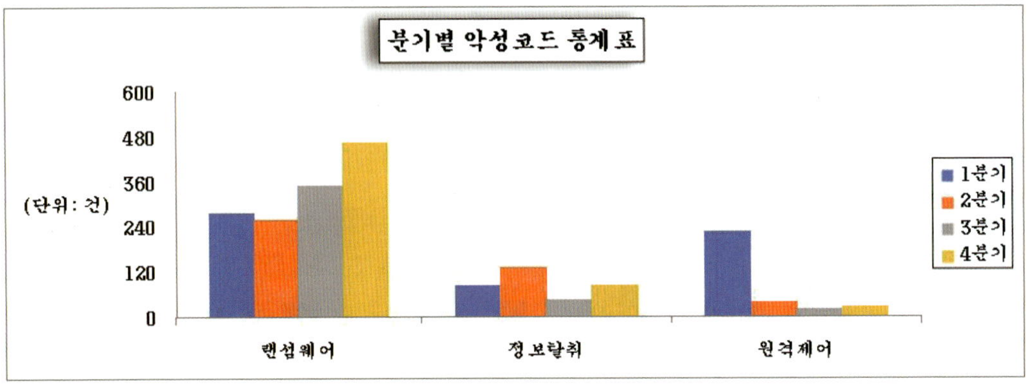

Hint

- 차트 제목은 [차트 서식] 탭에서 도형 윤곽선은 '검정', 도형 채우기는 '하양', 도형 효과는 [그림자]-[바깥쪽]-[왼쪽]을 선택합니다.
- 차트만을 선택한 후 [차트 디자인] 탭에서 [차트 구성 추가] 단추를 클릭하고, [축 제목]-[기본 세로]를 선택합니다.
- 축 제목을 더블 클릭한 후 개체 속성 작업 창이 나타나면 크기 및 속성의 글상자에서 글자 방향을 [가로]로 선택합니다.
- 범례는 [차트 서식] 탭에서 [도형 윤곽선] 단추를 클릭하고, '검정'을 선택합니다.
- 기본 세로 축에서 마우스 오른쪽 버튼을 클릭하고, [글자 모양 편집]을 선택한 후 [차트 글자 모양] 대화 상자에서 영어 글꼴을 '궁서'로 지정합니다.
- 기본 세로 축을 더블 클릭한 후 개체 속성 작업 창이 나타나면 축 속성의 경계에서 '최댓값-600', 단위에서 '주-120'을 지정한 다음 눈금의 주 눈금을 '없음'으로 선택합니다.
- 차트만을 선택한 후 [차트 디자인] 탭에서 [차트 구성 추가] 단추를 클릭하고, [눈금선]-[기본 주 가로]를 선택하여 체크 표시를 해제합니다.

출제 유형 문제

• **예제 파일** : 유형 분석 04₩유형 07_문제.hwpx / • **완성 파일** : 유형 분석 04₩유형 07_완성.hwpx

06 다음의 ≪조건≫에 따라 ≪출력형태≫와 같이 표와 차트를 작성하시오.

≪차트 조건≫

(1) 차트 데이터는 표 내용에서 연도별 대학생, 대학원생, 직장인의 값만 이용할 것
(2) 종류 – 〈묶은 세로 막대형〉으로 작업할 것
(3) 제목 – 글꼴 : 굴림, 진하게, 12pt,
속성 : 채우기(밝은 색 : 하양), 테두리, 그림자(바깥쪽 : 대각선 오른쪽 위)
(4) 제목 이외의 전체 글꼴 – 굴림, 보통, 10pt
(5) 축 제목과 범례는 ≪출력형태≫와 동일하게 처리할 것

≪출력형태≫

2.

건축대전 응시 현황(단위 : 작품)

구분	2021년	2022년	2023년	2024년	평균
대학생	537	860	749	956	775.50
대학원생	678	593	886	1,032	797.25
직장인	321	453	406	763	485.75
기타	426	533	612	497	

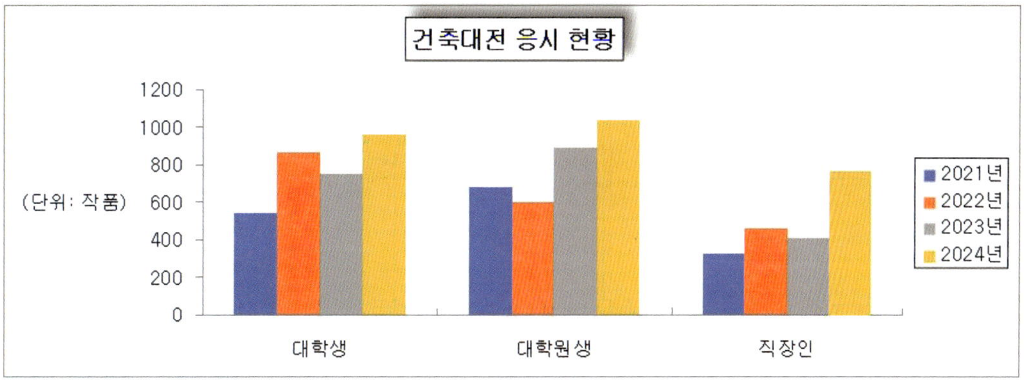

Hint

• 차트 제목은 [차트 서식] 탭에서 도형 윤곽선은 '검정', 도형 채우기는 '하양', 도형 효과는 [그림자]-[바깥쪽]-[대각선 오른쪽 위]를 선택합니다.
• 차트만을 선택한 후 [차트 디자인] 탭에서 [차트 구성 추가] 단추를 클릭하고, [축 제목]-[기본 세로]를 선택합니다.
• 축 제목을 더블 클릭한 후 개체 속성 작업 창이 나타나면 크기 및 속성의 글상자에서 글자 방향을 [가로]로 선택합니다.
• 기본 세로 축에서 마우스 오른쪽 버튼을 클릭하고, [글자 모양 편집]을 선택한 후 [차트 글자 모양] 대화 상자에서 영어 글꼴을 '굴림'으로 지정합니다.
• 기본 가로 축을 더블 클릭한 후 개체 속성 작업 창이 나타나면 축 속성의 눈금에서 주 눈금을 '안쪽'으로 선택합니다.
• 차트만을 선택한 후 [차트 디자인] 탭에서 [차트 구성 추가] 단추를 클릭하고, [눈금선]-[기본 주 가로]를 선택하여 체크 표시를 해제합니다.

유형 분석

05 [기능평가 II - 수식 작성]

수식 작성에서는 수식 편집기 창에서 다양한 수식을 작성하는 방법과 함께 수식의 항목 이동 및 수정 방법 등에 대하여 알아봅니다.

시험 유형 미리 보기

• 예제 파일 : 유형 분석 05₩유형 01_문제.hwpx / • 완성 파일 : 유형 분석 05₩유형 01_완성.hwpx

40점

3. 다음 (1), (2)의 수식을 수식 편집기로 각각 입력하시오.

《출력형태》

3.

(1) $G=2\int_{\frac{a}{2}}^{a}\frac{b\sqrt{a^2-x^2}}{a}dx$

(2) $H_n=\frac{a(r^n-1)}{r-1}=\frac{a(1+r^n)}{1-r}(r\neq 1)$

4.

유형 잡기 01 수식 입력하기(1)

1 [파일]-[불러오기]를 선택한 후 [불러오기] 대화 상자에서 '유형 분석 05₩유형 01_문제.hwpx'를 불러오기 합니다.

2 2페이지에서 '3.' 아래를 클릭하여 커서를 위치시킨 후 "(1)"을 입력합니다.

3 (1) 다음에 한 칸을 삽입한 후 [입력] 탭에서 수식(√x) 단추를 클릭합니다.

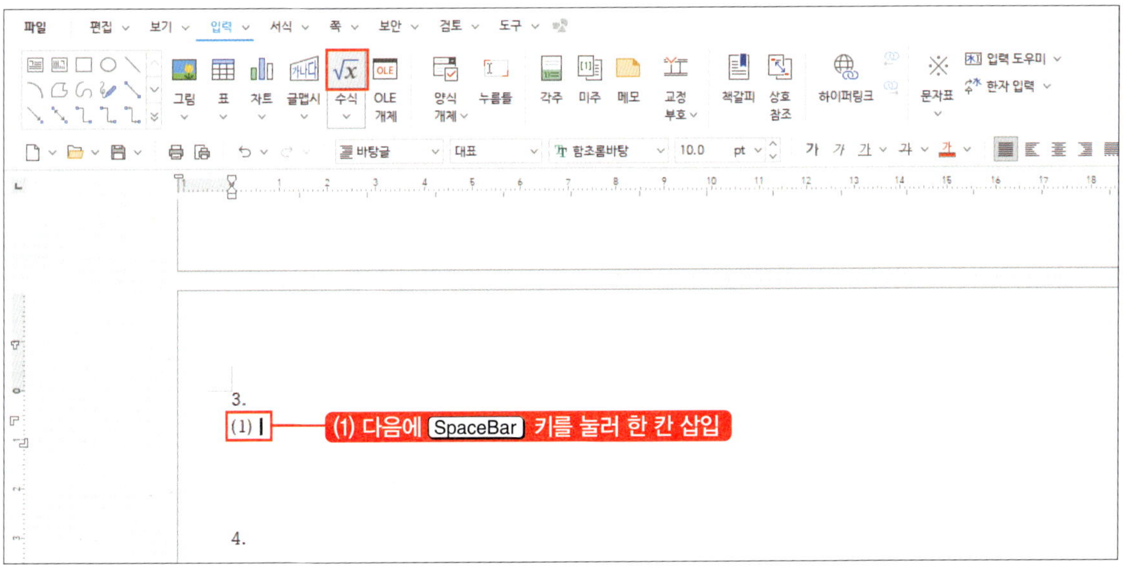

4 수식 편집기 창에서 주어진 내용을 입력한 후 적분(∫□) 단추를 클릭하고, '∫'을 선택합니다.

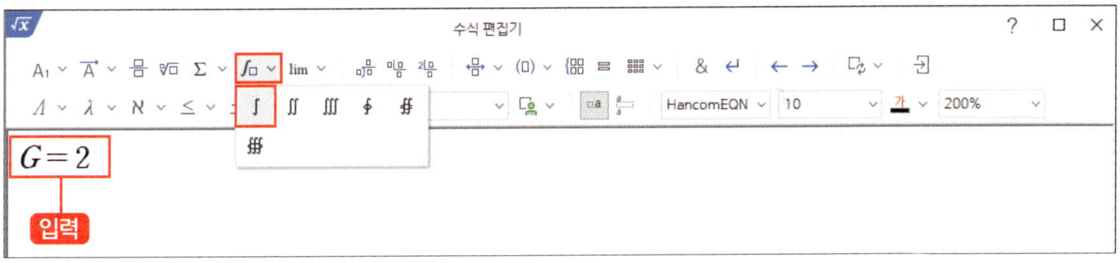

5 ‘∫’ 기호가 나타나면 분수( ) 단추를 클릭한 후 분자에 “a”를 입력하고, Tab 키를 누릅니다.

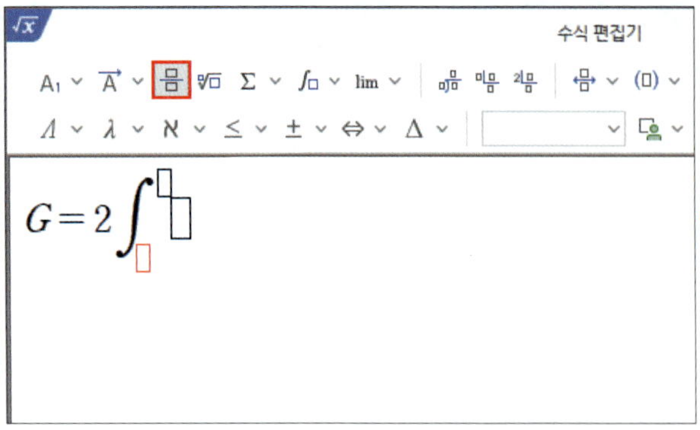

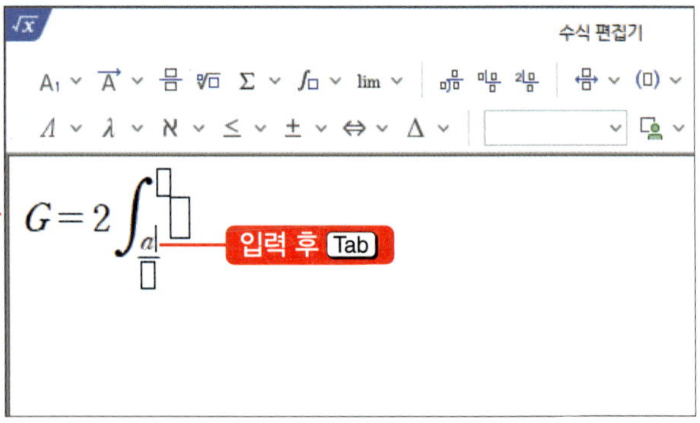

6 분모에 “2”를 입력하고, Tab 키를 두 번 누른 후 “a”를 입력하고, 다시 Tab 키를 누른 다음 분수( ) 단추를 클릭합니다.

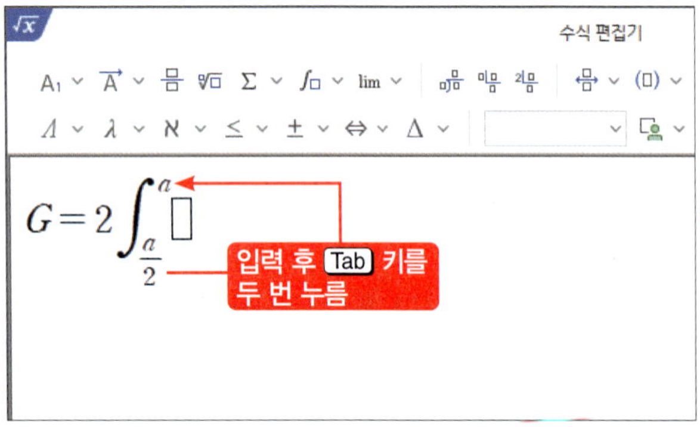

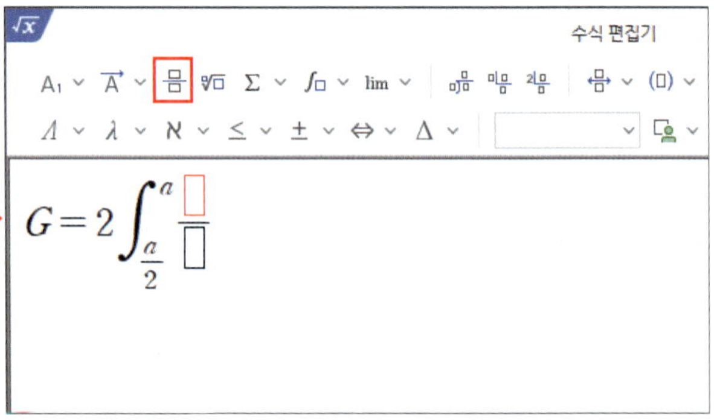

7 분자에 “b”를 입력하고, 근호( ) 단추를 클릭한 후 “a”를 입력하고, 첨자( ) 단추를 클릭한 다음 위첨자( ) 를 선택합니다.

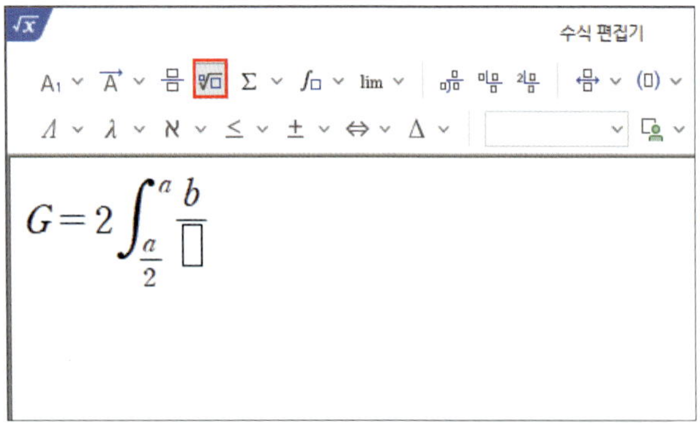

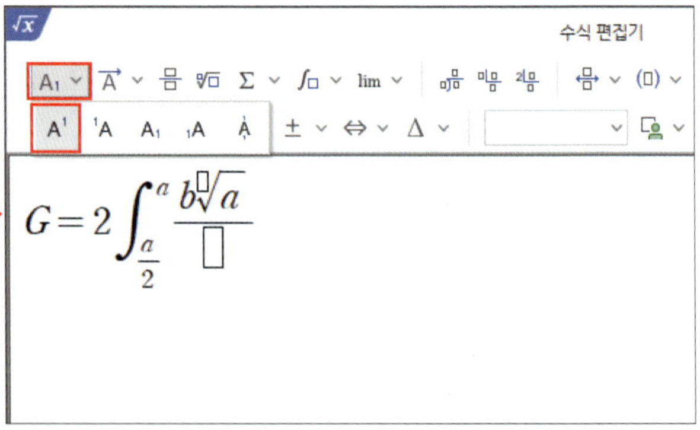

8 제곱근 “2”를 입력하고, Tab 키를 누른 후 “-x”를 입력하고, 첨자( ) 단추를 클릭한 다음 위첨자( )를 선택합니다.

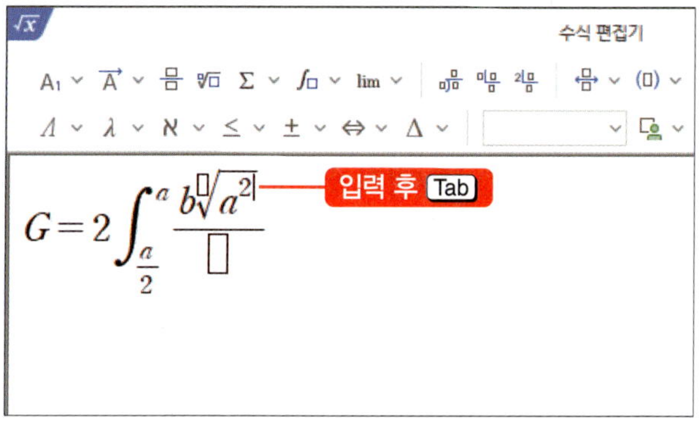

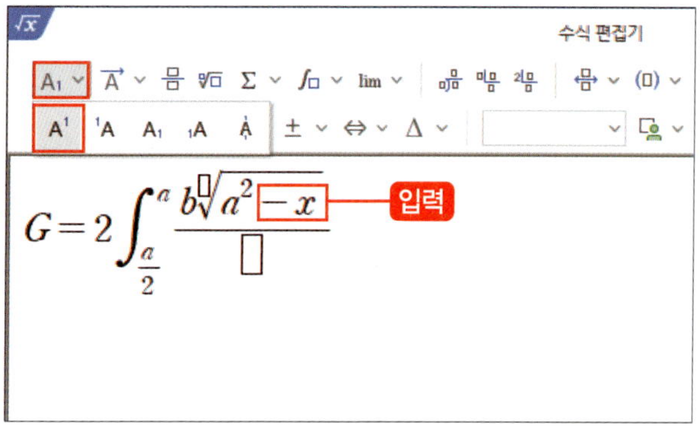

9 제곱근 "2"를 입력하고, Tab 키를 세 번 누른 후 분모 "a"를 입력하고, 다시 Tab 키를 누릅니다.

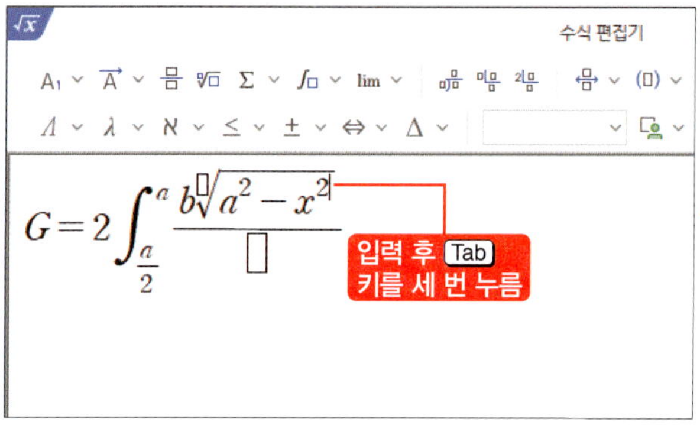

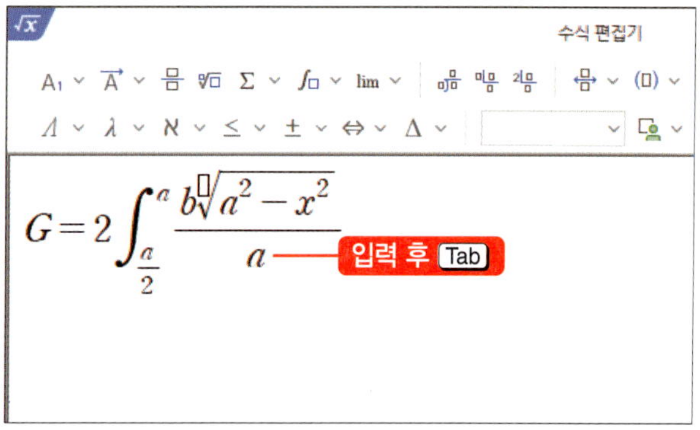

10 마지막으로 "dx"를 입력하고, 넣기(⊡) 단추를 클릭합니다.

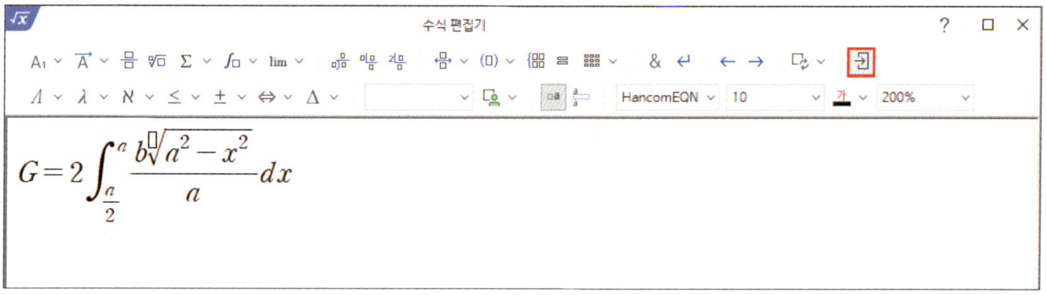

| TIP | 수식의 항목 이동과 수정

- 수식 편집기 창에서 항목을 이동하려면 도구 상자에서 이전 항목(←) 또는 다음 항목(→) 단추를 클릭하거나 방향키를 이용합니다(원하는 위치의 항목으로 바로 이동하려면 마우스로 해당 부분을 클릭).
- 수식 편집기 창에서 수식을 수정하려면 해당 수식 뒤에 커서를 위치시킨 후 BackSpace 키를 누릅니다.

유형 잡기 02 수식 입력하기(2)

1 (1) 수식 뒤에 커서를 위치시킨 후 Tab 키를 세 번 누르고, “(2)”를 입력합니다.

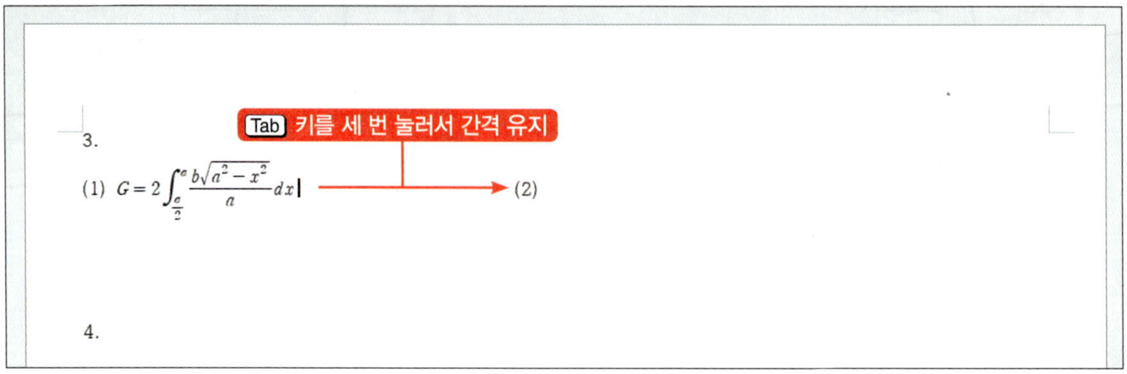

2 (2) 다음에 한 칸을 삽입한 후 [입력] 탭에서 수식($\sqrt{x}$) 단추를 클릭합니다.

3 수식 편집기 창에서 주어진 내용을 입력한 후 첨자(A₁) 단추를 클릭하여 아래첨자(A₁)를 선택하고, “n”을 입력한 다음 Tab 키를 누릅니다.

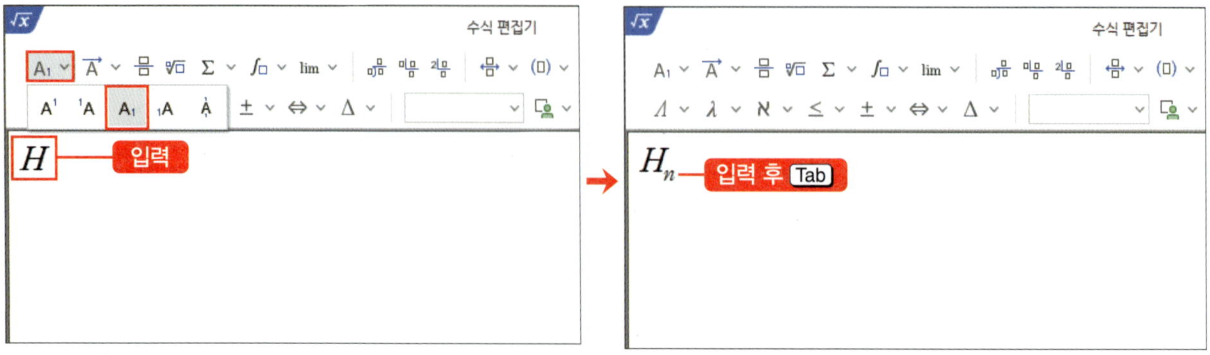

4 등호 "="를 입력하고, 분수( ) 단추를 클릭한 후 분자에 "a(r"을 입력하고, 첨자(A_1) 단추에서 위첨자(A^1)를 선택합니다.

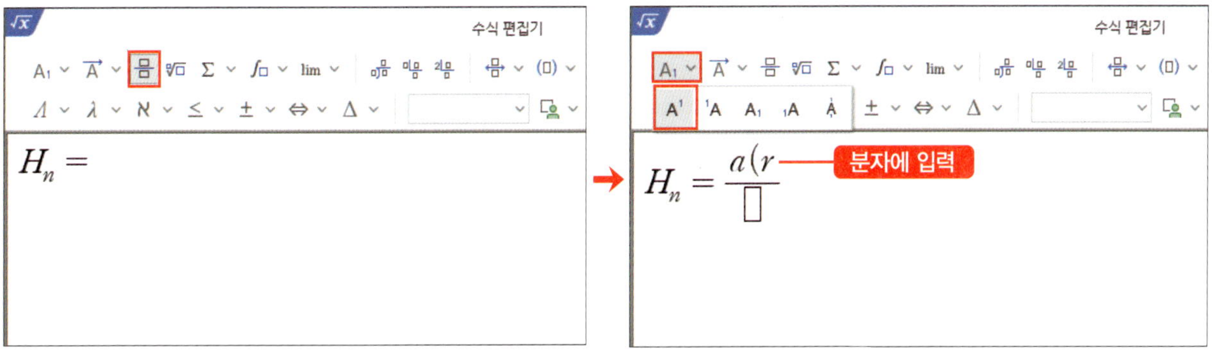

5 위첨자에 "n"을 입력하고, Tab 키를 누른 후 "-1)"을 입력하고, 다시 Tab 키를 누릅니다.

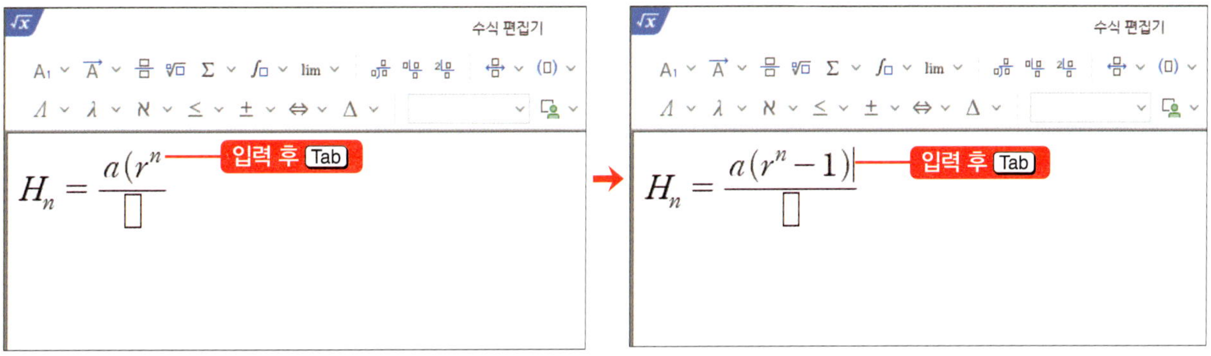

6 분모에 "r-1"을 입력하고, Tab 키를 누른 후 "="를 입력하고, 분수( ) 단추를 클릭합니다.

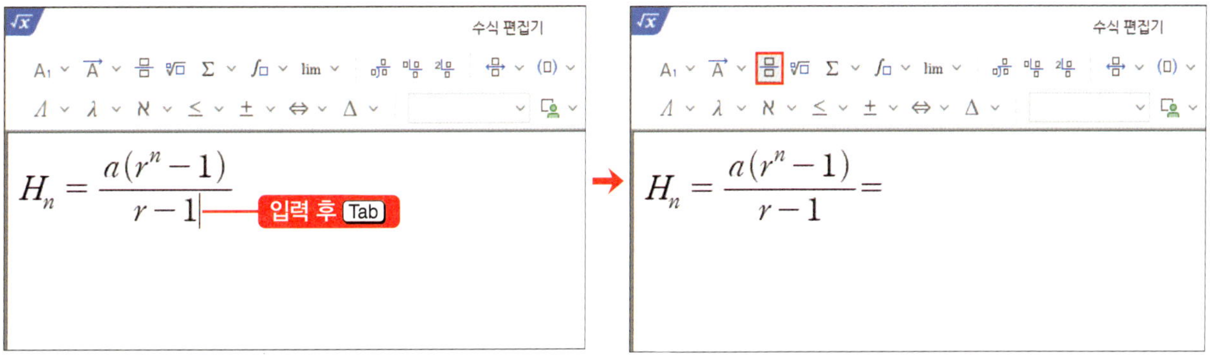

7 분자에 "a(1+r"을 입력하고, 첨자(A_1) 단추에서 위첨자(A^1)를 선택한 후 위첨자에 "n"을 입력하고, Tab 키를 누릅니다.

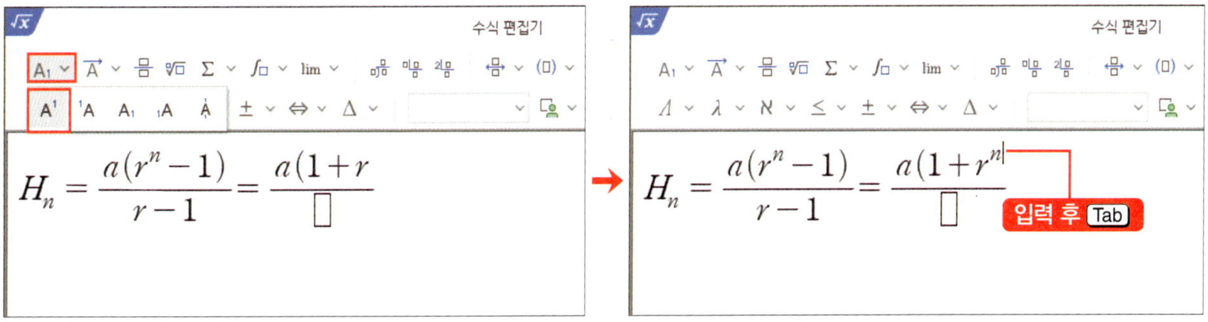

8 분자 끝에 ")"를 입력하고, Tab 키를 누른 후 분모에 "1-r"을 입력하고, 다시 Tab 키를 누릅니다.

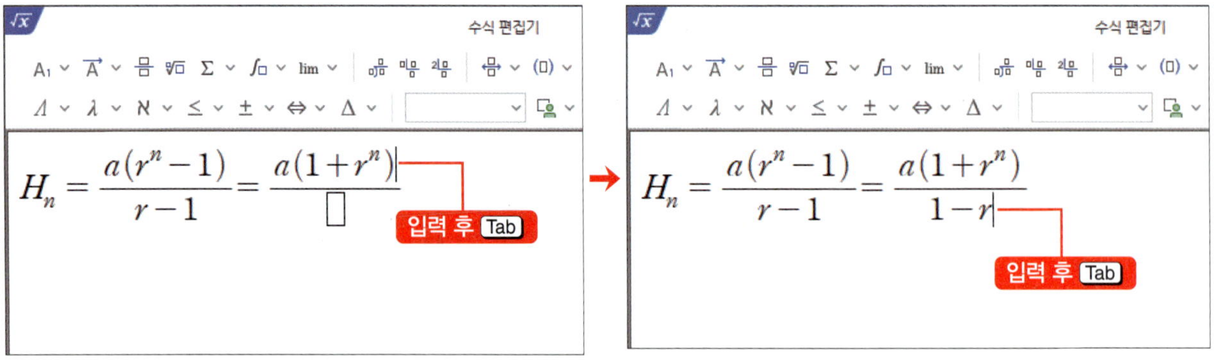

9 "(r"을 입력한 후 연산, 논리 기호(± ⌄) 단추를 클릭하고, '≠' 기호를 선택합니다.

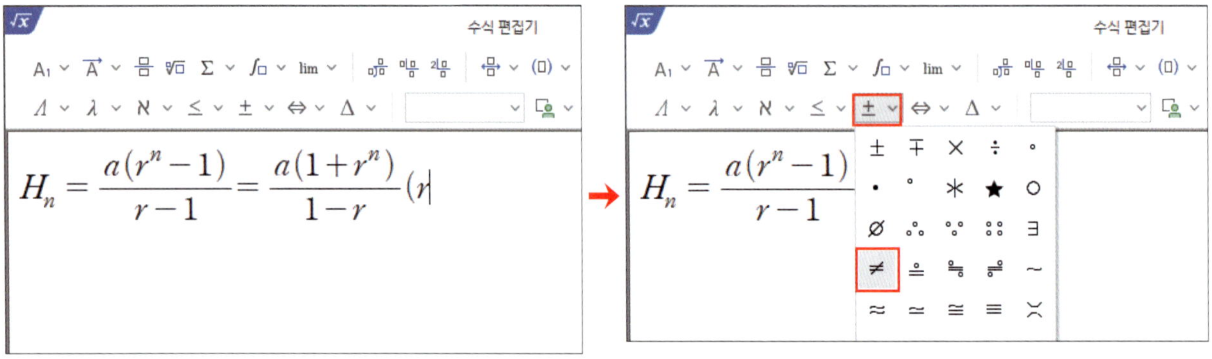

10 마지막으로 "1)"를 입력하고, 넣기(⇥) 단추를 클릭합니다.

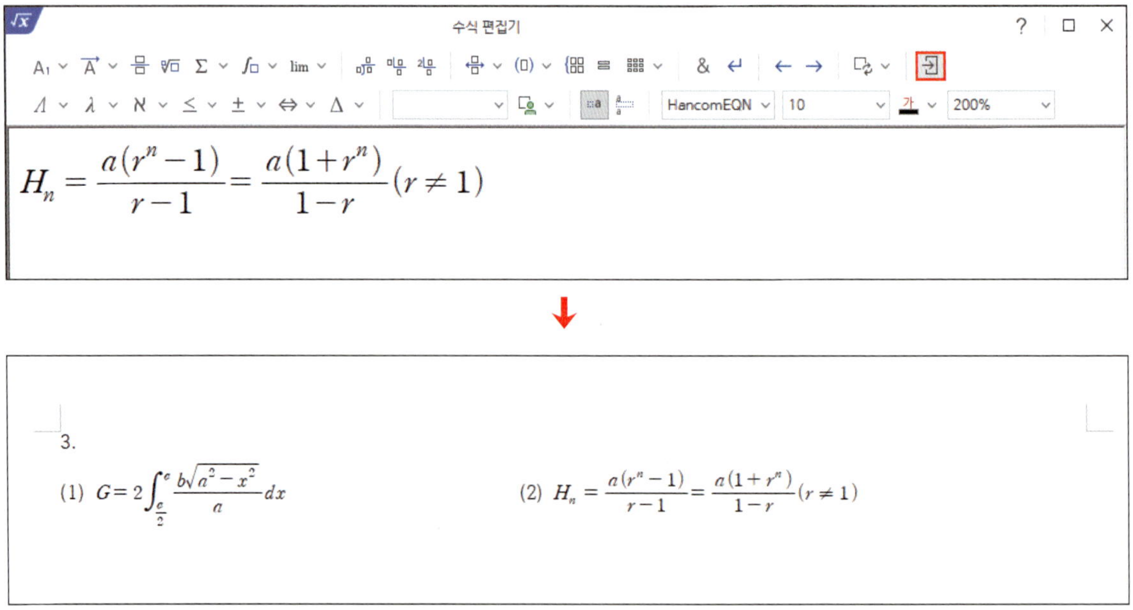

11 모든 작업이 완료되면 서식 도구 상자에서 저장하기(🖫) 단추를 클릭하여 완성 파일을 저장합니다.

| TIP | 수식 도구 상자

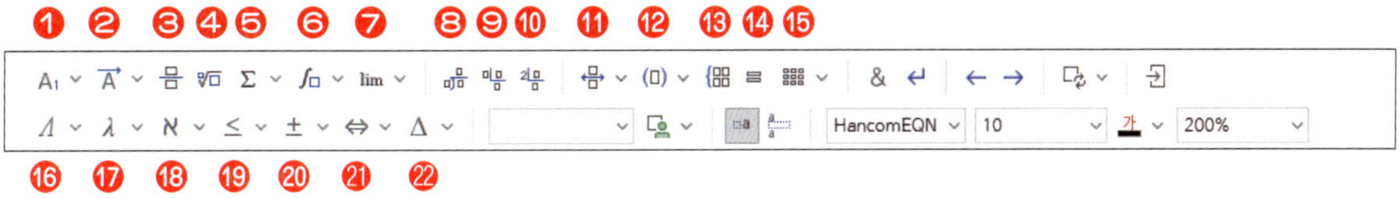

❶ 첨자, ❷ 장식 기호, ❸ 분수, ❹ 근호, ❺ 합, ❻ 적분, ❼ 극한, ❽ 세로 나눗셈, ❾ 최소공배수/최대공약수, ❿ 2진수로 변환, ⓫ 상호 관계, ⓬ 괄호, ⓭ 경우, ⓮ 세로 쌓기, ⓯ 행렬, ⓰ 그리스 대문자, ⓱ 그리스 소문자, ⓲ 그리스 기호, ⓳ 합, 집합 기호, ⓴ 연산, 논리 기호, ㉑ 화살표, ㉒ 기타 기호

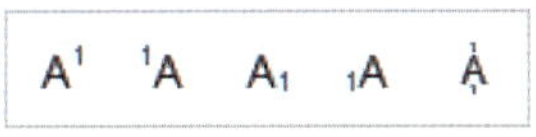

▲ 첨자 하위 메뉴

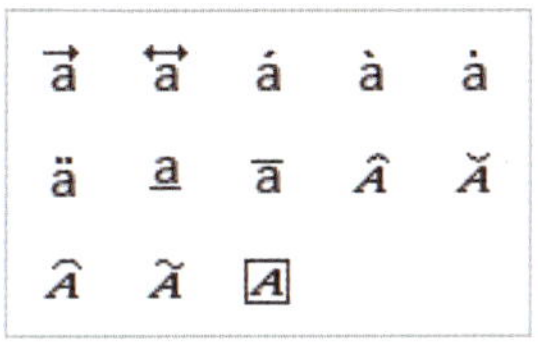

▲ 장식 기호 하위 메뉴

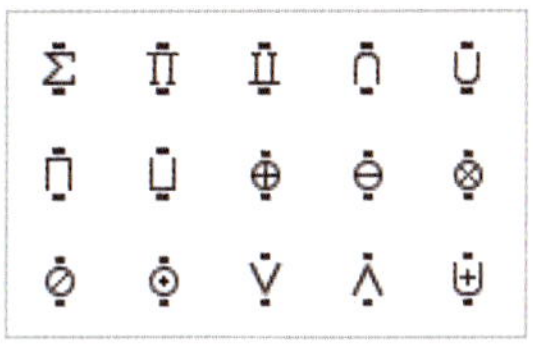

▲ 합 하위 메뉴

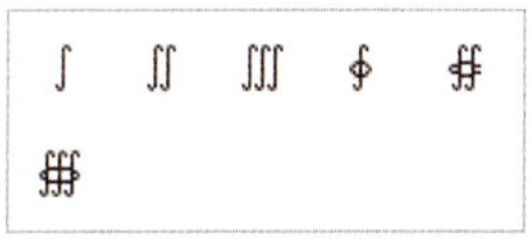

▲ 적분 하위 메뉴

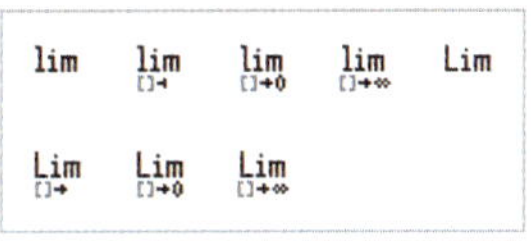

▲ 극한 하위 메뉴

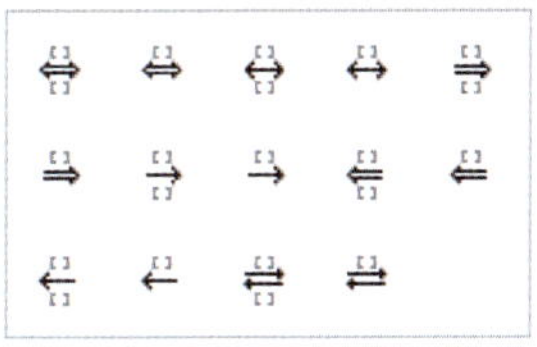

▲ 상호 관계 하위 메뉴

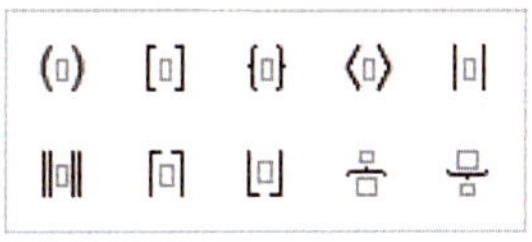

▲ 괄호 하위 메뉴

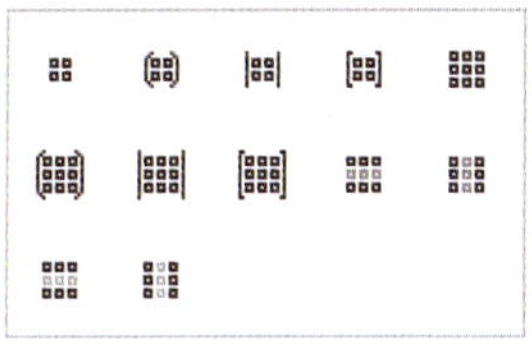

▲ 행렬 하위 메뉴

▲ 그리스 대문자 하위 메뉴

▲ 그리스 소문자 하위 메뉴

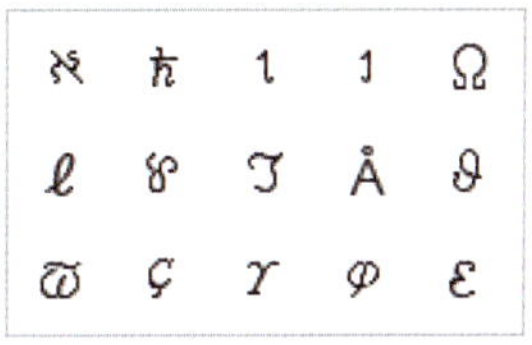

▲ 그리스 기호 하위 메뉴

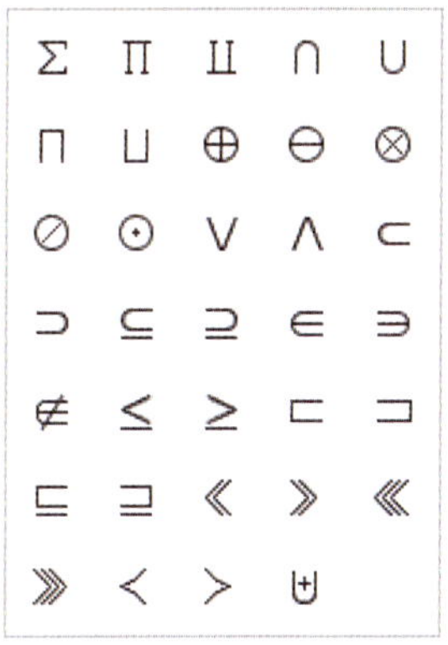

▲ 합, 집합 기호 하위 메뉴

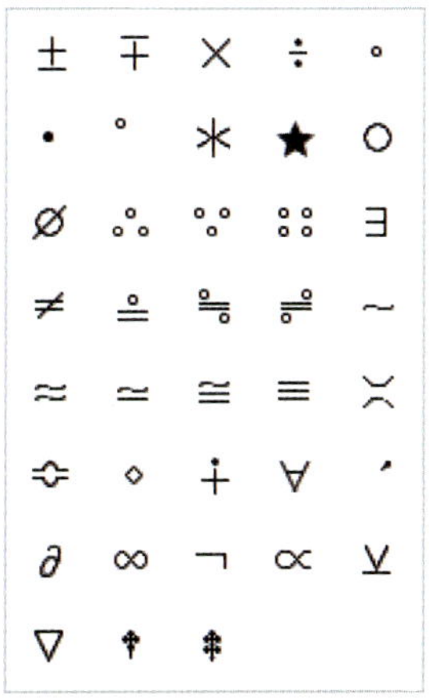

▲ 연산, 논리 기호 하위 메뉴

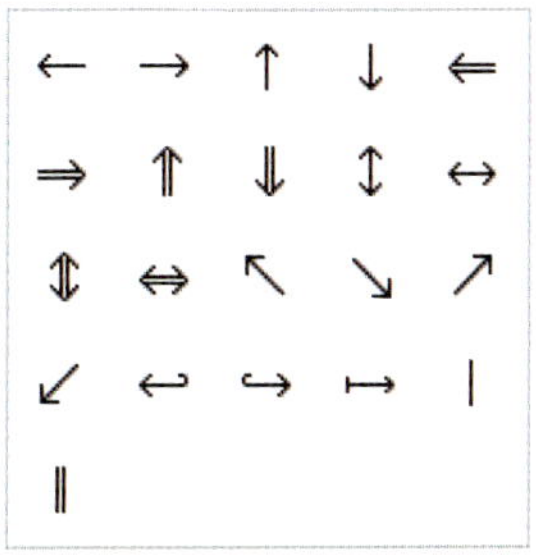

▲ 화살표 하위 메뉴

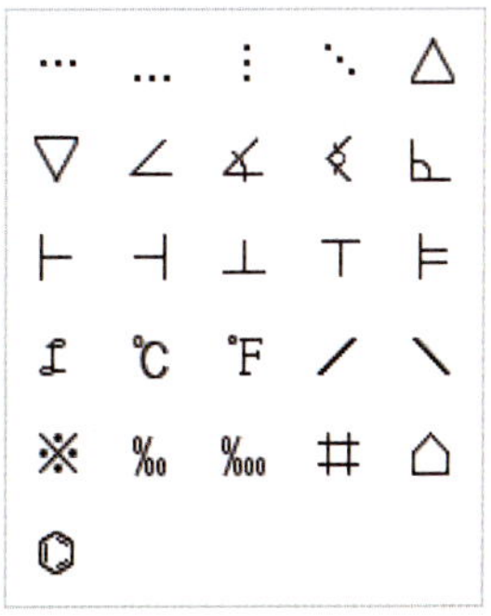

▲ 기타 기호 하위 메뉴

출제 유형 문제

• **예제 파일** : 유형 분석 05₩유형 02_문제.hwpx / • **완성 파일** : 유형 분석 05₩유형 02_완성.hwpx

01 다음 (1), (2)의 수식을 수식 편집기로 각각 입력하시오.

≪출력형태≫

3.

(1) $\int_0^1 (\sin x + \frac{x}{2})dx = \int_0^1 \frac{1+\sin x}{2} dx$　　(2) $U_a - U_b = \frac{GmM}{a} - \frac{GmM}{b} = \frac{GmM}{2R}$

4.

Hint

• [입력] 탭에서 [수식] 단추를 클릭한 후 수식 편집기 창에서 수식을 순서대로 작성합니다.

• (1) 수식에서는 [적분] 단추와 [분수] 단추를 이용하고, (2) 수식에서는 [첨자] 단추와 [분수] 단추를 이용합니다.

• **예제 파일** : 유형 분석 05₩유형 03_문제.hwpx / • **완성 파일** : 유형 분석 05₩유형 03_완성.hwpx

02 다음 (1), (2)의 수식을 수식 편집기로 각각 입력하시오.

≪출력형태≫

3.

(1) $V = \frac{1}{R} \int_0^q qdq = \frac{1}{2} \frac{q^2}{R}$　　(2) $L = \frac{m+M}{m} V = \frac{m+M}{m} \sqrt{2gh}$

4.

Hint

• [입력] 탭에서 [수식] 단추를 클릭한 후 수식 편집기 창에서 수식을 순서대로 작성합니다.

• (1) 수식에서는 [분수] 단추, [적분] 단추, [첨자] 단추를 이용하고, (2) 수식에서는 [분수] 단추와 [근호] 단추를 이용합니다.

출제 유형 문제

• 예제 파일 : 유형 분석 05₩유형 04_문제.hwpx / • 완성 파일 : 유형 분석 05₩유형 04_완성.hwpx

03 **다음 (1), (2)의 수식을 수식 편집기로 각각 입력하시오.**

≪출력형태≫

3.

(1) $G=2\int_{\frac{a}{2}}^{a}\frac{b}{a}\sqrt{a^2-x^2}dx$　　(2) $R=\frac{360S}{2\pi(\phi_A-\phi_B)}$

4.

Hint
- [입력] 탭에서 [수식] 단추를 클릭한 후 수식 편집기 창에서 수식을 순서대로 작성합니다.
- (1) 수식에서는 [적분] 단추, [분수] 단추, [근호] 단추, [첨자] 단추를 이용하고, (2) 수식에서는 [분수] 단추, [그리스 소문자] 단추, [첨자] 단추를 이용합니다.

• 예제 파일 : 유형 분석 05₩유형 05_문제.hwpx / • 완성 파일 : 유형 분석 05₩유형 05_완성.hwpx

04 **다음 (1), (2)의 수식을 수식 편집기로 각각 입력하시오.**

≪출력형태≫

3.

(1) $E=mr^2=\frac{nc^2}{\sqrt{1-\frac{r^2}{d^2}}}$　　(2) $\sum_{k=1}^{n}k^2=\frac{1}{6}n(n+1)(2n+1)$

4.

Hint
- [입력] 탭에서 [수식] 단추를 클릭한 후 수식 편집기 창에서 수식을 순서대로 작성합니다.
- (1) 수식에서는 [첨자] 단추, [분수] 단추, [근호] 단추를 이용하고, (2) 수식에서는 [합] 단추, [첨자] 단추, [분수] 단추를 이용합니다.

출제 유형 문제

• **예제 파일** : 유형 분석 05₩유형 06_문제.hwpx / • **완성 파일** : 유형 분석 05₩유형 06_완성.hwpx

05 다음 (1), (2)의 수식을 수식 편집기로 각각 입력하시오.

《출력형태》

3.

(1) $\int_{0}^{3} \frac{\sqrt{6t^2 - 18t + 12}}{5} dt = 11$　　(2) $\frac{b}{\sqrt{a^2 + b^2}} = \frac{2\tan\theta}{1 + \tan^2\theta}$

4.

Hint

- [입력] 탭에서 [수식] 단추를 클릭한 후 수식 편집기 창에서 수식을 순서대로 작성합니다.
- (1) 수식에서는 [적분] 단추, [분수] 단추, [근호] 단추, [첨자] 단추를 이용하고, (2) 수식에서는 [분수] 단추, [근호] 단추, [첨자] 단추, [그리스 소문자] 단추를 이용합니다.

• **예제 파일** : 유형 분석 05₩유형 07_문제.hwpx / • **완성 파일** : 유형 분석 05₩유형 07_완성.hwpx

06 다음 (1), (2)의 수식을 수식 편집기로 각각 입력하시오.

《출력형태》

3.

(1) $G = 2\int_{\frac{a}{2}}^{a} \frac{b\sqrt{a^2 - x^2}}{a} dx$　　(2) $\frac{k_x}{2h} \times (-2mk_x) = -\frac{mk^2}{h}$

4.

Hint

- [입력] 탭에서 [수식] 단추를 클릭한 후 수식 편집기 창에서 수식을 순서대로 작성합니다.
- (1) 수식에서는 [적분] 단추, [분수] 단추, [근호] 단추, [첨자] 단추를 이용하고, (2) 수식에서는 [분수] 단추, [첨자] 단추를 이용합니다.

출제 유형 문제

• **예제 파일** : 유형 분석 05₩유형 08_문제.hwpx / • **완성 파일** : 유형 분석 05₩유형 08_완성.hwpx

07 다음 (1), (2)의 수식을 수식 편집기로 각각 입력하시오.

≪출력형태≫

3.

(1) $\frac{h_1}{h_2} = (\sqrt{a})^{M_2 - M_1} \fallingdotseq 2.5^{M_2 - M_1}$ (2) $R_H = \frac{1}{hc} \times \frac{2\pi^2 K^2 m e^4}{h^2}$

4.

Hint

- [입력] 탭에서 [수식] 단추를 클릭한 후 수식 편집기 창에서 수식을 순서대로 작성합니다.
- (1) 수식에서는 [분수] 단추, [첨자] 단추, [근호] 단추, [첨자] 단추, [연산, 논리 기호] 단추를 이용하고, (2) 수식에서는 [첨자] 단추, [분수] 단추, [그리스 소문자] 단추를 이용합니다.

• **예제 파일** : 유형 분석 05₩유형 09_문제.hwpx / • **완성 파일** : 유형 분석 05₩유형 09_완성.hwpx

08 다음 (1), (2)의 수식을 수식 편집기로 각각 입력하시오.

≪출력형태≫

3.

(1) $Q = \frac{F}{h^2} = \frac{1}{3}\frac{N}{h^3} m\overline{g^2}$ (2) $W = \frac{m^2 + M}{m} TR = \frac{m_2 + M}{m\frac{1}{3}} \sqrt{4sh}$

4.

Hint

- [입력] 탭에서 [수식] 단추를 클릭한 후 수식 편집기 창에서 수식을 순서대로 작성합니다.
- (1) 수식에서는 [분수] 단추, [첨자] 단추, [장식 기호] 단추를 이용하고, (2) 수식에서는 [분수] 단추, [첨자] 단추, [근호] 단추를 이용합니다.

유형 분석

06 [기능평가 II - 도형 작성]

도형 작성에서는 다양한 도형의 작성 및 편집 방법에 대해 살펴본 후 글상자, 그림, 글맵시를 주어진 위치에 각각 삽입하고 지시사항대로 개체 속성을 지정하는 방법에 대하여 알아봅니다.

시험 유형 미리 보기

• 예제 파일 : 유형 분석 06₩유형 01_문제.hwpx / • 완성 파일 : 유형 분석 06₩유형 01_완성.hwpx 110점

4. 다음의 ≪조건≫에 따라 ≪출력형태≫와 같이 문서를 작성하시오.

≪조건≫

(1) 그리기 도구를 이용하여 작성하고, 모든 도형(글맵시, 지정된 그림 포함)을 ≪출력형태≫와 같이 작성하시오.
(2) 도형의 면색은 지시사항이 없으면 색 없음을 제외하고 서로 다르게 임의로 지정하시오.

≪출력형태≫

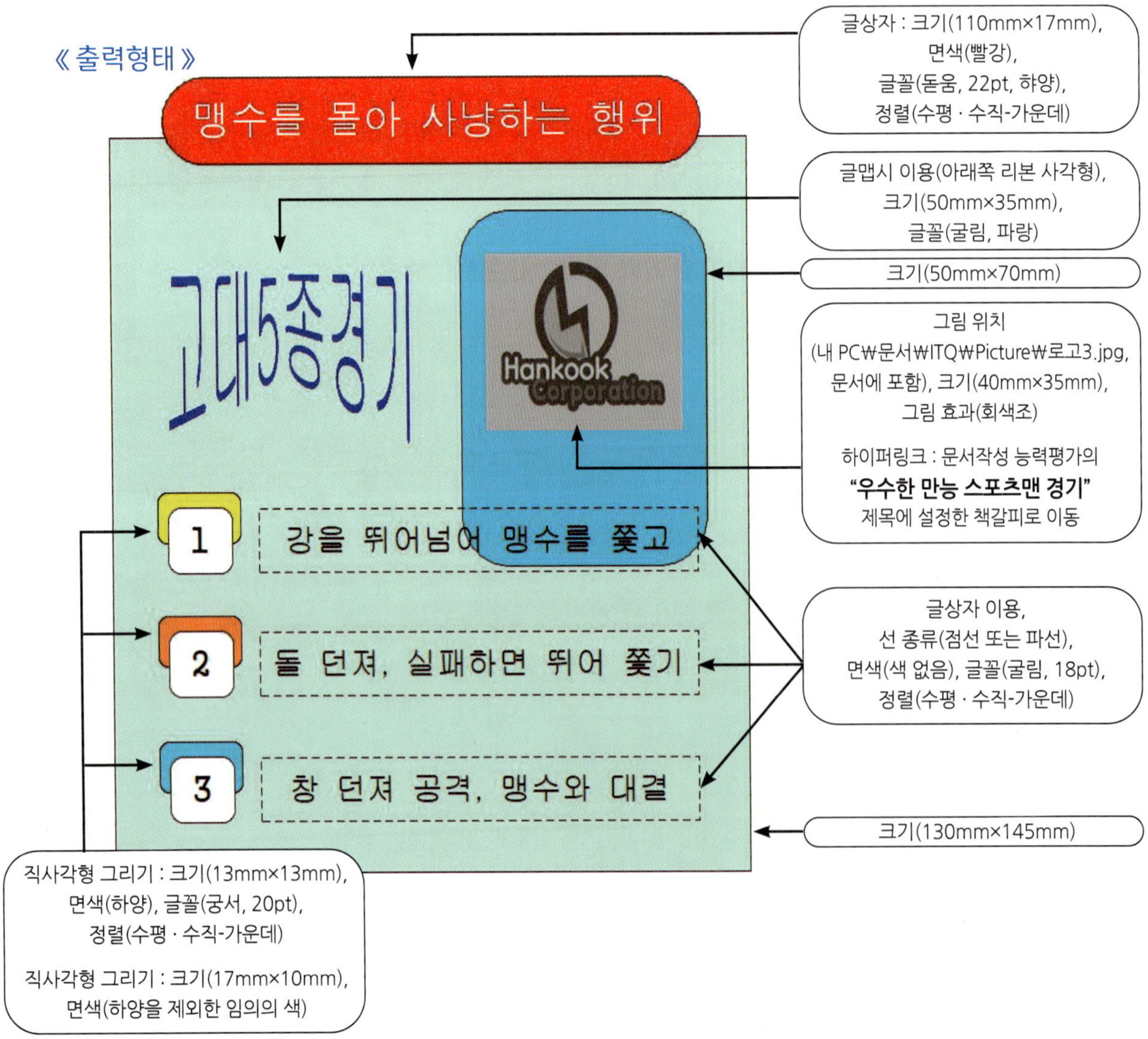

유형 잡기 01 배경 도형 작성하기

1 [파일]-[불러오기]를 선택한 후 [불러오기] 대화 상자에서 '유형 분석 06₩유형 01_문제.hwpx'를 불러오기 합니다.

2 2페이지에서 '4.' 아래를 클릭하여 커서를 위치시킨 후 [입력] 탭에서 직사각형(□) 단추를 클릭합니다.

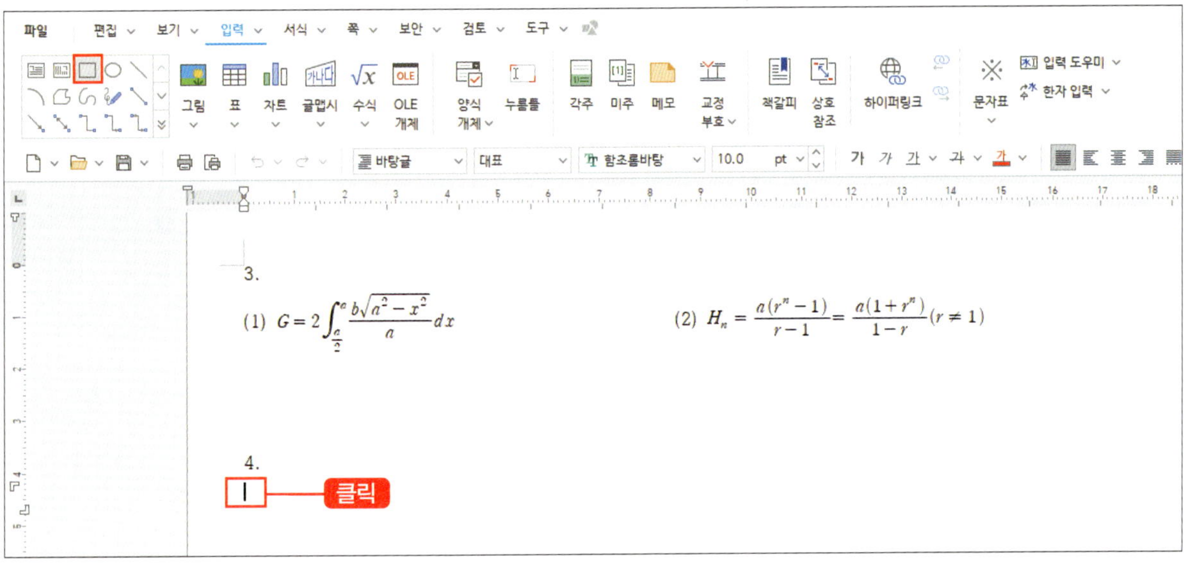

3 마우스 포인터가 '+' 모양으로 변경되면 다음과 같이 마우스를 드래그하여 배경 도형을 적당히 그립니다.

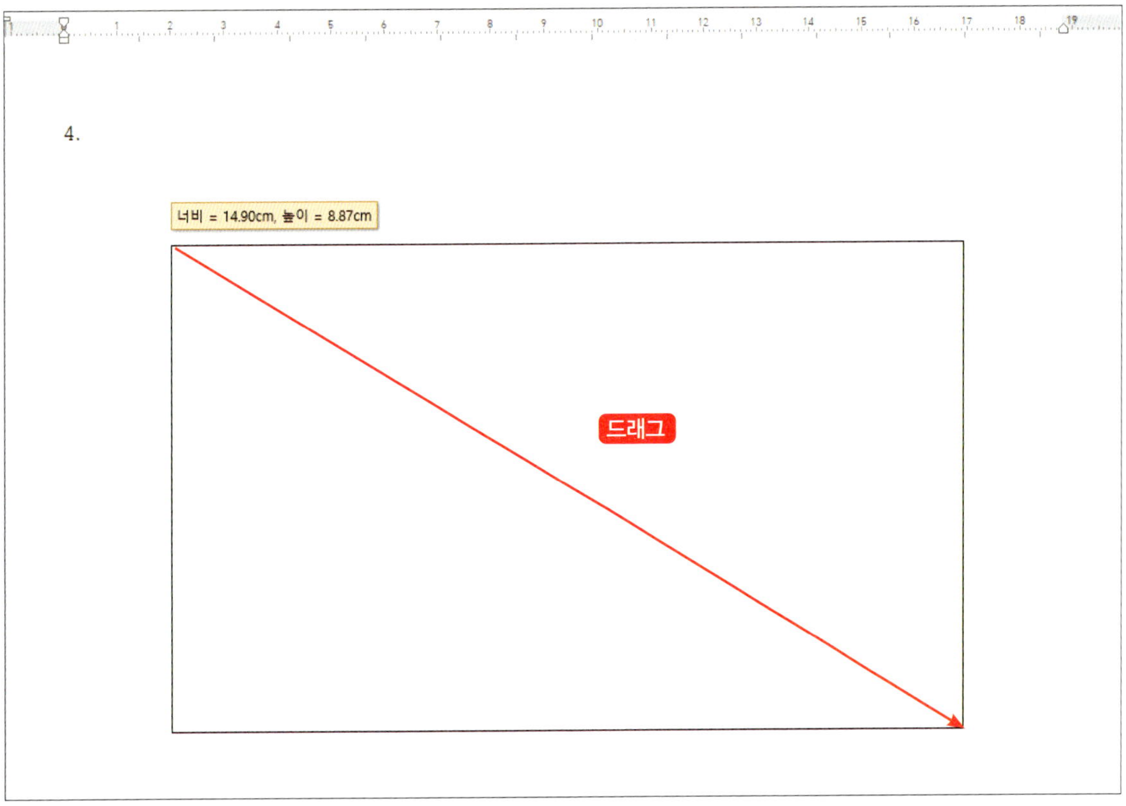

4 임의의 직사각형 위에서 마우스 오른쪽 버튼을 클릭하고, [개체 속성]을 선택합니다(직사각형 위에서 더블 클릭을 해도 됨).

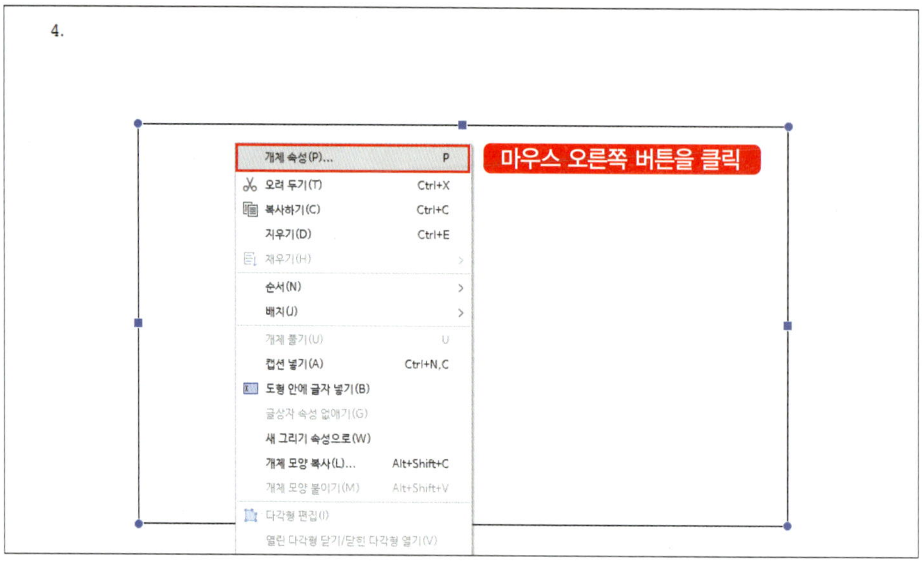

5 [개체 속성] 대화 상자의 [기본] 탭에서 너비는 '130', 높이는 '145'를 지정하고, '크기 고정'을 선택(체크)합니다.

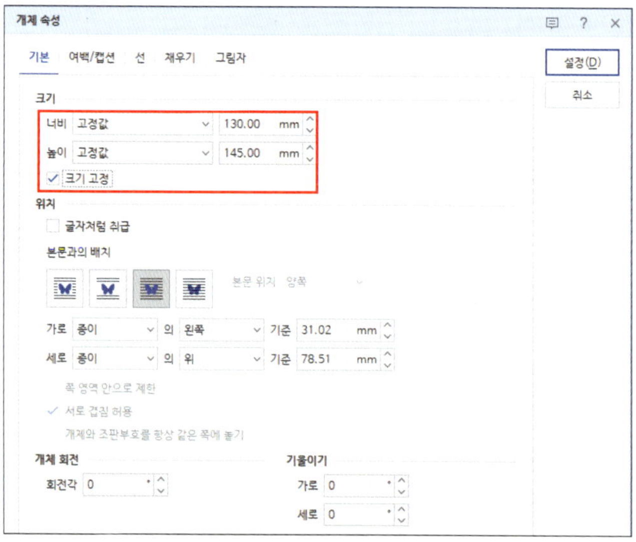

6 계속해서 [채우기] 탭에서 면 색의 목록(⌄) 단추를 클릭하고, 임의의 색상을 선택한 후 [설정] 버튼을 클릭합니다.

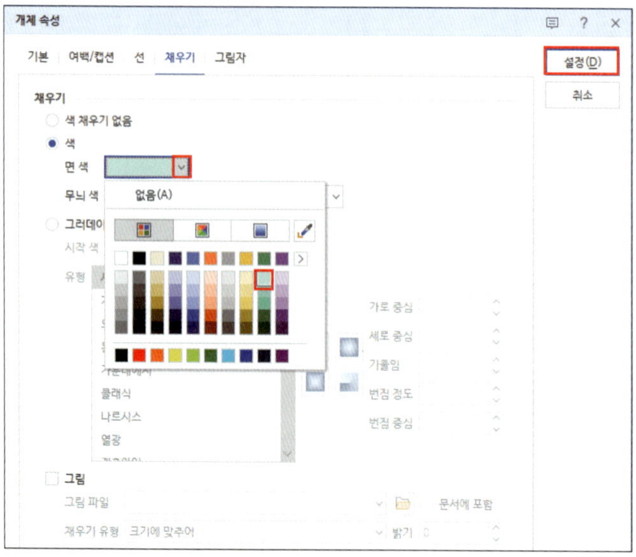

TIP | 도형의 면 색

도형의 면 색은 문제에서 지시사항이 따로 없으면 색 없음을 제외하고, 서로 다르게 임의의 색으로 지정하면 됩니다.

유형 잡기 02 제목 글상자 작성하기

1 제목 글상자를 작성하기 위하여 [입력] 탭에서 가로 글상자(▤) 단추를 클릭합니다.

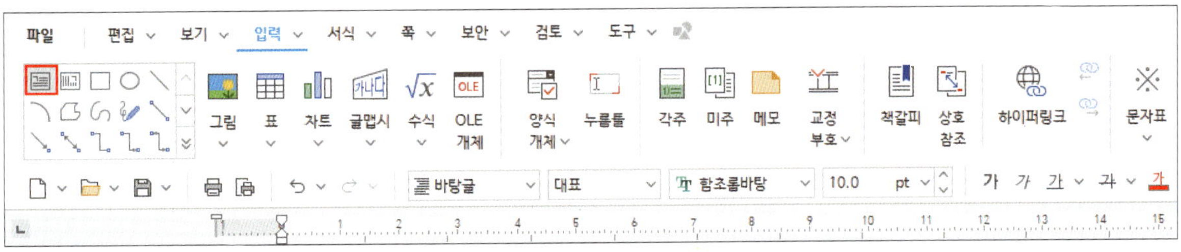

2 마우스 포인터가 '+' 모양으로 변경되면 배경 도형 상단에 적당한 크기로 드래그하여 삽입합니다.

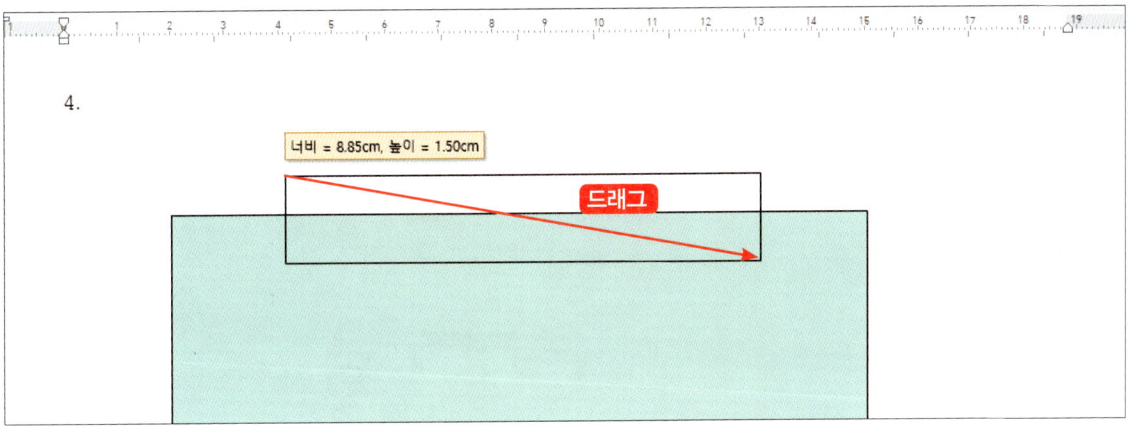

3 글상자를 편집하기 위하여 해당 개체(글상자)의 테두리를 더블 클릭합니다.

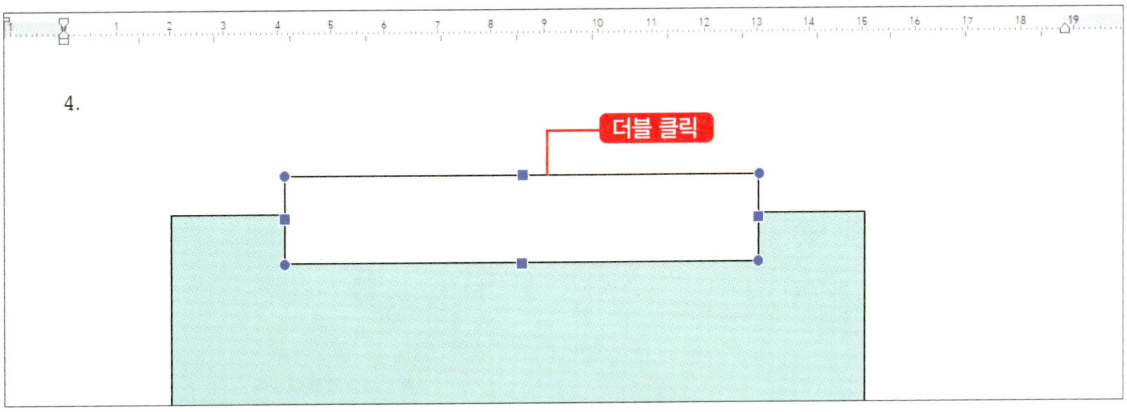

4 [개체 속성] 대화 상자의 [기본] 탭에서 너비는 '110', 높이는 '17'을 지정하고, '크기 고정'을 선택(체크)합니다.

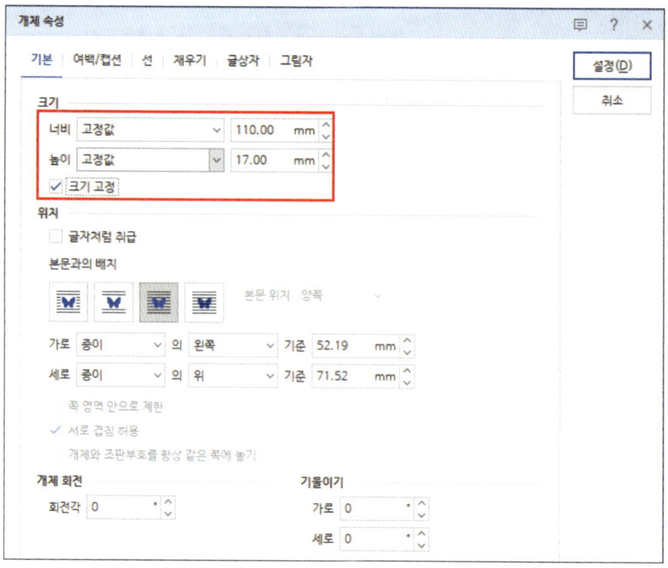

5 계속해서 [선] 탭에서 사각형 모서리 곡률을 '반원'으로 선택합니다.

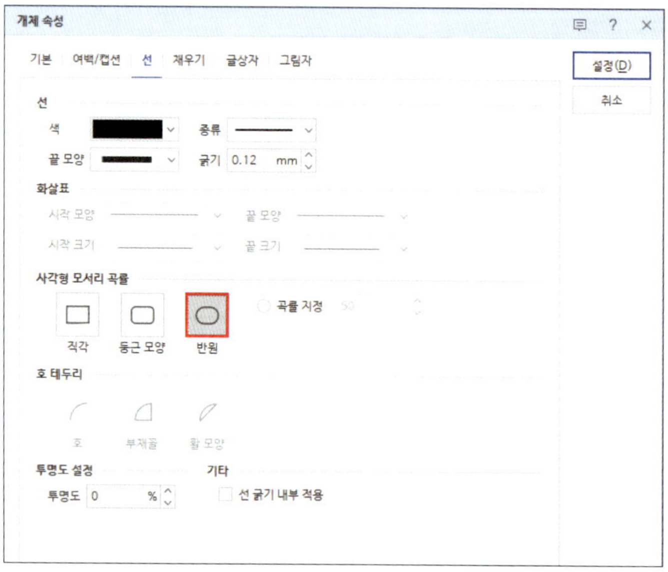

6 계속해서 [채우기] 탭에서 면 색의 목록(⌄) 단추를 클릭하고, '빨강'을 선택한 후 [설정] 버튼을 클릭합니다.

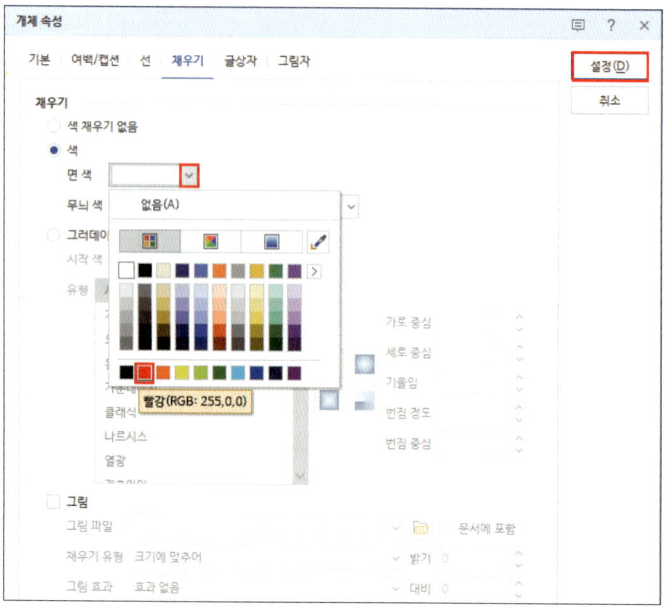

7 글상자 안쪽을 클릭하여 커서를 위치시킨 후 주어진 제목 내용을 입력합니다.

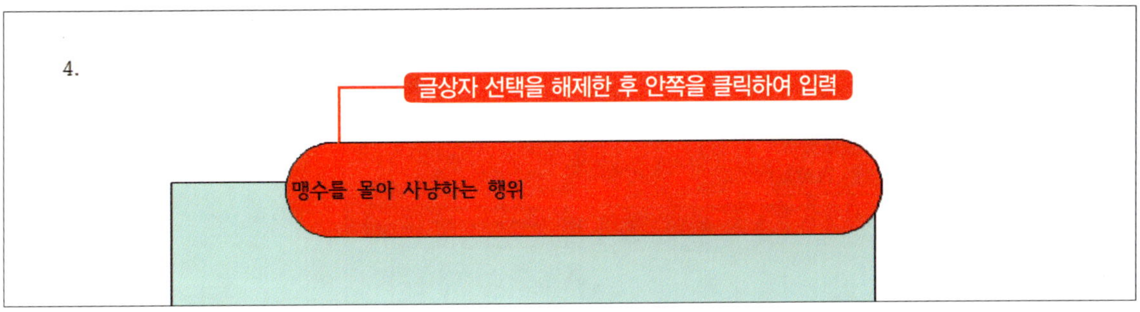

8 글상자를 선택한 후 서식 도구 상자에서 글꼴은 '돋움', 글자 크기는 '22', 글자 색은 '하양', 정렬 방식은 '가운데 정렬'을 각각 지정합니다.

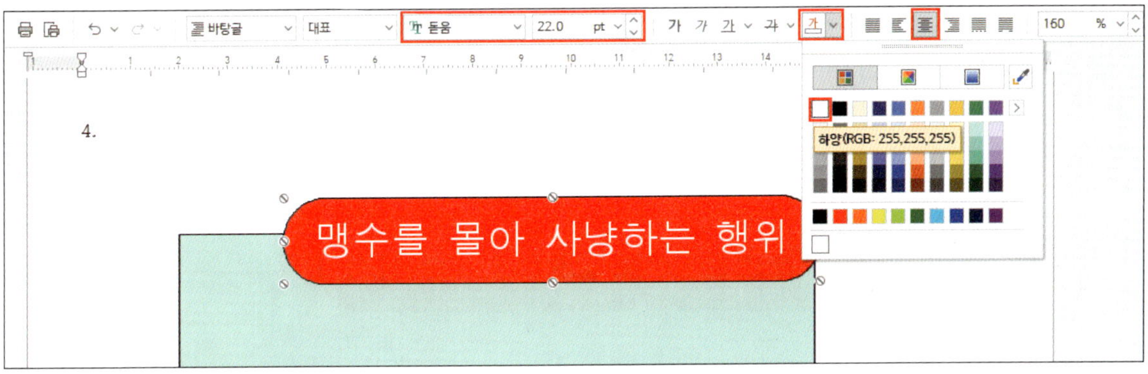

9 글상자가 선택된 상태에서 방향키를 이용하여 배경 도형 중앙으로 이동합니다(글상자 선택을 해제하려면 ESC 키를 누름).

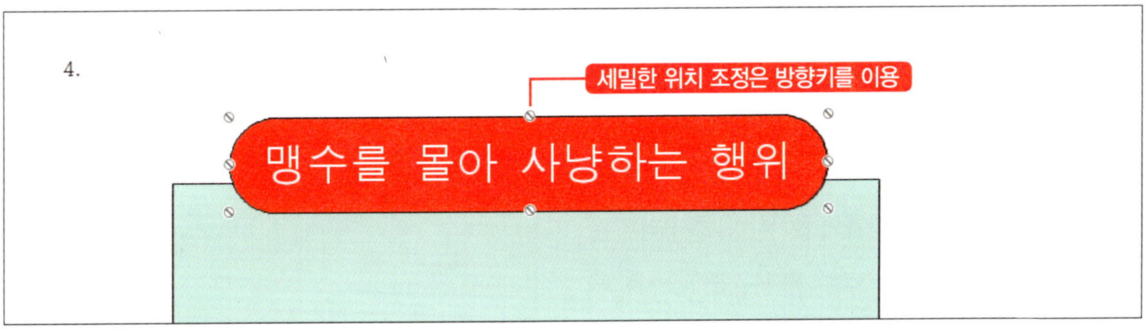

유형 잡기 03 상단 도형 작성하기

1 상단 도형을 작성하기 위하여 [입력] 탭에서 직사각형(□) 단추를 클릭합니다.

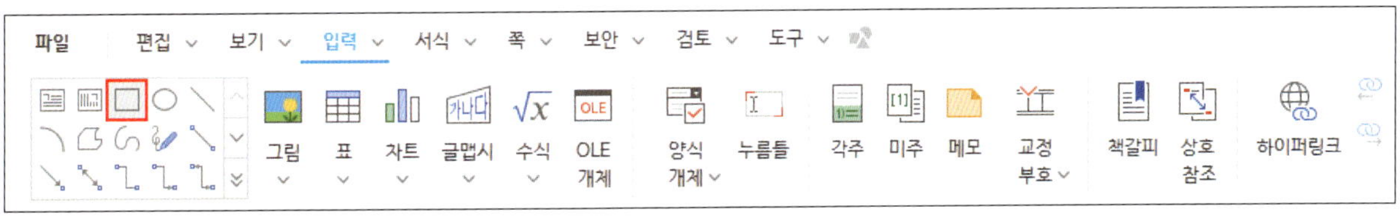

2 마우스 포인터가 '+' 모양으로 변경되면 배경 도형의 해당 위치에 적당한 크기로 드래그하여 삽입합니다.

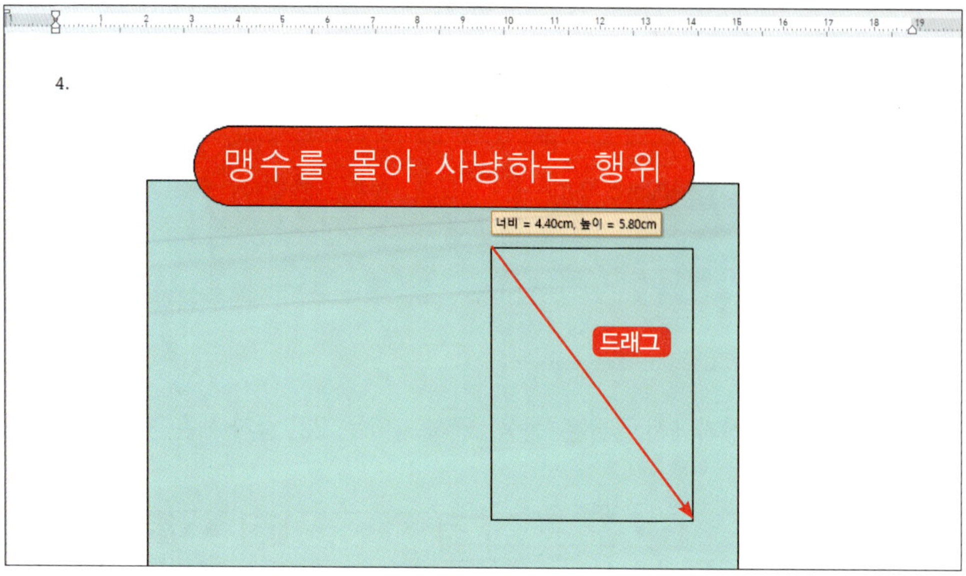

3 직사각형을 편집하기 위하여 해당 개체(도형) 위에서 마우스를 더블 클릭합니다.

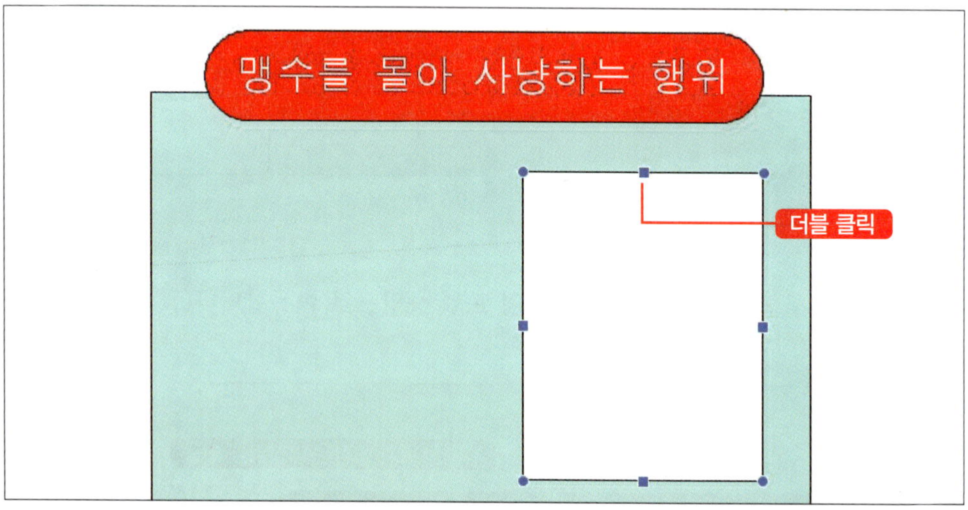

4 [개체 속성] 대화 상자의 [기본] 탭에서 너비는 '50', 높이는 '70'을 지정하고, '크기 고정'을 선택(체크)합니다.

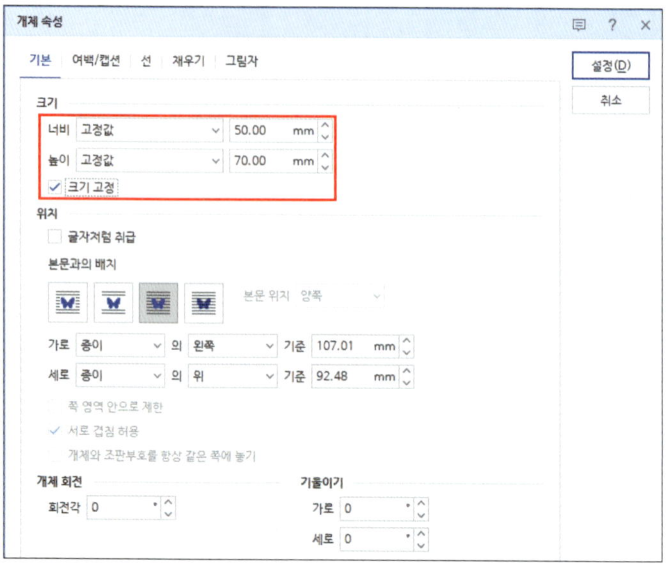

5 계속해서 [선] 탭에서 사각형 모서리 곡률을 '둥근 모양'으로 선택합니다.

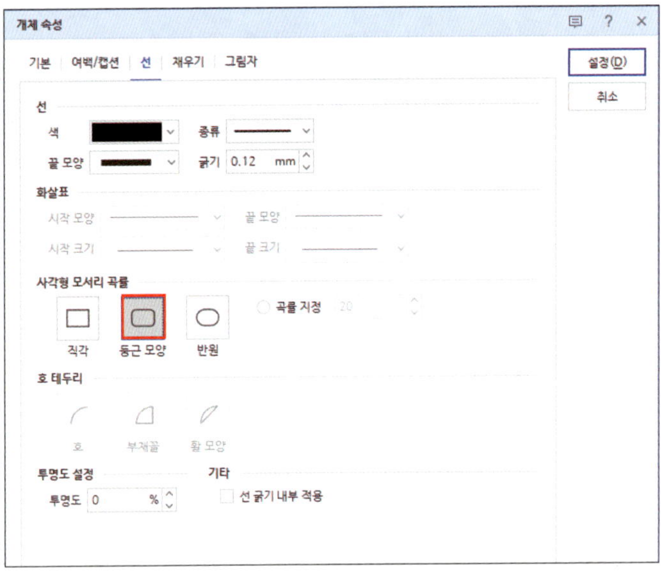

6 계속해서 [채우기] 탭에서 면 색의 목록(⌄) 단추를 클릭하고, 임의의 색상을 선택한 후 [설정] 버튼을 클릭합니다.

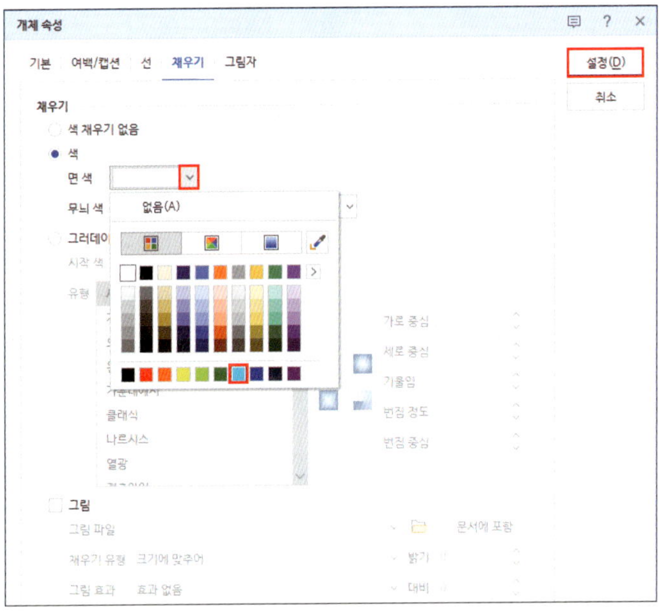

7 도형이 선택된 상태에서 방향키를 이용하여 배경 도형의 적당한 위치로 이동합니다.

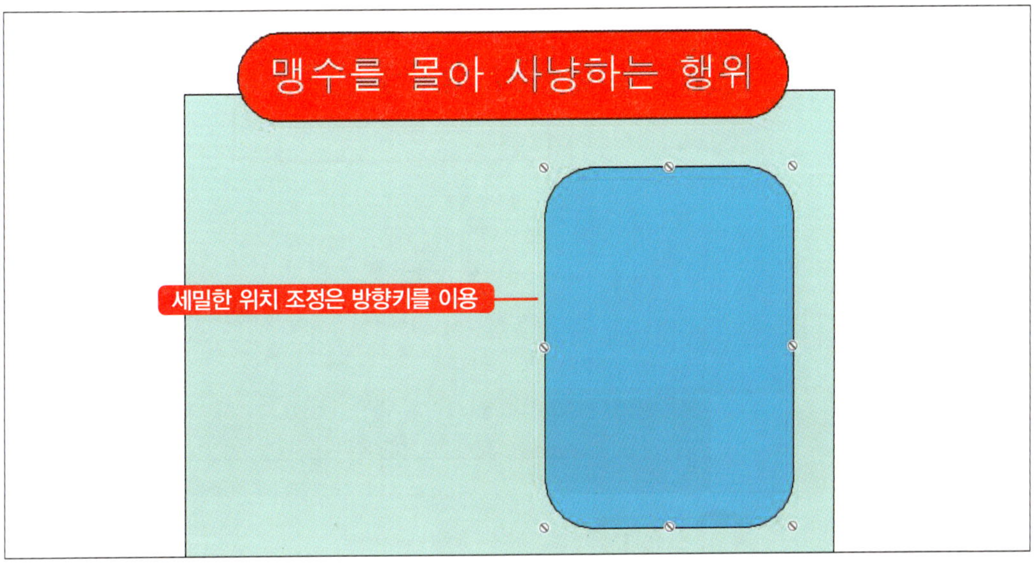

유형 잡기 04 목차 도형 작성하기

1 목차의 왼쪽 도형을 작성하기 위하여 [입력] 탭에서 직사각형(□) 단추를 클릭합니다.

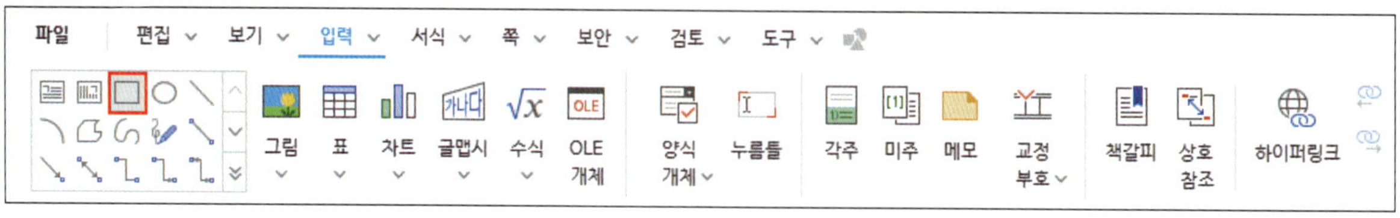

2 마우스 포인터가 '+' 모양으로 변경되면 배경 도형의 해당 위치에 적당한 크기로 드래그하여 삽입합니다.

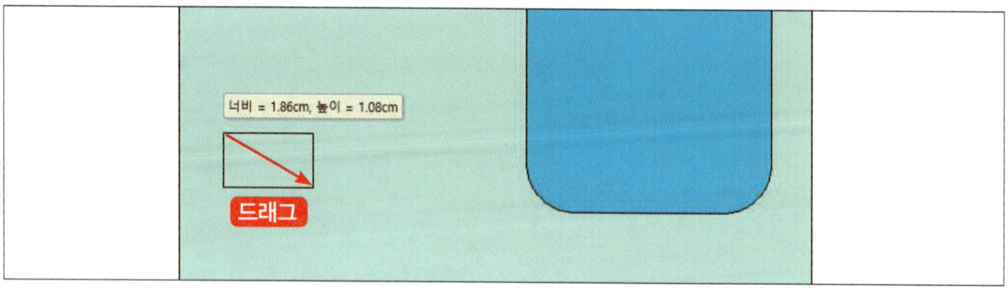

3 직사각형을 편집하기 위하여 해당 개체(도형) 위에서 마우스를 더블 클릭합니다.

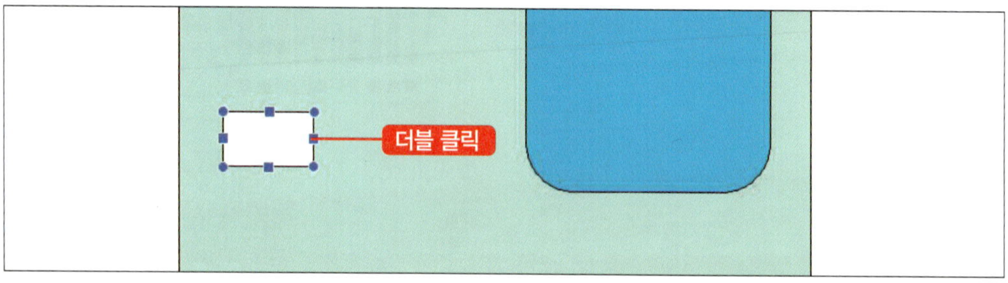

4 [개체 속성] 대화 상자의 [기본] 탭에서 너비는 '17', 높이는 '10'을 지정하고, '크기 고정'을 선택(체크)합니다.

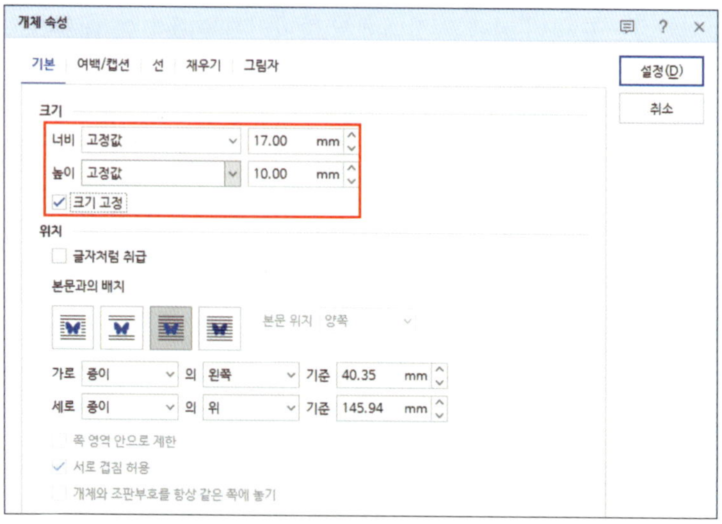

5 계속해서 [선] 탭에서 사각형 모서리 곡률을 '둥근 모양'으로 선택합니다.

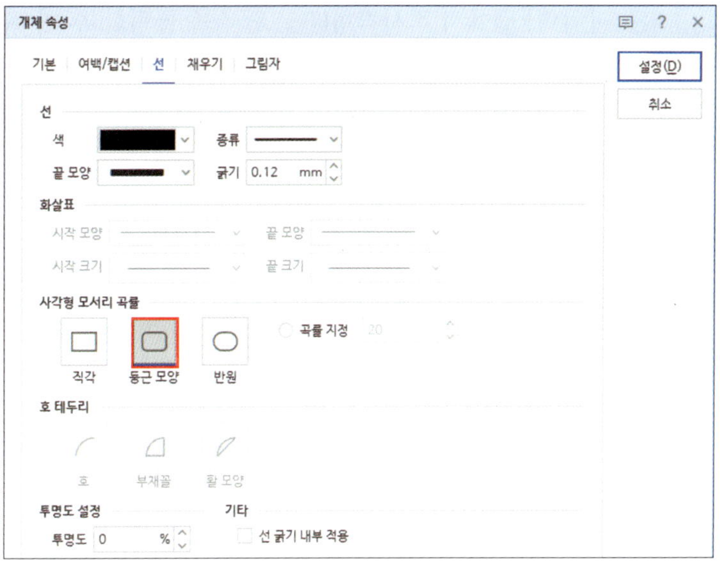

6 계속해서 [채우기] 탭에서 면 색의 목록(⌄) 단추를 클릭하고, 임의의 색상을 선택한 후 [설정] 버튼을 클릭합니다.

7 도형이 선택된 상태에서 방향키를 이용하여 배경 도형의 적당한 위치로 이동합니다.

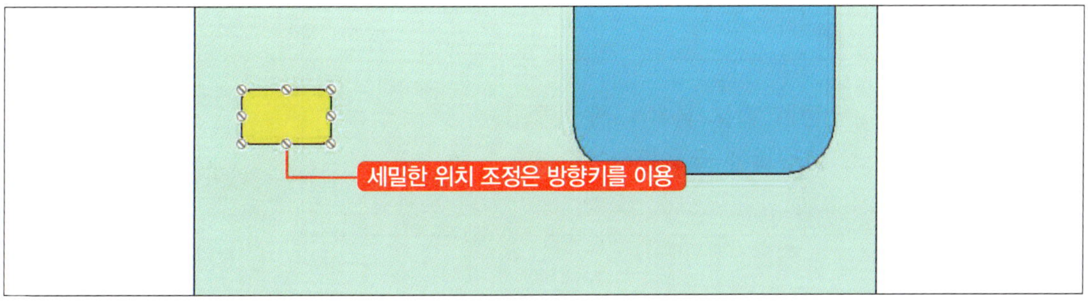

8 [입력] 탭에서 직사각형(□) 단추를 클릭한 후 마우스 포인터가 '+' 모양으로 변경되면 배경 도형의 해당 위치에 적당한 크기로 드래그하여 삽입합니다.

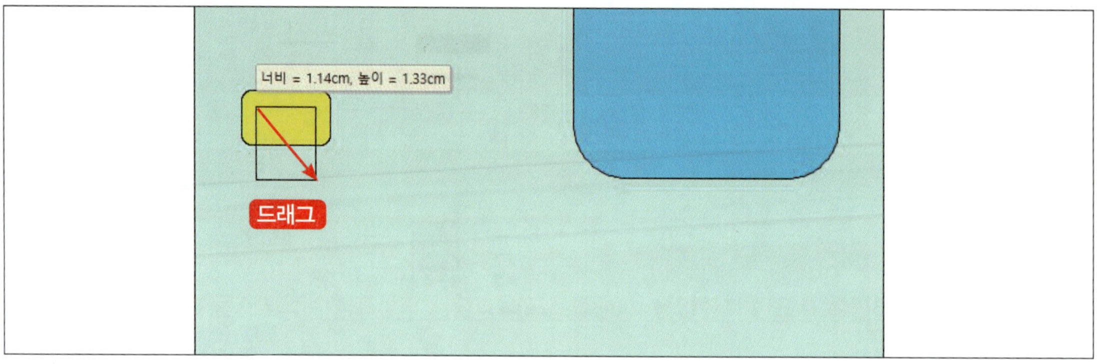

9 직사각형을 편집하기 위하여 해당 개체(도형) 위에서 마우스를 더블 클릭합니다.

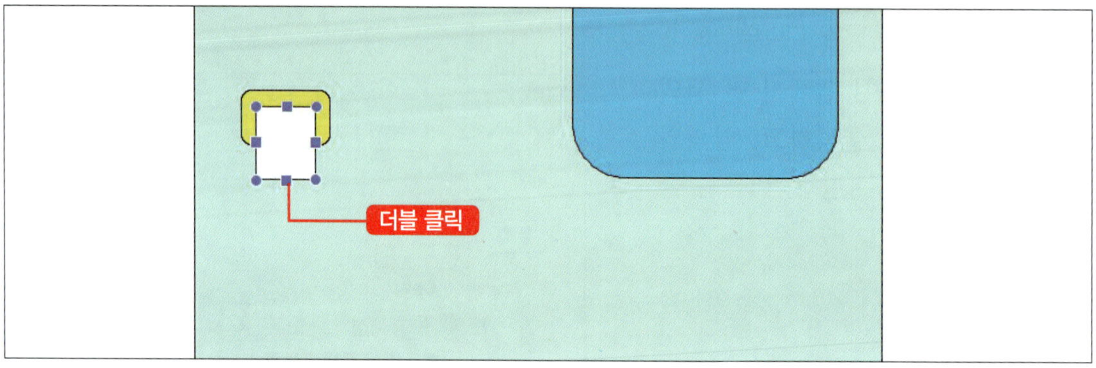

10 [개체 속성] 대화 상자의 [기본] 탭에서 너비는 '13', 높이는 '13'을 지정하고, '크기 고정'을 선택(체크)합니다.

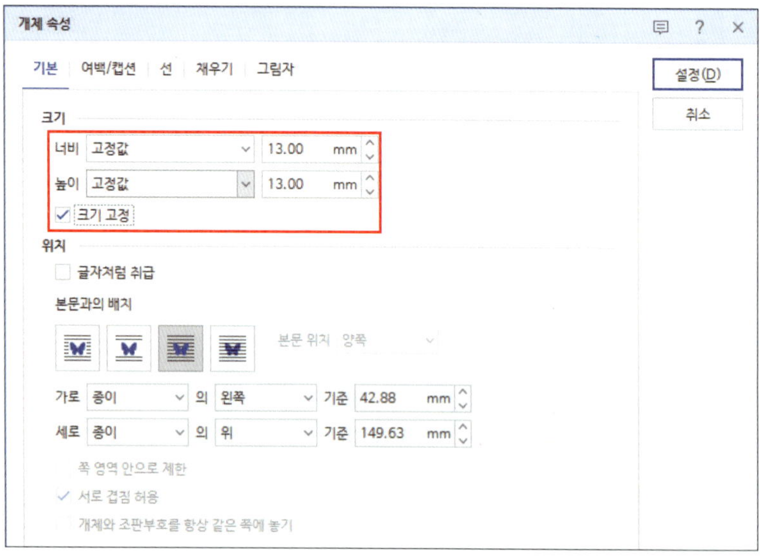

11 계속해서 [선] 탭에서 사각형 모서리 곡률을 '둥근 모양'으로 선택합니다.

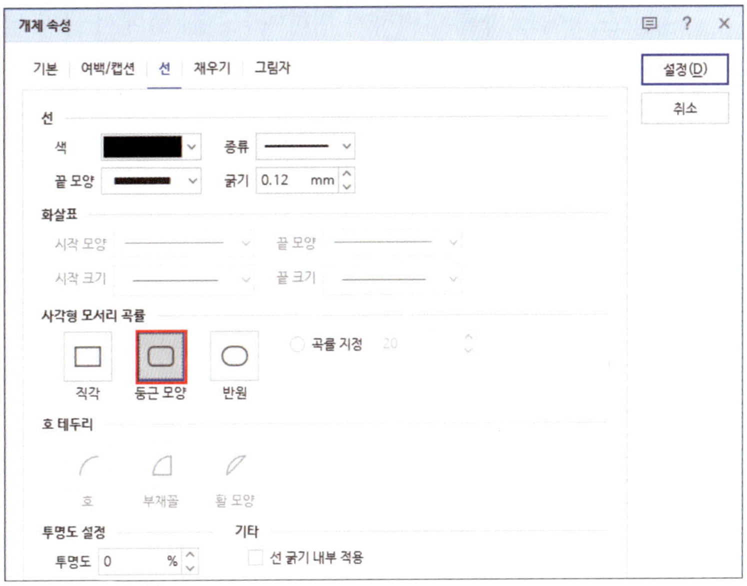

12 계속해서 [채우기] 탭에서 면 색의 목록(⌄) 단추를 클릭하고, '하양'을 선택한 후 [설정] 버튼을 클릭합니다.

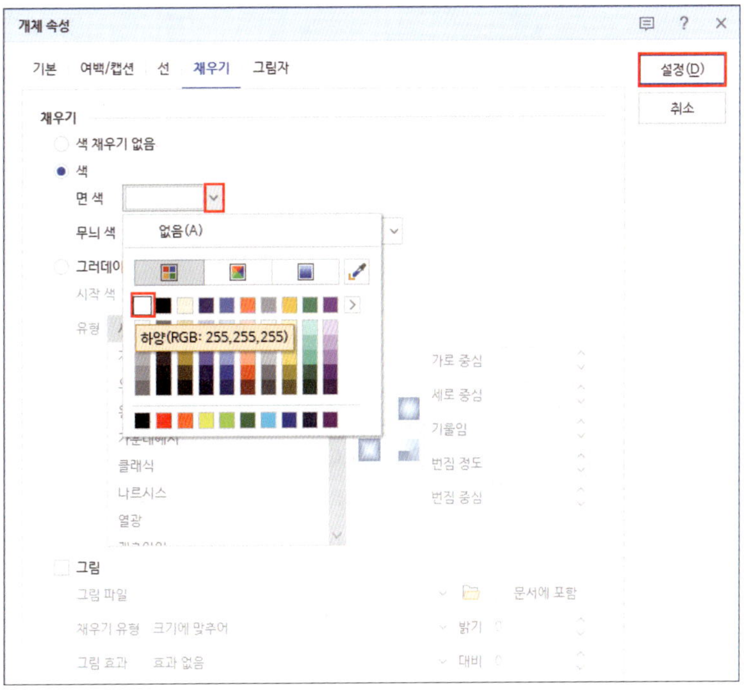

13 도형이 선택된 상태에서 ≪출력형태≫와 같이 두 개의 도형이 겹쳐지도록 방향키를 이용하여 세밀하게 조정합니다.

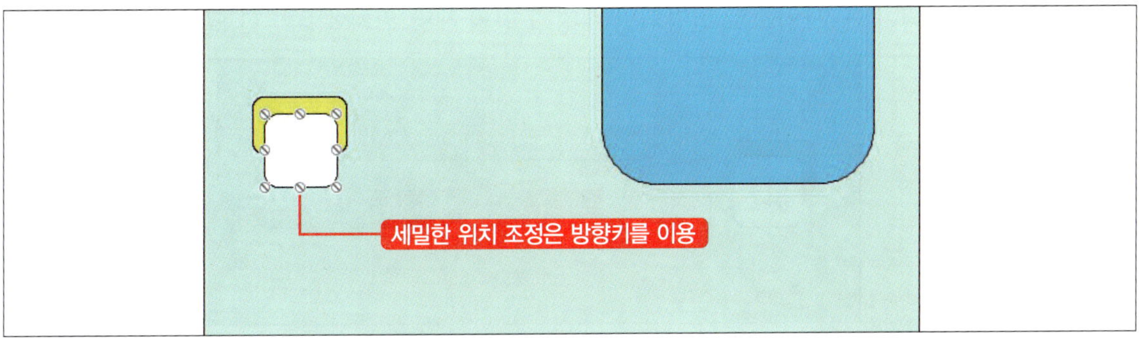

14 도형에 글자를 입력하기 위하여 [도형] 탭에서 글자 넣기( ) 단추를 클릭합니다.

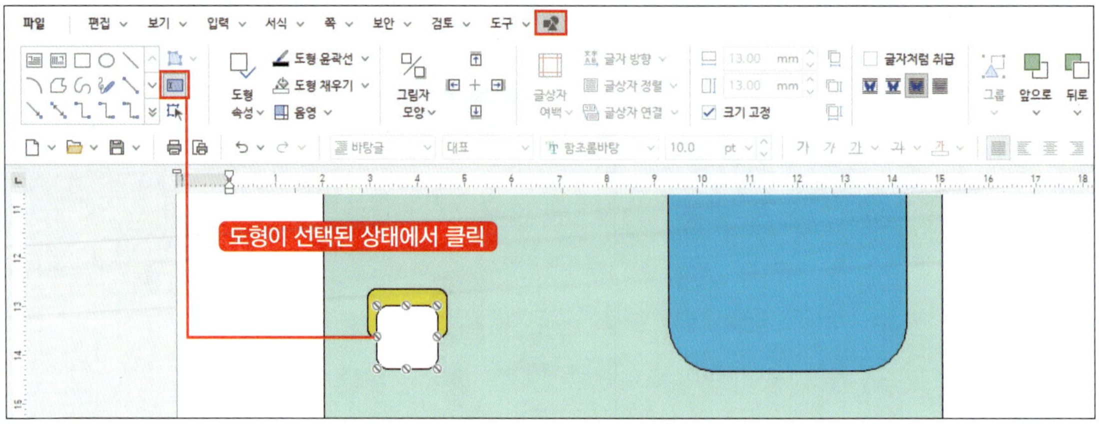

15 도형 안쪽에 커서가 나타나면 "1"을 입력한 후 서식 도구 상자에서 글꼴은 '궁서', 글자 크기는 '20', 정렬 방식은 '가운데 정렬'을 각각 지정합니다.

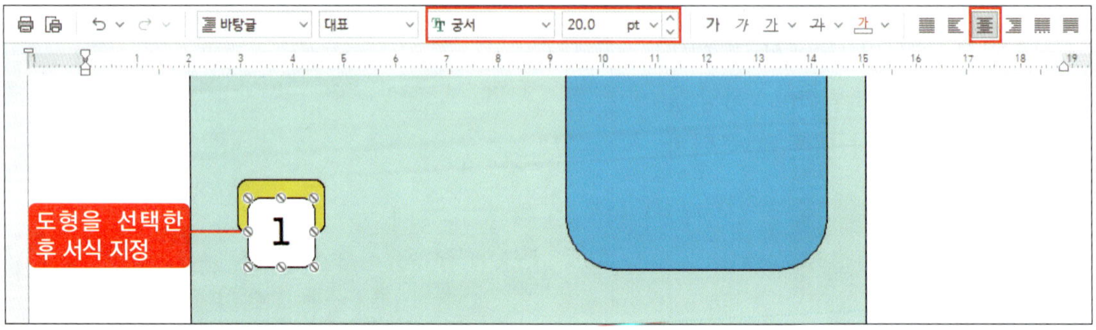

유형 잡기 05 목차 글상자 작성하기

1 목차 글상자를 작성하기 위하여 [입력] 탭에서 가로 글상자( ) 단추를 클릭합니다.

2 마우스 포인터가 '+' 모양으로 변경되면 배경 도형의 해당 위치에 적당한 크기로 드래그하여 삽입합니다.

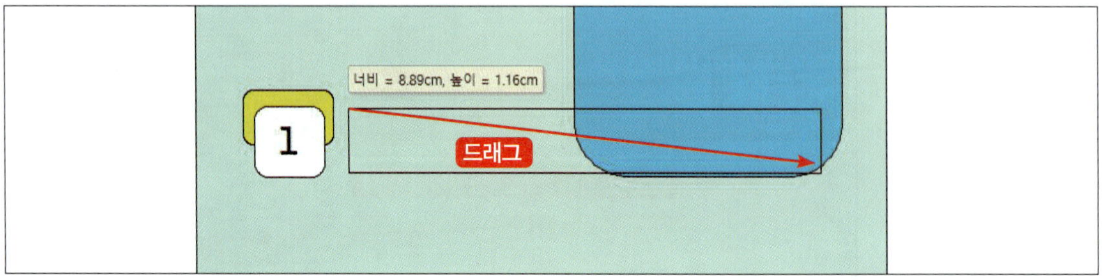

3 글상자를 편집하기 위하여 해당 개체(글상자)의 테두리를 더블 클릭합니다.

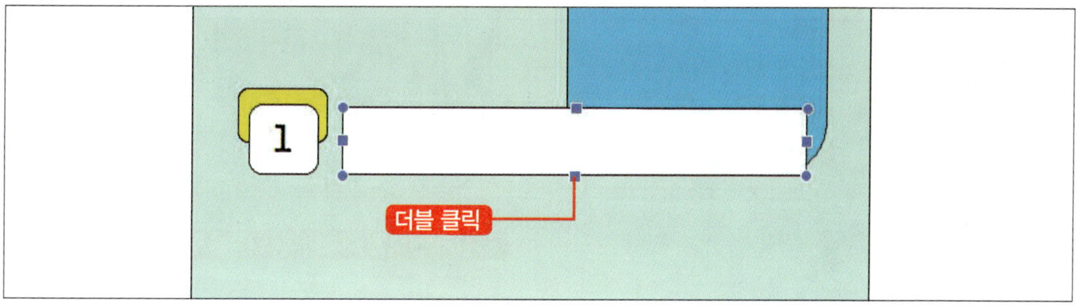

4 [개체 속성] 대화 상자의 [선] 탭에서 선의 종류는 '파선'을 선택합니다.

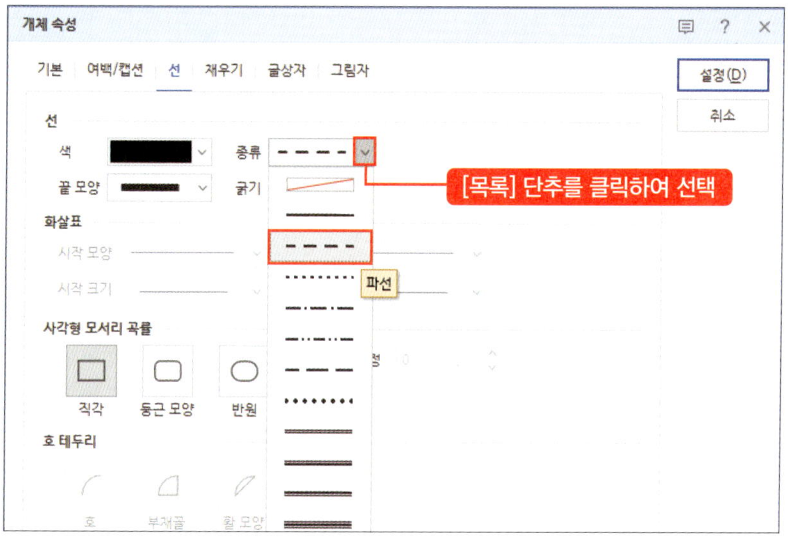

| TIP | **선 종류**

글상자의 선 종류는 문제의 지시사항에 따라 '점선' 또는 '파선' 중 선택하면 되는데 이는 ≪출력형태≫를 참고하여 동일한 선으로 선택합니다.

5 계속해서 [채우기] 탭에서 '색 채우기 없음'을 선택하고, [설정] 버튼을 클릭합니다.

6 글상자 안쪽을 클릭하여 커서를 위치시킨 후 주어진 목차 내용을 입력합니다.

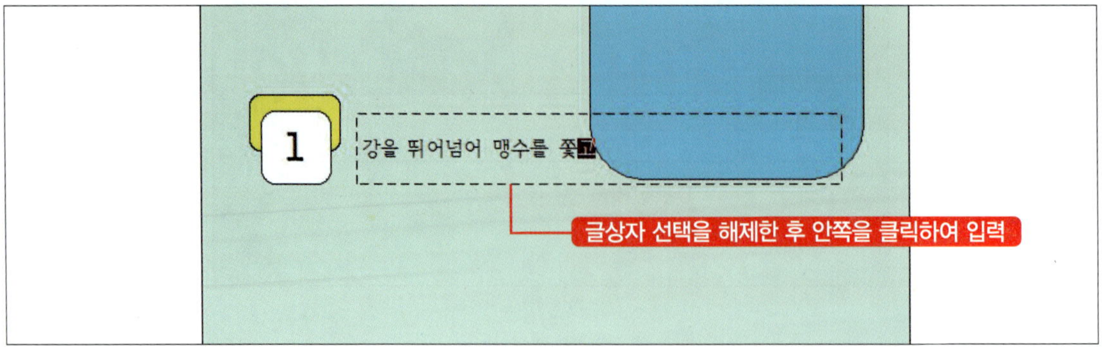

7 글상자를 선택한 후 서식 도구 상자에서 글꼴은 '굴림', 글자 크기는 '18', 정렬 방식은 '가운데 정렬'을 각각 지정합니다.

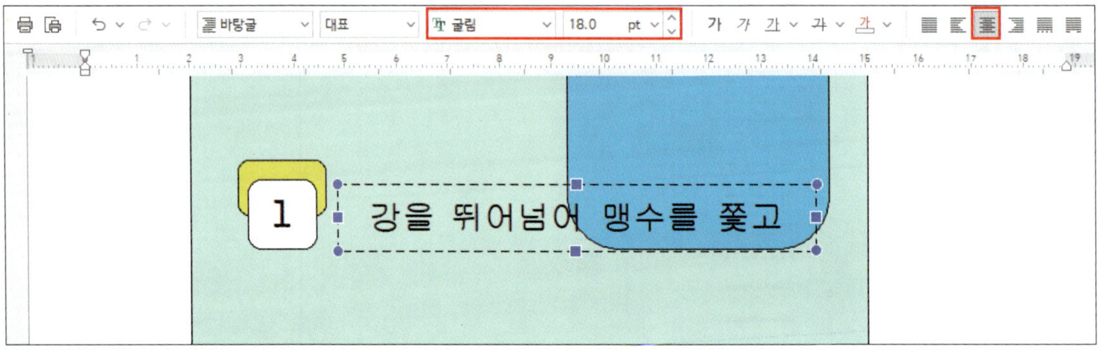

8 글상자가 선택된 상태에서 크기 조절 핸들을 이용하여 크기를 적당히 조절한 후 방향키로 위치를 조정합니다.

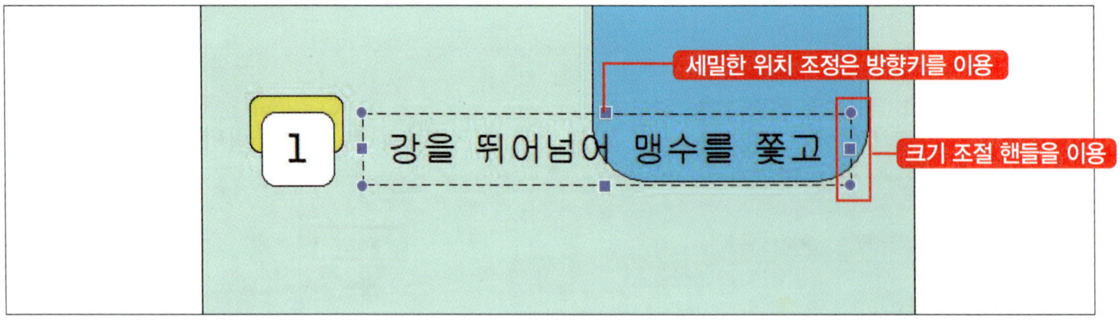

| TIP | **글상자 크기**

글상자의 크기는 지시사항이 따로 없으므로 ≪출력형태≫를 보고 적당히 조절하되 글상자 내용에 따라 작성 후에 일부를 변경할 수 있습니다.

유형 잡기 06 목차 도형과 글상자 복사하기

1 [편집] 탭에서 개체 선택( ) 단추를 클릭한 후 목차 도형과 글상자가 모두 포함되도록 드래그하여 선택합니다.

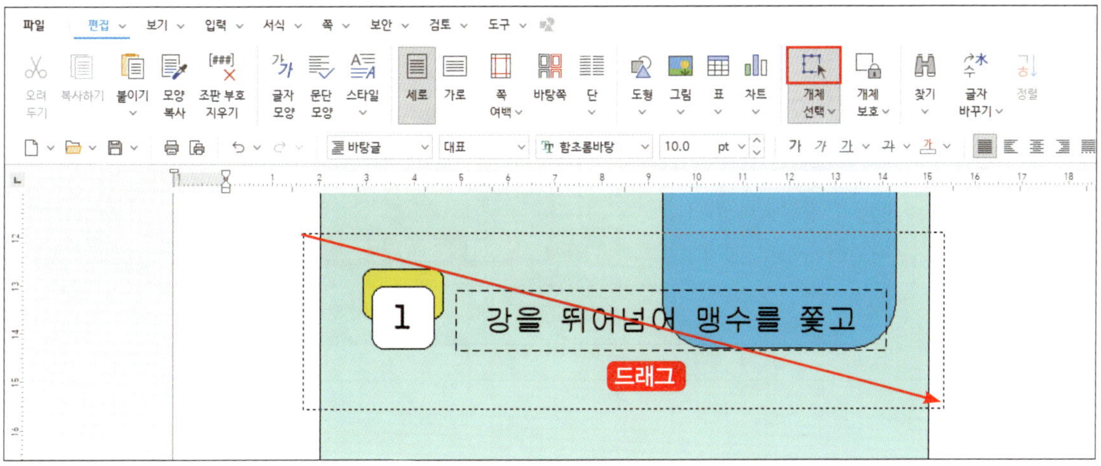

> **TIP | 개체 선택**
>
> 대각선 방향으로 드래그하여 끌어서 놓으면 해당 직사각형 안에 포함된 모든 개체가 선택됩니다. 이때 배경 도형 바깥에서부터 마우스를 드래그합니다.

2 목차 도형과 글상자가 모두 선택되면 방향키를 이용하여 가로/세로 위치를 세밀하게 조절합니다.

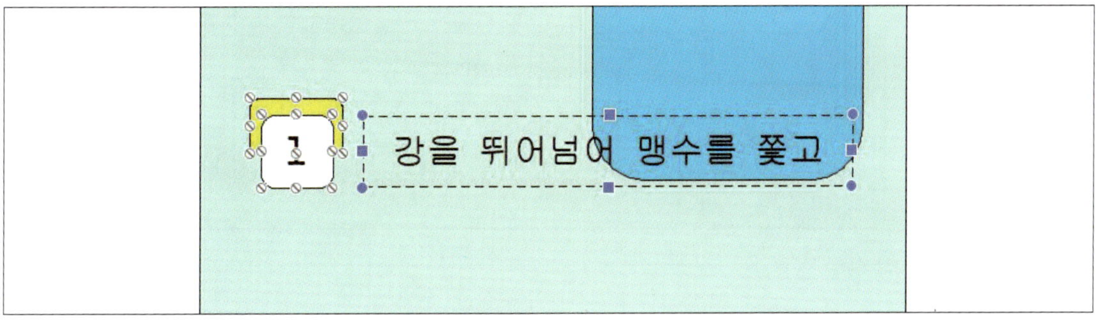

3 목차 도형과 글상자가 선택된 상태에서 Ctrl+Shift 키를 누른 채 아래쪽으로 드래그하여 복사합니다.

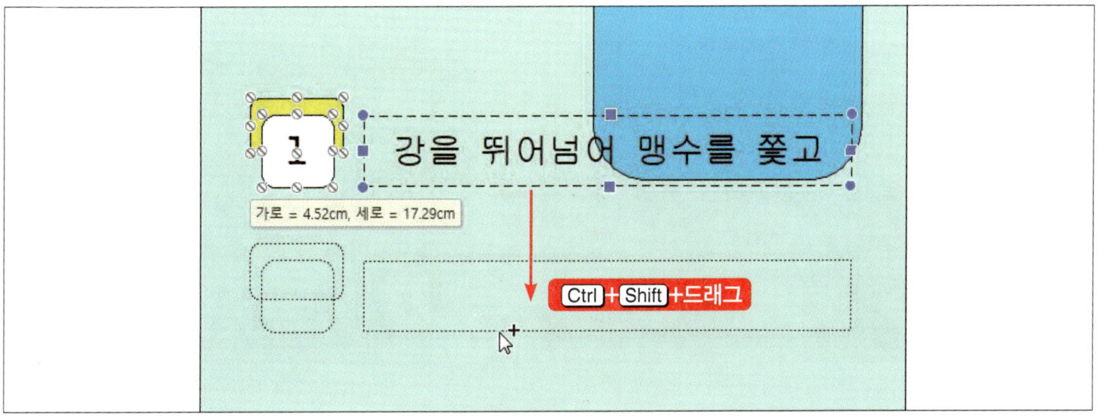

4 동일한 방법으로 Ctrl+Shift 키를 누른 상태에서 아래쪽으로 한 번 더 복사합니다.

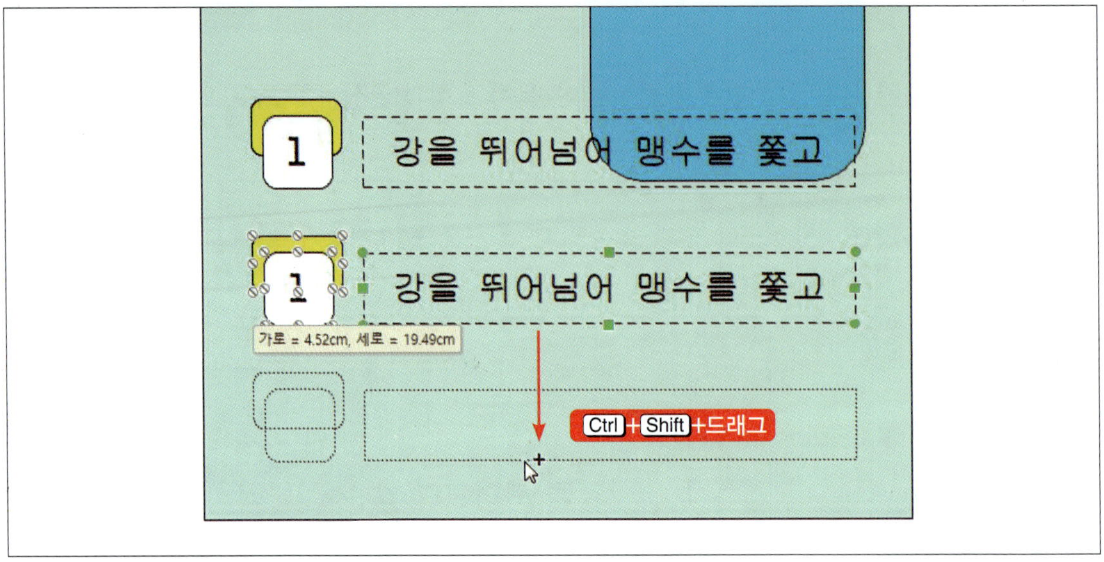

5 ≪출력형태≫를 보고 목차 도형과 글상자에 주어진 내용을 수정하여 각각 입력합니다.

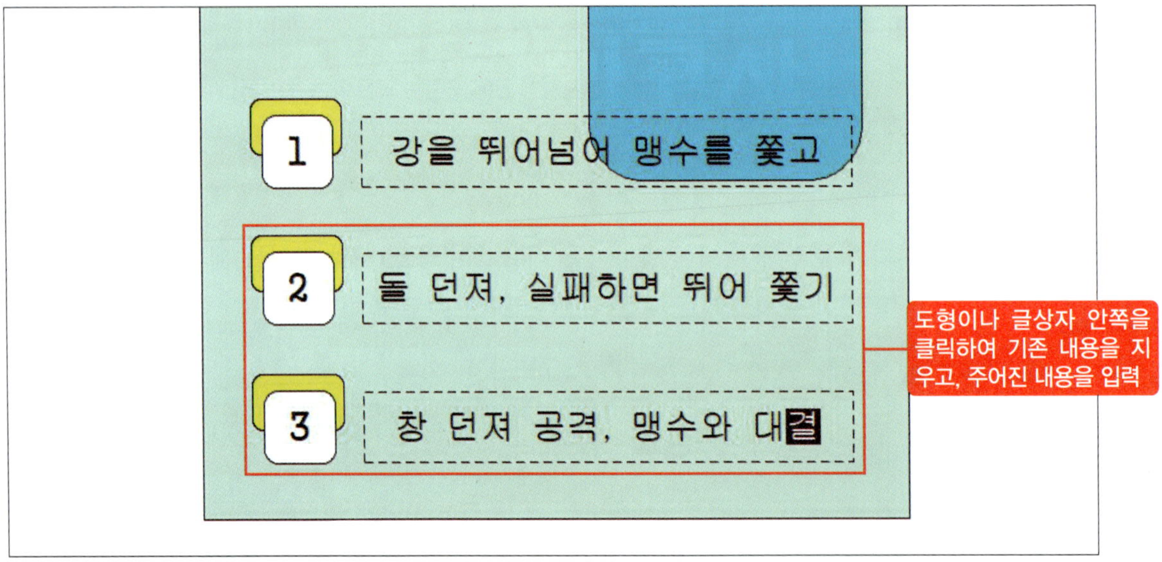

| TIP | 글상자의 크기 조절

글상자 내용이 두 줄로 입력되는 경우는 크기 조절 핸들을 이용하여 가로/세로 크기를 조절한 후 나머지 글상자도 변경된 글상자의 크기에 맞게 조절합니다.

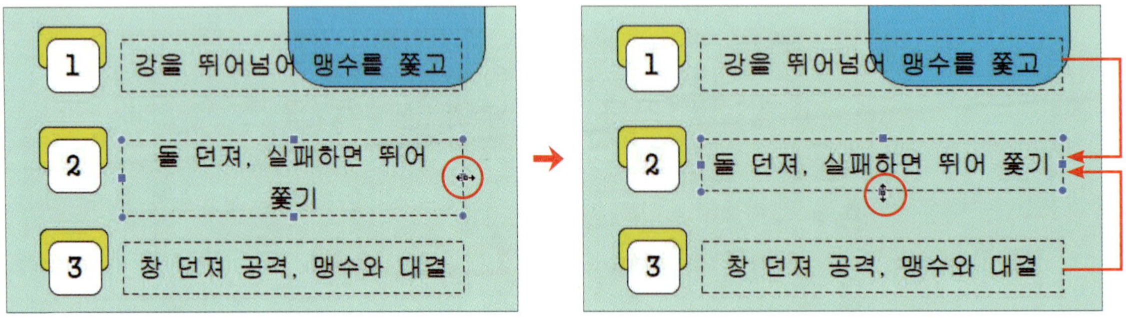

6 목차 도형에서 둥근 모양의 면 색을 변경하기 위하여 해당 도형을 더블 클릭한 후 [개체 속성] 대화 상자의 [채우기] 탭에서 임의의 색상을 지정하고, [설정] 버튼을 클릭합니다.

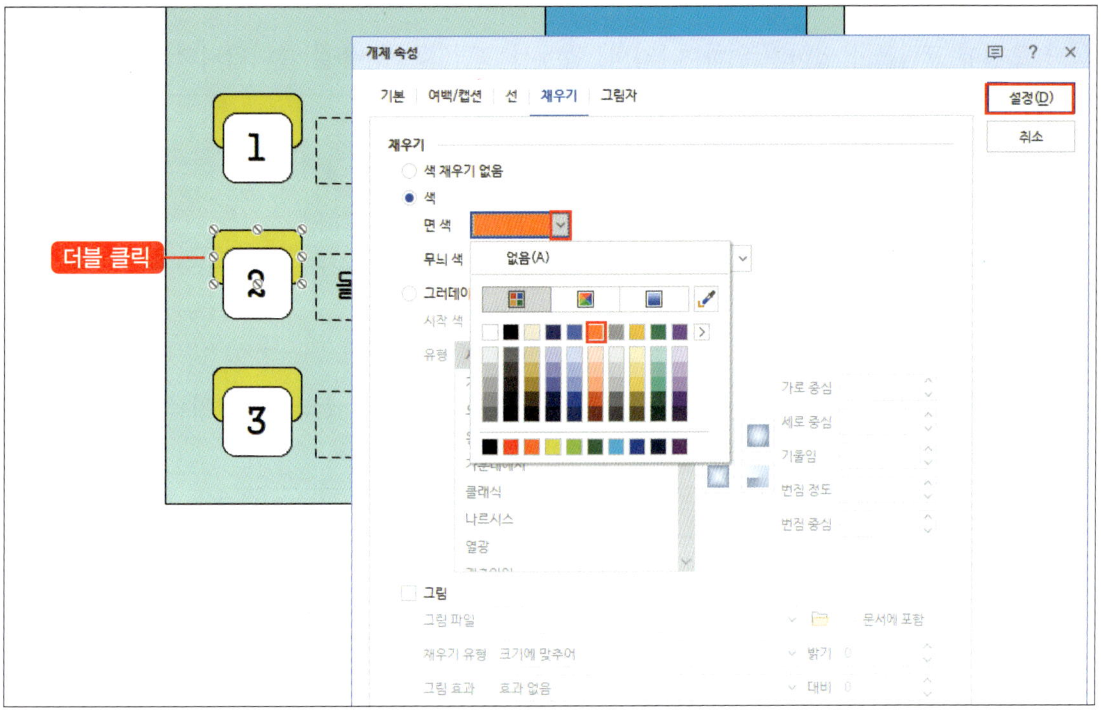

7 동일한 방법으로 세 번째 둥근 모양의 면 색도 임의의 색상으로 변경합니다.

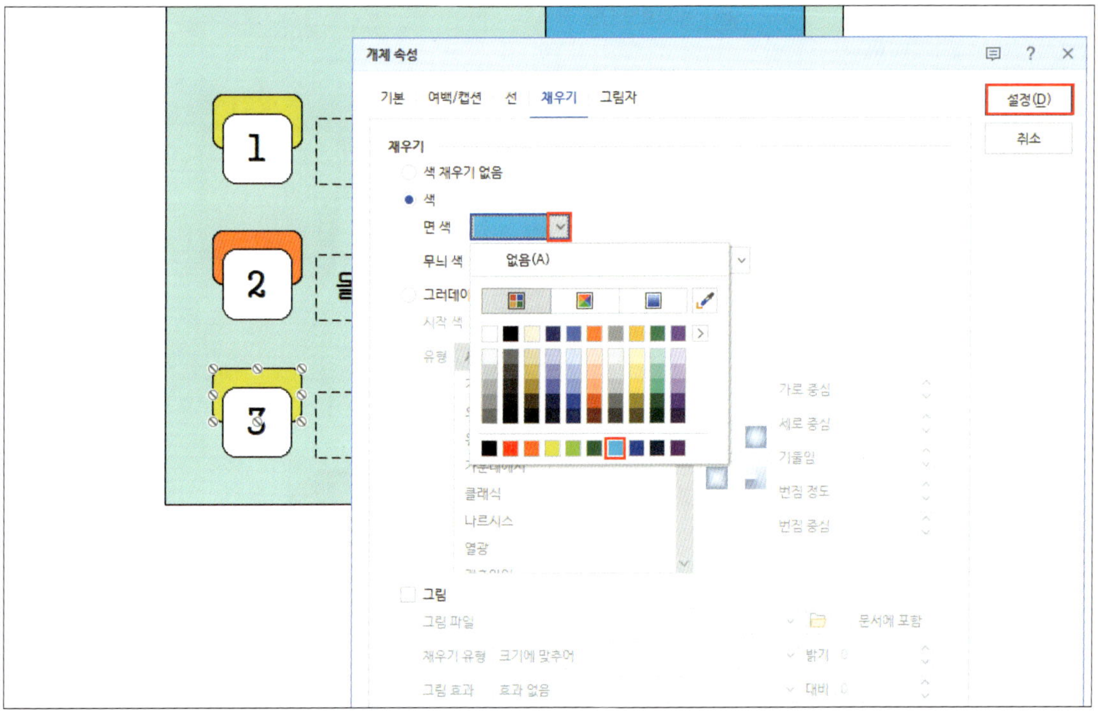

유형 잡기 07 그림 삽입하기

1 상단 도형에 그림을 삽입하기 위하여 [입력] 탭에서 그림( ) 단추를 클릭합니다.

2 [그림 넣기] 대화 상자에서 찾는 위치(내 PC₩문서₩ITQ₩Picture)와 파일 이름(로고3.jpg)을 지정한 후 '문서에 포함'을 선택하고, [열기] 버튼을 클릭합니다.

3 그림을 편집하기 위하여 삽입된 그림을 더블 클릭합니다.

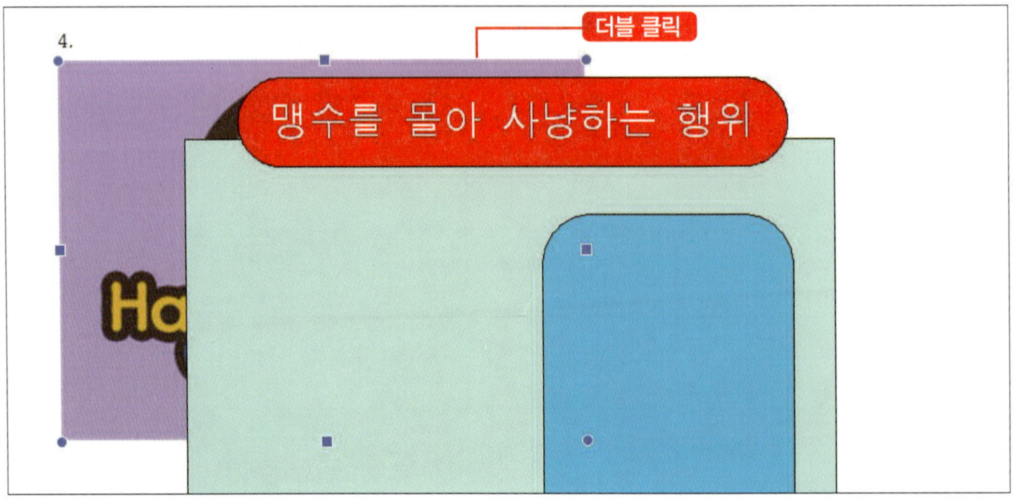

4 [개체 속성] 대화 상자의 [기본] 탭에서 너비는 '40', 높이는 '35'를 지정하고, '크기 고정'을 선택(체크)한 후 본문과의 배치는 '글 앞으로'를 선택합니다.

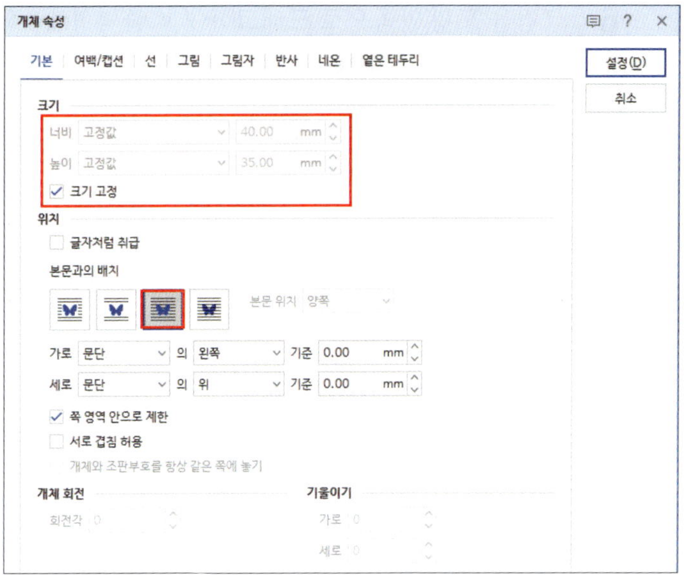

| TIP | 본문과의 배치

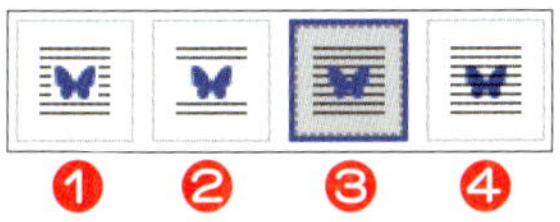

- ❶ 어울림 : 개체와 본문이 같은 줄을 나누어 쓰되 서로 자리를 침범하지 않고, 본문이 개체에 어울리도록 배치합니다.
- ❷ 자리 차지 : 개체가 개체의 높이만큼 줄을 차지하고 있기 때문에 개체가 차지하고 있는 영역에는 본문이 오지 못합니다.
- ❸ 글 앞으로 : 개체가 없는 것처럼 본문이 채워지고, 개체는 본문이 덮이도록 본문 위에 배치합니다.
- ❹ 글 뒤로 : 개체가 없는 것처럼 본문이 채워지고, 개체는 본문의 배경처럼 사용됩니다.

5 계속해서 [그림] 탭에서 그림 효과를 '회색조'로 선택하고, [설정] 버튼을 클릭합니다.

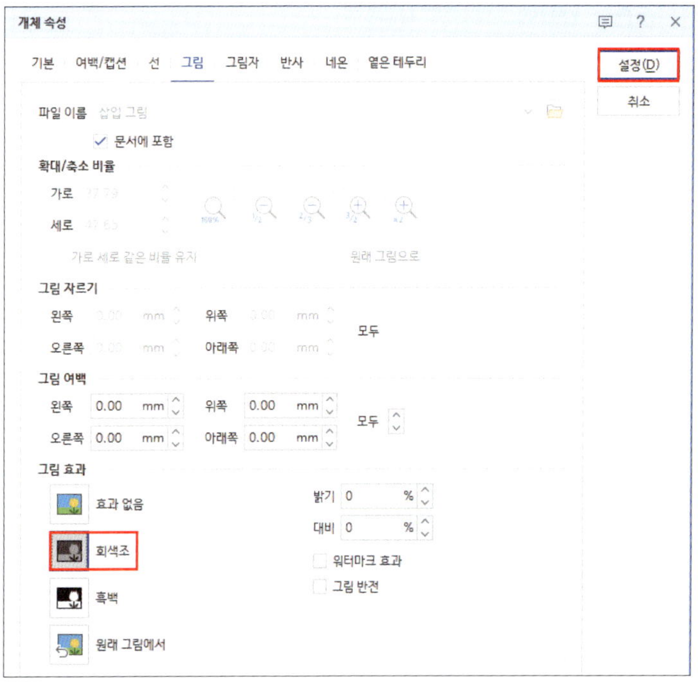

6 그림을 도형 안쪽으로 드래그하여 ≪출력형태≫와 같이 배치합니다.

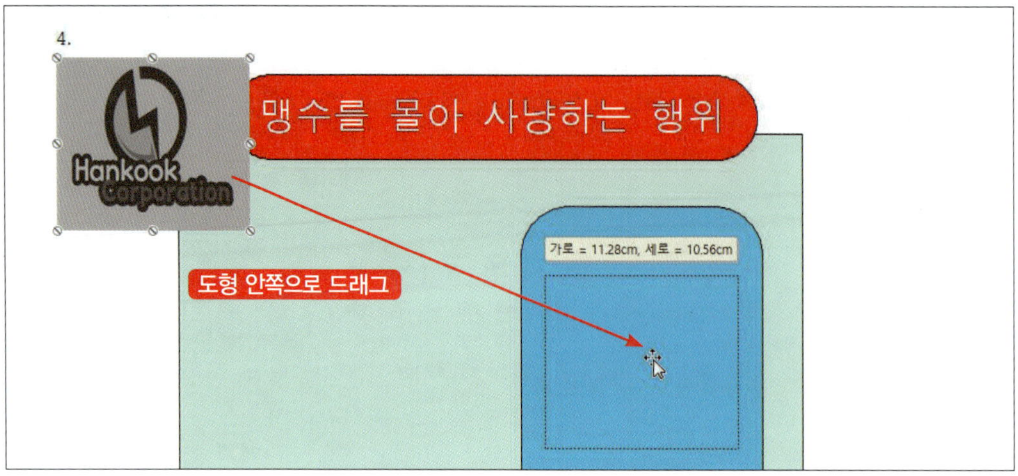

유형잡기 08 글맵시 삽입하기

1 글맵시를 삽입하기 위하여 [입력] 탭에서 글맵시( ) 단추를 클릭합니다.

2 [글맵시 만들기] 대화 상자에서 글맵시 내용을 입력한 후 글맵시 모양( ) 단추를 클릭하고, '아래쪽 리본 사각형'을 선택합니다.

3 계속해서 글꼴을 '굴림'으로 선택하고, [설정] 버튼을 클릭합니다.

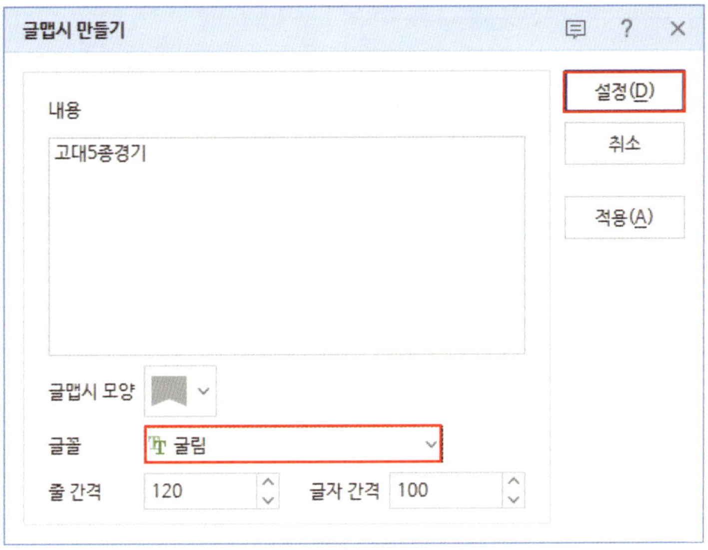

4 글맵시를 편집하기 위하여 삽입된 글맵시를 더블 클릭합니다.

5 [개체 속성] 대화 상자의 [기본] 탭에서 너비는 '50', 높이는 '35'를 지정하고, '크기 고정'을 선택(체크)한 후 본문과의 배치는 '글 앞으로'를 선택합니다.

6 계속해서 [채우기] 탭에서 면 색의 목록(⌄) 단추를 클릭하고, '파랑'을 선택한 후 [설정] 버튼을 클릭합니다.

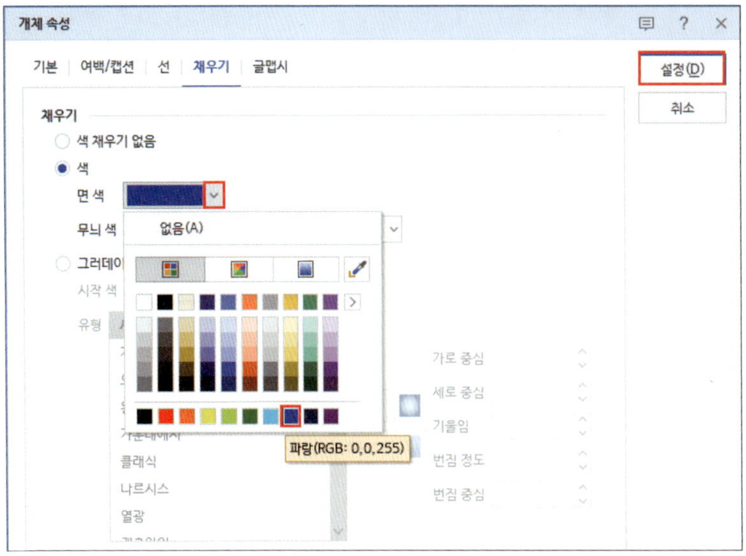

| TIP | **글맵시 면 색**

글맵시를 삽입하면 면 색은 기본적으로 파란색으로 나타나므로 따로 지정할 필요는 없습니다.

7 글맵시를 배경 도형 안쪽으로 드래그하여 ≪출력형태≫와 같이 배치합니다.

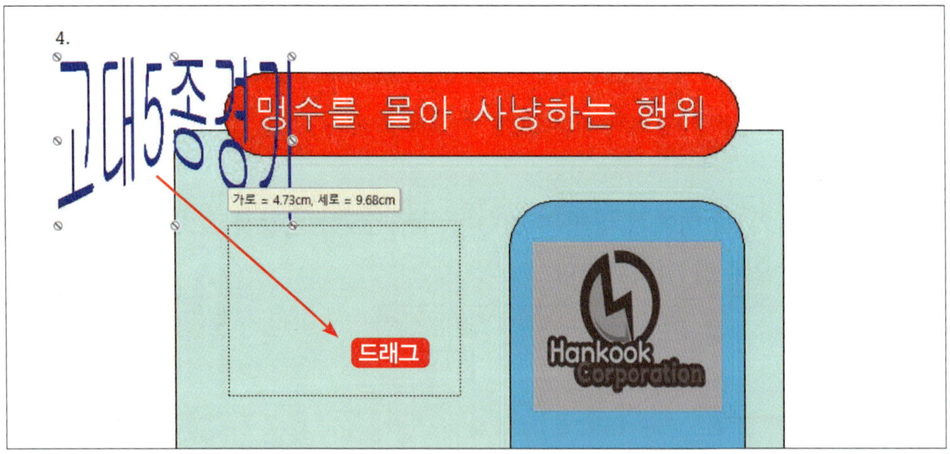

유형 잡기 09 책갈피와 하이퍼링크 지정하기

1 3페이지의 첫 번째 줄에 커서를 위치시킨 후 주어진 내용을 입력합니다.

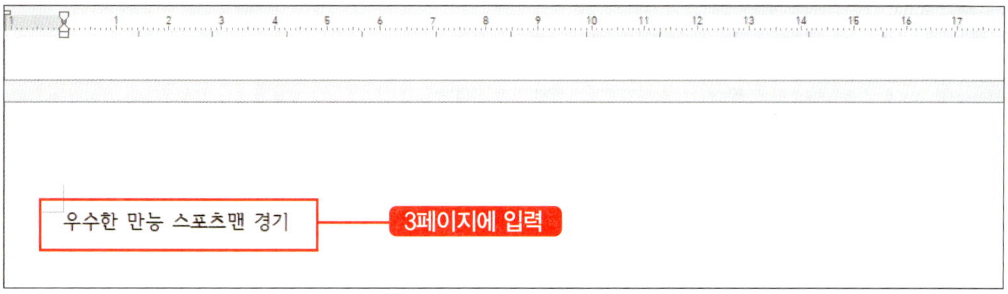

| TIP | 책갈피 내용

책갈피를 지정하기 위하여 3페이지의 [문서작성 능력평가]에서 제목을 미리 입력합니다.

2 제목 맨 앞에 커서를 위치시킨 후 [입력] 탭에서 책갈피(책갈피) 단추를 클릭합니다.

3 [책갈피] 대화 상자에서 책갈피 이름에 "근대5종"을 입력하고, [넣기] 버튼을 클릭합니다.

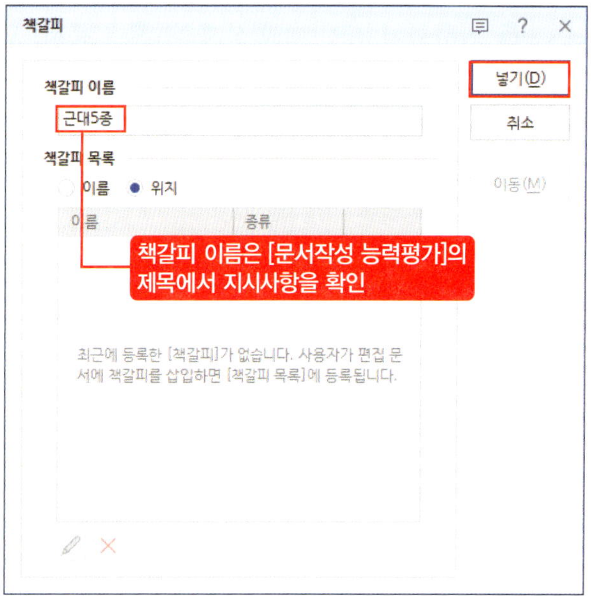

| TIP | 책갈피 확인

책갈피는 주어진 위치에 삽입해도 화면상에 아무런 변화가 없기 때문에 이를 확인하기 위해서는 [보기] 탭에서 '조판 부호'를 선택하면 책갈피의 지정 유무를 확인할 수 있습니다.

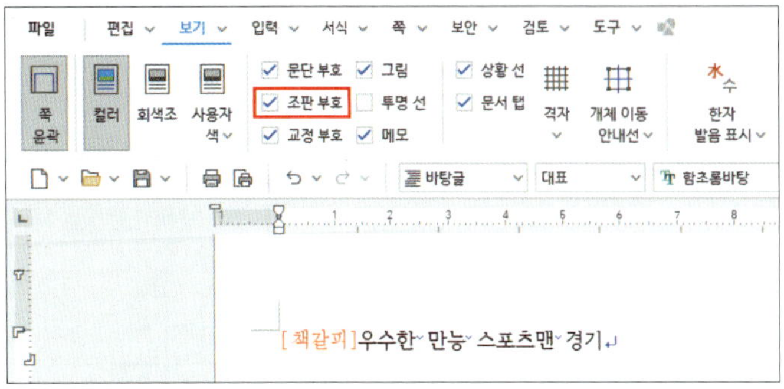

4 하이퍼링크를 지정하기 위하여 2페이지의 상단 도형에 있는 그림을 선택한 후 [입력] 탭에서 하이퍼링크() 단추를 클릭합니다.

5 [하이퍼링크] 대화 상자의 [훈글 문서] 탭에서 [현재 문서]에 있는 책갈피의 '근대5종'을 선택하고, [넣기] 버튼을 클릭합니다.

[문서작성 능력평가]의 제목에 지정한 책갈피 이름

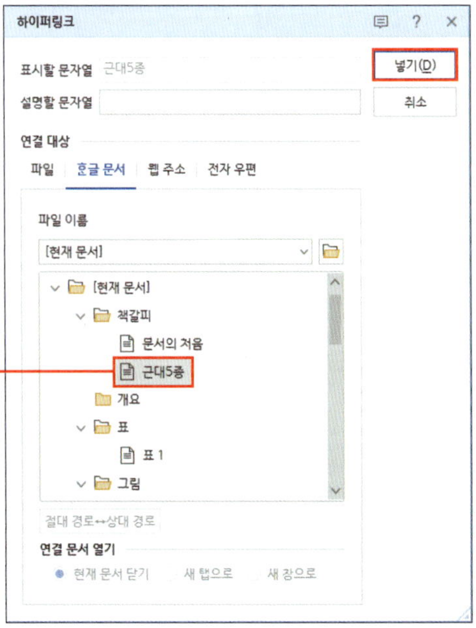

6 [Ctrl] 키를 누른 채 하이퍼링크가 설정된 그림을 클릭하면 3페이지의 제목 앞으로 커서가 이동되는 것을 확인할 수 있습니다.

| TIP | **하이퍼링크 해제하기**

- [Shift] 키를 누른 상태에서 그림을 선택한 후 [입력] 탭에서 하이퍼링크(하이퍼링크) 단추를 클릭합니다.
- [하이퍼링크 고치기] 대화 상자에서 [링크 지우기] 버튼을 클릭합니다.

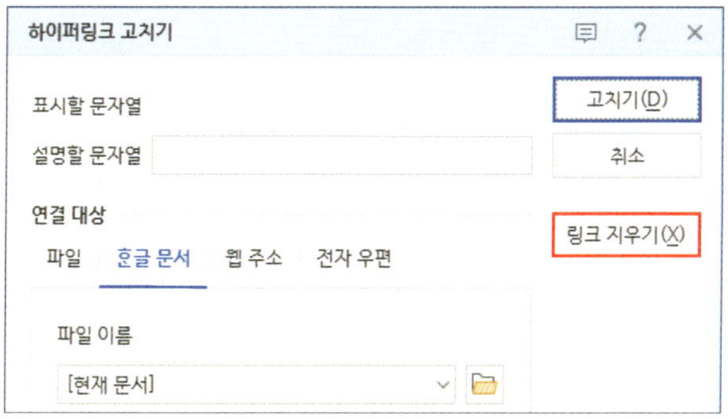

7 모든 작업이 완료되면 서식 도구 상자에서 저장하기( ) 단추를 클릭하여 완성 파일을 저장합니다.

출제 유형 문제

• **예제 파일** : 유형 분석 06₩유형 02_문제.hwpx / • **완성 파일** : 유형 분석 06₩유형 02_완성.hwpx

01 다음의 ≪조건≫에 따라 ≪출력형태≫와 같이 문서를 작성하시오.

≪조건≫

(1) 그리기 도구를 이용하여 작성하고, 모든 도형(글맵시, 지정된 그림 포함)을 ≪출력형태≫와 같이 작성하시오.

(2) 도형의 면색은 지시사항이 없으면 색 없음을 제외하고 서로 다르게 임의로 지정하시오.

≪출력형태≫

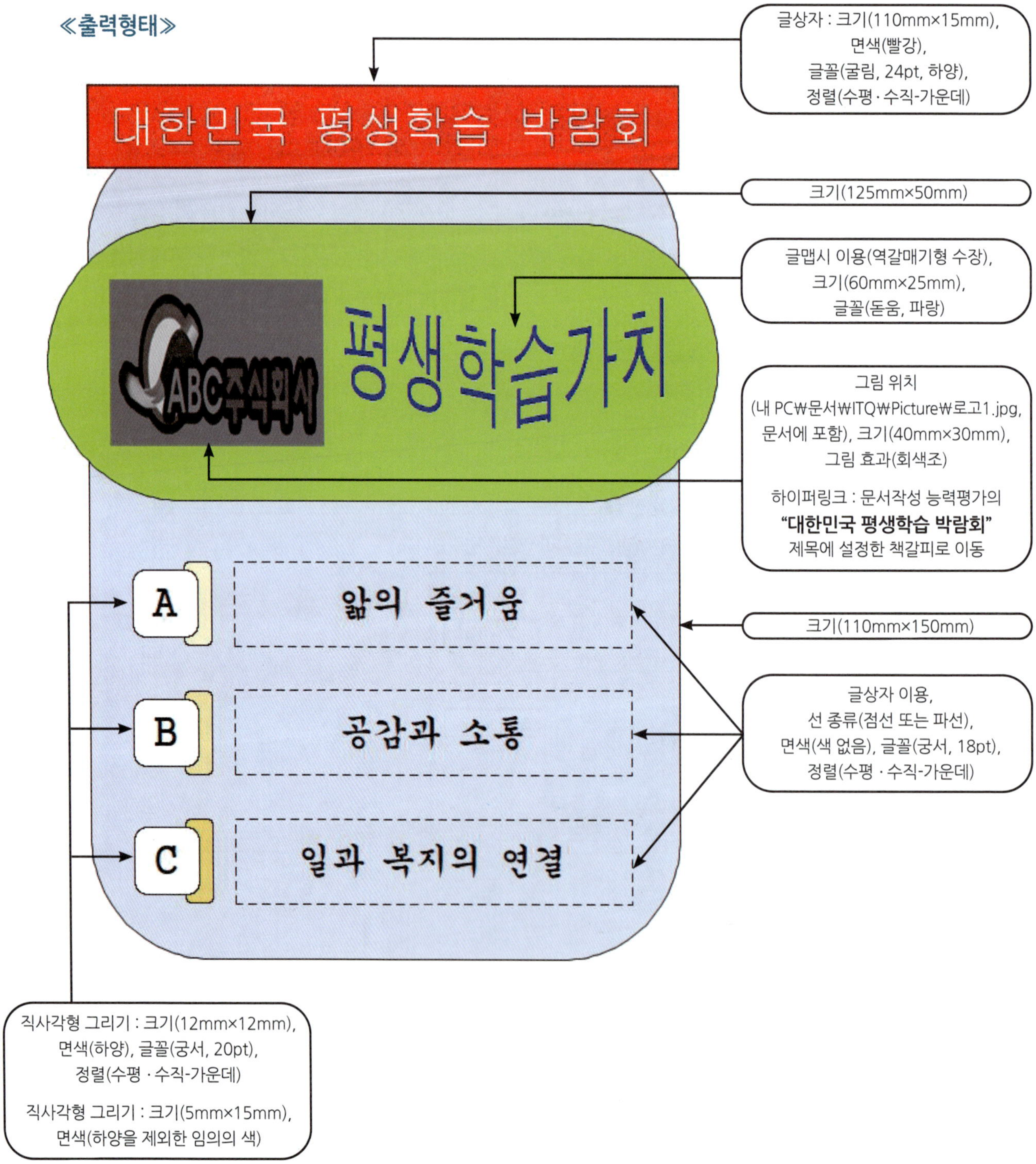

출제 유형 문제

• **예제 파일** : 유형 분석 06₩유형 03_문제.hwpx / • **완성 파일** : 유형 분석 06₩유형 03_완성.hwpx

02 **다음의 ≪조건≫에 따라 ≪출력형태≫와 같이 문서를 작성하시오.**

≪조건≫

(1) 그리기 도구를 이용하여 작성하고, 모든 도형(글맵시, 지정된 그림 포함)을 ≪출력형태≫와 같이 작성하시오.

(2) 도형의 면색은 지시사항이 없으면 색 없음을 제외하고 서로 다르게 임의로 지정하시오.

≪출력형태≫

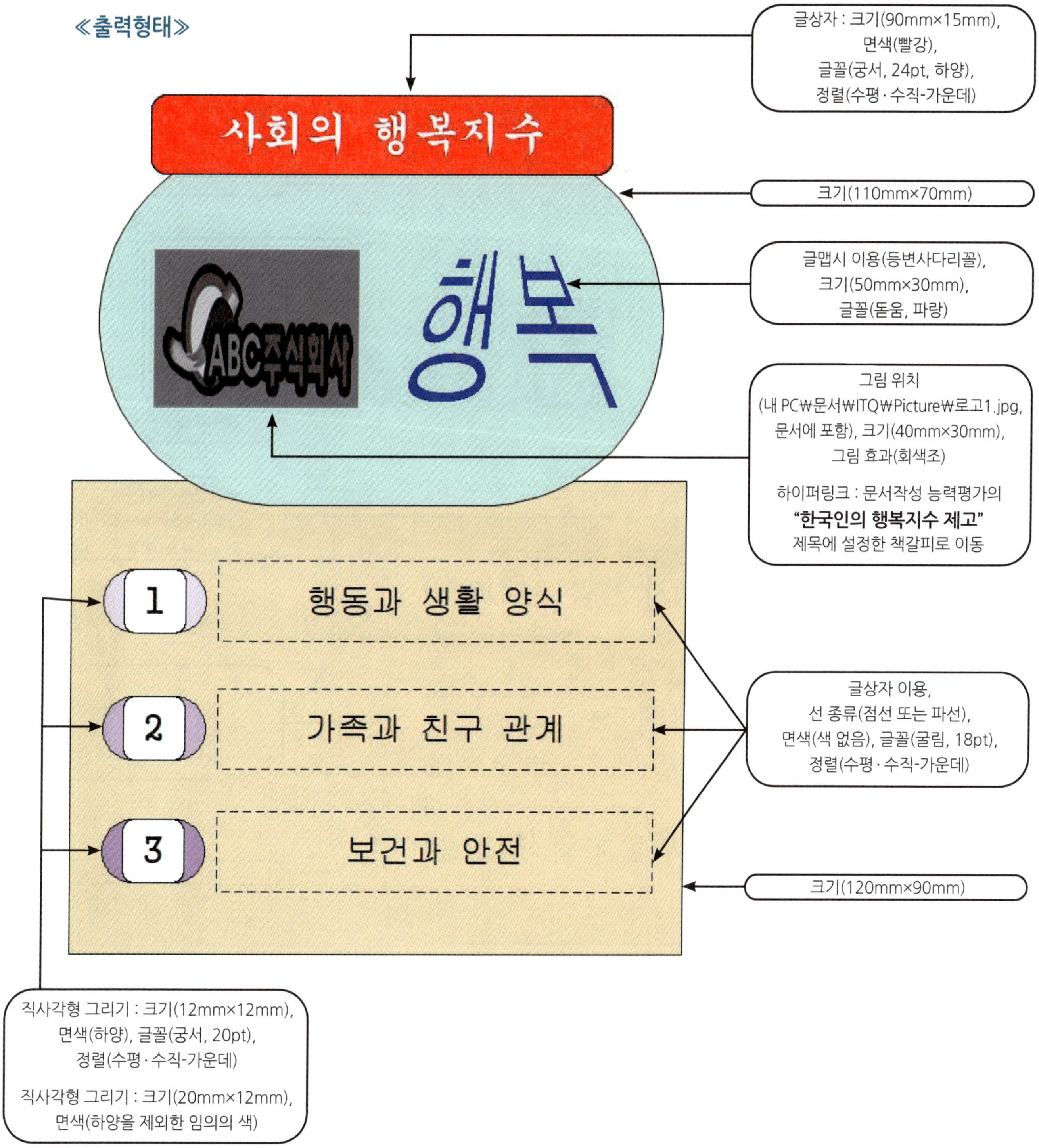

출제 유형 문제

• **예제 파일** : 유형 분석 06₩유형 04_문제.hwpx / • **완성 파일** : 유형 분석 06₩유형 04_완성.hwpx

03 **다음의 ≪조건≫에 따라 ≪출력형태≫와 같이 문서를 작성하시오.**

≪조건≫

(1) 그리기 도구를 이용하여 작성하고, 모든 도형(글맵시, 지정된 그림 포함)을 ≪출력형태≫와 같이 작성하시오.

(2) 도형의 면색은 지시사항이 없으면 색 없음을 제외하고 서로 다르게 임의로 지정하시오.

≪출력형태≫

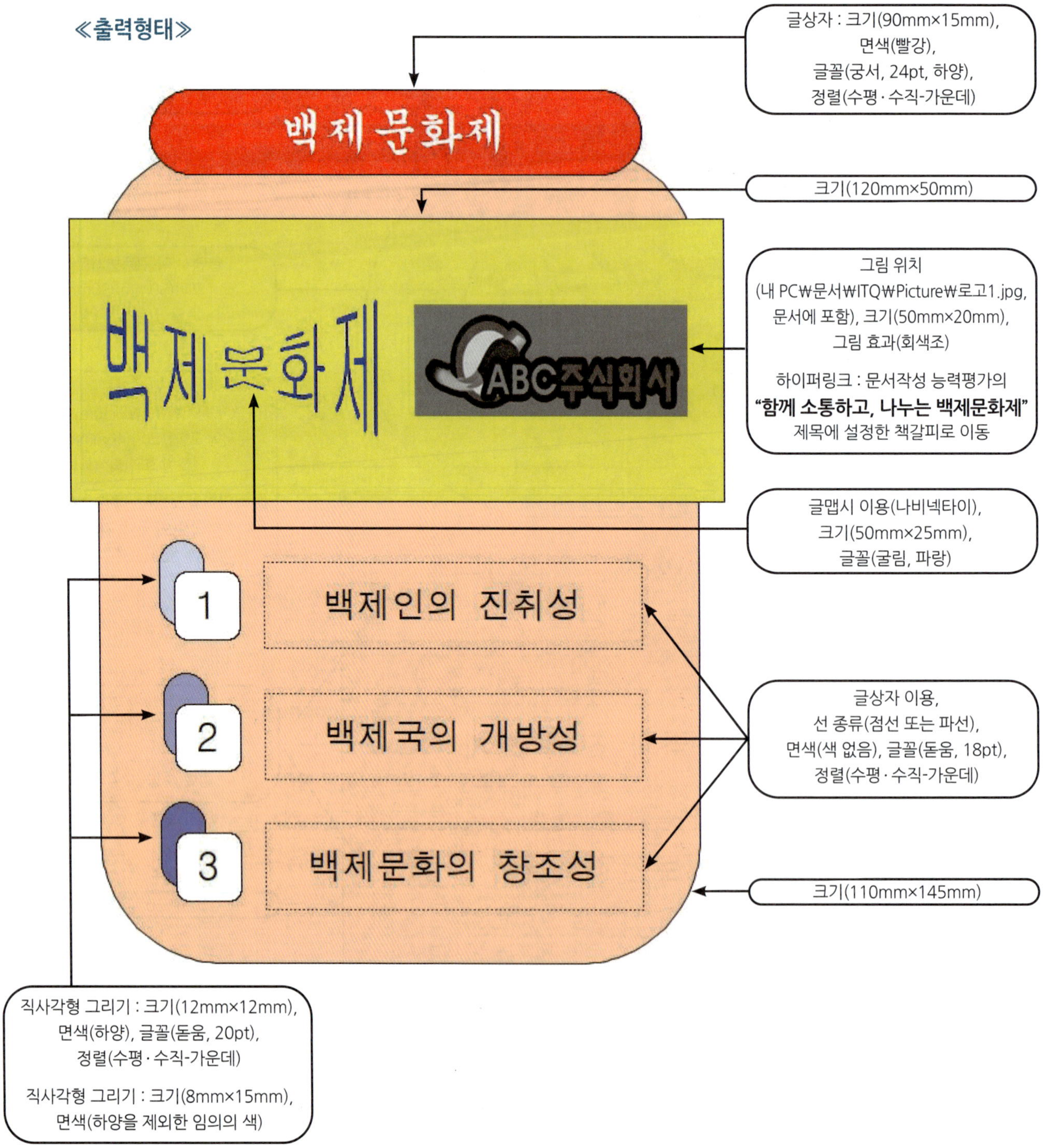

출제 유형 문제

• **예제 파일** : 유형 분석 06₩유형 05_문제.hwpx / • **완성 파일** : 유형 분석 06₩유형 05_완성.hwpx

04 다음의 ≪조건≫에 따라 ≪출력형태≫와 같이 문서를 작성하시오.

≪조건≫

(1) 그리기 도구를 이용하여 작성하고, 모든 도형(글맵시, 지정된 그림 포함)을 ≪출력형태≫와 같이 작성하시오.

(2) 도형의 면색은 지시사항이 없으면 색 없음을 제외하고 서로 다르게 임의로 지정하시오.

≪출력형태≫

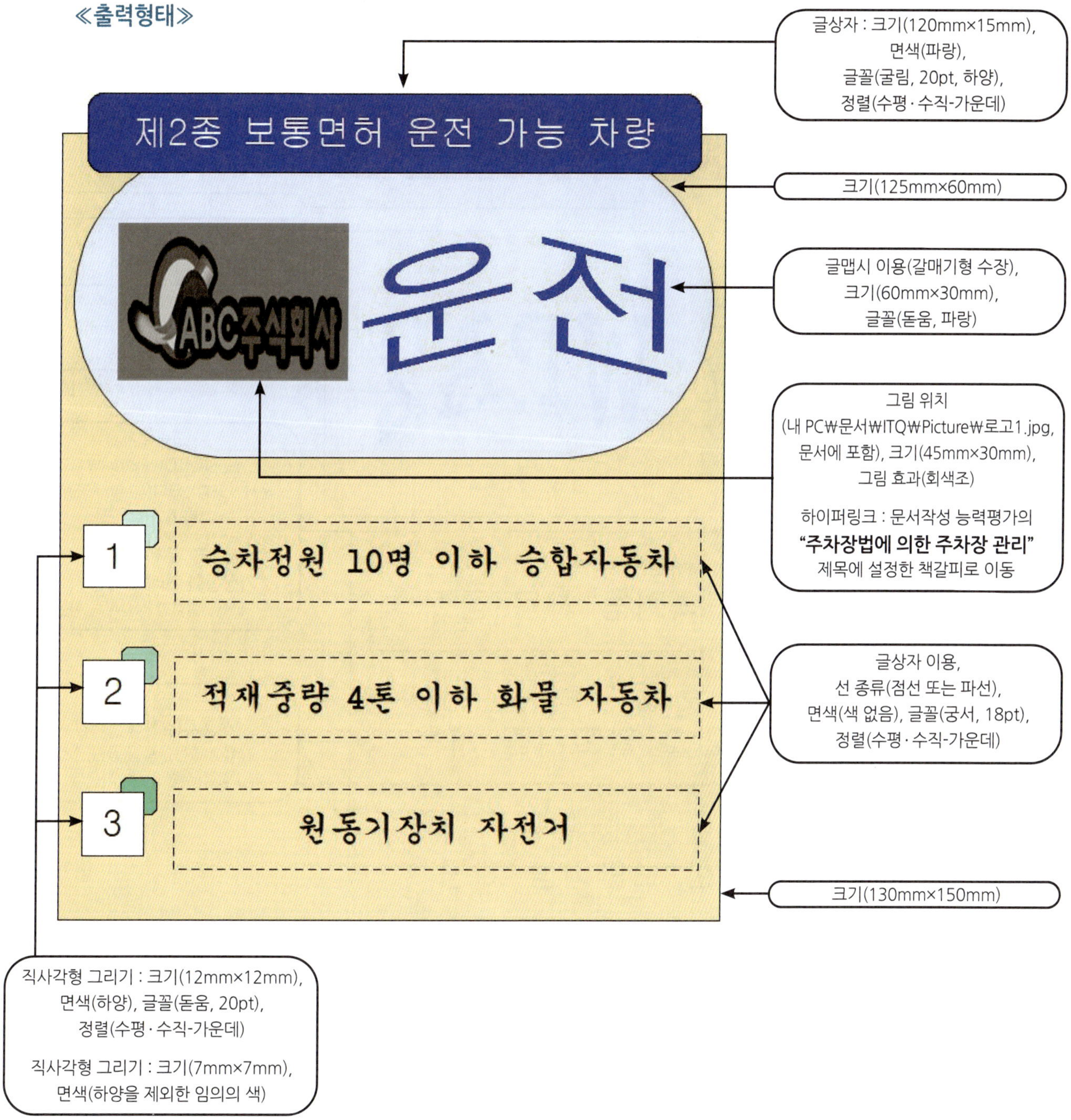

출제 유형 문제

• 예제 파일 : 유형 분석 06₩유형 06_문제.hwpx / • 완성 파일 : 유형 분석 06₩유형 06_완성.hwpx

05 **다음의 ≪조건≫에 따라 ≪출력형태≫와 같이 문서를 작성하시오.**

≪조건≫

(1) 그리기 도구를 이용하여 작성하고, 모든 도형(글맵시, 지정된 그림 포함)을 ≪출력형태≫와 같이 작성하시오.

(2) 도형의 면색은 지시사항이 없으면 색 없음을 제외하고 서로 다르게 임의로 지정하시오.

≪출력형태≫

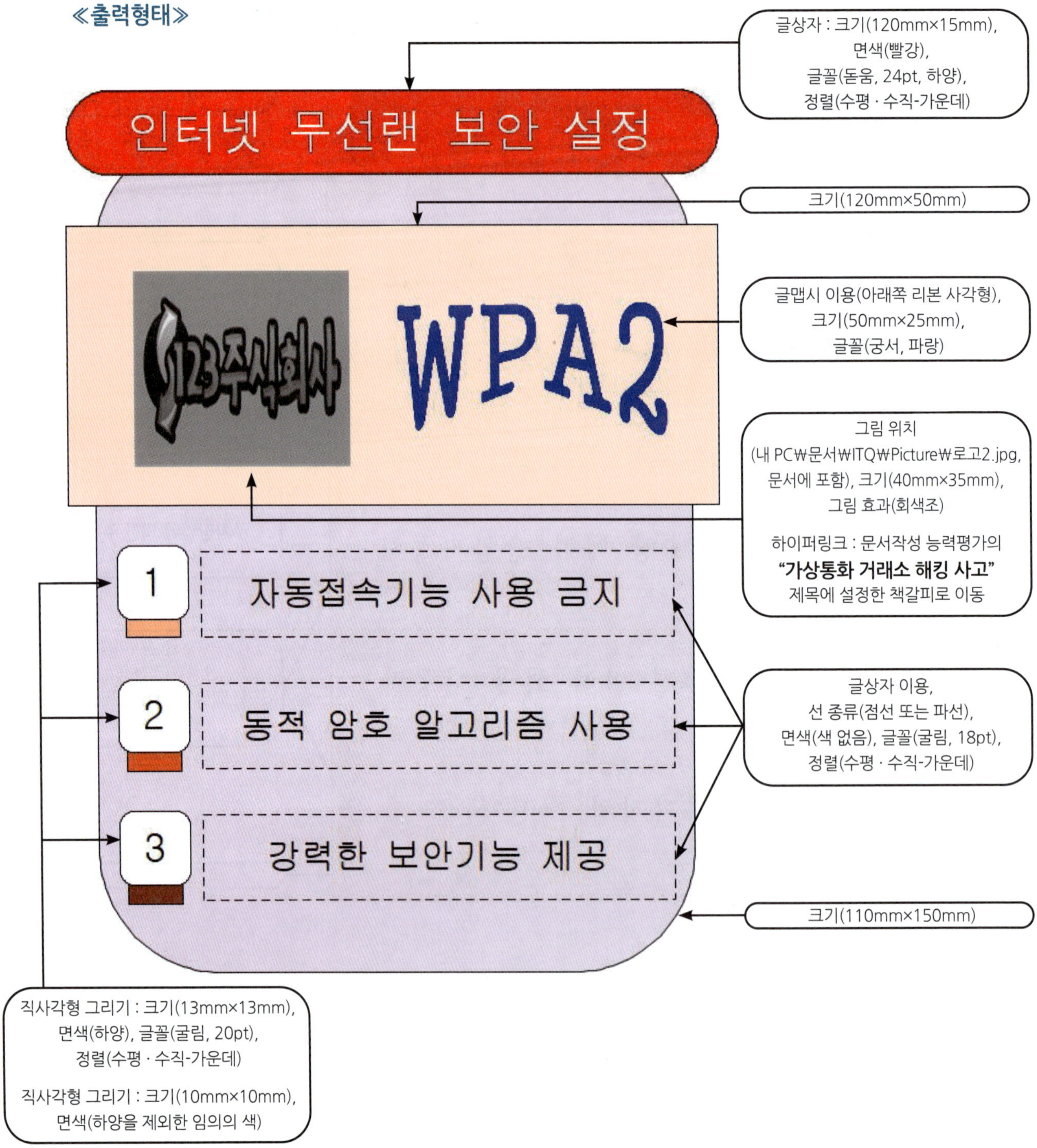

출제 유형 문제

• **예제 파일** : 유형 분석 06₩유형 07_문제.hwpx / • **완성 파일** : 유형 분석 06₩유형 07_완성.hwpx

06 다음의 ≪조건≫에 따라 ≪출력형태≫와 같이 문서를 작성하시오.

≪조건≫

(1) 그리기 도구를 이용하여 작성하고, 모든 도형(글맵시, 지정된 그림 포함)을 ≪출력형태≫와 같이 작성하시오.

(2) 도형의 면색은 지시사항이 없으면 색 없음을 제외하고 서로 다르게 임의로 지정하시오.

≪출력형태≫

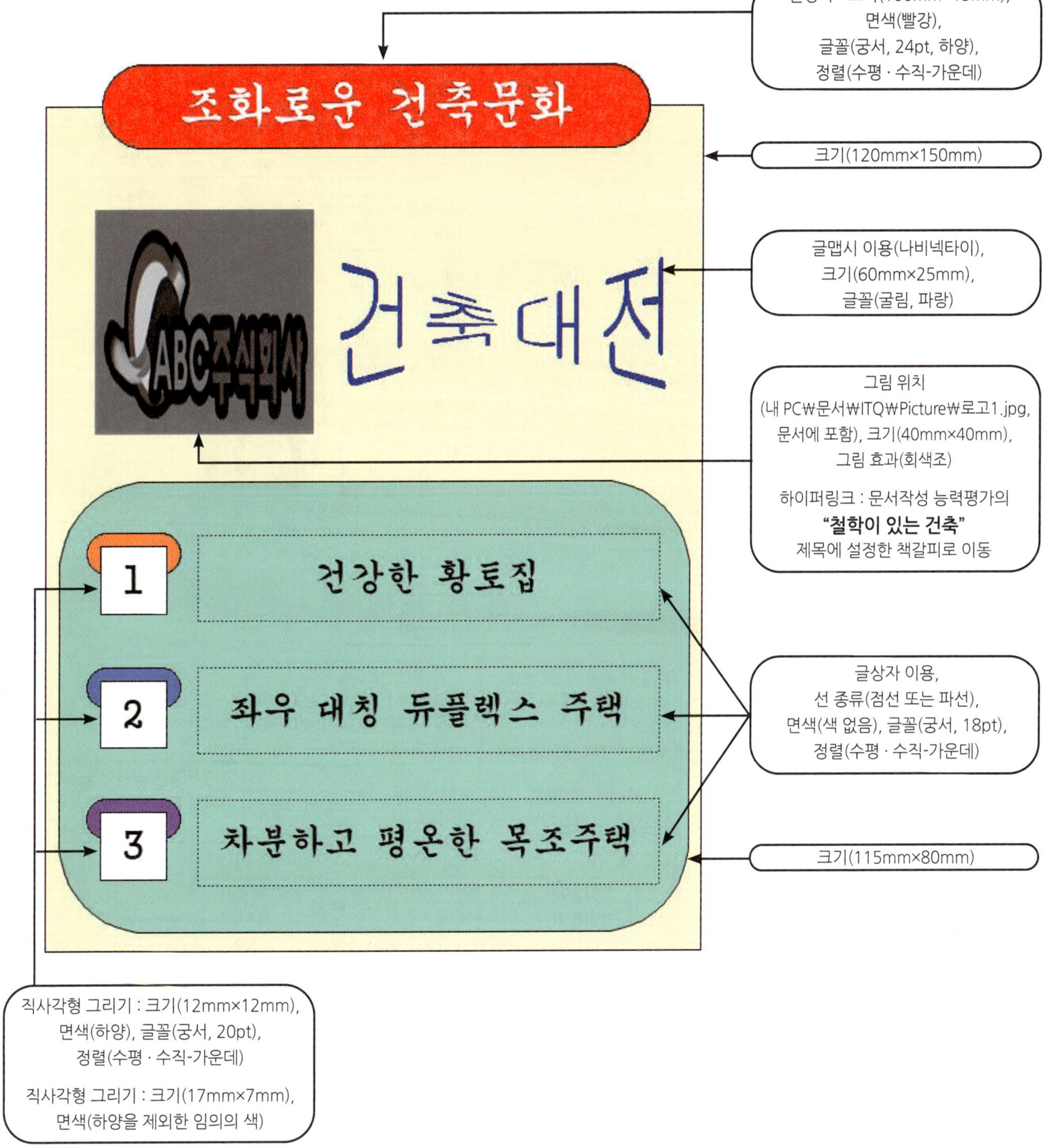

유형 분석

07 [문서작성 능력평가]

문서작성 능력평가에서는 전체 문서 작성에 필요한 머리말, 덧말, 문단 첫 글자 장식, 한자 변환, 각주, 그림 삽입, 문자표, 문단 번호, 제목 서식, 표 편집, 쪽 번호 입력 등에 대하여 알아봅니다.

시험 유형 미리 보기

• 예제 파일 : 유형 분석 07₩유형 01_문제.hwpx / • 완성 파일 : 유형 분석 07₩유형 01_완성.hwpx **200점**

《출력형태》

글꼴 : 굴림, 18pt, 진하게, 가운데 정렬
책갈피 이름 : 근대5종
덧말 넣기

그림 위치(내 PC₩문서₩ITQ₩Picture₩그림4.jpg, 문서에 포함)
자르기 기능 이용, 크기(40mm×40mm), 바깥 여백 왼쪽 : 2mm

머리말 기능
돋움, 10pt, 오른쪽 정렬 → 근대 올림픽 소개

문단 첫 글자 장식 기능
글꼴 : 궁서, 면색 : 노랑

올림픽 정신
우수한 만능 스포츠맨 경기

중세 철학자 아리스토텔레스는 '가장 완벽한 스포츠인은 5종 경기를 하는 사람이다. 체력과 스피드가 경기인의 신체 속에 가장 아름다운 조화를 이루게 하는 경기이기 때문이다.'라고 5종 경기를 찬미 한 바 있다. 한 선수가 체력, 체능, 체격조건과 기술요건이 서로 다른 5가지 경기종목을 섭렵한다는 것은 가장 뛰어난 신체 능력과 정신력을 발휘함으로써 가능하며, 그러한 선수만이 올림픽 선수의 칭호를 받을 만하다는 피에르 쿠베르탱 남작의 말은 바로 완전한 인간을 추구한다는 올림픽의 진정한 이념을 반영한 것이다.

현대사회는 모든 분야(分野)에서 급속도의 변화를 가져오고 있다. 현대사회는 인간이 각기 전문성을 갖도록 강요하고 있다. 따라서 인간은 생존(生存)을 위하여 그렇게 되지 않을 수 없는 상황에 처해 있으며 몸과 마음의 조화가 갖는 아름다움을 스스로 파기하고 있다. 정신적, 육체적으로 조화를 이룬 인간개발을 목표로 쿠베르탱 남작에 의해 개발되고 올림픽 스포츠로 발전해온 근대 5종경기㉮는 성장기의 청소년에게 정신과 육체의 균형을 갖춘 인격체로서 성장할 수 있도록 도와주고 그들의 미래가 여러 분야에서 조화를 이룰 수 있도록 창안되었다.

각주

◈ 근대5종 세부 종목 안내 ← 글꼴 : 돋움, 18pt, 하양 음영색 : 빨강

i. 펜싱 및 수영 소개
  a. 펜싱: 참가선수 전원이 1분 단판으로 풀 리그를 펼침
  b. 수영: 200m 자유형이나 어떠한 영법을 사용해도 무방함
ii. 승마 및 복합경기 소개
  a. 승마: 350-450m 코스에서 12개의 장애물을 넘는 경기
  b. 복합경기(육상+사격): 핸디캡 스타트 방식

문단 번호 기능 사용
1수준 : 20pt, 오른쪽 정렬,
2수준 : 30pt, 오른쪽 정렬
줄 간격 : 180%

◈ *근대5종 경기 일정(2024년)* ← 글꼴 : 돋움, 18pt, 기울임, 강조점

표 전체 글꼴 : 궁서, 10pt, 가운데 정렬
셀 배경(그러데이션) : 유형(가로), 시작색(하양), 끝색(노랑)

국내 대회	대회 기간	장소	세계 대회	대회 기간	장소
선수권대회	06.21 - 06.27	강원(홍천)	U17	07.12 - 07.30	이집트 튀르키예
문체부대회	08.10 - 08.15	전남(해남)	U19		
대한체육회장배	09.07 - 09.12	강원(인제)	세계선수권대회	08.21 - 08.28	영국
전국체육대회	10.13 - 10.19	전라남도	주니어대회	09.12 - 09.17	리투아니아

글꼴 : 굴림, 24pt, 진하게
장평 105%, 오른쪽 정렬 → 대한근대5종연맹

각주 구분선 : 5cm

㉮ 한 경기자가 펜싱, 수영, 승마, 복합(사격, 육상) 등의 5종목을 각각 겨루는 경기

쪽 번호 매기기
5로 시작 → E

유형 잡기 01 덧말과 머리말 입력하기

1 [파일]-[불러오기]를 선택한 후 [불러오기] 대화 상자에서 '유형 분석 07₩유형 01_문제.hwpx'를 불러오기 합니다.

2 3페이지의 세 번째 줄로 이동한 후 문제지에 있는 본문 내용을 정확히 입력합니다.

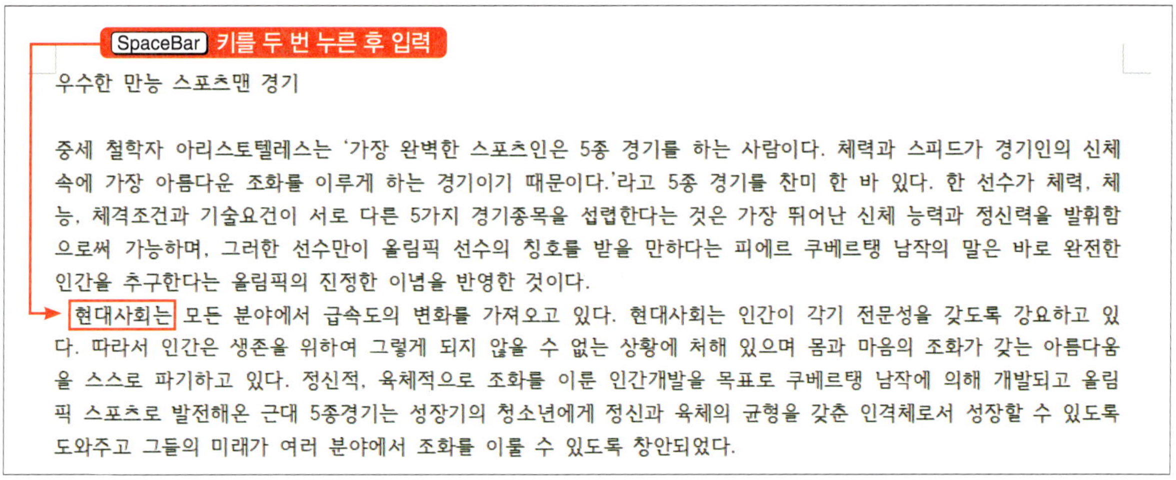

3 제목을 블록 지정한 후 서식 도구 상자에서 글꼴은 '굴림', 글자 크기는 '18', 속성은 '진하게', 정렬 방식은 '가운데 정렬'을 각각 설정합니다.

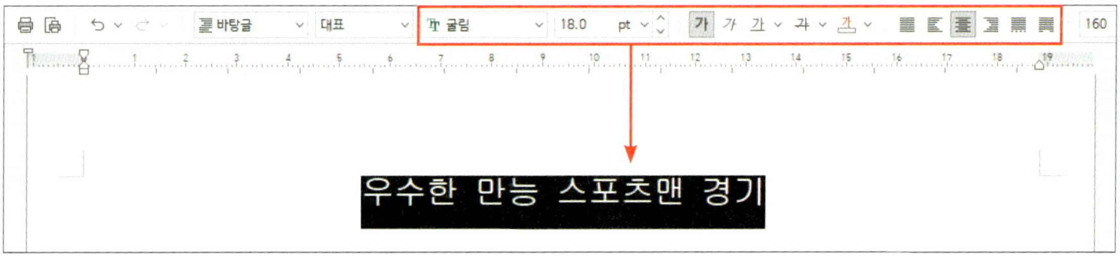

4 계속해서 [입력] 탭의 목록(⌄) 단추를 클릭하고, [덧말 넣기]를 선택합니다.

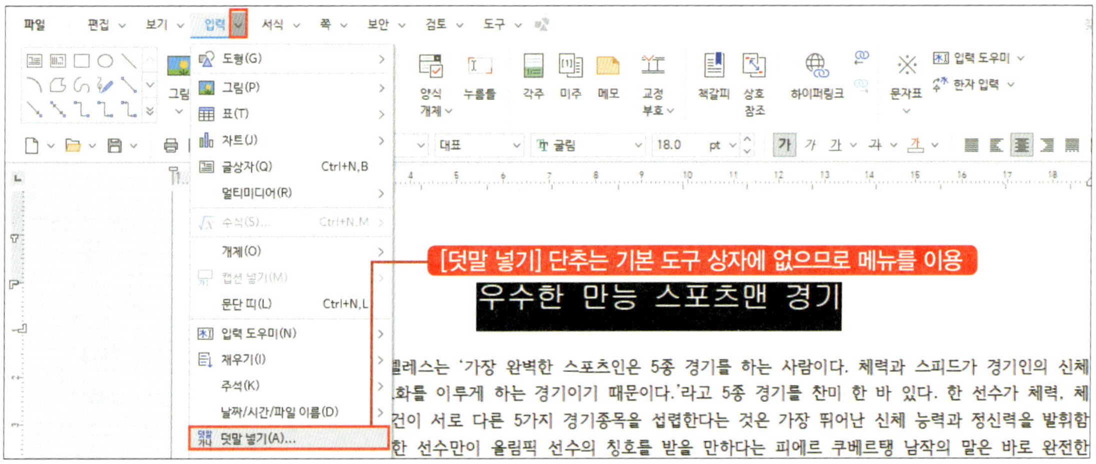

5 [덧말 넣기] 대화 상자에서 덧말 입력란에 "올림픽 정신"을 입력한 후 덧말 위치를 '위'로 지정하고, [넣기] 버튼을 클릭합니다.

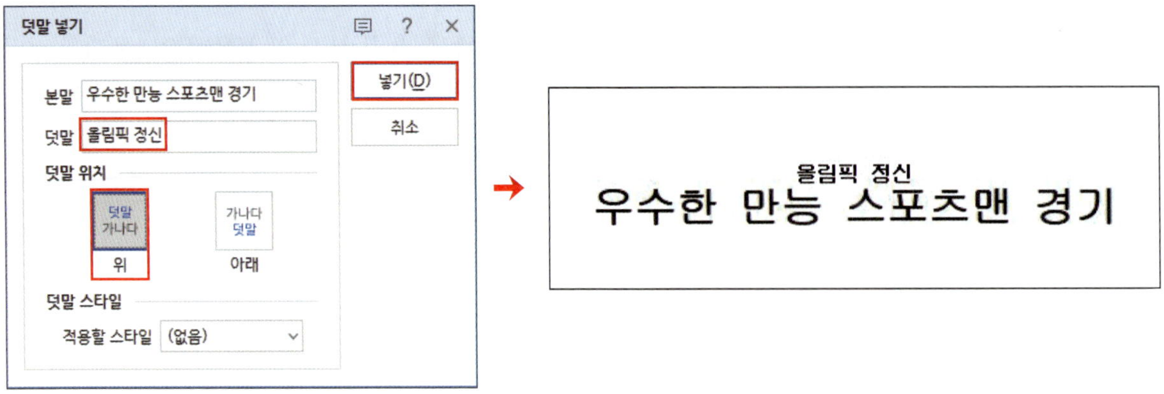

6 머리말을 삽입하기 위하여 [쪽] 탭에서 머리말(머리말) 단추를 클릭하고, [위쪽]-[모양 없음]을 선택합니다.

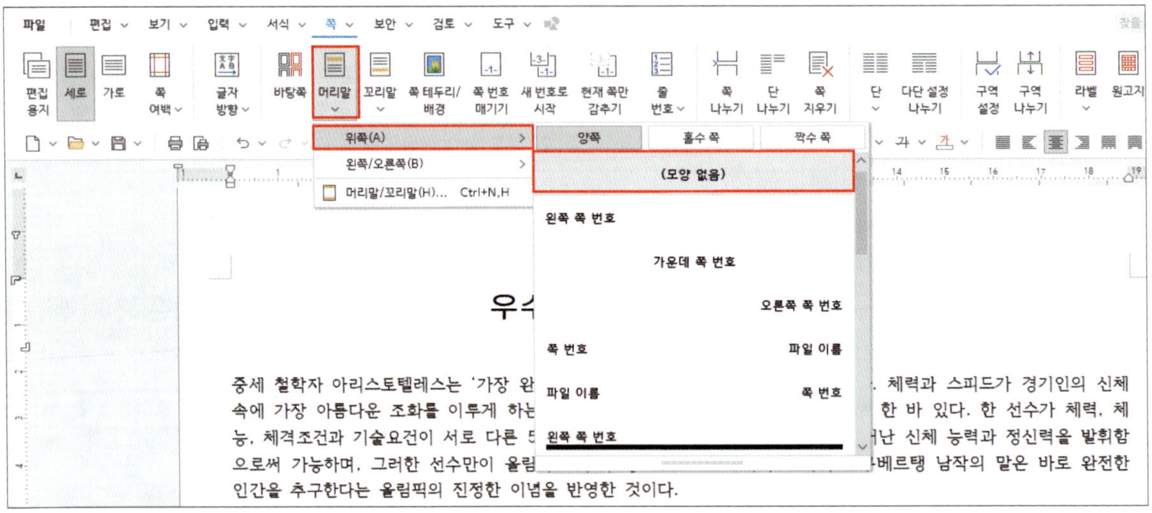

7 화면 왼쪽 상단에 머리말 입력란이 나타나면 주어진 머리말(근대 올림픽 소개)을 입력합니다.

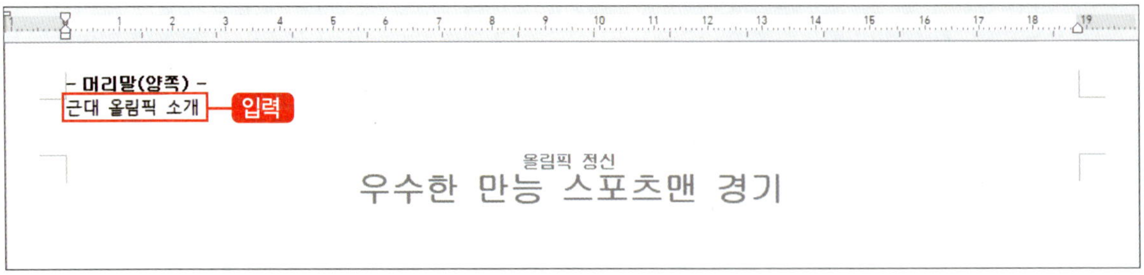

8 머리말을 블록 지정한 후 서식 도구 상자에서 글꼴은 '돋움', 글자 크기는 '10', 정렬 방식은 '오른쪽 정렬'을 각각 설정합니다.

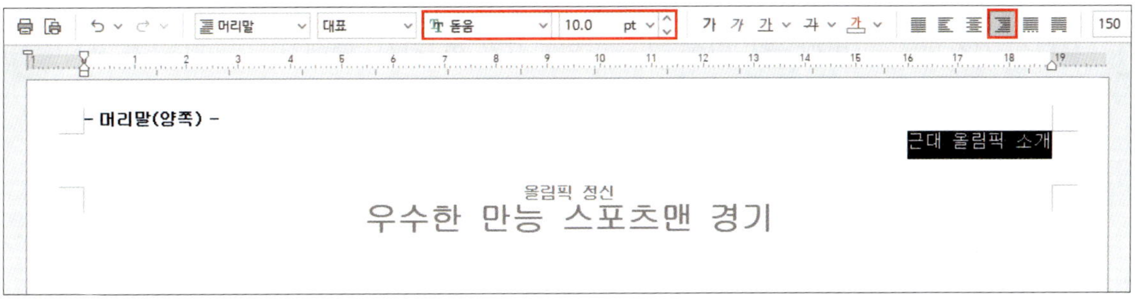

9 머리말 작업이 완료되면 [머리말/꼬리말] 탭에서 닫기() 단추를 클릭합니다.

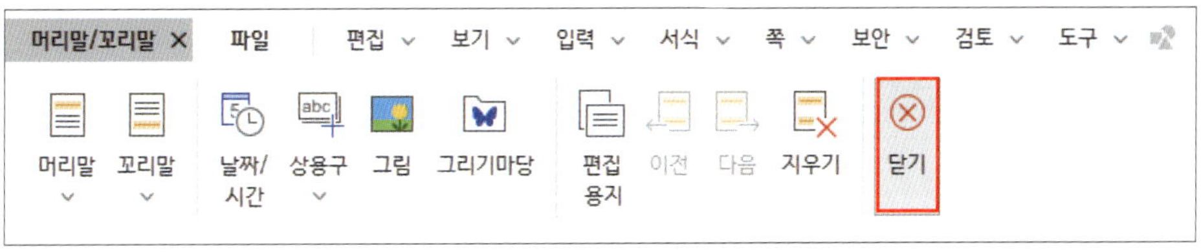

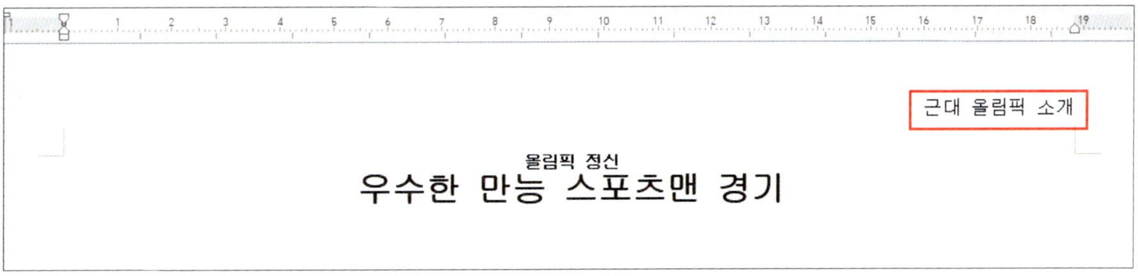

| TIP | **머리말 수정**

입력한 머리말을 수정하려면 해당 머리말에서 마우스를 더블 클릭하면 됩니다.

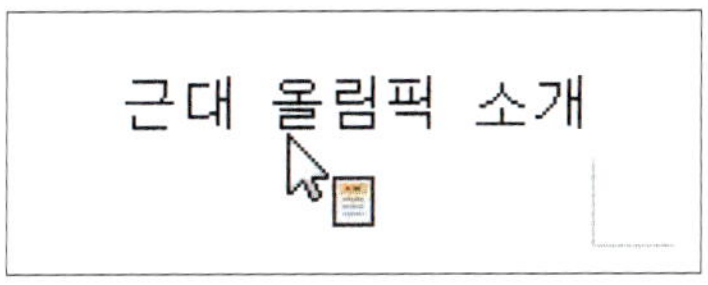

유형 잡기 02 문단 첫 글자 장식과 한자 입력하기

1 문단이 시작되는 첫 번째 글자 앞에 커서를 위치시킨 후 [서식] 탭에서 문단 첫 글자 장식( ) 단추를 클릭합니다.

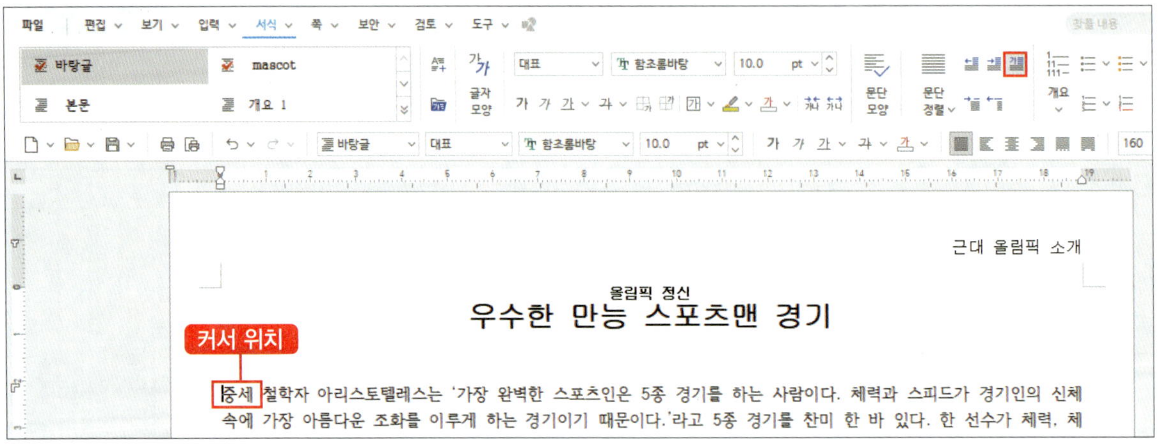

2 [문단 첫 글자 장식] 대화 상자에서 모양은 '2줄', 글꼴은 '궁서', 면 색은 '노랑'을 각각 지정하고, [설정] 버튼을 클릭합니다.

→

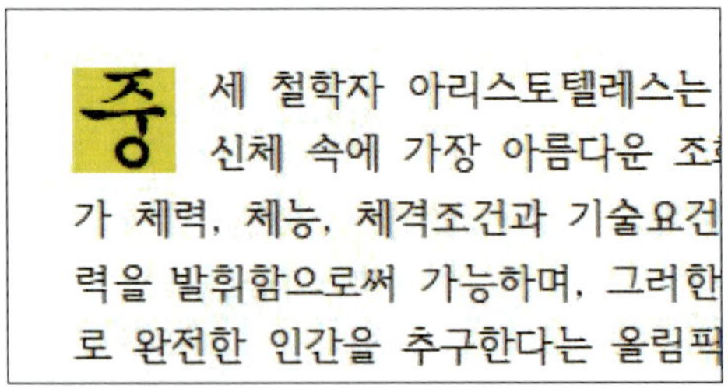

| TIP | 본문과의 간격

[문단 첫 글자 장식] 대화 상자에서 본문과의 간격은 '3.0mm'가 기본값으로 지정되어 있으므로 수치를 따로 설정할 필요는 없습니다.

3 본문 내용 중 '분야'를 한자로 변경하기 위하여 해당 단어 뒤에 커서를 위치시키고, F9 키를 누릅니다.

중세 철학자 아리스토텔레스는 '가장 완벽한 스포츠인은 5종 경기를 하는 사람이다. 체력과 스피드가 경기인의 신체 속에 가장 아름다운 조화를 이루게 하는 경기이기 때문이다.'라고 5종 경기를 찬미 한 바 있다. 한 선수가 체력, 체능, 체격조건과 기술요건이 서로 다른 5가지 경기종목을 섭렵한다는 것은 가장 뛰어난 신체 능력과 정신력을 발휘함으로써 가능하며, 그러한 선수만이 올림픽 선수의 칭호를 받을 만하다는 피에르 쿠베르탱 남작의 말은 바로 완전한 인간을 추구한다는 올림픽의 진정한 이념을 반영한 것이다.

현대사회는 모든 분야에서 급속도의 변화를 가져오고 있다. 현대사회는 인간이 각기 전문성을 갖도록 강요하고 있다. 따라서 인간은 생존을 위하여 그렇게 되지 않을 수 없는 상황에 처해 있으며 몸과 마음의 조화가 갖는 아름다움을 스스로 파기하고 있다. 정신적, 육체적으로 조화를 이룬 인간개발을 목표로 쿠베르탱 남작에 의해 개발되고 올림픽 스포츠로 발전해온 근대 5종경기는 성장기의 청소년에게 정신과 육체의 균형을 갖춘 인격체로서 성장할 수 있도록 도와주고 그들의 미래가 여러 분야에서 조화를 이룰 수 있도록 창안되었다.

| TIP | 한자 입력

한자로 변경할 단어를 블록 지정한 후 [입력] 탭에서 한자 입력(한자 입력) 단추를 클릭해도 되지만 단축키가 하나일 경우에는 F9 키를 누르는 것이 편리합니다.

4 [한자로 바꾸기] 대화 상자의 한자 목록에서 해당 한자를 선택한 후 입력 형식을 지정하고, [바꾸기] 버튼을 클릭합니다.

| TIP | 입력 형식

- 漢字 : 分野
- 漢字(한글) : 分野(분야)
- 한글(漢字) : 분야(分野)

5 동일한 방법으로 나머지 단어(생존)도 해당 한자로 변경합니다.

중세 철학자 아리스토텔레스는 '가장 완벽한 스포츠인은 5종 경기를 하는 사람이다. 체력과 스피드가 경기인의 신체 속에 가장 아름다운 조화를 이루게 하는 경기이기 때문이다.'라고 5종 경기를 찬미 한 바 있다. 한 선수가 체력, 체능, 체격조건과 기술요건이 서로 다른 5가지 경기종목을 섭렵한다는 것은 가장 뛰어난 신체 능력과 정신력을 발휘함으로써 가능하며, 그러한 선수만이 올림픽 선수의 칭호를 받을 만하다는 피에르 쿠베르탱 남작의 말은 바로 완전한 인간을 추구한다는 올림픽의 진정한 이념을 반영한 것이다.

현대사회는 모든 분야(分野)에서 급속도의 변화를 가져오고 있다. 현대사회는 인간이 각기 전문성을 갖도록 강요하고 있다. 따라서 인간은 생존(生存)을 위하여 그렇게 되지 않을 수 없는 상황에 처해 있으며 몸과 마음의 조화가 갖는 아름다움을 스스로 파기하고 있다. 정신적, 육체적으로 조화를 이룬 인간개발을 목표로 쿠베르탱 남작에 의해 개발되고 올림픽 스포츠로 발전해온 근대 5종경기는 성장기의 청소년에게 정신과 육체의 균형을 갖춘 인격체로서 성장할 수 있도록 도와주고 그들의 미래가 여러 분야에서 조화를 이룰 수 있도록 창안되었다.

| TIP | 복합 단어의 한자 변환

한자 변환 시 한자 목록에 등록되지 않은 복합 단어의 경우는 한자 변환을 각각하면 됩니다. 예를 들어, '단일체제'를 한자로 변경할 경우 한번에 '단일체제'의 한자를 변경할 수 없으므로 '단일'과 '체제' 단어를 각각 변경한 후 '단일(但一)체제(體制)'에서 글자를 수정하여 '단일체제(但一體制)'로 변경합니다.

유형 잡기 03 각주와 그림 삽입하기

1 본문 내용 중 각주를 삽입할 단어(5종경기) 뒤에 커서를 위치시킨 후 [입력] 탭에서 각주(각주) 단추를 클릭합니다.

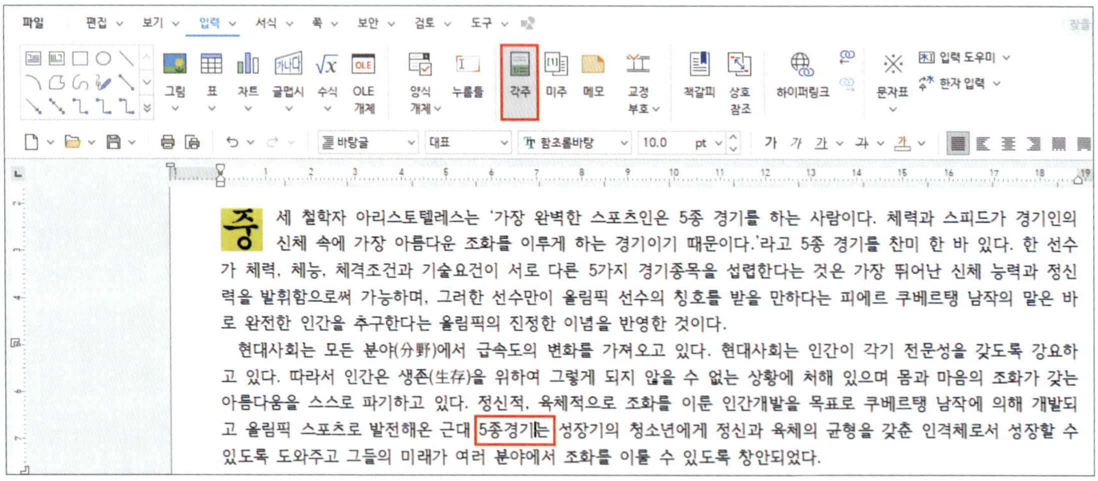

2 본문 하단에 각주 입력란이 나타나면 주어진 내용을 입력합니다.

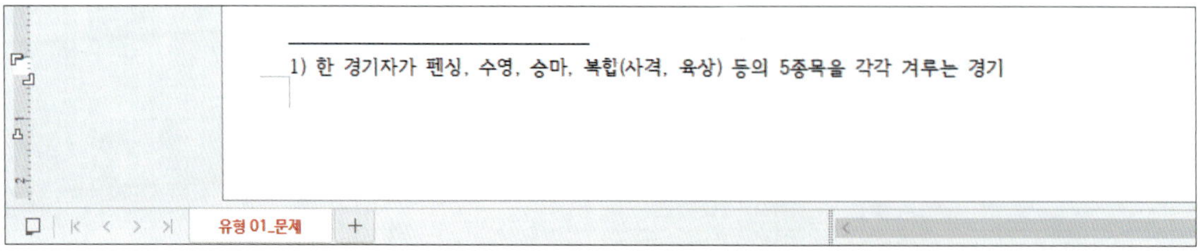

3 각주의 번호 모양과 구분선을 조정하기 위하여 [주석] 탭에서 각주/미주 모양(각주/미주 모양) 단추를 클릭합니다.

4 [주석 모양] 대화 상자의 [각주 모양] 탭에서 번호 모양(㉮,㉯,㉰)과 구분선 길이(5cm)를 선택하고, [설정] 버튼을 클릭합니다.

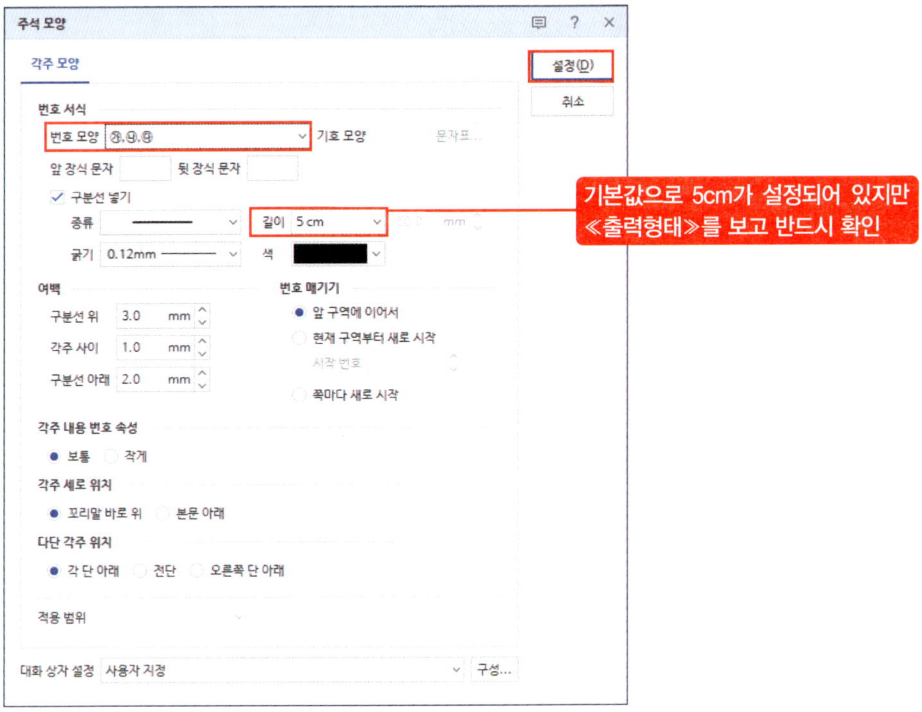

5 각주 작업이 완료되면 [주석] 탭에서 닫기(닫기) 단추를 클릭합니다.

중세 철학자 아리스토텔레스는 '가장 완벽한 스포츠인은 5종 경기를 하는 사람이다. 체력과 스피드가 경기인의 신체 속에 가장 아름다운 조화를 이루게 하는 경기이기 때문이다.'라고 5종 경기를 찬미 한 바 있다. 한 선수가 체력, 체능, 체격조건과 기술요건이 서로 다른 5가지 경기종목을 섭렵한다는 것은 가장 뛰어난 신체 능력과 정신력을 발휘함으로써 가능하며, 그러한 선수만이 올림픽 선수의 칭호를 받을 만하다는 피에르 쿠베르탱 남작의 말은 바로 완전한 인간을 추구한다는 올림픽의 진정한 이념을 반영한 것이다.

현대사회는 모든 분야(分野)에서 급속도의 변화를 가져오고 있다. 현대사회는 인간이 각기 전문성을 갖도록 강요하고 있다. 따라서 인간은 생존(生存)을 위하여 그렇게 되지 않을 수 없는 상황에 처해 있으며 몸과 마음의 조화가 갖는 아름다움을 스스로 파기하고 있다. 정신적, 육체적으로 조화를 이룬 인간개발을 목표로 쿠베르탱 남작에 의해 개발되고 올림픽 스포츠로 발전해온 근대 5종경기㉮는 성장기의 청소년에게 정신과 육체의 균형을 갖춘 인격체로서 성장할 수 있도록 도와주고 그들의 미래가 여러 분야에서 조화를 이룰 수 있도록 창안되었다.

각주가 적용된 상태

6 그림을 삽입하기 위하여 [입력] 탭에서 그림( ) 단추를 클릭합니다.

7 [그림 넣기] 대화 상자에서 찾는 위치(내 PC₩문서₩ITQ₩Picture)와 파일 이름(그림4.jpg)을 지정한 후 '문서에 포함'을 선택하고, [열기] 버튼을 클릭합니다.

| TIP | **글자처럼 취급**

개체를 보통 글자와 동일하게 취급하는 것으로 본문 내용을 입력하거나 지우는 대로 개체의 위치가 같이 변경됩니다.

8 본문에 그림이 삽입되면 [그림] 탭에서 자르기(자르기) 단추를 클릭합니다.

9 그림의 왼쪽 하단 모서리에서 마우스 포인터가 ㄴ 모양으로 변경되면 그림을 자르기할 부분까지 드래그 한 후 상하좌우 조절점을 이용하여 그림을 정확히 자릅니다.

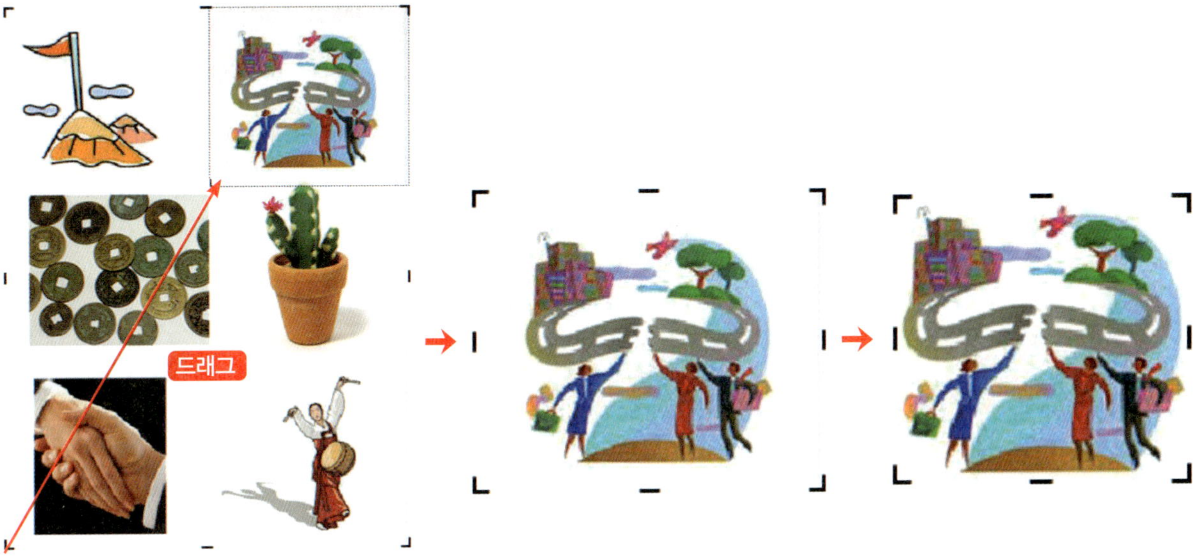

10 그림의 자르기 상태를 해제하기 위하여 ESC 키를 누른 후 그림을 더블 클릭합니다.

11 [개체 속성] 대화 상자의 [기본] 탭에서 너비는 '40', 높이는 '40'을 지정하고, '크기 고정'을 선택(체크)한 후 본문과의 배치는 '어울림'을 선택합니다.

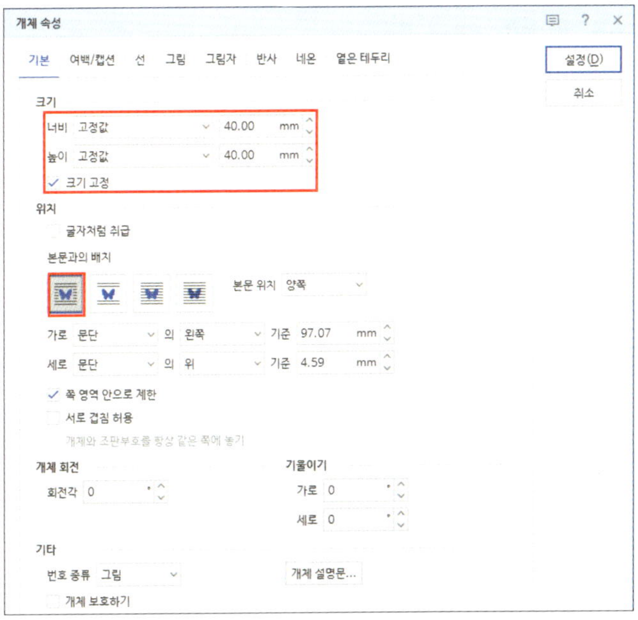

12 계속해서 [여백/캡션] 탭에서 바깥 여백의 왼쪽을 '2mm'로 지정하고, [설정] 버튼을 클릭합니다.

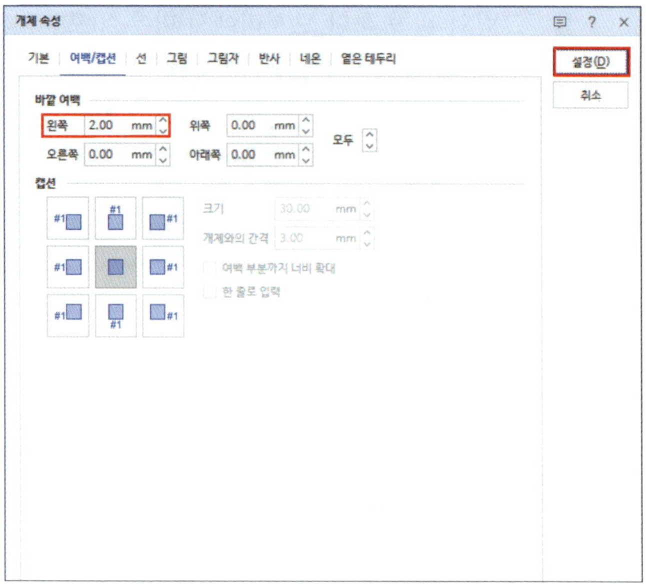

13 그림을 본문 오른쪽 상단으로 드래그하여 위치를 조정한 후 ≪출력형태≫와 비교하여 문장의 오른쪽 끝이 동일한지 확인합니다(문장의 오른쪽 끝이 ≪출력형태≫와 다른 경우에는 오타, 탈자, 띄어쓰기 등을 다시 한 번 확인).

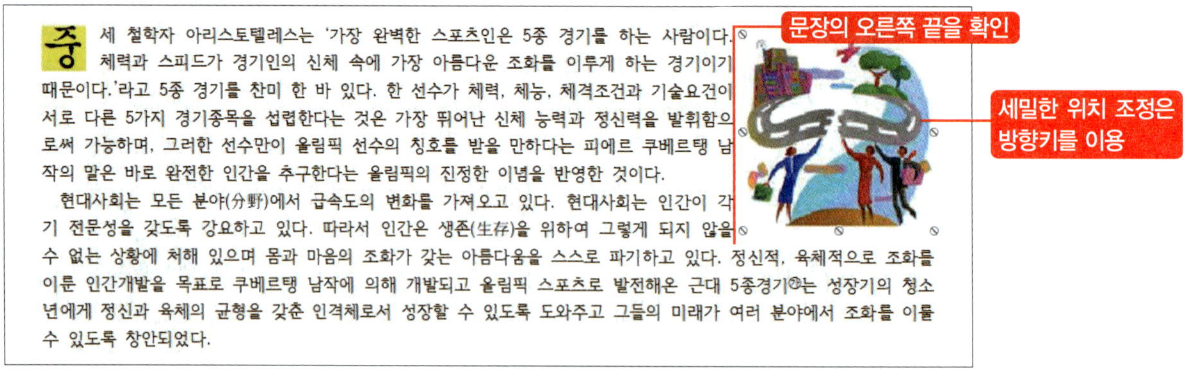

유형잡기 04 문자표와 문단 번호 입력하기

1 문단과 문단 사이의 간격은 Enter 키를 눌러 한 줄을 삽입한 후 문제지에 있는 본문 내용을 입력합니다.

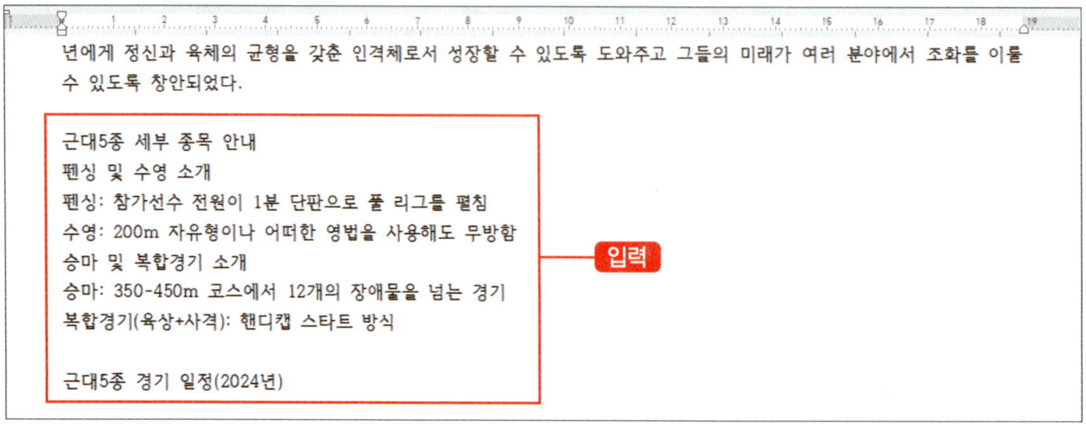

2 표를 삽입하기 위하여 [입력] 탭에서 표(▦) 단추를 클릭한 후 [표 만들기] 대화 상자에서 줄 개수는 '5', 칸 개수는 '6', '글자처럼 취급'을 각각 지정하고, [만들기] 버튼을 클릭합니다.

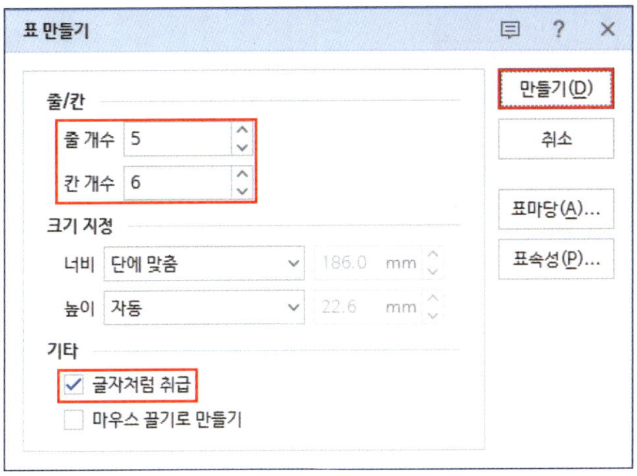

3 표가 삽입되면 표 끝에서 Enter 키를 두 번 누른 후 나머지 내용을 입력합니다.

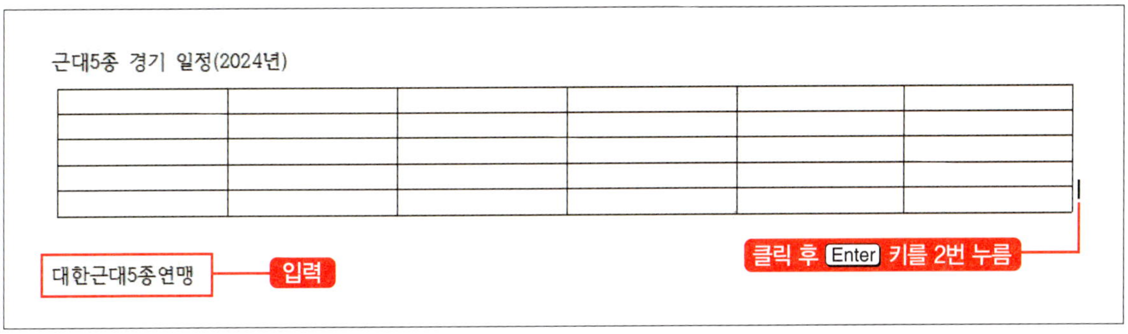

4 특수 문자를 입력하기 위하여 '근대5종' 앞에 커서를 위치시킨 후 Ctrl+F10 키를 누릅니다(=[입력] 탭에서 문자표(문자표) 단추를 클릭하고, [문자표]를 선택).

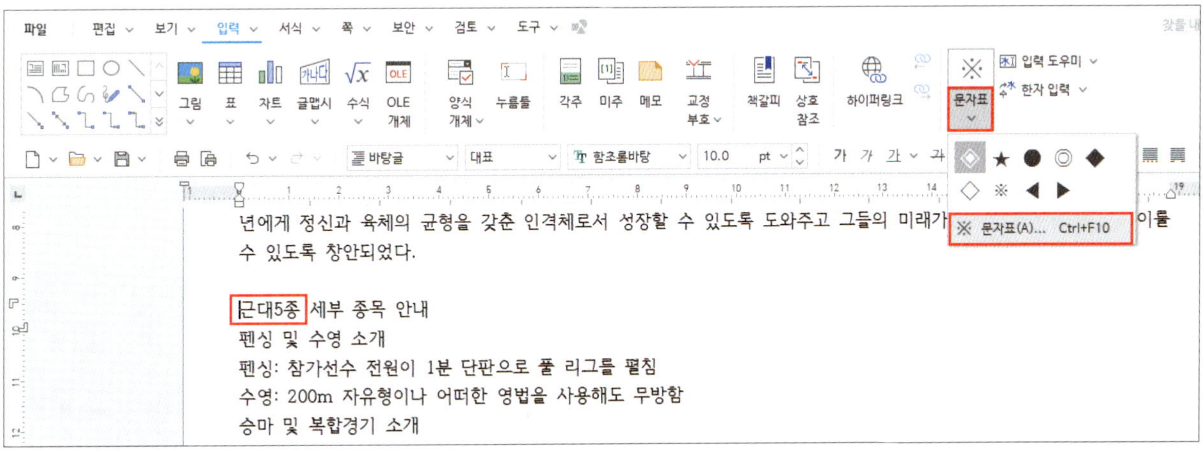

5 [문자표] 대화 상자의 [훈글(HNC) 문자표] 탭에서 전각 기호(일반)에 있는 특수 문자(◈)를 선택하고, [넣기] 버튼을 클릭합니다.

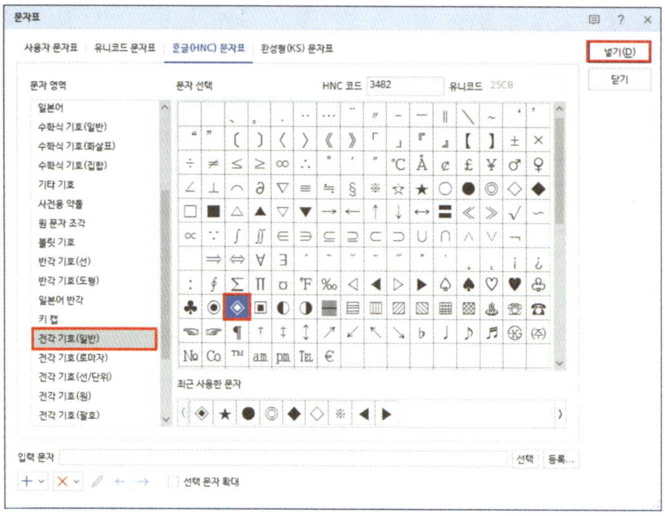

6 문자표가 입력되면 SpaceBar 키를 눌러 한 칸을 띄우고, 표 제목에도 동일한 문자표를 입력(삽입)합니다.

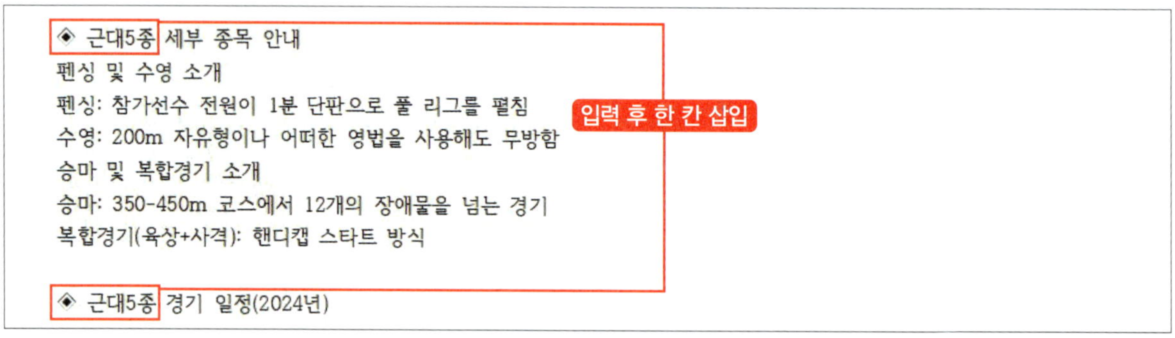

| TIP | **삽입과 수정(Insert)**

- 삽입 : 문서 중간에 새로운 내용이나 공백, 띄어쓰기 등을 추가할 수 있는 상태로 SpaceBar 키를 누르면 커서 위치에 공백이 삽입됩니다.
- 수정 : 새로운 내용을 입력하면 기존 내용이 지워지면서 입력되는 상태로 SpaceBar 키를 누르면 커서 위치의 문자가 삭제됩니다.

7 본문의 소제목을 블록 지정한 후 서식 도구 상자에서 글꼴은 '돋움', 글자 크기는 '18'을 각각 지정합니다.

8 임의의 위치를 클릭하여 블록을 해제한 후 다시 해당 내용(근대5종 세부 종목 안내)만을 블록 지정하고, [편집] 탭에서 글자 모양(가가 글자 모양) 단추를 클릭합니다.

9 [글자 모양] 대화 상자의 [기본] 탭에서 글자 색은 '하양', 음영 색은 '빨강'을 각각 지정하고, [설정] 버튼을 클릭합니다.

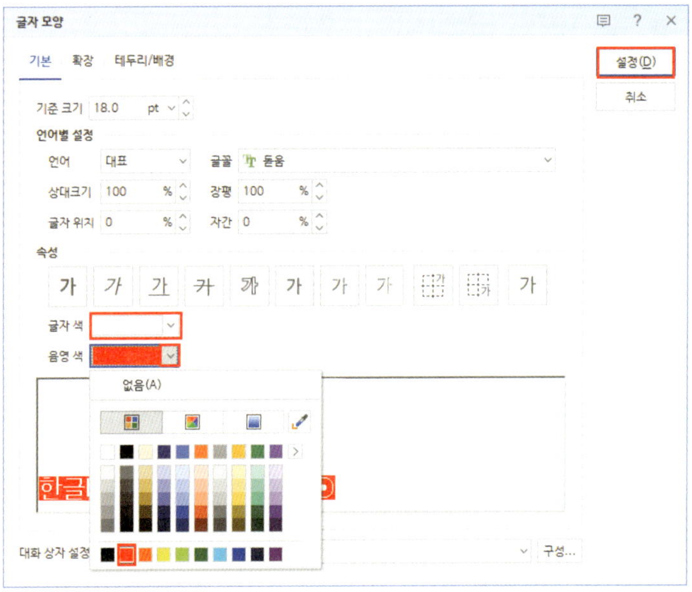

10 문단 번호를 지정하기 위하여 해당 문단을 블록 지정한 후 마우스 오른쪽 버튼을 클릭하고, [글머리표 및 문단 번호]를 선택합니다.

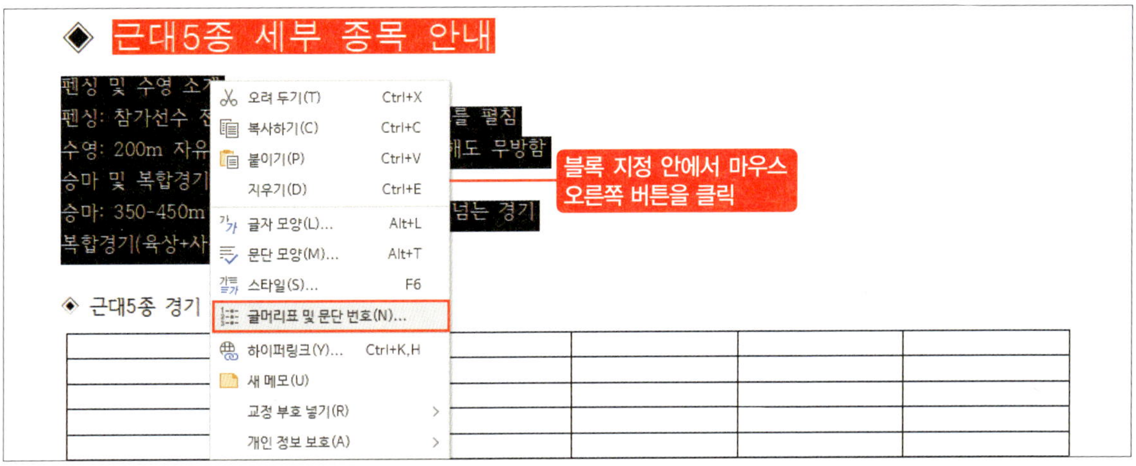

11 [글머리표 및 문단 번호] 대화 상자의 [문단 번호] 탭에서 ≪출력형태≫와 비슷한 문단 번호 모양을 선택하고, [사용자 정의] 버튼을 클릭합니다.

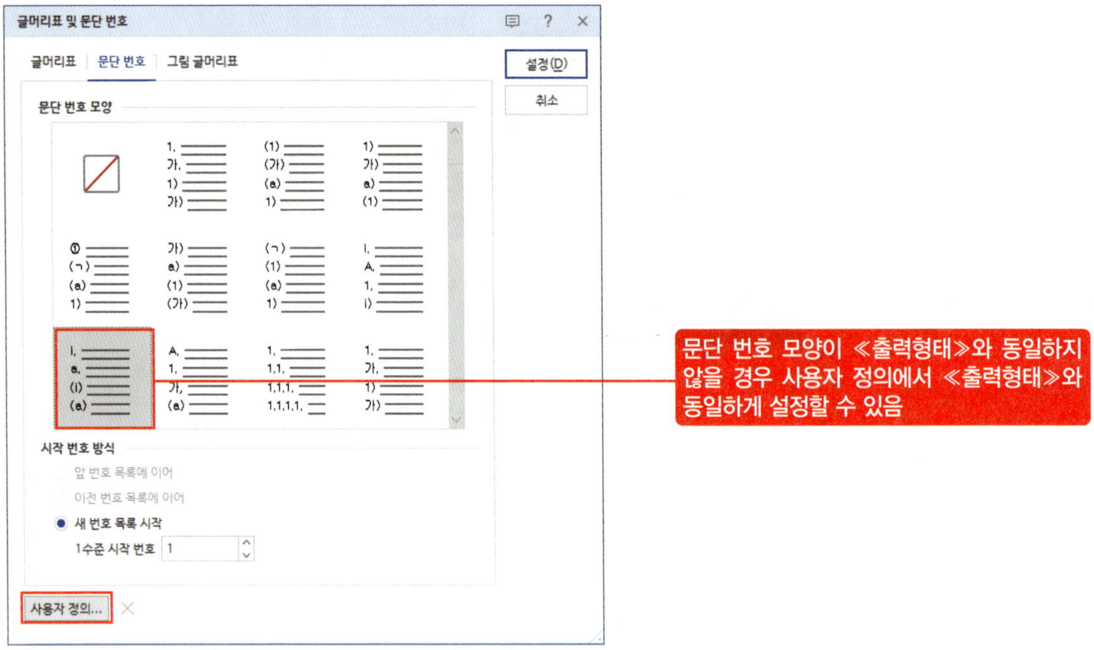

12 [문단 번호 사용자 정의 모양] 대화 상자에서 수준은 '1 수준', 번호 모양은 'ⅰ,ⅱ,ⅲ', 너비 조정은 '20', 정렬은 '오른쪽'을 각각 지정하고, [설정] 버튼을 클릭합니다.

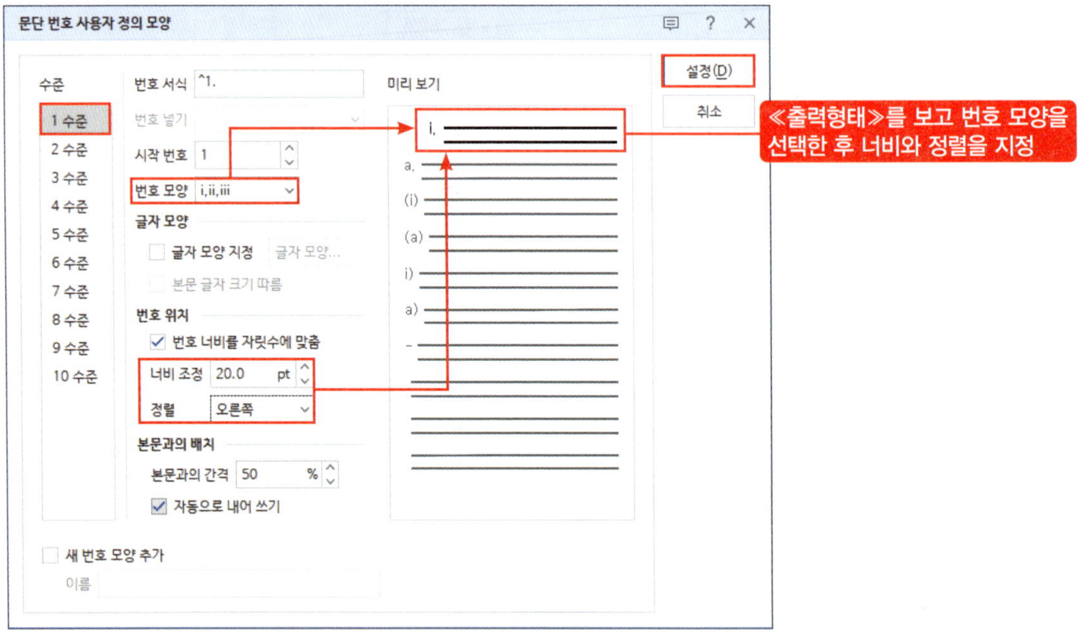

13 다시 [글머리표 및 문단 번호] 대화 상자가 나타나면 [사용자 정의] 버튼을 클릭합니다.

14 [문단 번호 사용자 정의 모양] 대화 상자에서 수준은 '2 수준', 번호 모양은 'a,b,c', 너비 조정은 '30', 정렬은 '오른쪽'을 각각 지정하고, [설정] 버튼을 클릭합니다.

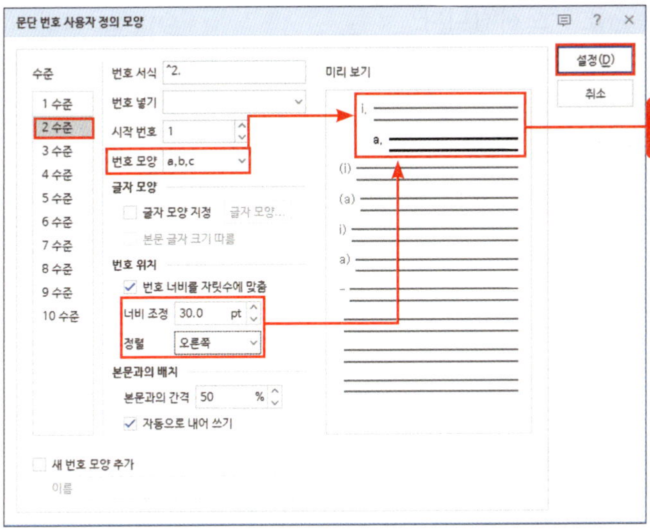

> **| TIP | 번호 서식**
>
> 2 수준에서 번호 모양이 ㉠나 ①인 경우는 번호 서식의 ^2.에서 점을 삭제합니다(㉠. → ㉠, ①. → ①로 맞추기 위함)

15 다시 [글머리표 및 문단 번호] 대화 상자가 나타나면 사용자 정의에서 설정한 문단 번호 모양을 확인하고, [설정] 버튼을 클릭합니다.

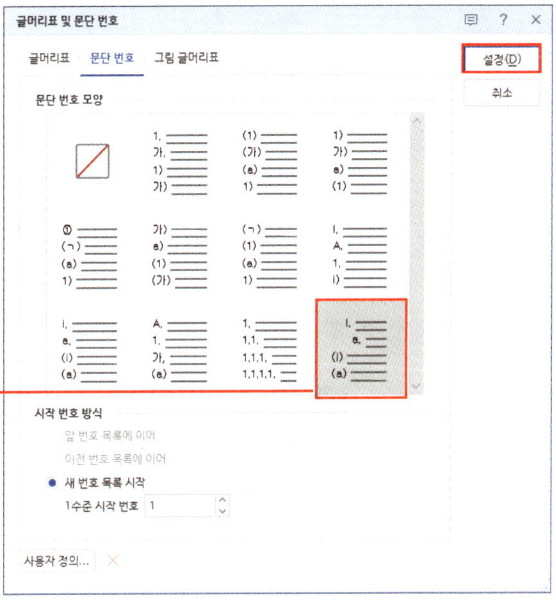

16 문단 번호가 적용되면 한 수준을 감소시키기 위하여 해당 부분을 블록 지정한 후 [서식] 탭에서 한 수준 감소() 단추를 클릭합니다.

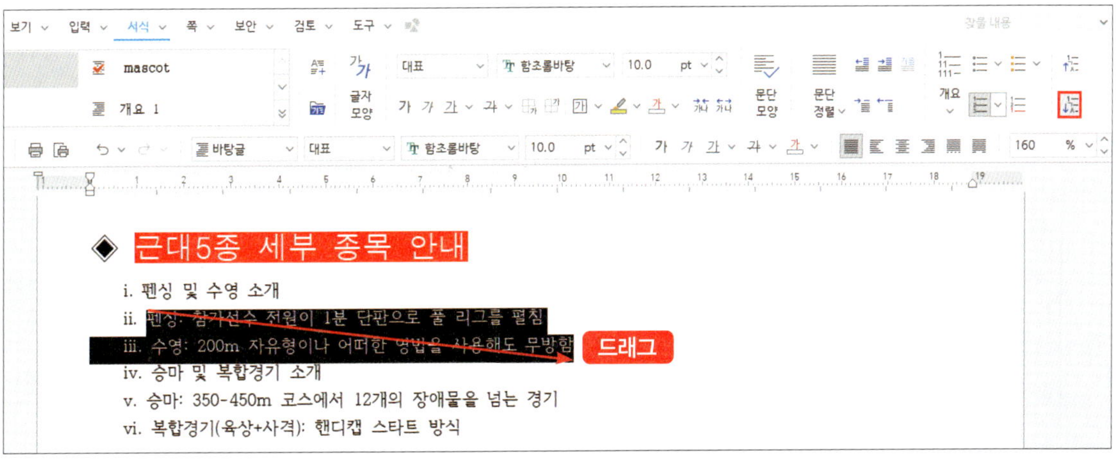

17 동일한 방법으로 나머지 부분도 한 수준을 감소시킵니다.

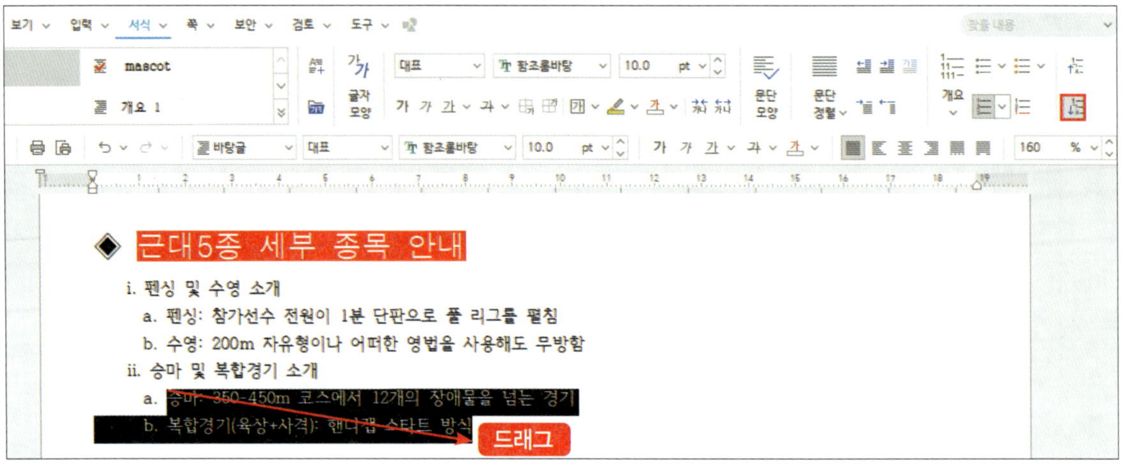

18 줄 간격을 지정하기 위하여 해당 문단을 블록 지정한 후 서식 도구 상자에서 줄 간격을 '180'으로 선택합니다.

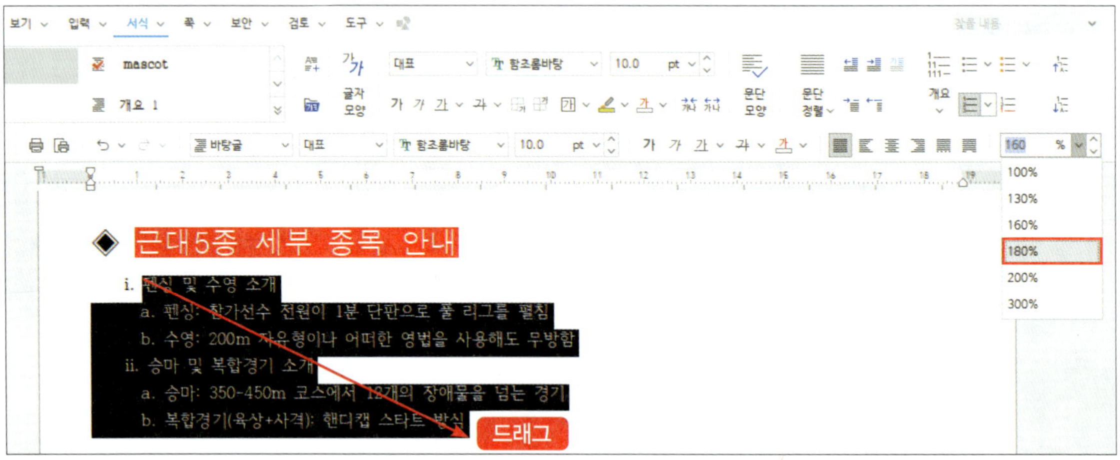

유형 잡기 05 표 제목과 표 편집하기

1 표 제목을 블록 지정한 후 서식 도구 상자에서 글꼴은 '돋움', 글자 크기는 '18'을 각각 지정합니다.

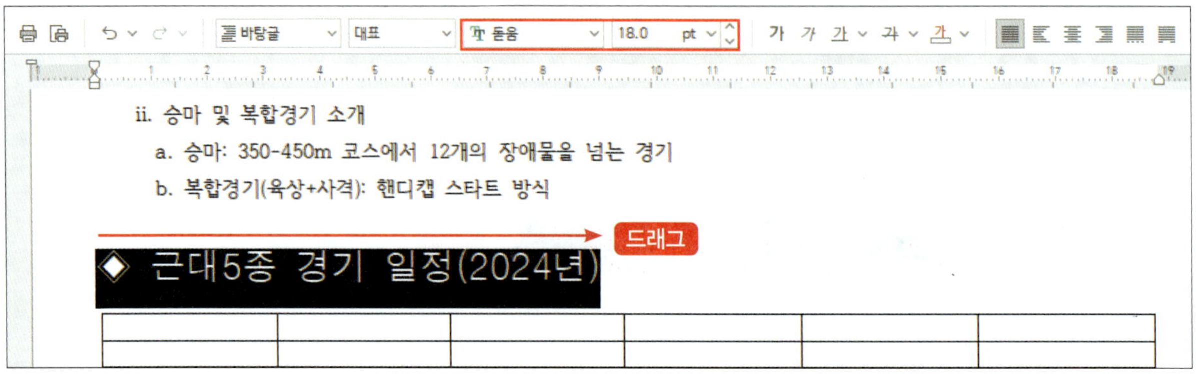

2 임의의 위치를 클릭하여 블록을 해제한 후 다시 해당 내용(근대5종 경기 일정(2024년))만을 블록 지정하고, 서식 도구 상자에서 속성은 '기울임'을 지정합니다.

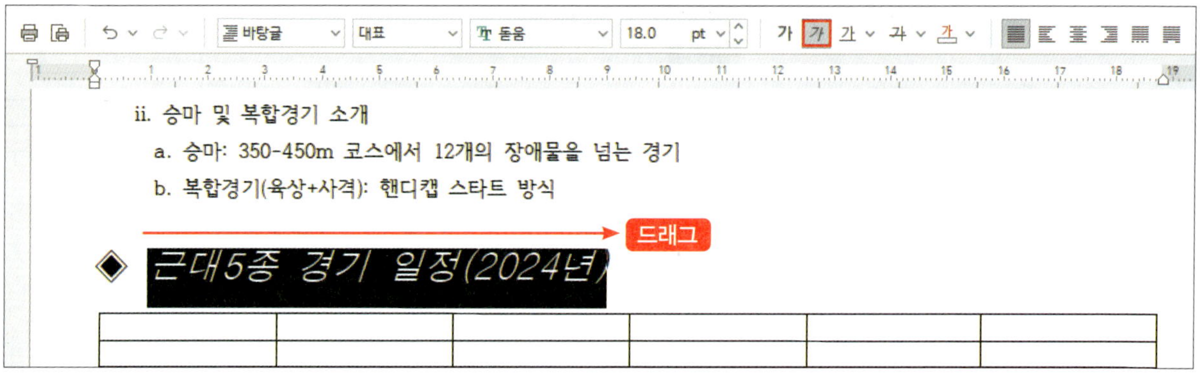

3 다시 블록을 해제한 후 해당 내용(근대5종)만을 블록 지정하고, [편집] 탭에서 글자 모양(가가 글자 모양) 단추를 클릭합니다.

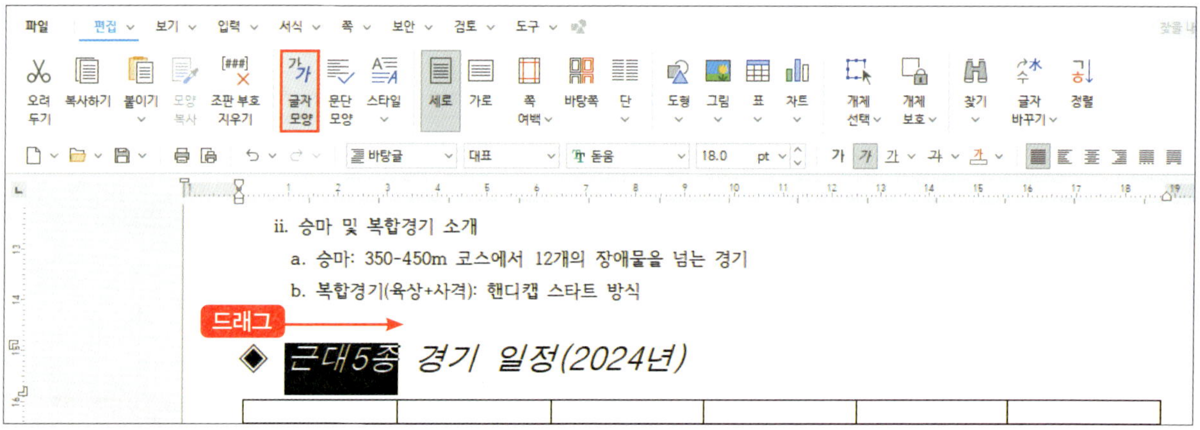

4 [글자 모양] 대화 상자의 [확장] 탭에서 해당 강조점을 선택하고, [설정] 버튼을 클릭합니다.

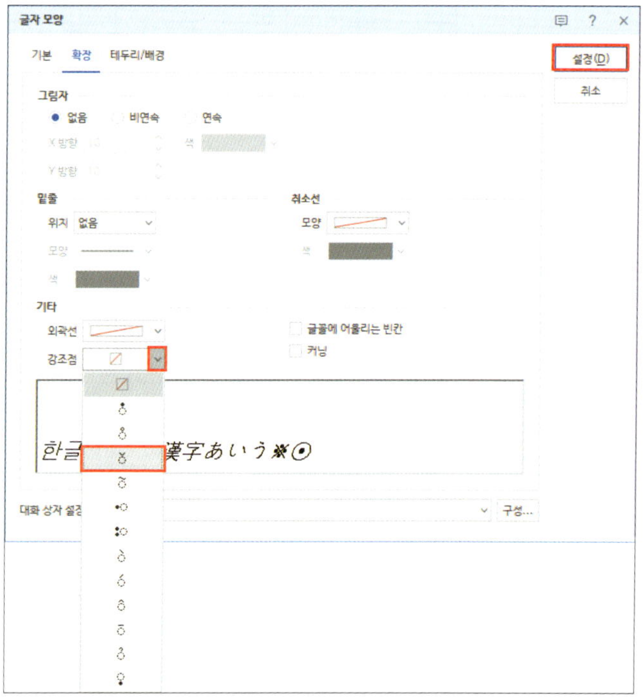

5 동일한 방법으로 표 제목의 '일정'에도 강조점을 지정합니다.

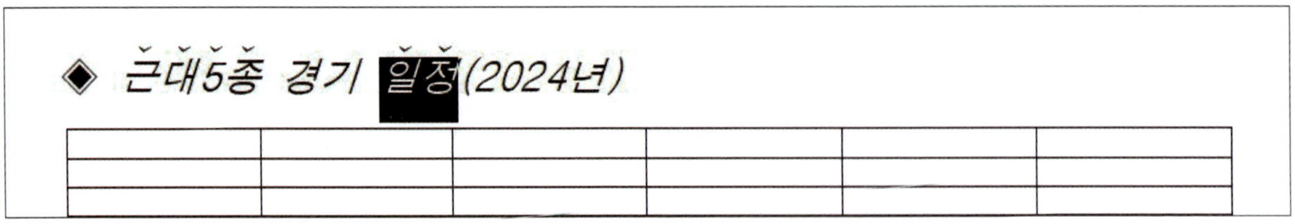

6 표에서 해당 부분을 블록 지정한 후 [표 레이아웃] 탭에서 셀 합치기(셀 합치기) 단추를 클릭합니다(=M).

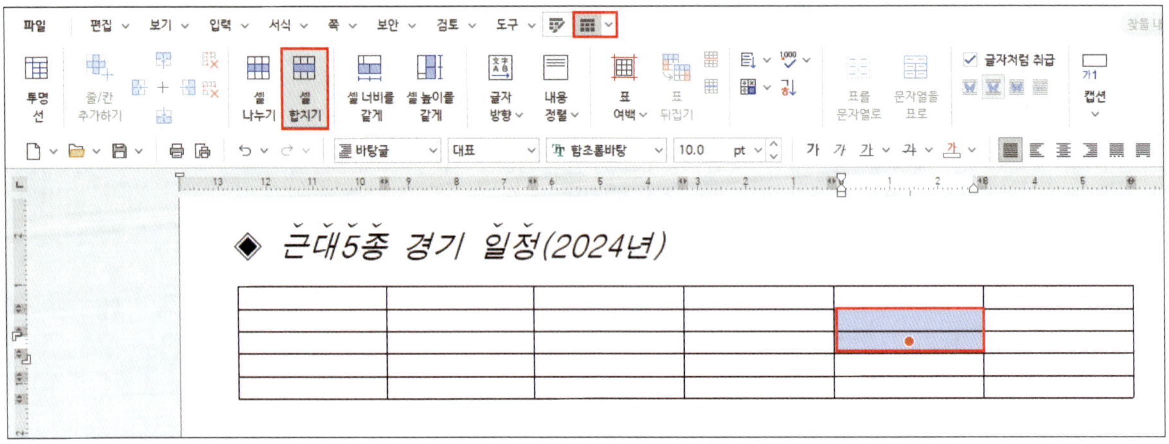

7 동일한 방법으로 표의 나머지 해당 부분에도 셀 합치기를 지정합니다.

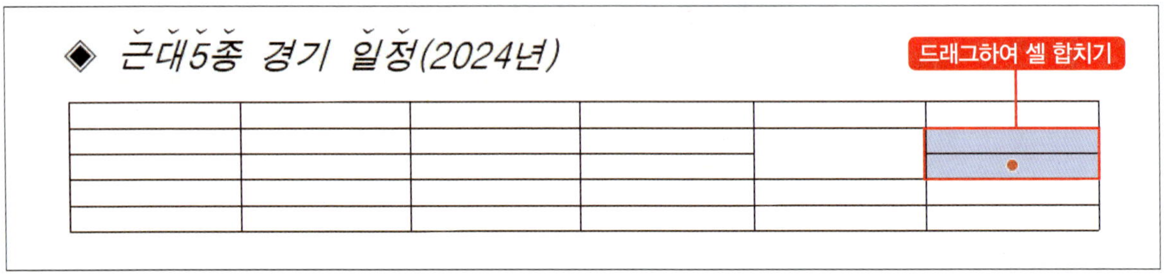

8 ≪출력형태≫를 보고 표 안에 주어진 내용을 각각 입력합니다.

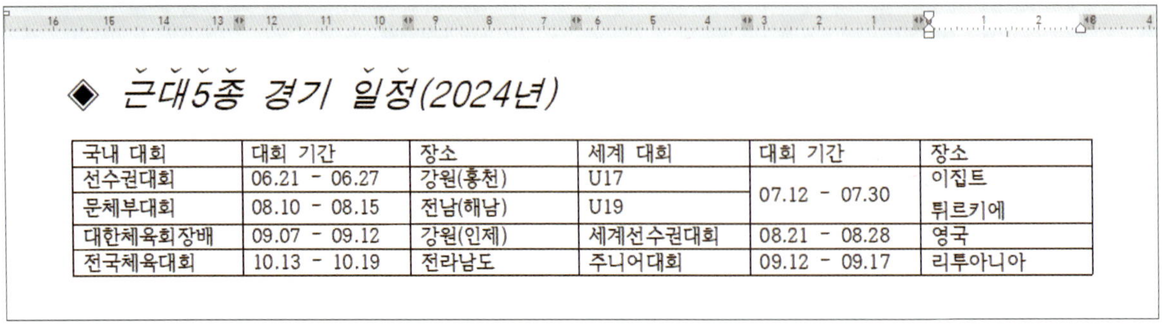
◈ 근대5종 경기 일정(2024년)

국내 대회	대회 기간	장소	세계 대회	대회 기간	장소
선수권대회	06.21 - 06.27	강원(홍천)	U17	07.12 - 07.30	이집트
문체부대회	08.10 - 08.15	전남(해남)	U19		튀르키에
대한체육회장배	09.07 - 09.12	강원(인제)	세계선수권대회	08.21 - 08.28	영국
전국체육대회	10.13 - 10.19	전라남도	주니어대회	09.12 - 09.17	리투아니아

TIP | 셀 합치기와 셀 나누기

• 셀 합치기 : 셀 블록으로 선택된 두 개 이상의 셀을 하나의 셀로 합치는 기능으로 [표 레이아웃] 탭에서 셀 합치기(셀 합치기) 단추를 클릭합니다(=M).

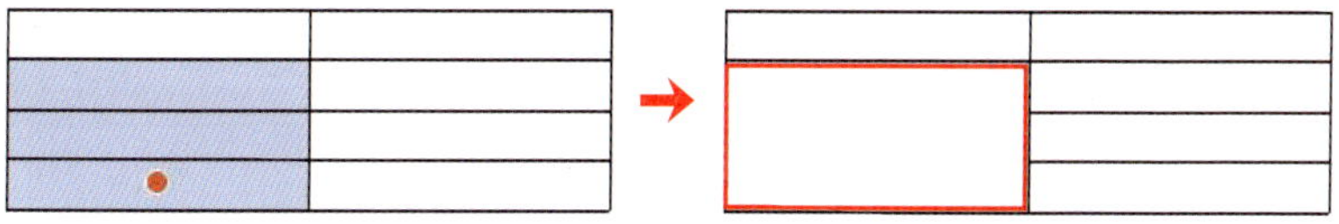

• 셀 나누기 : 현재 셀이나 셀 블록으로 선택된 셀에 대하여 원하는 수만큼의 행(줄)이나 열(칸)로 나누는 기능으로 [표 레이아웃] 탭에서 셀 나누기(셀 나누기) 단추를 클릭합니다(=S). [셀 나누기] 대화 상자에서 줄 개수와 칸 개수를 지정하고, [나누기] 버튼을 클릭합니다.

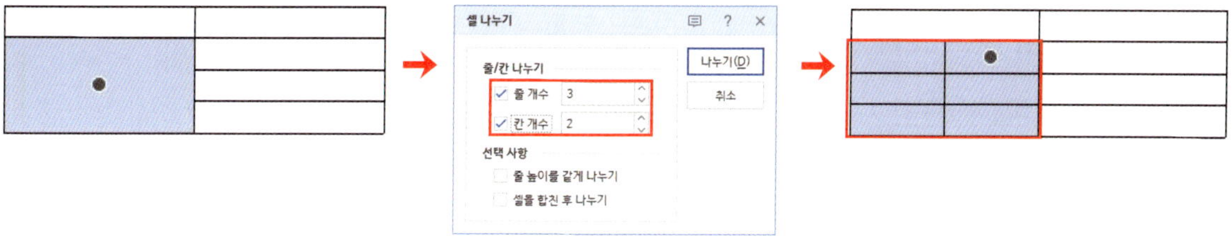

9 표 전체를 블록 지정한 후 서식 도구 상자에서 글꼴은 '궁서', 글자 크기는 '10', 정렬 방식은 '가운데 정렬'을 각각 지정합니다.

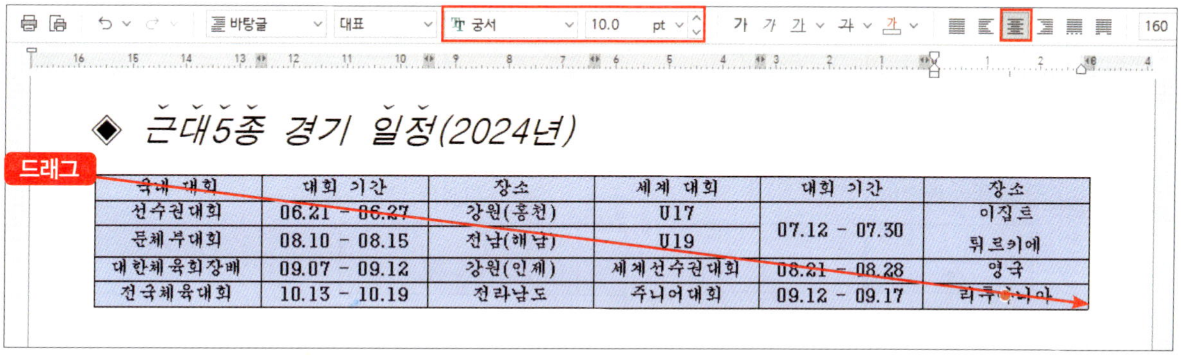

국내 대회	대회 기간	장소	세계 대회	대회 기간	장소
선수권대회	06.21 - 06.27	강원(홍천)	U17	07.12 - 07.30	이집트
문체부대회	08.10 - 08.15	전남(해남)	U19		튀르키예
대한체육회장배	09.07 - 09.12	강원(인제)	세계선수권대회	08.21 - 08.28	영국
전국체육대회	10.13 - 10.19	전라남도	주니어대회	09.12 - 09.17	리투아니아

10 블록을 해제한 후 열과 열 사이의 경계선을 드래그하여 ≪출력형태≫와 같이 각각의 열 너비를 적당히 조절합니다.

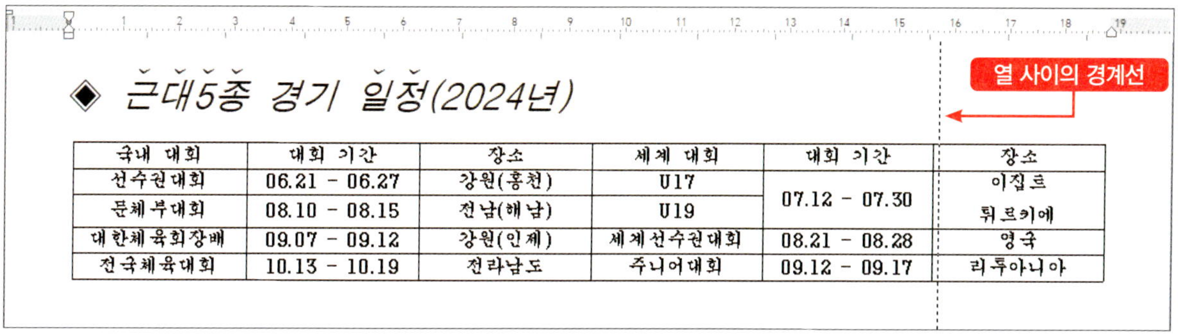

국내 대회	대회 기간	장소	세계 대회	대회 기간	장소
선수권대회	06.21 - 06.27	강원(홍천)	U17	07.12 - 07.30	이집트
문체부대회	08.10 - 08.15	전남(해남)	U19		튀르키예
대한체육회장배	09.07 - 09.12	강원(인제)	세계선수권대회	08.21 - 08.28	영국
전국체육대회	10.13 - 10.19	전라남도	주니어대회	09.12 - 09.17	리투아니아

11 표의 행 높이를 변경하기 위하여 표 전체를 블록 지정한 후 [Ctrl] 키를 누른 상태에서 [↓] 키를 두 번 누릅니다.

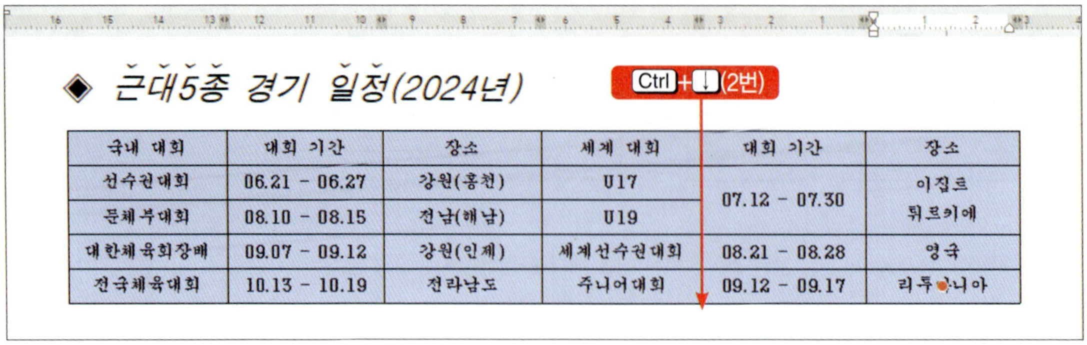

국내 대회	대회 기간	장소	세계 대회	대회 기간	장소
선수권대회	06.21 - 06.27	강원(홍천)	U17	07.12 - 07.30	이집트 튀르키예
문체부대회	08.10 - 08.15	전남(해남)	U19		
대한체육회장배	09.07 - 09.12	강원(인제)	세계선수권대회	08.21 - 08.28	영국
전국체육대회	10.13 - 10.19	전라남도	주니어대회	09.12 - 09.17	리투아니아

| TIP | 표의 크기 조절

- 해당 부분을 블록([F5]) 지정한 후 [Ctrl] 키를 누른 상태에서 방향키([→], [←], [↑], [↓])를 누르면 표의 전체 크기가 조절됩니다.

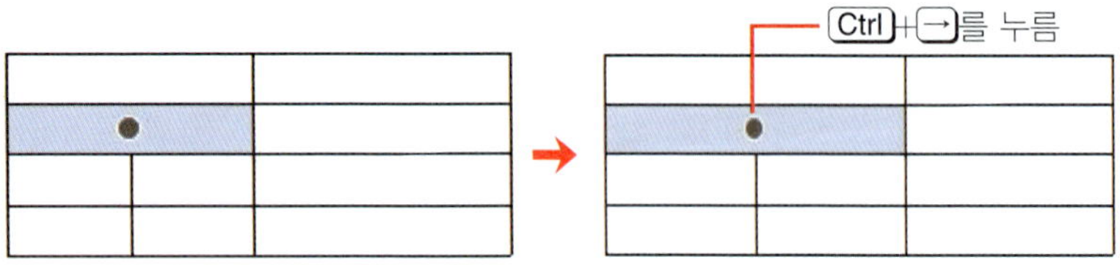

- 해당 부분을 블록([F5]) 지정한 후 [Alt] 키를 누른 상태에서 방향키([→], [←], [↑], [↓])를 누르면 블록 지정한 셀의 전체 크기가 조절됩니다.

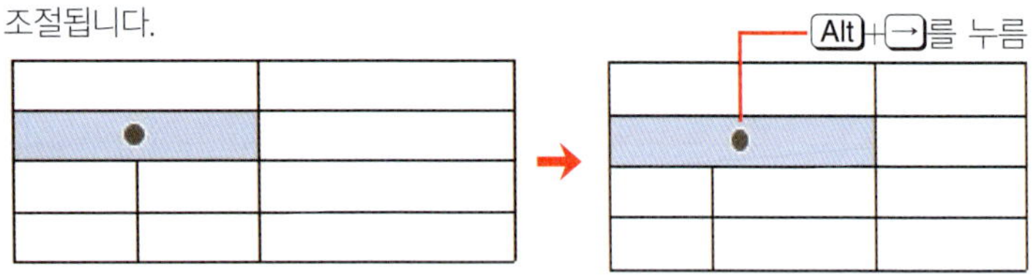

- 해당 부분을 블록([F5]) 지정한 후 [Shift] 키를 누른 상태에서 방향키([→], [←], [↑], [↓])를 누르면 블록 지정한 셀의 크기만 조절됩니다.

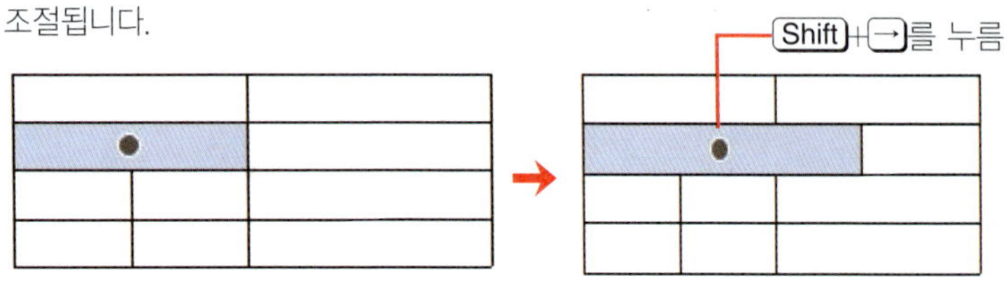

12 표 전체가 블록 지정된 상태에서 [표 레이아웃] 탭의 목록(⌄) 단추를 클릭하고, [셀 테두리/배경]-[각 셀마다 적용]을 선택하거나 [L] 키를 누릅니다.

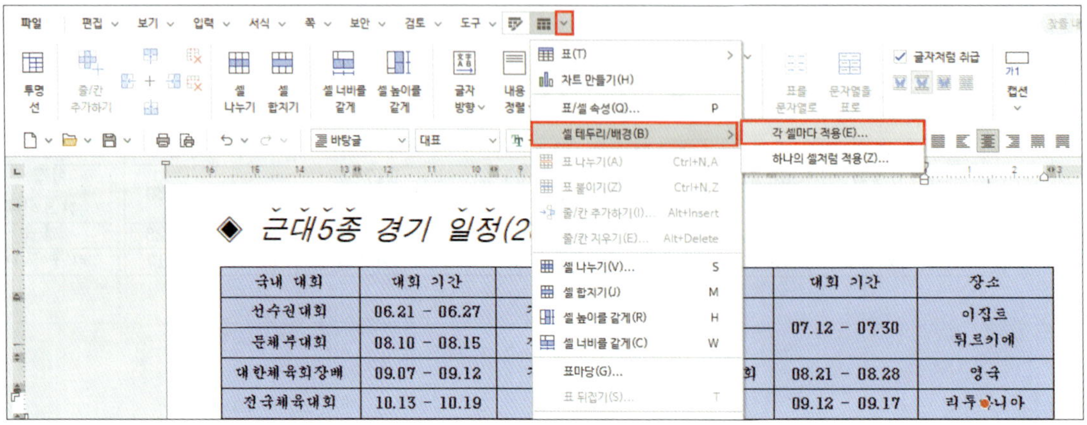

13 [셀 테두리/배경] 대화 상자의 [테두리] 탭에서 종류는 '이중 실선'과 '위쪽 테두리/아래쪽 테두리'를 선택하고, [설정] 버튼을 클릭합니다.

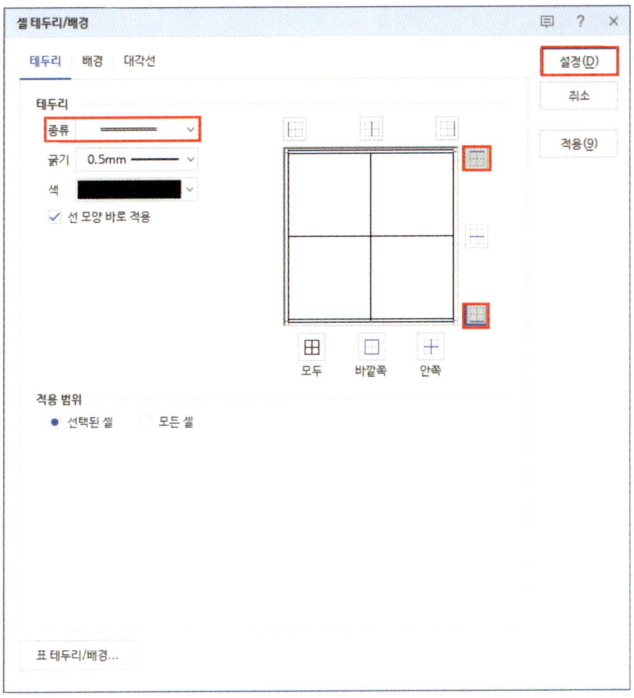

14 다시 한 번 [표 레이아웃] 탭의 목록(⌄) 단추를 클릭하고, [셀 테두리/배경]-[각 셀마다 적용]을 선택한 후 [셀 테두리/배경] 대화 상자의 [테두리] 탭에서 종류는 '없음'과 '왼쪽 테두리/오른쪽 테두리'를 선택하고, [설정] 버튼을 클릭합니다.

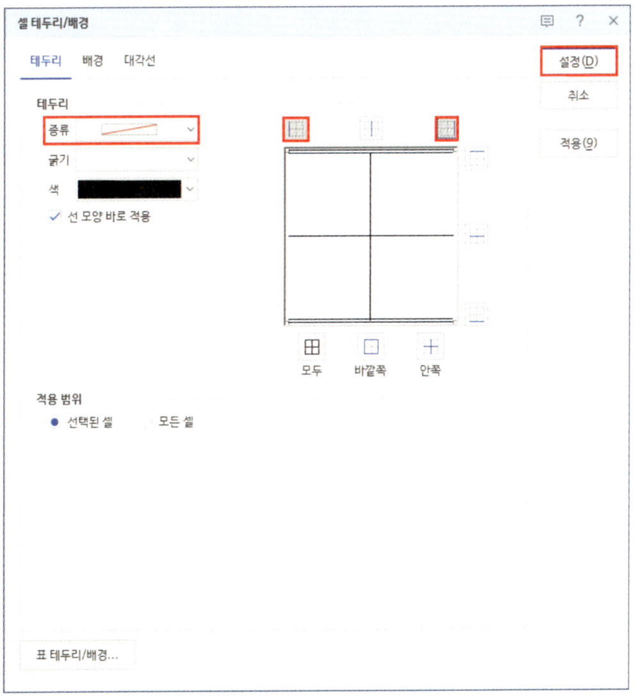

15 표의 첫 번째 행만을 블록 지정한 후 [표 레이아웃] 탭의 목록(⌄) 단추를 클릭하고, [셀 테두리/배경]-[각 셀마다 적용]을 선택합니다.

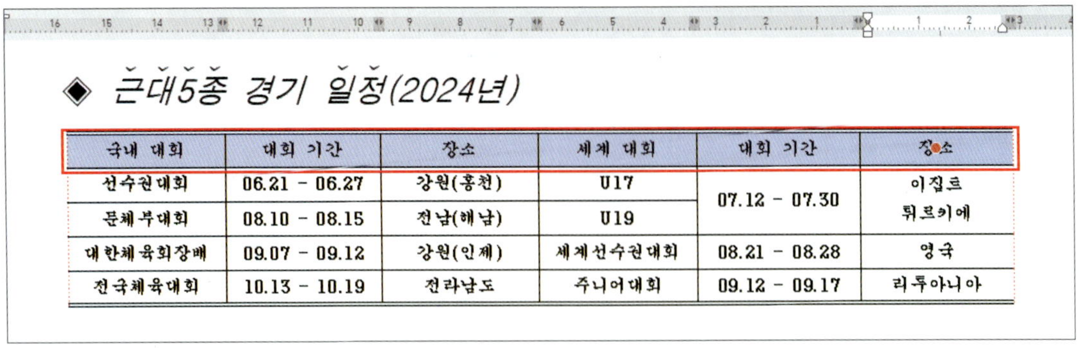

◈ 근대5종 경기 일정(2024년)

국내 대회	대회 기간	장소	세계 대회	대회 기간	장소
선수권대회	06.21 - 06.27	강원(홍천)	U17	07.12 - 07.30	이집트 튀르키예
문체부대회	08.10 - 08.15	전남(해남)	U19		
대한체육회장배	09.07 - 09.12	강원(인제)	세계선수권대회	08.21 - 08.28	영국
전국체육대회	10.13 - 10.19	전라남도	주니어대회	09.12 - 09.17	리투아니아

16 [셀 테두리/배경] 대화 상자의 [테두리] 탭에서 종류는 '이중 실선'과 '아래쪽 테두리'를 선택합니다.

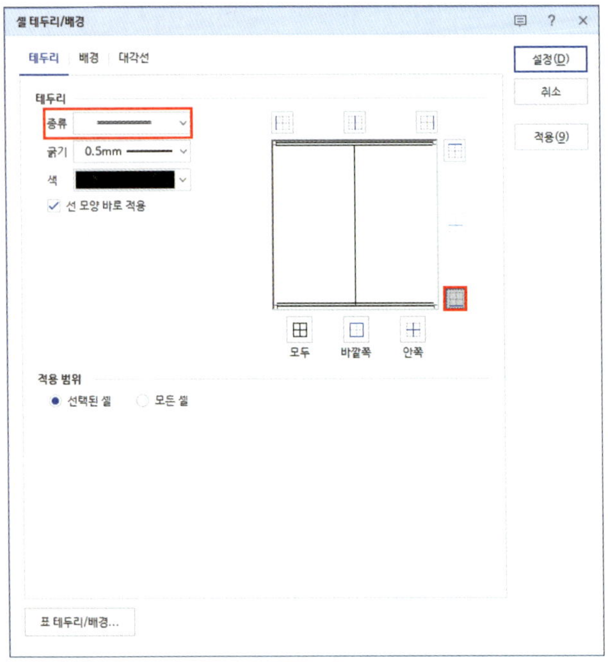

17 계속해서 [배경] 탭에서 '그러데이션'을 선택한 후 시작 색은 '하양', 끝 색은 '노랑', 유형은 '가로'를 각각 지정하고, [설정] 버튼을 클릭합니다.

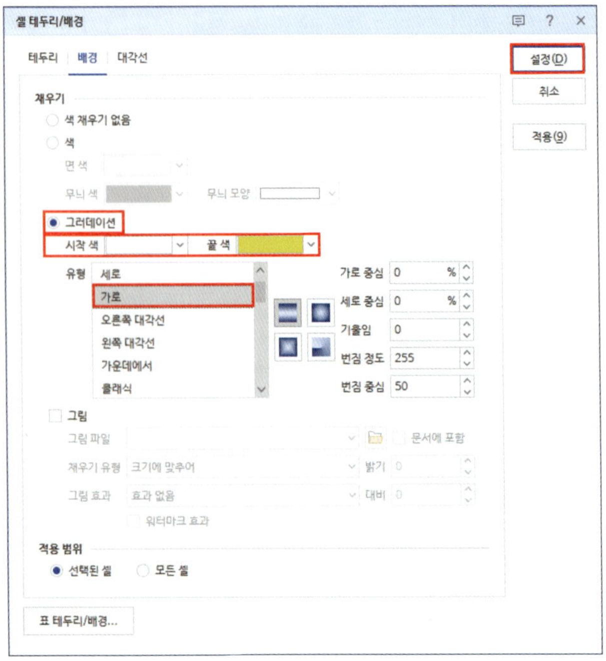

18 블록을 해제하기 위하여 ESC 키를 누른 후 ≪출력형태≫와 비교하여 틀린 부분이 없는지 확인합니다.

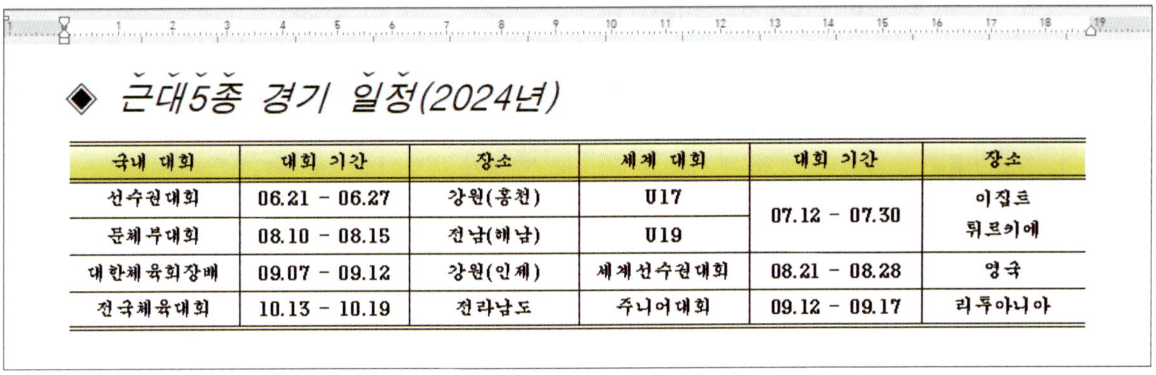

유형 잡기 06 기관명 편집과 쪽 번호 매기기

1 문서의 맨 마지막 내용(대한근대5종연맹)을 블록 지정한 후 서식 도구 상자에서 정렬 방식을 '오른쪽 정렬'로 지정합니다.

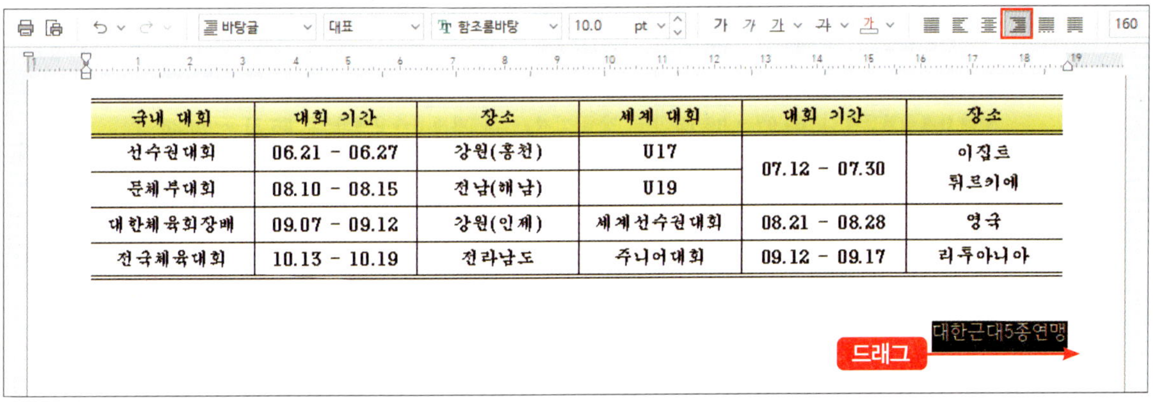

2 계속해서 [편집] 탭에서 글자 모양(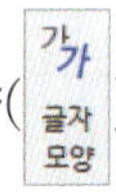) 단추를 클릭합니다.

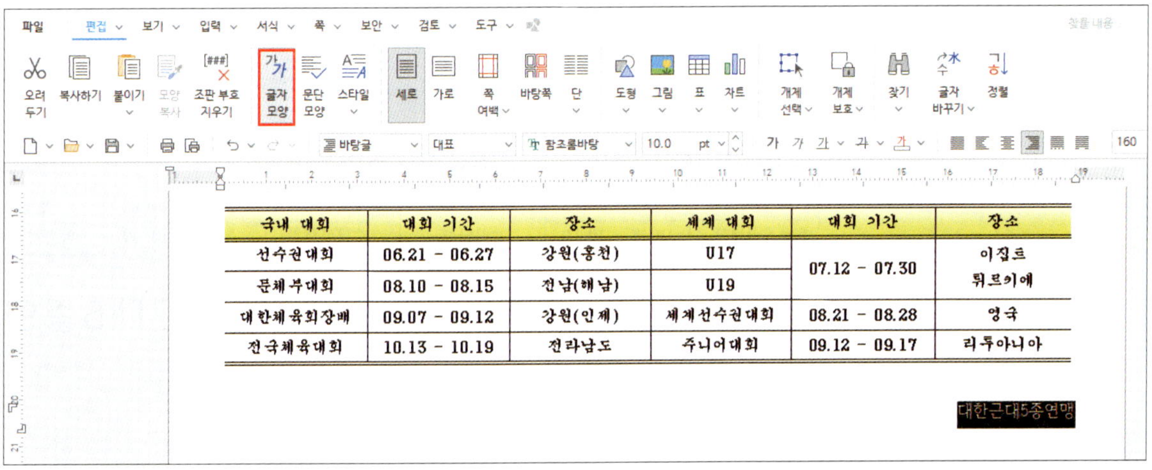

3 [글자 모양] 대화 상자의 [기본] 탭에서 기준 크기는 '24', 글꼴은 '굴림', 장평은 '105', 속성은 '진하게'를 각각 지정한 후 [설정] 버튼을 클릭합니다.

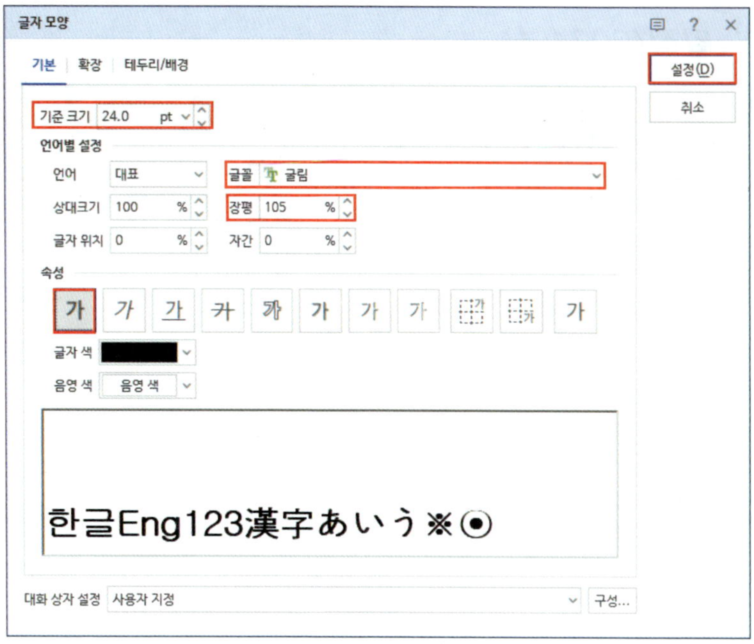

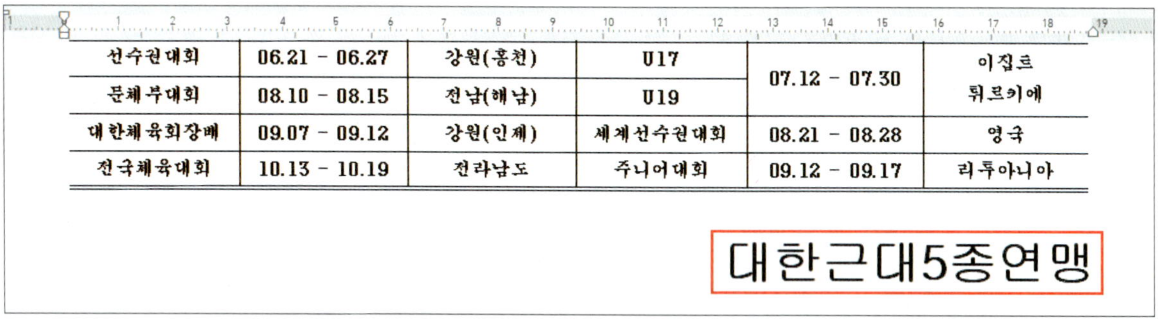

선수권대회	06.21 - 06.27	강원(홍천)	U17	07.12 - 07.30	이집트
문체부대회	08.10 - 08.15	전남(해남)	U19		튀르키예
대한체육회장배	09.07 - 09.12	강원(인제)	세계선수권대회	08.21 - 08.28	영국
전국체육대회	10.13 - 10.19	전라남도	주니어대회	09.12 - 09.17	리투아니아

대한근대5종연맹

4 문서에 쪽 번호를 삽입하기 위하여 [쪽] 탭에서 쪽 번호 매기기() 단추를 클릭합니다.

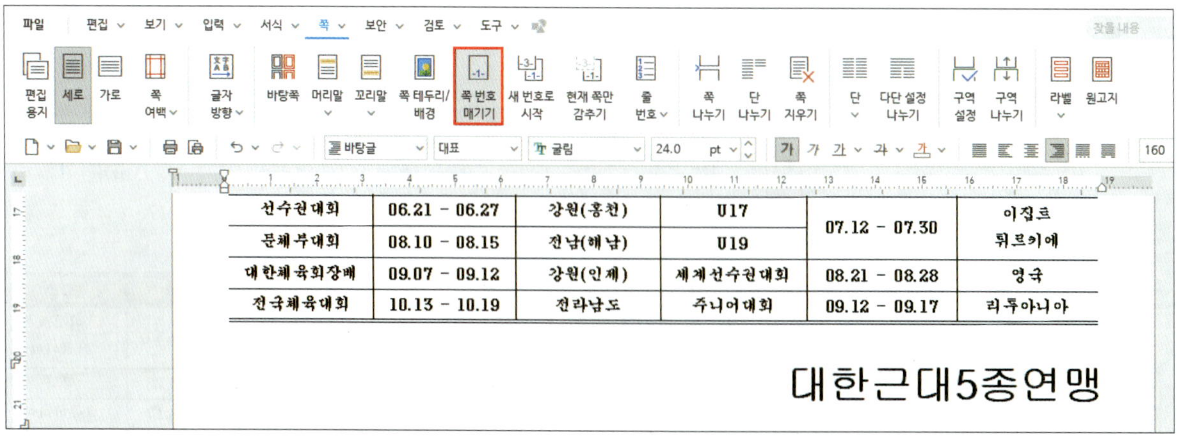

선수권대회	06.21 - 06.27	강원(홍천)	U17	07.12 - 07.30	이집트
문체부대회	08.10 - 08.15	전남(해남)	U19		튀르키예
대한체육회장배	09.07 - 09.12	강원(인제)	세계선수권대회	08.21 - 08.28	영국
전국체육대회	10.13 - 10.19	전라남도	주니어대회	09.12 - 09.17	리투아니아

대한근대5종연맹

5 [쪽 번호 매기기] 대화 상자에서 번호 위치는 '오른쪽 아래', 번호 모양은 'A,B,C', 줄표 넣기는 '해제', 시작 번호는 '5'를 각각 지정하고, [넣기] 버튼을 클릭합니다.

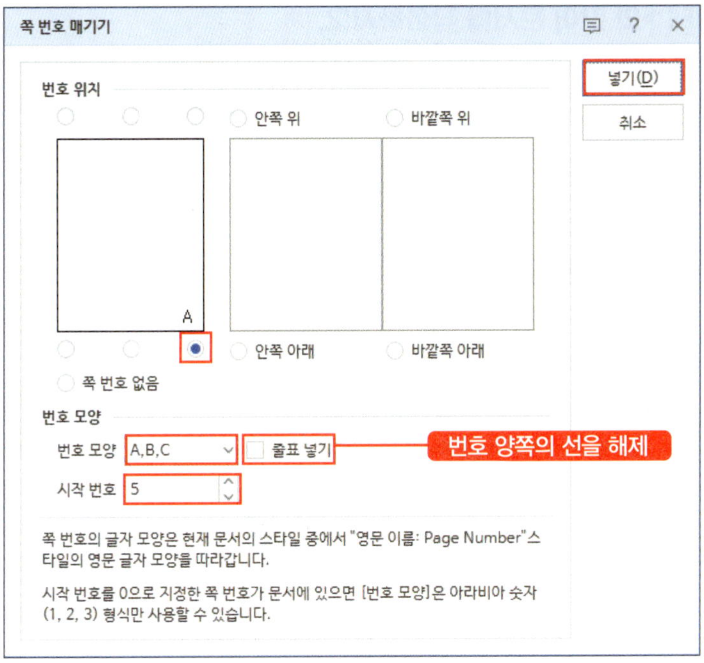

6 그 결과 ≪출력형태≫와 동일한 쪽 번호가 삽입됩니다.

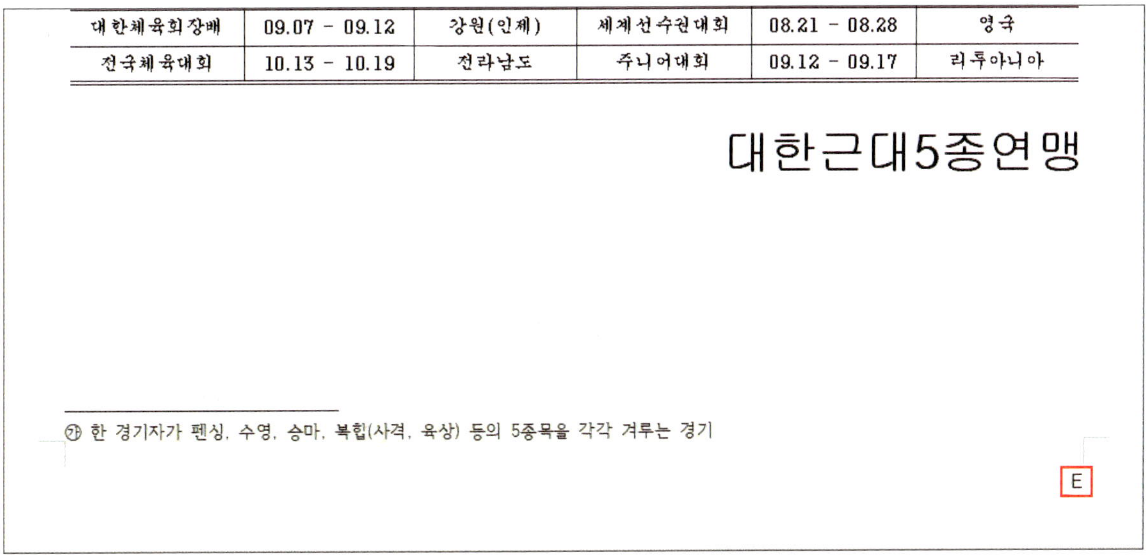

7 모든 작업이 완료되면 서식 도구 상자에서 저장하기( ) 단추를 클릭하여 완성 파일을 저장합니다.

출제 유형 문제

• 예제 파일 : 유형 분석 07₩유형 02_문제.hwpx / • 완성 파일 : 유형 분석 07₩유형 02_완성.hwpx

01 다음의 지시사항에 따라 ≪출력형태≫와 같이 문서를 작성하시오.

≪출력형태≫

글꼴 : 돋움, 18pt, 진하게, 가운데 정렬
책갈피 이름 : 평생학습
덧말 넣기

그림 위치(내 PC₩문서₩ITQ₩Picture₩그림4.jpg, 문서에 포함)
자르기 기능 이용, 크기(35mm×40mm), 바깥 여백 왼쪽 : 2mm

머리말 기능
굴림, 10pt, 오른쪽 정렬

평생학습권 보장

문단 첫 글자 장식 기능
글꼴 : 궁서, 면색 : 노랑

배움과 행복
대한민국 평생학습 박람회

각주

교육부는 사회관계 장관회의를 거쳐 '제5차 평생교육진흥 기본계획(2020~2024)'을 확정, 발표했다. 이번 기본계획은 전 국민의 평생학습권을 보장하기 위해 재직자, 고령자, 고졸취업자 등에 맞춤형 학습Ⓐ을 지원(支援)하기로 했다. 재직자를 위해서는 유급휴가훈련 지원을 추진하고 고령자의 경우 제2의 인생설계를 위해 노인 적합 직종(職種)을 발굴 및 지원한다. 특히, 평생학습 장애요인 제거를 위해 한국형 온라인 공개강좌를 개선하기로 했다. 또한 지역전문대학을 평생직업교육의 허브로 육성하는 계획도 함께 담겼다. 중등-고등 직업교육의 연계를 제도화하고, 전문대학의 교원과 시설을 활용해 지역기관과 연계한 취업 프로그램을 제공하며, 평생직업교육 기획을 전담하도록 기능 강화를 유도하기로 했다.

한편, 교육부는 제5차 평생교육진흥 기본계획의 홍보와 함께 전 국민의 평생학습에 대한 문화 확산과 관심 제고를 위해서 평생학습 박람회를 대규모로 개최하기로 하였다. 이번 박람회는 "100세 시대 평생학습, 배움과 행복"이라는 주제로 다양한 프로그램을 제공할 예정이다. 시청, 구청, 교육청, 평생교육기관, 평생학습동아리 등 100여 개의 기관이 참여할 예정이다.

▣ 대한민국 평생학습 박람회 개요

글꼴 : 굴림, 18pt, 하양
음영색 : 빨강

A. 주제 및 기간
  1. 주제 : 100세 시대 평생학습, 배움과 행복
  2. 기간 : 2021. 1. 14(목) - 1. 17(일)
B. 주최 및 장소
  1. 주최 : 교육부, 국가평생교육진흥원
  2. 장소 : 세종 컨벤션홀

문단 번호 기능 사용
1수준 : 20pt, 오른쪽 정렬,
2수준 : 30pt, 오른쪽 정렬
줄 간격 : 180%

표 전체 글꼴 : 굴림, 10pt, 가운데 정렬
셀 배경(그러데이션) : 유형(왼쪽 대각선),
시작색(하양), 끝색(노랑)

글꼴 : 굴림, 18pt, 기울임, 강조점

▣ *대한민국 평생학습 박람회 주제*

일자	주제(프로그램)	비고
1월 14일(목)	100세 시대와 평생학습의 중요성	기타 자세한 사항은 진흥원 홈페이지를 참고하기 바랍니다.
1월 15일(금)	'배우는 기쁨, 커가는 즐거움' 울산 지역 사례 소개	
1월 16일(토)	평생학습 도전 골든벨	
	평생학습 동아리 공연	
1월 17일(일)	평생학습 체험 부스 운영	

글꼴 : 궁서, 24pt, 진하게
장평 90%, 오른쪽 정렬

국가평생교육진흥원

각주 구분선 : 5cm

Ⓐ 행동의 지속적인 변화를 일으키기 위하여 경험이나 연습을 습득하는 과정

쪽 번호 매기기
4로 시작

iv

출제 유형 문제

• 예제 파일 : 유형 분석 07₩유형 03_문제.hwpx / • 완성 파일 : 유형 분석 07₩유형 03_완성.hwpx

02 다음의 지시사항에 따라 ≪출력형태≫와 같이 문서를 작성하시오.

≪출력형태≫

글꼴 : 굴림, 18pt, 진하게, 가운데 정렬
책갈피 이름 : 행복
덧말 넣기

그림 위치(내 PC₩문서₩ITQ₩Picture₩그림4.jpg, 문서에 포함)
자르기 기능 이용, 크기(40mm×40mm), 바깥 여백 왼쪽 : 2mm

머리말 기능
돋움, 10pt, 오른쪽 정렬 → 행복지수

문단 첫 글자 장식 기능
글꼴 : 궁서, 면색 : 노랑

행복한 삶

한국인의 행복지수 제고

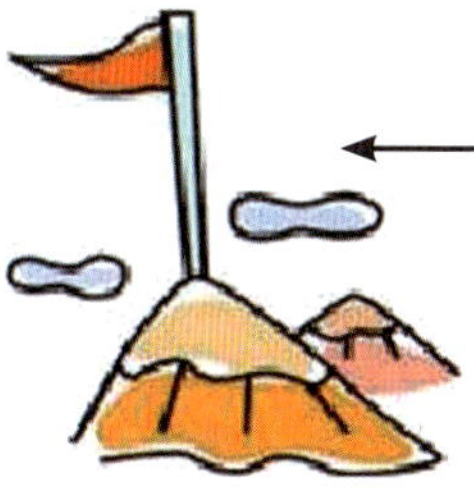

지난해 한국의 행복지수가 세계 156개국에서 57위로 조사됐다. 대부분의 국가는 행복의 기준을 국내총생산(GDP)이라는 숫자로 상징되는 부의 증가를 발전의 기준으로 삼는다. 그러나 우리나라는 급속한 경제 성장을 이루었음에도 불구하고 국민이 행복하다고 느끼는 순위가 경제 순위를 따라가지 못하고 있다. 경제 성장으로 의식주의 문제가 해결된 후부터 GDP는 사회의 행복을 나타내는 잣대로서의 기능을 상실하였다.

삶의 질 개선에 대한 관심과 요구가 커짐에 따라 포괄적인 경제행복지표로 국민의 경제적 행복감을 제대로 파악(把握)하는 과정이 필요해졌다. 양적 성장 일변도를 넘어서 모두가 행복한 사회를 만들어 나가기 위해 질적인 행복을 추구하는 기준과 정책 목표를 세워야 하는 것이다. 주관적인 단순 설문에 의존하는 행복 지표는 정책 결정에 활용(活用)하기가 어려우므로 이러한 단점을 극복하고 객관적인 경제행복도를 측정하기 위해 소비, 소득, 분배, 안정의 4개 부문을 고려한 경제행복도지수㉠를 활용할 수 있겠다. 4개 부문의 지표 수치를 실질화와 표준화 방식을 통해 변환한 후 개별 변수에 가중치를 부여하여 단일 지표를 산출할 수 있다.

각주

■ 한국인의 행복지수

글꼴 : 궁서, 18pt, 하양
음영색 : 파랑

i. 행복의 정의
  a. 생활에서 충분한 만족과 기쁨을 느끼는 상태
  b. 비극, 도전, 불행, 실패, 후회 등을 포괄하는 개념
ii. 삶의 질과 행복의 측정
  a. 객관적 측정 : 외부에서 명시된 기준에 기하여 독립적으로 측정
  b. 주관적 측정 : 암시적인 기준에 의해 개인이 스스로 평가

문단 번호 기능 사용
1수준 : 20pt, 오른쪽 정렬,
2수준 : 30pt, 오른쪽 정렬
줄 간격 : 180%

표 전체 글꼴 : 굴림, 10pt, 가운데 정렬
셀 배경(그러데이션) : 유형(가로),
시작색(하양), 끝색(노랑)

■ *경제행복도지수의 구성*

글꼴 : 궁서, 18pt, 기울임, 강조점

부문	내용	분석	시사점	비고
소비	소비, 교양, 오락비 지출	양적 측면에서 개선	소비를 지속적으로 확대	질적인 행복을 추구하는 정책 목표 필요
소득	근로소득, 자산소득		타 부문 향상의 기반	
분배	소득 5분위 배율	분배 상황 악화가 행복도 개선 저해	분배 부문 개선 시급	
안정	노후, 주거, 교육, 고용 불안		4대 불안 해결	

글꼴 : 돋움, 24pt, 진하게
장평 105%, 오른쪽 정렬

행복추구위원회

각주 구분선 : 5cm

㉠ 경제생활과 가계의 여러 변수를 고려한 삶의 질 향상 및 생활 만족도 지수

쪽 번호 매기기
5로 시작 → ⑤

출제 유형 문제

• **예제 파일** : 유형 분석 07₩유형 04_문제.hwpx / • **완성 파일** : 유형 분석 07₩유형 04_완성.hwpx

03 다음의 지시사항에 따라 ≪출력형태≫와 같이 문서를 작성하시오.

≪출력형태≫

글꼴 : 굴림, 18pt, 진하게, 가운데 정렬
책갈피 이름 : 백제
덧말 넣기

그림 위치(내 PC₩문서₩ITQ₩Picture₩그림5.jpg, 문서에 포함)
자르기 기능 이용, 크기(40mm×40mm), 바깥 여백 왼쪽 : 2mm

머리말 기능
돋움, 10pt, 오른쪽 정렬 → 백제의 문화

문단 첫 글자 장식 기능
글꼴 : 궁서, 면색 : 노랑

백제의 기상과 예술

함께 소통하고, 나누는 백제문화제

올해로 66회째를 맞이하는 백제문화제는 진취적인 기상으로 찬란한 문화를 꽃피웠던 고대 왕국 백제의 역사와 예술혼을 만날 수 있는 세계적인 역사문화축제이다. 1955년 민간 주도로 백제대제집행위원회를 조직(組織)하여 제1회 백제대제를 개최해 삼충제A와 삼천궁녀위령제(수륙제), 궁술(궁도), 배구, 농악, 그네 대회 등이 진행되었으며 공주 지역의 공주향교에서는 백제 5대 왕 추모제와 고흥박사 추모제가 열렸다. (각주)

지금의 명칭인 백제문화제는 1965년 제11회를 맞이하면서 확정(確定)되었다. 1957년 제3회 때 백제대제에서 백제제로, 1962년 제8회 때 백제충렬제로, 1964년 제10회 때 다시 백제제로, 그리고 이듬해에 지금의 백제문화제로 개칭되어 오늘에 이르렀다. 1966년 제12회 행사는 최초로 공주에서 부여로 성화를 봉송해 오면서 두 지역에서 동시에 개최되었으며, 1996년 제42회 때는 일본, 중국, 러시아 등 주변국 자치단체장이 처음으로 참석하였다. 2007년 제53회는 내국인 116만 명, 외국인 10만 명 등 총 126만 명의 관람객을 유치하여 353억 원의 경제 효과를 거두기도 하였다. 2015년 7월 세계유산에 등재된 백제역사유적지구의 실경을 배경으로 펼쳐지는 백제문화제의 예스러운 멋과 흥겨움에 빠져보길 바란다.

★ 문화제 개요 ← 글꼴 : 돋움, 18pt, 하양 / 음영색 : 파랑

I. 축제명 및 장소
   A. 축제명 : 제66회 백제문화제
   B. 장소 : 충청남도 부여군, 공주시, 논산시 일원
II. 주제 및 부제
   A. 주제 : 1,400년 전 대백제의 부활
   B. 부제 : 백제의 춤과 음악, 미마지(백제의 무용가)의 부활

문단 번호 기능 사용
1수준 : 20pt, 오른쪽 정렬,
2수준 : 30pt, 오른쪽 정렬
줄 간격 : 180%

표 전체 글꼴 : 돋움, 10pt, 가운데 정렬
셀 배경(그러데이션) : 유형(가운데에서), 시작색(하양), 끝색(노랑)

★ *문화제 상설프로그램(공주)* ← 글꼴 : 돋움, 18pt, 기울임, 강조점

구분	행사명	장소
체험	백제 기마문화체험, 백제고마촌 저잣거리, 잃어버린 유물을 찾아라	금강 미르섬
	웅진성의 하루	공산성 성안마을
	고마 열차운행(3,000원/30분 간격)	연문광장
전시	백제에서 공주까지 그리다	웅진백제역사관
	고마곰과 떠나는 공주여행	금강 신관공원
	빛과 이야기가 있는 백제등불향연, 미르섬 날다! 백제별빛정원	금강, 미르섬

글꼴 : 궁서, 24pt, 진하게
장평 110%, 오른쪽 정렬 → **백제문화제추진위**

각주 구분선 : 5cm

A 백제의 충신인 성충, 흥수, 계백의 충절을 기리는 제례

쪽 번호 매기기
5로 시작 → ⑤

출제 유형 문제

• 예제 파일 : 유형 분석 07₩유형 05_문제.hwpx / • 완성 파일 : 유형 분석 07₩유형 05_완성.hwpx

04 다음의 지시사항에 따라 ≪출력형태≫와 같이 문서를 작성하시오.

≪출력형태≫

그림 위치(내 PC₩문서₩ITQ₩Picture₩그림5.jpg, 문서에 포함) 자르기 기능 이용, 크기(40mm×40mm), 바깥 여백 왼쪽 : 2mm

글꼴 : 돋움, 18pt, 진하게, 가운데 정렬 책갈피 이름 : 주차 덧말 넣기

주차장 관리법

머리말 기능 굴림, 10pt, 오른쪽 정렬

문단 첫 글자 장식 기능 글꼴 : 궁서, 면색 : 노랑

주차장의 정의

주차장법에 의한 주차장 관리

주차장이란 자동차의 주차를 위한 시설로서 노상주차장, 노외주차장, 부설주차장 가운데 하나에 해당하는 종류를 말한다. 노상주차장은 도로의 노면 또는 교통광장(交通廣場)의 일정한 구역에 설치된 주차장으로서 일반의 이용에 제공되는 것을 말한다. 노외주차장은 도로의 노면 및 교통광장 외의 장소에 설치된 주차장으로서 일반의 이용에 제공되는 것을 말한다. 부설주차장은 건축물, 골프 연습장, 그 밖에 주차 수요를 유발하는 시설에 부대하여 설치된 주차장으로서 해당 건축물 및 시설의 이용자 또는 일반의 이용에 제공되는 것을 말한다. 기계식 주차장은 기계식 주차 장치를 설치한 노외주차장 및 부설주차장을 말한다.

특별자치도지사, 시장, 군수 또는 구청장은 주차장의 설치(設置) 및 관리를 위한 기초 자료로 활용하기 위하여 행정구역, 용도지역, 용도지구 등을 종합적으로 고려한 조사구역을 정하여 정기적으로 조사구역별 주차장 수급 실태를 조사해야 한다. 실태 조사 결과 주차장 확보율이 해당 지방자치단체의 조례로 정하는 비율 이하인 조사구역에 대해서는 주차난 완화와 교통의 원활한 소통을 위하여 주차환경개선지구㉮로 지정할 수 있다.

각주

글꼴 : 돋움, 18pt, 하양 음영색 : 빨강

◈ 주차장 관련 용어 정의

① 주차와 정차
  (ㄱ) 주차: 차를 정지 상태나 운전할 수 없는 상태로 두는 것
  (ㄴ) 정차: 5분 이내 동안 차를 정지시키는 것
② 도로와 주차단위구획
  (ㄱ) 도로: 자동차가 통행할 수 있는 도로
  (ㄴ) 주차단위구획: 자동차 1대를 주차할 수 있는 구획

문단 번호 기능 사용 1수준 : 20pt, 오른쪽 정렬, 2수준 : 30pt, 오른쪽 정렬 줄 간격 : 180%

◈ 교통안전교육

글꼴 : 돋움, 18pt, 밑줄, 강조점

표 전체 글꼴 : 굴림, 10pt, 가운데 정렬 셀 배경(그러데이션) : 유형(오른쪽 대각선), 시작색(하양), 끝색(노랑)

항목	교통안전교육	취소자 안전교육
교육대상	운전면허를 취득하고자 하는 사람	면허 취소 후 재취득하고자 하는 사람
교육시간	학과시험 전까지 1시간	학과시험 전까지 6시간
교육장소	면허시험장 내 교육장에서 교육 가능	도로교통공단 교육장소 및 면허시험장 내 교육장
교육내용	시청각교육	취소사유별 법규반, 음주반

글꼴 : 궁서, 24pt, 진하게 장평 105%, 오른쪽 정렬

주차장 관련 법규

각주 구분선 : 5cm

㉮ 시장, 군수, 구청장이 지정 및 관리 계획을 수립하여 결정

쪽 번호 매기기 4로 시작

D

출제 유형 문제

• **예제 파일** : 유형 분석 07₩유형 06_문제.hwpx / • **완성 파일** : 유형 분석 07₩유형 06_완성.hwpx

05 다음의 지시사항에 따라 ≪출력형태≫와 같이 문서를 작성하시오.

≪출력형태≫

글꼴 : 궁서, 18pt, 진하게, 가운데 정렬
책갈피 이름 : 보안
덧말 넣기

그림 위치(내 PC₩문서₩ITQ₩Picture₩그림4.jpg, 문서에 포함)
자르기 기능 이용, 크기(40mm×35mm), 바깥 여백 왼쪽 : 2mm

인터넷 보호나라

머리말 기능
굴림, 10pt, 오른쪽 정렬

문단 첫 글자 장식 기능
글꼴 : 돋움, 면색 : 노랑

사이버 위협

가상통화 거래소 해킹 사고

지난해 가상통화 관련 문제가 최고의 이슈가 되었다. 국내(國內) 가상통화거래소 해킹으로 인한 파산, 정보유출 등 각종 사고가 지속적으로 발생하였고, 각 언론보도를 통해 끊임없이 언급되었다. 또한 자율주행차 등 사물인터넷 관련 사이버 이슈들도 지속적으로 언론에 보도되었으며, 해외에서는 에퀴팩스 개인정보 유출 사고 관련 이슈 등이 보도되었다. 가상통화는 그 자체의 이슈뿐만 아니라 랜섬웨어, 채굴형 악성코드 등과 결합하여 지능화되고 있는 사이버 범죄 세계의 새로운 수익 모델이 되고 있다. 이에 따라 국회 공청회 등에서 법 제정을 위한 논의가 본격적으로 시작되었다.

정보 수집량이 증가하면서 사이버 위협이 확산되고 이를 효과적으로 처리하기 위해선 인공지능기술이 절대적(絶對的)으로 필요한 상황이다. 일반적으로 인공지능기술을 위해서는 데이터모델, 프로세싱 파워, 빅데이터 등 3가지 요소가 필요하다. 이 중에서도 빅데이터, 즉 관련 데이터가 대량으로 필요한데 하나의 기관 데이터 뿐 아니라 타 기관들의 데이터도 필요하게 된다. 따라서 인공지능ⓐ의 정확도를 높이기 위해서는 데이터 공유가 꼭 필요하고 이를 어떻게 해결하느냐가 관건이다.

각주

♣ 랜섬웨어 감염경로 및 대책

글꼴 : 굴림, 18pt, 하양
음영색 : 빨강

I) 신뢰할 수 없는 사이트
  (i) 단순한 홈페이지 방문만으로도 감염
  (ii) 주로 드라이브 바이 다운로드 기법을 통해 유포
II) 스팸메일 및 스피어피싱
  (i) 출처가 불분명한 e-mail을 통한 파일, 주소 링크
  (ii) 첨부파일 실행 또는 주소 링크 클릭에 주의가 필요

문단 번호 기능 사용
1수준 : 20pt, 오른쪽 정렬,
2수준 : 30pt, 오른쪽 정렬
줄 간격 : 180%

♣ *정보보호지원센터 구축현황*

글꼴 : 굴림, 18pt, 기울임, 강조점

표 전체 글꼴 : 돋움, 10pt, 가운데 정렬
셀 배경(그러데이션) : 유형(왼쪽 대각선),
시작색(하양), 끝색(노랑)

센터명	구축시기	위치	관할지역
대구센터	2021년 12월	대구광역시 북구 연암로	대구, 경북
호남센터	2022년 08월	광주광역시 서구 양동	광주, 전남, 전북, 제주
중부센터		청주시 청원구 오창읍	충북, 충남, 대전, 강원
동남센터		부산광역시 해운대구 센터중앙로	부산, 경남
경기센터	2023년 10월	성남시 수정구 대왕판교로	경기

글꼴 : 돋움, 24pt, 진하게
장평 110%, 오른쪽 정렬

한국인터넷진흥원

각주 구분선 : 5cm

ⓐ 인간의 학습, 추론, 지각 및 자연언어의 이해능력 등을 컴퓨터 프로그램으로 실현한 기술

쪽 번호 매기기
5로 시작

⑤

출제 유형 문제

• 예제 파일 : 유형 분석 07₩유형 07_문제.hwpx / • 완성 파일 : 유형 분석 07₩유형 07_완성.hwpx

06 다음의 지시사항에 따라 ≪출력형태≫와 같이 문서를 작성하시오.

≪출력형태≫

글꼴 : 돋움, 18pt, 진하게, 가운데 정렬
책갈피 이름 : 건축
덧말 넣기

그림 위치(내 PC₩문서₩ITQ₩Picture₩그림4.jpg, 문서에 포함)
자르기 기능 이용, 크기(40mm×35mm), 바깥 여백 왼쪽 : 2mm

건축철학

머리말 기능
굴림, 10pt, 오른쪽 정렬

건축과 예술
철학이 있는 건축

문단 첫 글자 장식 기능
글꼴 : 궁서, 면색 : 노랑

건축이란 사람이나 물품, 기계 설비 등을 수용하기 위한 구축물의 총칭으로 용도라는 목적성에 적합해야 하며 적절한 재료로 가장 합리적인 형식을 취하여 안전하게 이룩되어야 한다. 그 요소로는 예술적 감흥을 목표(目標)로 하는 공간 형태, 진실하고도 견실한 구조 기술, 편리성과 유용성으로서의 기능을 들 수 있다.

건축은 인간의 여러 가지 생활을 담기 위한 기술과 구조 및 기능을 수단(手段)으로 하여 이루어지는 공간 예술이다. 건축의 본질은 쾌적하고도 안전한 생활을 영위하기 위한 기술적인 전개와 함께 공간 자체가 예술적인 감흥을 가진 창조성의 의미를 가진다. 이 공간 예술을 다루는 작가, 즉 건축가의 입장에서 건축의 공간은 실용적 대상이자 3차원의 지각적 대상이며 자기 인식의 실존적 대상이라 할 수 있을 것이다. 궁극적으로 건축은 공공 예술의 성격을 가지고 있으므로 항시 사회 문화적인 존재로 생각되어야 한다. 이런 의미에서 건축은 건축주의 소유가 아니며 건축가 자신의 것도 아닌 역사와 사회의 것임을 인식할 필요가 있다. 건축은 그 수명이 몇 세기에 걸쳐 유지될 수 있는 역사적 대상이며 이로써 건축은 개체㉠적인 존재의 의의와 사회적인 존재로서의 의의를 동시에 갖추도록 해야 한다는 사회적인 책임이 뒤따르는 것이다.

각주

♣ 제2회 광주건축대전 개요

글꼴 : 궁서, 18pt, 하양
음영색 : 빨강

ㄱ) 일반 공모전
(1) 주제: 공유/공리(공유된 가치, 공동의 이익)
(2) 참가자격: 전공생, 전공자 1인 1작
ㄴ) 아이디어 공모전
(1) 주제: 일상에서 접하는 공간을 새롭게 디자인
(2) 참가자격: 아이디어를 가진 누구나 1인 1작

문단 번호 기능 사용
1수준 : 20pt, 오른쪽 정렬,
2수준 : 30pt, 오른쪽 정렬
줄 간격 : 180%

표 전체 글꼴 : 돋움, 10pt, 가운데 정렬
셀 배경(그러데이션) : 유형(가운데에서),
시작색(하양), 끝색(노랑)

♣ *협회 주관 주요 건축문화제*

글꼴 : 궁서, 18pt, 기울임, 강조점

구분	행사명	내용
대한민국 건축대전	일반 공모전	국내 최대의 건축공모전으로써 신인 건축가들의 등용문
	올해의 건축가 100인	건축 철학이 담긴 수준 높은 작품과 새로운 건축의 패러다임 전시
건축특별상	초평건축상	건축 문화 발전에 크게 기여했거나 한국건축발전에 공이 큰 자에게 수여
	아천건축상	한국적 조화미가 돋보이는 작품을 설계한 건축가에게 수여
	양남학생건축상	협회 전 회장인 양남 최창규 선생이 기증한 기금으로 운영

글꼴 : 굴림, 24pt, 진하게
장평 90%, 오른쪽 정렬

한국건축가협회

각주 구분선 : 5cm

㉠ 전체나 집단에 상대하여 하나하나의 낱개를 이르는 말

쪽 번호 매기기
4로 시작

④

PART 02

실전모의고사

제 01 회 실전모의고사
제 02 회 실전모의고사
제 03 회 실전모의고사
제 04 회 실전모의고사
제 05 회 실전모의고사
제 06 회 실전모의고사
제 07 회 실전모의고사
제 08 회 실전모의고사
제 09 회 실전모의고사
제 10 회 실전모의고사
제 11 회 실전모의고사
제 12 회 실전모의고사
제 13 회 실전모의고사
제 14 회 실전모의고사
제 15 회 실전모의고사

제 01 회 실전모의고사

한컴오피스

과목	코드	문제유형	시험시간	수험번호	성명
아래한글	1111	A	60분		

수험자 유의사항

- 수험자는 문제지를 받는 즉시 문제지와 **수험표상의 시험과목(프로그램)이 동일한지 반드시 확인**하여야 합니다.
- 파일명은 본인의 "수험번호-성명"으로 입력하여 답안폴더(내 PC₩문서₩ITQ)에 하나의 파일로 저장해야 하며, 답안문서 파일명이 "수험번호-성명"과 일치하지 않거나, 답안파일을 전송하지 않아 미제출로 처리될 경우 실격 처리합니다(예:12345678-홍길동.hwpx).
- 답안 작성을 마치면 파일을 저장하고, '답안 전송' 버튼을 선택하여 감독위원 PC로 답안을 전송하십시오. 수험생 정보와 저장한 파일명이 다를 경우 전송되지 않으므로 주의하시기 바랍니다.
- 답안 작성 중에도 **주기적으로 저장하고, '답안 전송'**하여야 문제 발생을 줄일 수 있습니다. 작업한 내용을 저장하지 않고 전송할 경우 이전에 저장된 내용이 전송되오니 이점 유의하시기 바랍니다.
- 답안문서는 지정된 경로 외의 다른 보조기억장치에 저장하는 경우, 지정된 시험 시간 외에 작성된 파일을 활용할 경우, 기타 통신수단(이메일, 메신저, 네트워크 등)을 이용하여 타인에게 전달 또는 외부 반출하는 경우는 부정 처리합니다.
- 시험 중 부주의 또는 고의로 시스템을 파손한 경우는 수험자가 변상해야 하며, 〈수험자 유의사항〉에 기재된 방법대로 이행하지 않아 생기는 불이익은 수험생 당사자의 책임임을 알려 드립니다.
- 문제의 조건은 한컴오피스 2022 버전으로 설정되어 있으니 유의하시기 바랍니다.
- 시험을 완료한 수험자는 답안파일이 전송되었는지 확인한 후 감독위원의 지시에 따라 문제지를 제출하고 퇴실합니다.

답안 작성요령

- **온라인 답안 작성 절차**
  수험자 등록 ➡ 시험 시작 ➡ 답안파일 저장 ➡ 답안 전송 ➡ 시험 종료
- **공통 부문**
  - 글꼴에 대한 기본설정은 함초롬바탕, 10포인트, 검정, 줄 간격 160%, 양쪽 정렬로 합니다.
  - 색상은 조건의 색을 적용하고 색의 구분이 안 될 경우에는 RGB 값을 적용하십시오.
    (빨강 255,0,0 / 파랑 0,0,255 / 노랑 255,255,0)
  - 각 문항에 주어진 ≪조건≫에 따라 작성하고 언급하지 않은 조건은 ≪출력형태≫와 같이 작성합니다.
  - 용지 여백은 왼쪽 · 오른쪽 11㎜, 위쪽 · 아래쪽 · 머리말 · 꼬리말 10㎜, 제본 0㎜로 합니다.
  - 그림 삽입 문제의 경우 「내 PC₩문서₩ITQ₩Picture」 폴더에서 지정된 파일을 선택하여 삽입하십시오.
  - 삽입한 그림은 반드시 문서에 포함하여 저장해야 합니다(미포함 시 감점 처리).
  - 각 항목은 지정된 페이지에 출력형태와 같이 정확히 작성하시기 바라며, 그렇지 않을 경우에 해당 항목은 0점 처리됩니다.
    ※ 페이지 구분 : 1페이지 – 기능평가 Ⅰ (문제번호 표시 : 1. 2.),
    2페이지 – 기능평가 Ⅱ (문제번호 표시 : 3. 4.),
    3페이지 – 문서작성 능력평가
- **기능평가**
  - 문제와 ≪조건≫은 입력하지 않으며 문제번호와 답(≪출력형태≫)만 작성합니다.
  - 4번 문제는 묶기를 했을 경우 0점 처리됩니다.
- **문서작성 능력평가**
  - A4 용지(210㎜×297㎜) 1매 크기, 세로 서식 문서로 작성합니다.
  - ⬚ 표시는 문서작성에 대한 지시사항이므로 작성하지 않습니다.

kpc 한국생산성본부

 (150점)

1. 다음의 ≪조건≫에 따라 스타일 기능을 적용하여 ≪출력형태≫와 같이 작성하시오. (50점)

≪조건≫ (1) 스타일 이름 – evacuation
(2) 문단 모양 – 왼쪽 여백 : 15pt, 문단 아래 간격 : 10pt
(3) 글자 모양 – 글꼴 : 한글(돋움)/영문(궁서), 크기 : 10pt, 장평 : 95%, 자간 : 5%

≪출력형태≫

In the event of a fire, anyone becomes embarrassed and sometimes their judgment is less than usual, so they become choked by smoke, causing damage to their precious lives.

불특정 다수를 수용하거나 출입하는 사업장에서 가장 중요한 것은 화재 시 대피 유도인데 큰 소리로 외치는 대신 침착한 행동으로 대피를 유도해야 한다.

2. 다음의 ≪조건≫에 따라 ≪출력형태≫와 같이 표와 차트를 작성하시오. (100점)

≪표 조건≫ (1) 표 전체(표, 캡션) – 돋움, 10pt
(2) 정렬 – 문자 : 가운데 정렬, 숫자 : 오른쪽 정렬
(3) 셀 배경(면색) : 노랑
(4) 한글의 계산 기능을 이용하여 빈칸에 합계를 구하고, 캡션 기능 사용할 것
(5) 선 모양은 ≪출력형태≫와 동일하게 처리할 것

≪출력형태≫

주요시설 화재발생 현황(단위 : 건)

구분	2022년	2023년	2024년	2025년	합계
교육시설	312	328	355	340	
운송시설	117	116	80	116	
의료/복지시설	329	375	386	416	
주거시설	11,584	11,541	11,765	12,001	

≪차트 조건≫ (1) 차트 데이터는 표 내용에서 연도별 교육시설, 운송시설, 의료/복지시설의 값만 이용할 것
(2) 종류 – 〈묶은 가로 막대형〉으로 작업할 것
(3) 제목 – 글꼴 : 굴림, 진하게, 12pt,
속성 : 채우기(밝은 색 : 하양), 테두리, 그림자(바깥쪽 : 대각선 오른쪽 아래)
(4) 제목 이외의 전체 글꼴 – 굴림, 보통, 10pt
(5) 축 제목과 범례는 ≪출력형태≫와 동일하게 처리할 것

≪출력형태≫

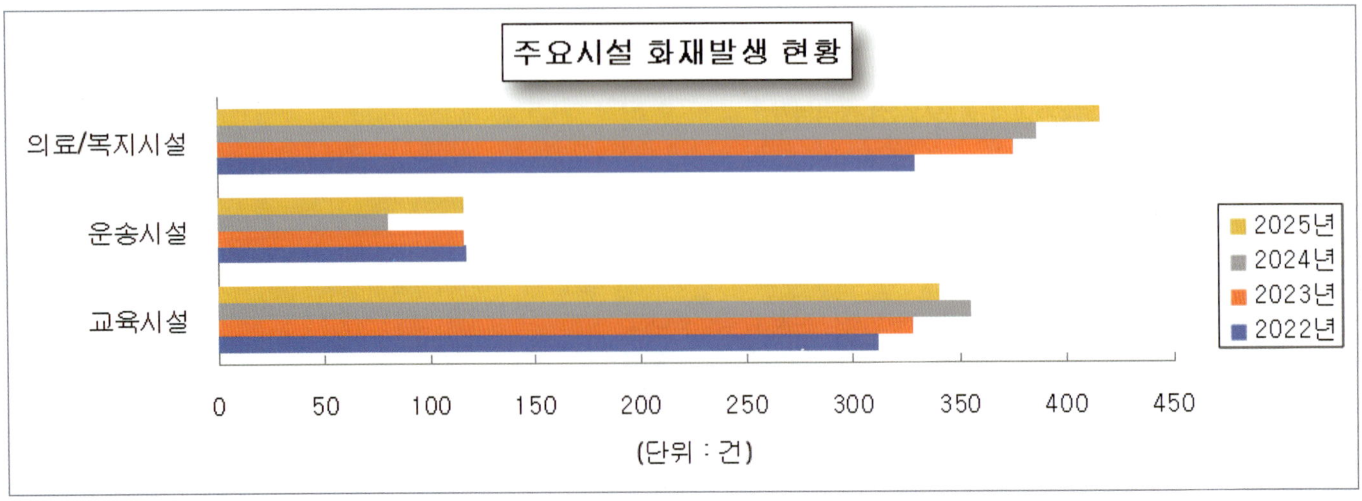

3. 다음 (1), (2)의 수식을 수식 편집기로 각각 입력하시오. (40점)

≪출력형태≫

(1) $\frac{PV}{T} = \frac{1 \times 22.4}{273} \fallingdotseq 0.082$

(2) $\int_{0}^{3} \frac{\sqrt{6t^2 - 18t + 12}}{5} dt = 11$

4. 다음의 ≪조건≫에 따라 ≪출력형태≫와 같이 문서를 작성하시오. (110점)

≪조건≫

(1) 그리기 도구를 이용하여 작성하고, 모든 도형(글맵시, 지정된 그림 포함)을 ≪출력형태≫와 같이 작성하시오.

(2) 도형의 면색은 지시사항이 없으면 색 없음을 제외하고 서로 다르게 임의로 지정하시오.

≪출력형태≫

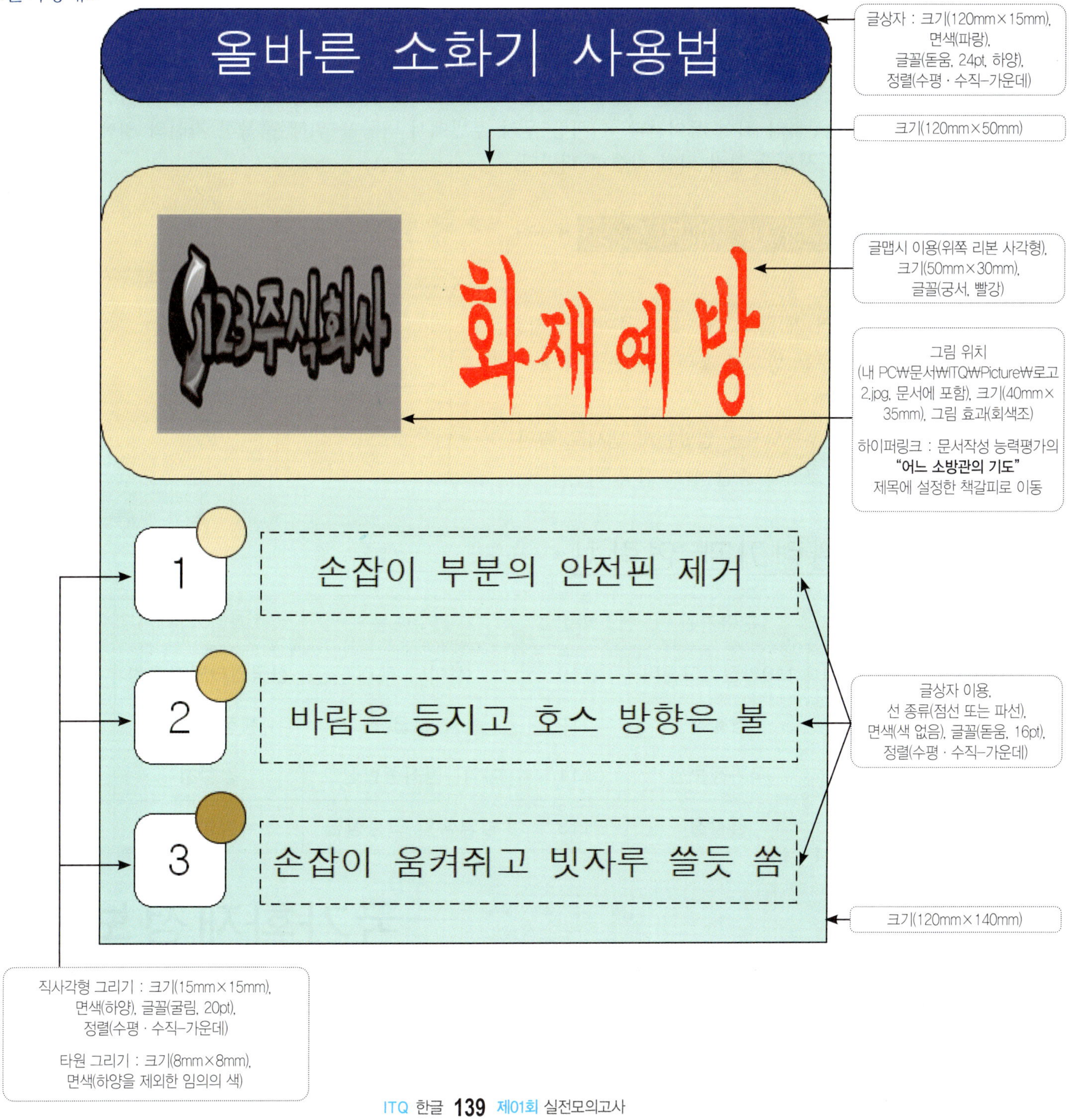

글꼴 : 궁서, 18pt, 진하게, 가운데 정렬
책갈피 이름 : 화재
덧말 넣기

머리말 기능
굴림, 10pt, 오른쪽 정렬 → 소방안전 지킴이

어느 소방관의 기도 (덧말: 뜨거운 사명)

문단 첫 글자 장식 기능
글꼴 : 돋움, 면색 : 노랑

각주

그림 위치(내 PC₩문서₩ITQ₩Picture₩그림4.jpg, 문서에 포함)
자르기 기능 이용, 크기(40mm×35mm), 바깥 여백 왼쪽 : 2mm

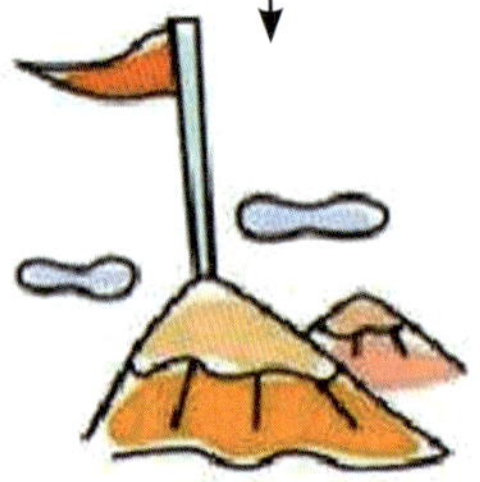

소방관이 지은 기도문이 있다. 이 시㉠는 화재 진압 도중 어린아이를 구하지 못한 죄책감과 간절함으로 작성된 거라 한다. '제가 부름을 받을 때는 신이시여 아무리 강력한 화염 속에서도 한 생명을 구할 수 있는 힘을 저에게 주소서 너무 늦기 전에 어린아이를 감싸 안을 수 있게 하시고 공포에 떠는 노인을 구하게 하소서 저에게는 언제나 안전을 기할 수 있게 하시어 가냘픈 외침까지도 들을 수 있게 하시고 신속하고 효율적으로 화재를 진압하게 하소서 그리고 신의 뜻에 따라 저의 목숨을 잃게 되면 신의 은총으로 저와 아내와 가족을 돌보아 주소서 (후략)' 이 시는 전 세계 소방관들의 신조처럼 알려져 있다.

대한민국 소방관, 국민 대부분이 가장 신뢰(信賴)하지만 처우는 최하위 약자인 직업, 모두가 도망쳐 나올 때 위험으로 뛰어드는 사람들이다. 소방관이 다치거나 순직할 때 국가의 작은 영웅(英雄)이라고 조명하는 것은 잠시뿐, 사람들도 세상도 그들을 너무 빨리 잊는다. 하지만 소방관들은 숨도 제대로 못 쉬는 화염 속으로 언제 무너질지 모르는 건물 속으로 오늘도 생명을 구하러 뛰어 들어간다. 이처럼 우리 주변에서 공공을 위해 묵묵히 자신의 일에 종사하는 분들이 존중 받고 대접 받는 사회가 빨리 되길 간절히 바란다.

★ 전기, 가스 화재 예방요령

글꼴 : 굴림, 18pt, 하양
음영색 : 파랑

1) 전기 화재 예방요령
   ① 한 콘센트에 여러 개 플러그를 꽂는 문어발식 사용금지
   ② 사용한 전기 기구는 반드시 플러그를 뽑고 외출
2) 가스 화재 예방요령
   ① 사용 전 가스가 누출되지는 않았는지 냄새로 확인
   ② 사용 후 연소기 코크와 중간 밸브 잠금 확인

문단 번호 기능 사용
1수준 : 20pt, 오른쪽 정렬,
2수준 : 30pt, 오른쪽 정렬
줄 간격 : 180%

★ 긴급신고 관련기관 연락처

글꼴 : 굴림, 18pt, 밑줄, 강조점

표 전체 글꼴 : 돋움, 10pt, 가운데 정렬
셀 배경(그러데이션) : 유형(가로),
시작색(하양), 끝색(노랑)

접수내용	관련기관	전화번호	접수내용	관련기관	전화번호
화재, 구조, 구급신고	119안전신고센터	119	사이버 테러	한국인터넷진흥원	118
범죄신고	경찰청	112	해양 긴급 신고	행정안전부	122
간첩신고	국가정보원	111	마약, 범죄종합신고	검찰청	1301
	경찰청	113	병영생활 고충상담	국방헬프콜	1303

글꼴 : 돋움, 24pt, 진하게
장평 110%, 오른쪽 정렬 → **국가화재정보센터**

각주 구분선 : 5cm

㉠ 1958년 미국의 '스모키 린'이라는 소방관이 쓴 기도문

쪽 번호 매기기
4로 시작 → ④

제 02 회 실전모의고사

한컴오피스

과목	코드	문제유형	시험시간	수험번호	성명
아래한글	1111	B	60분		

수험자 유의사항

- 수험자는 문제지를 받는 즉시 문제지와 **수험표상의 시험과목(프로그램)이 동일한지 반드시 확인**하여야 합니다.
- 파일명은 본인의 "수험번호-성명"으로 입력하여 답안폴더(내 PC₩문서₩ITQ)에 하나의 파일로 저장해야 하며, 답안문서 파일명이 "수험번호-성명"과 일치하지 않거나, 답안파일을 전송하지 않아 미제출로 처리될 경우 실격 처리합니다(예:12345678-홍길동.hwpx).
- 답안 작성을 마치면 파일을 저장하고, '답안 전송' 버튼을 선택하여 감독위원 PC로 답안을 전송하십시오. 수험생 정보와 저장한 파일명이 다를 경우 전송되지 않으므로 주의하시기 바랍니다.
- 답안 작성 중에도 **주기적으로 저장하고, '답안 전송'**하여야 문제 발생을 줄일 수 있습니다. 작업한 내용을 저장하지 않고 전송할 경우 이전에 저장된 내용이 전송되오니 이점 유의하시기 바랍니다.
- 답안문서는 지정된 경로 외의 다른 보조기억장치에 저장하는 경우, 지정된 시험 시간 외에 작성된 파일을 활용할 경우, 기타 통신수단(이메일, 메신저, 네트워크 등)을 이용하여 타인에게 전달 또는 외부 반출하는 경우는 부정 처리합니다.
- 시험 중 부주의 또는 고의로 시스템을 파손한 경우는 수험자가 변상해야 하며, 〈수험자 유의사항〉에 기재된 방법대로 이행하지 않아 생기는 불이익은 수험생 당사자의 책임임을 알려 드립니다.
- 문제의 조건은 한컴오피스 2022 버전으로 설정되어 있으니 유의하시기 바랍니다.
- 시험을 완료한 수험자는 답안파일이 전송되었는지 확인한 후 감독위원의 지시에 따라 문제지를 제출하고 퇴실합니다.

답안 작성요령

- **온라인 답안 작성 절차**
  수험자 등록 ➡ 시험 시작 ➡ 답안파일 저장 ➡ 답안 전송 ➡ 시험 종료
- **공통 부문**
  - 글꼴에 대한 기본설정은 함초롬바탕, 10포인트, 검정, 줄 간격 160%, 양쪽 정렬로 합니다.
  - 색상은 조건의 색을 적용하고 색의 구분이 안 될 경우에는 RGB 값을 적용하십시오.
    (빨강 255,0,0 / 파랑 0,0,255 / 노랑 255,255,0)
  - 각 문항에 주어진 ≪조건≫에 따라 작성하고 언급하지 않은 조건은 ≪출력형태≫와 같이 작성합니다.
  - 용지 여백은 왼쪽 · 오른쪽 11㎜, 위쪽 · 아래쪽 · 머리말 · 꼬리말 10㎜, 제본 0㎜로 합니다.
  - 그림 삽입 문제의 경우 「내 PC₩문서₩ITQ₩Picture」 폴더에서 지정된 파일을 선택하여 삽입하십시오.
  - 삽입한 그림은 반드시 문서에 포함하여 저장해야 합니다(미포함 시 감점 처리).
  - 각 항목은 지정된 페이지에 출력형태와 같이 정확히 작성하시기 바라며, 그렇지 않을 경우에 해당 항목은 0점 처리됩니다.
    ※ 페이지 구분 : 1페이지 – 기능평가 Ⅰ (문제번호 표시 : 1. 2.),
    2페이지 – 기능평가 Ⅱ (문제번호 표시 : 3. 4.),
    3페이지 – 문서작성 능력평가
- **기능평가**
  - 문제와 ≪조건≫은 입력하지 않으며 문제번호와 답(≪출력형태≫)만 작성합니다.
  - 4번 문제는 묶기를 했을 경우 0점 처리됩니다.
- **문서작성 능력평가**
  - A4 용지(210㎜×297㎜) 1매 크기, 세로 서식 문서로 작성합니다.
  - [ ] 표시는 문서작성에 대한 지시사항이므로 작성하지 않습니다.

kpc 한국생산성본부

기능평가 Ⅰ (150점)

1. 다음의 ≪조건≫에 따라 스타일 기능을 적용하여 ≪출력형태≫와 같이 작성하시오. (50점)

≪조건≫ (1) 스타일 이름 – gcf
(2) 문단 모양 – 첫 줄 들여쓰기 : 10pt, 문단 아래 간격 : 10pt
(3) 글자 모양 – 글꼴 : 한글(돋움)/영문(굴림), 크기 : 10pt, 장평 : 95%, 자간 : –5%

≪출력형태≫

GCF was established to limit or reduce greenhouse gas emissions in developing countries, and to help vulnerable societies adapt to the unavoidable impacts of climate change.

녹색기후기금은 개도국의 기후변화 대응 사업에 필요한 재원을 지원하기 위한 국제기구로 우리나라는 녹색기후기금을 인천 송도에 잘 정착하여 발전해 나갈 수 있도록 하기 위하여 적극적으로 지원하고 있다.

2. 다음의 ≪조건≫에 따라 ≪출력형태≫와 같이 표와 차트를 작성하시오. (100점)

≪표 조건≫ (1) 표 전체(표, 캡션) – 궁서, 10pt
(2) 정렬 – 문자 : 가운데 정렬, 숫자 : 오른쪽 정렬
(3) 셀 배경(면색) : 노랑
(4) 한글의 계산 기능을 이용하여 빈칸에 합계를 구하고, 캡션 기능 사용할 것
(5) 선 모양은 ≪출력형태≫와 동일하게 처리할 것

≪출력형태≫

에너지 유형별 온실가스 배출량 목표치(단위 : 톤)

구분	2021년	2022년	2023년	2024년	2025년
전기	3,100	3,700	3,200	3,600	3,900
지역난방	2,500	2,300	2,000	2,000	2,500
운송	1,800	2,100	2,500	1,900	2,600
합계					

≪차트 조건≫ (1) 차트 데이터는 표 내용에서 구분별 2021년, 2022년, 2023년, 2024년의 값만 이용할 것
(2) 종류 – 〈묶은 세로 막대형〉으로 작업할 것
(3) 제목 – 글꼴 : 굴림, 진하게, 12pt,
속성 : 채우기(밝은 색 : 하양), 테두리, 그림자(바깥쪽 : 아래쪽)
(4) 제목 이외의 전체 글꼴 – 굴림, 보통, 10pt
(5) 축 제목과 범례는 ≪출력형태≫와 동일하게 처리할 것

≪출력형태≫

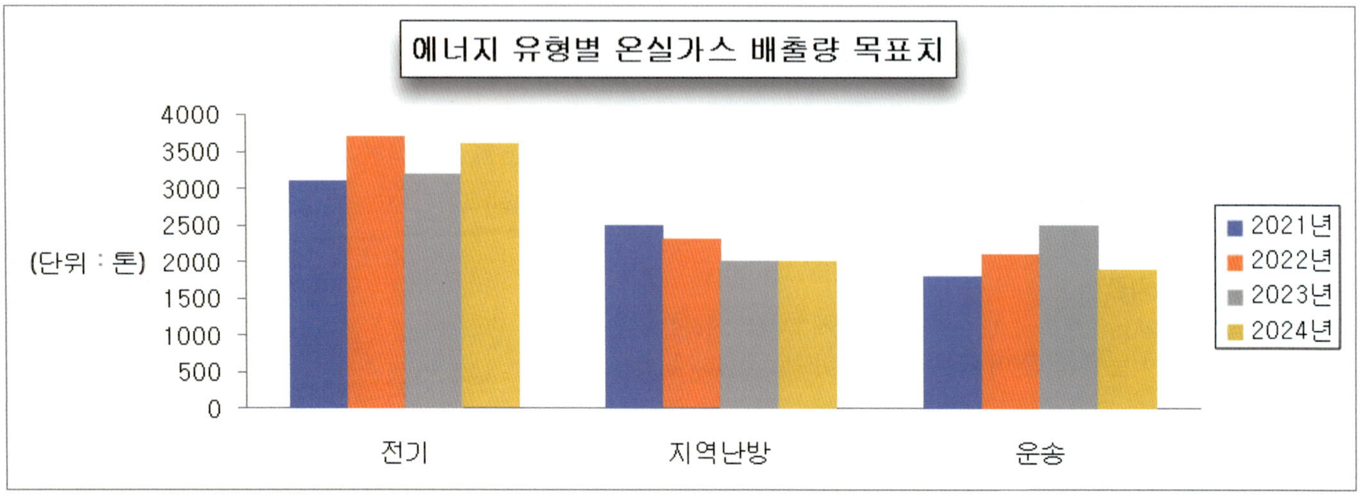

(150점)

3. 다음 (1), (2)의 수식을 수식 편집기로 각각 입력하시오. (40점)

≪출력형태≫

(1) $\frac{k_x}{2h} \times (-2mk_x) = -\frac{m(k_x)^2}{h}$ (2) $a_n = n^2 \frac{h^2}{4\pi^2 Kme^2}$

4. 다음의 ≪조건≫에 따라 ≪출력형태≫와 같이 문서를 작성하시오. (110점)

≪조건≫

(1) 그리기 도구를 이용하여 작성하고, 모든 도형(글맵시, 지정된 그림 포함)을 ≪출력형태≫와 같이 작성하시오.

(2) 도형의 면색은 지시사항이 없으면 색 없음을 제외하고 서로 다르게 임의로 지정하시오.

≪출력형태≫

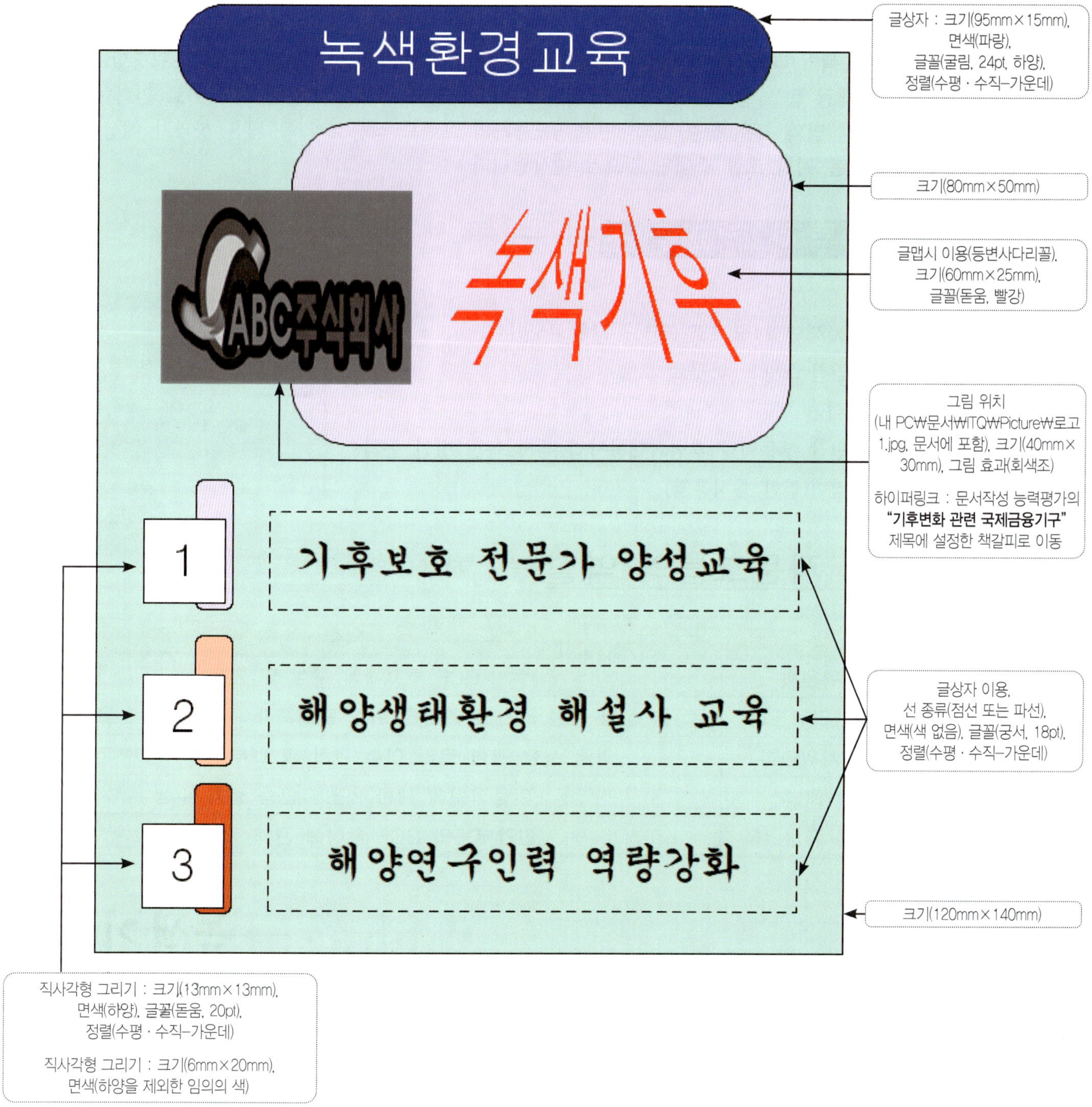

글꼴 : 돋움, 18pt, 진하게, 가운데 정렬
책갈피 이름 : 녹색기후
덧말 넣기

머리말 기능
굴림, 10pt, 오른쪽 정렬 → 녹색기후기금

기후변화 관련 국제금융기구 (GCF)

문단 첫 글자 장식 기능
글꼴 : 궁서, 면색 : 노랑

각주

그림 위치(내 PC₩문서₩ITQ₩Picture₩그림4.jpg, 문서에 포함)
자르기 기능 이용, 크기(40mm×40mm), 바깥 여백 왼쪽 : 2mm

녹색기후기금Ⓐ은 저탄소 배출과 기후 복원력 향상(向上)을 위한 투자 재원을 동원함으로써 기후변화에 대응하는 인류의 집학적인 행동을 확대하는 것을 궁극적인 목적으로 설정하였으며 동 목적 달성을 위한 투자 자원을 동원(動員)하는 것을 목표로 하고 있습니다. 기존의 지구환경기금이나 적응기금은 기후변화, 생물다양성, 사막화 방지 분야와 일부 특정 분야만 지원하는 한계성을 지니고 있었습니다. 이에 따라 2010년 12월 멕시코 칸쿤에서 열린 UN기후변화협약 제16차 당사국 총회에서 선진국은 개도국의 기후변화 대응을 지원하기 위한 녹색기후기금을 설립하기로 합의하고 2011년 12월 남아공 더반에서 기금 설계방안을 채택하게 됩니다.

2013년 공식출범한 녹색기후기금은 기후변화 장기재원 중 많은 부분의 예산 조달과 집행을 담당할 것이며, 장기재원은 공공재원 및 민간재원 등을 통해 2024년까지 매년 1,000억 달러 규모로 조성됩니다. 이로 인하여 매년 3,800억 원의 경제적 효과와 수백 명의 고용 창출 효과, 안보 및 국가의 브랜드 상승효과 등 많은 성과가 예상되며 향후 한국 기업 및 기관의 GCF 활용 기회 또한 증대될 것으로 예상됩니다.

▣ GCF 민간투자 컨퍼런스

글꼴 : 돋움, 18pt, 하양
음영색 : 파랑

1) 일시 및 장소
   가) 개최 일시 : 2023년 11월 13일(월) - 11월 15일(수)
   나) 개최 장소 : 인천 그랜드 하얏트 호텔
2) 주요 내용 및 언어
   가) 주요 내용 : 민간 부문의 기후변화대응사업 투자 촉진 방안 논의
   나) 공식 언어 : 영어(영한 동시통역)

문단 번호 기능 사용
1수준 : 20pt, 오른쪽 정렬,
2수준 : 30pt, 오른쪽 정렬
줄 간격 : 180%

표 전체 글꼴 : 굴림, 10pt, 가운데 정렬
셀 배경(그러데이션) : 유형(가로),
시작색(하양), 끝색(노랑)

▣ 위원회 및 자문그룹의 역할

글꼴 : 돋움, 18pt, 밑줄, 강조점

구분		역할
위원회	투자위원회	GCF 투자체계 구성 및 검토
	리스크관리위원회	기금 실행 관련 리스크 관리를 위한 관리체계 구성 및 리스크 요소 검증
	윤리감사위원회	기금 실행 관련 윤리 이슈 관리 및 내부 감사 문제 검토
패널 및 자문그룹	인증 패널	인증기구에 대한 2단계 인증 절차 수행
	민간부문 자문그룹	민간부문의 GCF 참여에 관해 자문 제공

글꼴 : 궁서, 24pt, 진하게
장평 95%, 오른쪽 정렬 → **녹색기후기금**

각주 구분선 : 5cm

Ⓐ GCF(Green Climate Fund) 사무국으로 인천 송도가 결정됨

쪽 번호 매기기
5로 시작 → ⑤

제 03 회 실전모의고사

한컴오피스

과목	코드	문제유형	시험시간	수험번호	성명
아래한글	1111	C	60분		

수험자 유의사항

- 수험자는 문제지를 받는 즉시 문제지와 **수험표상의 시험과목(프로그램)이 동일한지 반드시 확인**하여야 합니다.
- 파일명은 본인의 "수험번호-성명"으로 입력하여 답안폴더(내 PC₩문서₩ITQ)에 하나의 파일로 저장해야 하며, 답안문서 파일명이 "수험번호-성명"과 일치하지 않거나, 답안파일을 전송하지 않아 미제출로 처리될 경우 실격 처리합니다(예:12345678-홍길동.hwpx).
- 답안 작성을 마치면 파일을 저장하고, '답안 전송' 버튼을 선택하여 감독위원 PC로 답안을 전송하십시오. 수험생 정보와 저장한 파일명이 다를 경우 전송되지 않으므로 주의하시기 바랍니다.
- 답안 작성 중에도 **주기적으로 저장하고, '답안 전송'**하여야 문제 발생을 줄일 수 있습니다. 작업한 내용을 저장하지 않고 전송할 경우 이전에 저장된 내용이 전송되오니 이점 유의하시기 바랍니다.
- 답안문서는 지정된 경로 외의 다른 보조기억장치에 저장하는 경우, 지정된 시험 시간 외에 작성된 파일을 활용할 경우, 기타 통신수단(이메일, 메신저, 네트워크 등)을 이용하여 타인에게 전달 또는 외부 반출하는 경우는 부정 처리합니다.
- 시험 중 부주의 또는 고의로 시스템을 파손한 경우는 수험자가 변상해야 하며, 〈수험자 유의사항〉에 기재된 방법대로 이행하지 않아 생기는 불이익은 수험생 당사자의 책임임을 알려 드립니다.
- 문제의 조건은 한컴오피스 2022 버전으로 설정되어 있으니 유의하시기 바랍니다.
- 시험을 완료한 수험자는 답안파일이 전송되었는지 확인한 후 감독위원의 지시에 따라 문제지를 제출하고 퇴실합니다.

답안 작성요령

- **온라인 답안 작성 절차**
  수험자 등록 ➡ 시험 시작 ➡ 답안파일 저장 ➡ 답안 전송 ➡ 시험 종료

- **공통 부문**
  - 글꼴에 대한 기본설정은 함초롬바탕, 10포인트, 검정, 줄 간격 160%, 양쪽 정렬로 합니다.
  - 색상은 조건의 색을 적용하고 색의 구분이 안 될 경우에는 RGB 값을 적용하십시오.
    (빨강 255,0,0 / 파랑 0,0,255 / 노랑 255,255,0)
  - 각 문항에 주어진 ≪조건≫에 따라 작성하고 언급하지 않은 조건은 ≪출력형태≫와 같이 작성합니다.
  - 용지 여백은 왼쪽 · 오른쪽 11㎜, 위쪽 · 아래쪽 · 머리말 · 꼬리말 10㎜, 제본 0㎜로 합니다.
  - 그림 삽입 문제의 경우 「내 PC₩문서₩ITQ₩Picture」 폴더에서 지정된 파일을 선택하여 삽입하십시오.
  - 삽입한 그림은 반드시 문서에 포함하여 저장해야 합니다(미포함 시 감점 처리).
  - 각 항목은 지정된 페이지에 출력형태와 같이 정확히 작성하시기 바라며, 그렇지 않을 경우에 해당 항목은 0점 처리됩니다.
    ※ 페이지 구분 : 1페이지 – 기능평가 Ⅰ(문제번호 표시 : 1. 2.),
    2페이지 – 기능평가 Ⅱ(문제번호 표시 : 3. 4.),
    3페이지 – 문서작성 능력평가

- **기능평가**
  - 문제와 ≪조건≫은 입력하지 않으며 문제번호와 답(≪출력형태≫)만 작성합니다.
  - 4번 문제는 묶기를 했을 경우 0점 처리됩니다.

- **문서작성 능력평가**
  - A4 용지(210㎜×297㎜) 1매 크기, 세로 서식 문서로 작성합니다.
  - ⬚ 표시는 문서작성에 대한 지시사항이므로 작성하지 않습니다.

kpc 한국생산성본부

1. 다음의 ≪조건≫에 따라 스타일 기능을 적용하여 ≪출력형태≫와 같이 작성하시오. (50점)

≪조건≫ (1) 스타일 이름 – naqs
(2) 문단 모양 – 왼쪽 여백 : 15pt, 문단 아래 간격 : 10pt
(3) 글자 모양 – 글꼴 : 한글(굴림)/영문(돋움), 크기 : 10pt, 장평 : 95%, 자간 : 5%

≪출력형태≫

NAQS, a specialized agency in agricultural quality management, did its best to provide safe and good agricultural products to consumers.

농산물우수관리인증제도는 안전하고 위생적인 농산물의 생산 이력 관리 체계를 구축하여 유통 및 가공과 판매에 이르기까지 일관된 관리가 가능하다.

2. 다음의 ≪조건≫에 따라 ≪출력형태≫와 같이 표와 차트를 작성하시오. (100점)

≪표 조건≫ (1) 표 전체(표, 캡션) – 굴림, 10pt
(2) 정렬 – 문자 : 가운데 정렬, 숫자 : 오른쪽 정렬
(3) 셀 배경(면색) : 노랑
(4) 한글의 계산 기능을 이용하여 빈칸에 평균(소수점 두 자리)을 구하고, 캡션 기능 사용할 것
(5) 선 모양은 ≪출력형태≫와 동일하게 처리할 것

≪출력형태≫

친환경 농산물 인증 면적 및 출하량(단위 : ha, 톤)

구분	강원	경기	경남	경북	평균
유기 농산물 면적	1,357	1,760	1,679	1,092	
무농약 농산물 면적	2,704	4,280	3,473	3,504	
유기 농산물 출하량	7,605	10,631	9,269	7,860	
무농약 농산물 출하량	15,505	72,862	32,141	62,154	

≪차트 조건≫ (1) 차트 데이터는 표 내용에서 지역별 유기 농산물 면적, 무농약 농산물 면적, 유기 농산물 출하량의 값만 이용할 것
(2) 종류 – 〈묶은 세로 막대형〉으로 작업할 것
(3) 제목 – 글꼴 : 돋움, 진하게, 12pt,
속성 : 채우기(밝은 색 : 하양), 테두리, 그림자(바깥쪽 : 대각선 왼쪽 아래)
(4) 제목 이외의 전체 글꼴 – 돋움, 보통, 10pt
(5) 축 제목과 범례는 ≪출력형태≫와 동일하게 처리할 것

≪출력형태≫

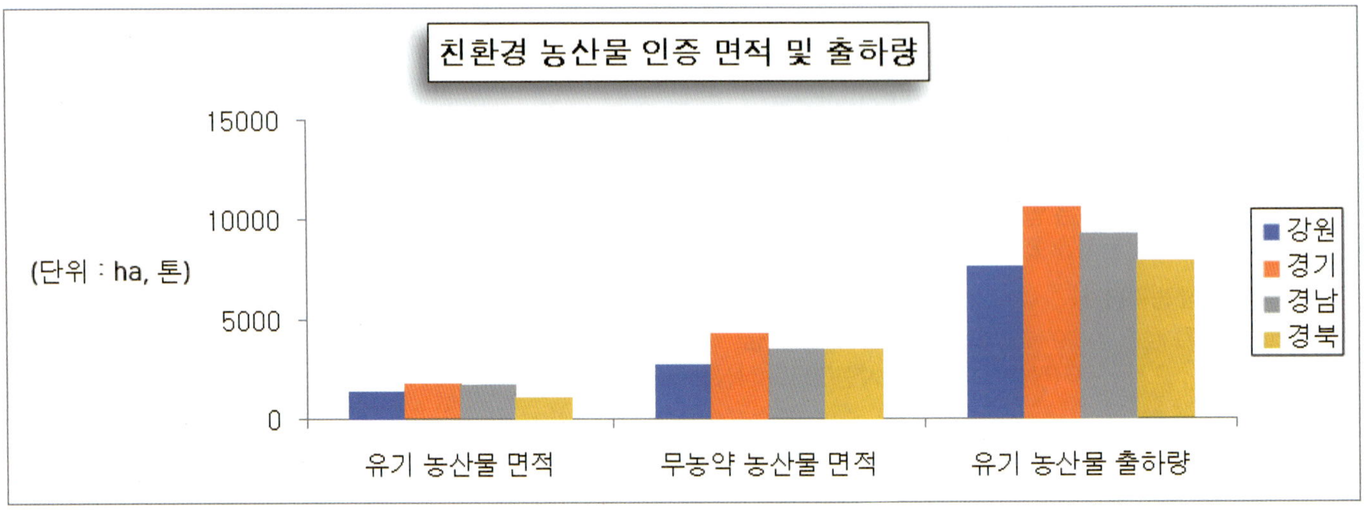

3. 다음 (1), (2)의 수식을 수식 편집기로 각각 입력하시오. (40점)

≪출력형태≫

(1) $Q=\lim_{\triangle t\to 0}\frac{\triangle s}{\triangle t}=\frac{d^2s}{dt^2}$

(2) $G=2\int_{\frac{a}{2}}^{a}\frac{b\sqrt{a^2-x^2}}{a}dx$

4. 다음의 ≪조건≫에 따라 ≪출력형태≫와 같이 문서를 작성하시오. (110점)

≪조건≫

(1) 그리기 도구를 이용하여 작성하고, 모든 도형(글맵시, 지정된 그림 포함)을 ≪출력형태≫와 같이 작성하시오.

(2) 도형의 면색은 지시사항이 없으면 색 없음을 제외하고 서로 다르게 임의로 지정하시오.

≪출력형태≫

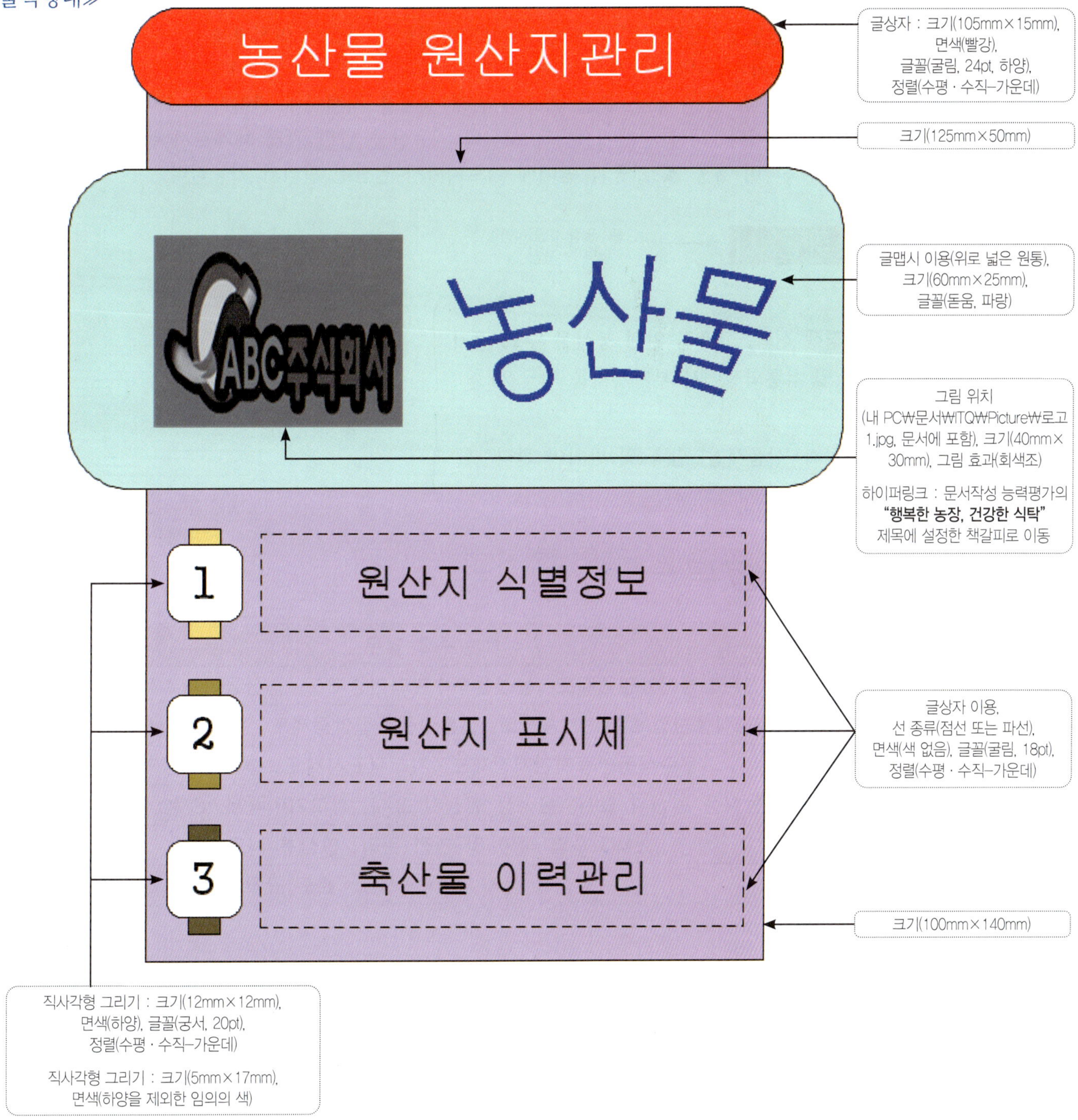

글꼴 : 돋움, 18pt, 진하게, 가운데 정렬
책갈피 이름 : 농산물
덧말 넣기

머리말 기능
굴림, 10pt, 오른쪽 정렬

농산물 관리 체계

국립농산물품질관리원

행복한 농장, 건강한 식탁

문단 첫 글자 장식 기능
글꼴 : 궁서, 면색 : 노랑

그림 위치(내 PC₩문서₩ITQ₩Picture₩그림4.jpg, 문서에 포함)
자르기 기능 이용, 크기(40mm×40mm), 바깥 여백 왼쪽 : 2mm

지속 가능한 농식품 산업기반 조성과 안전(安全)하고 위생적인 농산물에 대한 소비자의 관심과 요구가 점차 높아지면서 이를 충족시키기 위해 국립농산물품질관리원은 여러 제도를 실시하고 있다. 농식품 안전성 조사, 친환경/우수농산물 인증제, 원산지 표시, 농산물 검사, 농업경영체 등록 사업 등의 업무를 수행하고 있는 본 기관은 생생한 현장의 목소리를 반영하여 소비자와 농업인에게 세계 일류의 농식품 안전과 품질 관리 기관으로 자리매김할 수 있도록 노력하고 있다.

관리원의 주요 업무를 살펴보면 농식품인증제도, 안정성 및 원산지 관리, 품질 검사, 농업인확인서 발급 등이 있다. 농산물우수관리 인증은 이들 가운데 하나로 농산물의 안전성을 확보하고 농업 환경을 보존(保存)하기 위해 농산물의 생산, 수확 후 관리 및 유통의 각 단계에서 재배 포장 및 농업용수 등의 환경과 농산물에 잔류할 수 있는 농약, 중금속 등의 위해 요소를 적절하게 관리하여 소비자로 하여금 그 관리 사항을 알 수 있게 하는 제도이다. 생산 단계에서부터 시작되는 농산물 안전 관리 체계로서 농산물우수관리인증① 과 생산 이력 관리 체계를 구축하여 유통 및 가공과 판매에 이르기까지 일관된 관리가 가능하다.

각주

♥ 농산물품질관리사

글꼴 : 굴림, 18pt, 하양
음영색 : 빨강

1) 도입배경
   가) 농산물의 시장경쟁 심화, 고품질 안전 농산물 수요 증가
   나) 농산물의 판매 및 유통과정에서 부가가치를 적극 창출
2) 역할
   가) 농산물의 품질관리, 상품개발, 판촉 및 바이어 관리
   나) 농산물의 등급 판정, 규격출하 지도

문단 번호 기능 사용
1수준 : 20pt, 오른쪽 정렬,
2수준 : 30pt, 오른쪽 정렬
줄 간격 : 180%

♥ *관리원의 주요 업무*

글꼴 : 굴림, 18pt, 기울임, 강조점

표 전체 글꼴 : 돋움, 10pt, 가운데 정렬
셀 배경(그러데이션) : 유형(왼쪽 대각선),
시작색(하양), 끝색(노랑)

구분	주요 업무
농식품인증제도	친환경농산물인증제도, 농산물우수관리인증제도, 농산물이력추적관리제도
	가공식품산업표준KS인증제도, 전통식품품질인증제도, 유기가공식품인증제도
	우수식품인증기관지정제도, 지리적표시제도, 술품질인증제도
원산지 관리	농식품 원산지 표시, 음식점 원산지 표시, 쇠고기이력제, GMO 표시 관리
	LMO 수입 승인 및 안전 관리, 인삼류 사후 관리
품질 검사	농산물 검사, 양곡표시제, 표준 규격화

글꼴 : 궁서, 24pt, 진하게
장평 95%, 오른쪽 정렬

국립농산물품질관리원

각주 구분선 : 5cm

① 우수 농산물에 대한 체계적 관리와 안정성 인증을 위해 시행되는 제도

쪽 번호 매기기
2로 시작

ii

제 04 회 실전모의고사 한컴오피스

과목	코드	문제유형	시험시간	수험번호	성명
아래한글	1111	D	60분		

수험자 유의사항

- 수험자는 문제지를 받는 즉시 문제지와 **수험표상의 시험과목(프로그램)이 동일한지 반드시 확인**하여야 합니다.
- 파일명은 본인의 "수험번호-성명"으로 입력하여 답안폴더(내 PC₩문서₩ITQ)에 하나의 파일로 저장해야 하며, 답안문서 파일명이 "수험번호-성명"과 일치하지 않거나, 답안파일을 전송하지 않아 미제출로 처리될 경우 실격 처리합니다 (예:12345678-홍길동.hwpx).
- 답안 작성을 마치면 파일을 저장하고, '답안 전송' 버튼을 선택하여 감독위원 PC로 답안을 전송하십시오. 수험생 정보와 저장한 파일명이 다를 경우 전송되지 않으므로 주의하시기 바랍니다.
- 답안 작성 중에도 **주기적으로 저장하고, '답안 전송'**하여야 문제 발생을 줄일 수 있습니다. 작업한 내용을 저장하지 않고 전송할 경우 이전에 저장된 내용이 전송되오니 이점 유의하시기 바랍니다.
- 답안문서는 지정된 경로 외의 다른 보조기억장치에 저장하는 경우, 지정된 시험 시간 외에 작성된 파일을 활용할 경우, 기타 통신수단(이메일, 메신저, 네트워크 등)을 이용하여 타인에게 전달 또는 외부 반출하는 경우는 부정 처리합니다.
- 시험 중 부주의 또는 고의로 시스템을 파손한 경우는 수험자가 변상해야 하며, 〈수험자 유의사항〉에 기재된 방법대로 이행하지 않아 생기는 불이익은 수험생 당사자의 책임임을 알려 드립니다.
- 문제의 조건은 한컴오피스 2022 버전으로 설정되어 있으니 유의하시기 바랍니다.
- 시험을 완료한 수험자는 답안파일이 전송되었는지 확인한 후 감독위원의 지시에 따라 문제지를 제출하고 퇴실합니다.

답안 작성요령

- **온라인 답안 작성 절차**
  수험자 등록 ➡ 시험 시작 ➡ 답안파일 저장 ➡ 답안 전송 ➡ 시험 종료
- **공통 부문**
  - 글꼴에 대한 기본설정은 함초롬바탕, 10포인트, 검정, 줄 간격 160%, 양쪽 정렬로 합니다.
  - 색상은 조건의 색을 적용하고 색의 구분이 안 될 경우에는 RGB 값을 적용하십시오.
    (빨강 255,0,0 / 파랑 0,0,255 / 노랑 255,255,0)
  - 각 문항에 주어진 ≪조건≫에 따라 작성하고 언급하지 않은 조건은 ≪출력형태≫와 같이 작성합니다.
  - 용지 여백은 왼쪽 · 오른쪽 11㎜, 위쪽 · 아래쪽 · 머리말 · 꼬리말 10㎜, 제본 0㎜로 합니다.
  - 그림 삽입 문제의 경우 「내 PC₩문서₩ITQ₩Picture」 폴더에서 지정된 파일을 선택하여 삽입하십시오.
  - 삽입한 그림은 반드시 문서에 포함하여 저장해야 합니다(미포함 시 감점 처리).
  - 각 항목은 지정된 페이지에 출력형태와 같이 정확히 작성하시기 바라며, 그렇지 않을 경우에 해당 항목은 0점 처리됩니다.
    ※ 페이지 구분 : 1페이지 – 기능평가 Ⅰ (문제번호 표시 : 1. 2.),
    2페이지 – 기능평가 Ⅱ (문제번호 표시 : 3. 4.),
    3페이지 – 문서작성 능력평가
- **기능평가**
  - 문제와 ≪조건≫은 입력하지 않으며 문제번호와 답(≪출력형태≫)만 작성합니다.
  - 4번 문제는 묶기를 했을 경우 0점 처리됩니다.
- **문서작성 능력평가**
  - A4 용지(210㎜×297㎜) 1매 크기, 세로 서식 문서로 작성합니다.
  - ⬚ 표시는 문서작성에 대한 지시사항이므로 작성하지 않습니다.

kpc 한국생산성본부

기능평가 Ⅰ (150점)

1. 다음의 ≪조건≫에 따라 스타일 기능을 적용하여 ≪출력형태≫와 같이 작성하시오. (50점)

≪조건≫ (1) 스타일 이름 – student
(2) 문단 모양 – 왼쪽 여백 : 15pt, 문단 아래 간격 : 10pt
(3) 글자 모양 – 글꼴 : 한글(굴림)/영문(돋움), 크기 : 10pt, 장평 : 95%, 자간 : 5%

≪출력형태≫

International students are those students who chose to undertake all or part of their tertiary education in a country other than their own and move to that country for the purpose of studying.

유학생은 고등 교육 기관의 전부 또는 일부를 자국 이외의 국가에서 선택하여 공부 목적으로 해당 국가로 이주한 학생이다.

2. 다음의 ≪조건≫에 따라 ≪출력형태≫와 같이 표와 차트를 작성하시오. (100점)

≪표 조건≫ (1) 표 전체(표, 캡션) – 굴림, 10pt
(2) 정렬 – 문자 : 가운데 정렬, 숫자 : 오른쪽 정렬
(3) 셀 배경(면색) : 노랑
(4) 한글의 계산 기능을 이용하여 빈칸에 평균(소수점 두 자리)을 구하고, 캡션 기능 사용할 것
(5) 선 모양은 ≪출력형태≫와 동일하게 처리할 것

≪출력형태≫

연도별 유학생 현황(단위 : 명)

연도	2022년	2023년	2024년	2025년	평균
일본	2,871	2,696	2,803	3,953	
베트남	3,057	3,181	7,459	9,367	
미국	4,338	4,366	3,699	3,489	
중국	57,399	50,336	60,136	64,252	

≪차트 조건≫ (1) 차트 데이터는 표 내용에서 연도별 일본, 베트남, 미국의 값만 이용할 것
(2) 종류 – 〈묶은 세로 막대형〉으로 작업할 것
(3) 제목 – 글꼴 : 돋움, 진하게, 12pt,
속성 : 채우기(밝은 색 : 하양), 테두리, 그림자(바깥쪽 : 오른쪽)
(4) 제목 이외의 전체 글꼴 – 돋움, 보통, 10pt
(5) 축 제목과 범례는 ≪출력형태≫와 동일하게 처리할 것

≪출력형태≫

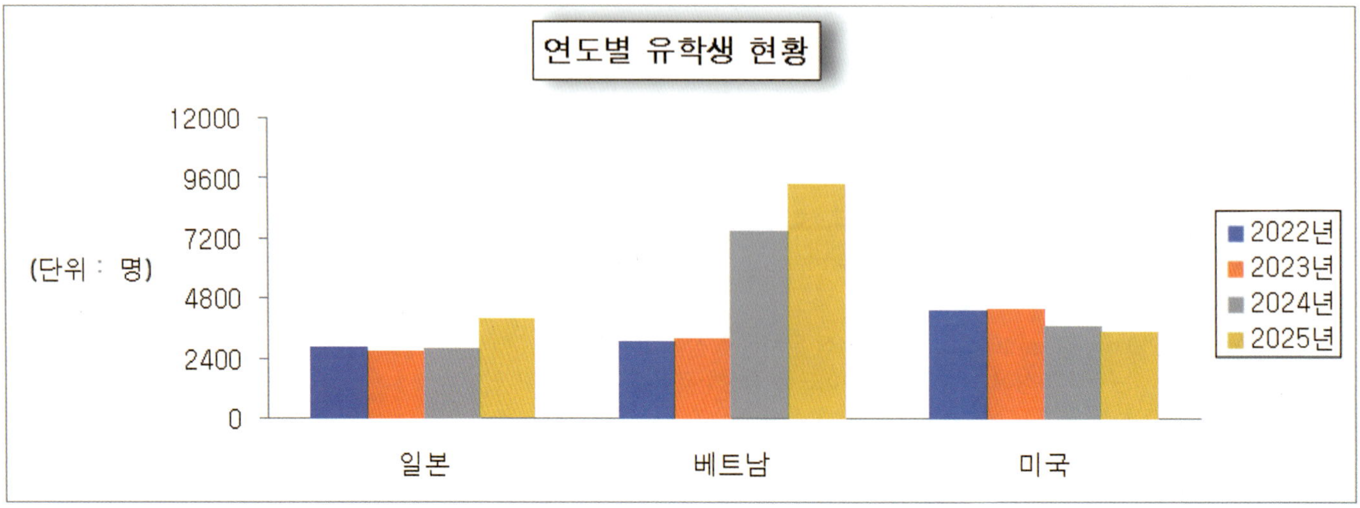

(150점)

3. 다음 (1), (2)의 수식을 수식 편집기로 각각 입력하시오. (40점)

≪출력형태≫

(1) $V = \frac{1}{R}\int_{0}^{q} qdq = \frac{1}{2}\frac{q^{2}}{R}$

(2) $E = \sqrt{\frac{GM}{R}, \frac{R^{3}}{T^{2}}} = \frac{GM}{4\pi^{2}}$

4. 다음의 ≪조건≫에 따라 ≪출력형태≫와 같이 문서를 작성하시오. (110점)

≪조건≫

(1) 그리기 도구를 이용하여 작성하고, 모든 도형(글맵시, 지정된 그림 포함)을 ≪출력형태≫와 같이 작성하시오.

(2) 도형의 면색은 지시사항이 없으면 색 없음을 제외하고 서로 다르게 임의로 지정하시오.

≪출력형태≫

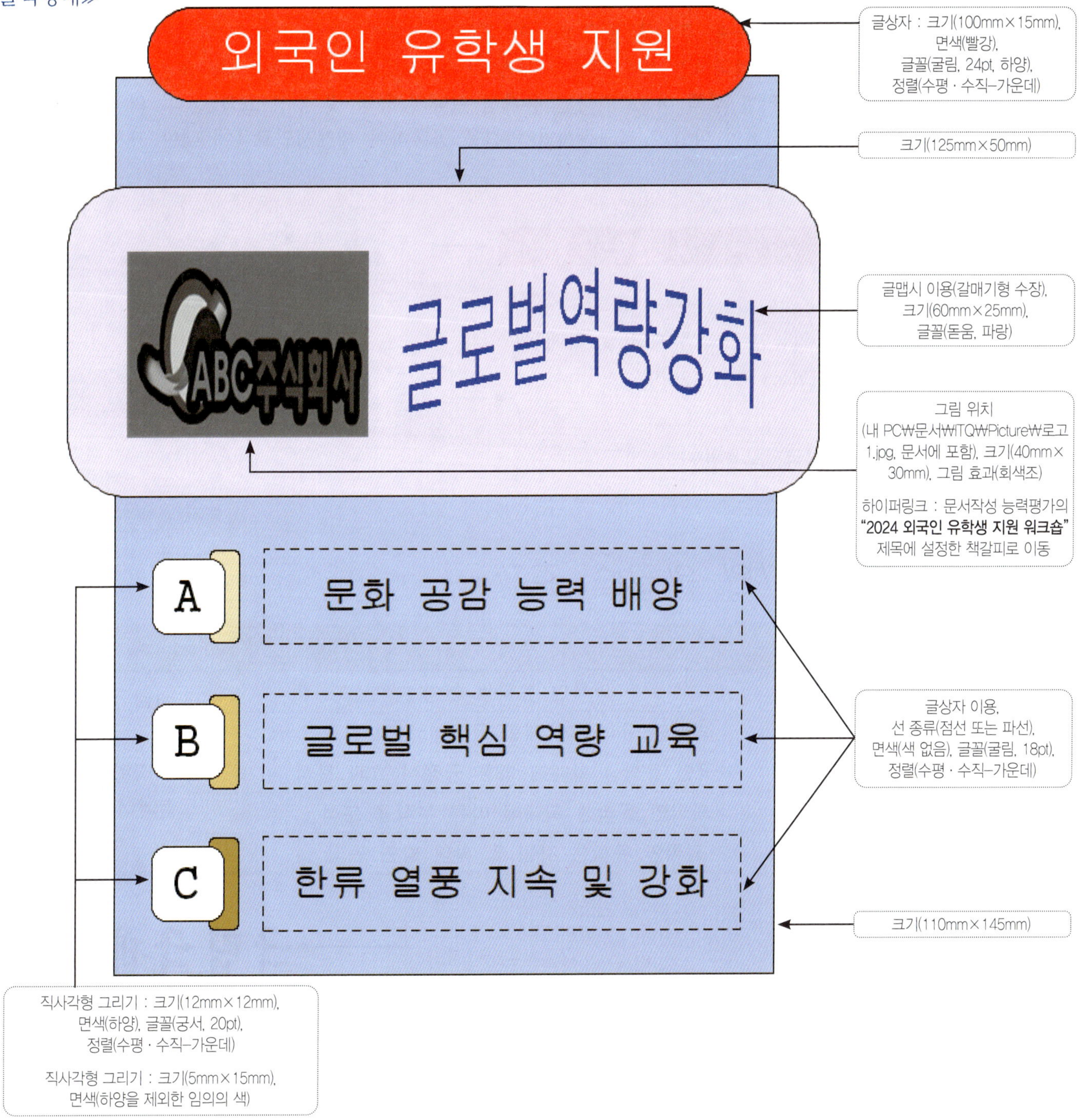

글꼴 : 돋움, 18pt, 진하게, 가운데 정렬
책갈피 이름 : 유학
덧말 넣기

머리말 기능
굴림, 10pt, 오른쪽 정렬

→ 외국인 유학 지원

2024 외국인 유학생(지원과 성장) 지원 워크숍

문단 첫 글자 장식 기능
글꼴 : 궁서, 면색 : 노랑

각주

그림 위치(내 PC₩문서₩ITQ₩Picture₩그림4.jpg, 문서에 포함)
자르기 기능 이용, 크기(40mm×35mm), 바깥 여백 왼쪽 : 2mm

교육부와 국립국제교육원은 저출산 고령화사회①, 학령인구 감소에 대응하고 국내 대학생들의 글로벌 역량을 강화하기 위하여 외국인 유학생 지원 강화 워크숍을 개최하기로 하였다. 특히, 국내에 체류(滯留)하는 외국인 유학생이 14만 명 수준으로 급증함과 동시에 불법 체류 유학생도 1만 명이 초과됨에 따라 체계적인 지원 강화 부문과 더불어 취업 목적, 불법 체류 등 부작용에 대한 정책적 검토를 함께 진행하기로 했다. 그동안 외국인 유학생은 지속적으로 증가하였지만, 외국인 유학생의 한국어 능력 부족으로 대학 수업이 파행 운영되고 있으며 불법 체류와 불법 취업 등 부정적 효과도 심각하게 나타나고 있다.

특히 교육부는 국립국제교육원과 공동 주최를 통해 외국인 유학생이 불법적인 방법으로 체류하지 않고 본래의 목적인 학업(學業)에 전념할 수 있도록 적극적인 지원 방안을 함께 모색하기로 하였다. 이번 워크숍은 외국인 유학생의 현황 고찰, 외국 유학생에 대한 국가별 정책 비교, 외국인 유학생 확대의 긍정 및 부정 효과 분석, 외국인 유학생 지원 강화 방안 등을 주요 주제로 선정하여 다양한 이해관계의 의견을 공유하여 세계시민교육에 대한 가치를 향유하는 뜻깊은 행사로 진행할 계획이다.

▣ 외국인 유학 지원 워크숍 개요

글꼴 : 굴림, 18pt, 하양
음영색 : 빨강

A. 주제 및 기간
   1. 주제 : 저출산시대 외국인 유학생 지원 및 확대
   2. 기간 : 2024. 10. 17(목) - 10. 20(일)
B. 주최 및 장소
   1. 주최 : 교육부, 국립국제교육원
   2. 장소 : 세종 컨벤션홀

문단 번호 기능 사용
1수준 : 20pt, 오른쪽 정렬,
2수준 : 30pt, 오른쪽 정렬
줄 간격 : 180%

표 전체 글꼴 : 돋움, 10pt, 가운데 정렬
셀 배경(그러데이션) : 유형(왼쪽 대각선),
시작색(하양), 끝색(노랑)

▣ *외국인 유학 지원 워크숍 주제*

글꼴 : 굴림, 18pt, 기울임, 강조점

일자	주제	비고
10월 17일(목)	외국인 유학생 현황	기타 자세한 사항은 교육부 및 국립국제교육원 홈페이지를 참고하기 바랍니다.
10월 18일(금)	외국인 유학생에 대한 국가별 정책 검토	
10월 19일(토)	외국인 유학생 확대에 따른 긍정적 효과 분석	
	외국인 유학생 확대에 따른 부작용 분석	
10월 20일(일)	외국인 유학생 지원 및 확대 방안 논의	

글꼴 : 궁서, 24pt, 진하게
장평 95%, 오른쪽 정렬

국립국제교육원

각주 구분선 : 5cm

① 총인구 중에 65세 이상의 인구가 차지하는 비율이 7% 이상인 사회를 말함

쪽 번호 매기기
4로 시작
→ iv

제 05 회 실전모의고사

한컴오피스

과목	코드	문제유형	시험시간	수험번호	성명
아래한글	1111	E	60분		

수험자 유의사항

- 수험자는 문제지를 받는 즉시 문제지와 **수험표상의 시험과목(프로그램)이 동일한지 반드시 확인**하여야 합니다.
- 파일명은 본인의 "수험번호-성명"으로 입력하여 답안폴더(내 PC₩문서₩ITQ)에 하나의 파일로 저장해야 하며, 답안문서 파일명이 "수험번호-성명"과 일치하지 않거나, 답안파일을 전송하지 않아 미제출로 처리될 경우 실격 처리합니다(예:12345678-홍길동.hwpx).
- 답안 작성을 마치면 파일을 저장하고, '답안 전송' 버튼을 선택하여 감독위원 PC로 답안을 전송하십시오. 수험생 정보와 저장한 파일명이 다를 경우 전송되지 않으므로 주의하시기 바랍니다.
- 답안 작성 중에도 **주기적으로 저장하고, '답안 전송'**하여야 문제 발생을 줄일 수 있습니다. 작업한 내용을 저장하지 않고 전송할 경우 이전에 저장된 내용이 전송되오니 이점 유의하시기 바랍니다.
- 답안문서는 지정된 경로 외의 다른 보조기억장치에 저장하는 경우, 지정된 시험 시간 외에 작성된 파일을 활용할 경우, 기타 통신수단(이메일, 메신저, 네트워크 등)을 이용하여 타인에게 전달 또는 외부 반출하는 경우는 부정 처리합니다.
- 시험 중 부주의 또는 고의로 시스템을 파손한 경우는 수험자가 변상해야 하며, 〈수험자 유의사항〉에 기재된 방법대로 이행하지 않아 생기는 불이익은 수험생 당사자의 책임임을 알려 드립니다.
- 문제의 조건은 한컴오피스 2022 버전으로 설정되어 있으니 유의하시기 바랍니다.
- 시험을 완료한 수험자는 답안파일이 전송되었는지 확인한 후 감독위원의 지시에 따라 문제지를 제출하고 퇴실합니다.

답안 작성요령

- **온라인 답안 작성 절차**

  수험자 등록 ➡ 시험 시작 ➡ 답안파일 저장 ➡ 답안 전송 ➡ 시험 종료

- **공통 부문**
  - 글꼴에 대한 기본설정은 함초롬바탕, 10포인트, 검정, 줄 간격 160%, 양쪽 정렬로 합니다.
  - 색상은 조건의 색을 적용하고 색의 구분이 안 될 경우에는 RGB 값을 적용하십시오.
    (빨강 255,0,0 / 파랑 0,0,255 / 노랑 255,255,0)
  - 각 문항에 주어진 ≪조건≫에 따라 작성하고 언급하지 않은 조건은 ≪출력형태≫와 같이 작성합니다.
  - 용지 여백은 왼쪽 · 오른쪽 11㎜, 위쪽 · 아래쪽 · 머리말 · 꼬리말 10㎜, 제본 0㎜로 합니다.
  - 그림 삽입 문제의 경우 「내 PC₩문서₩ITQ₩Picture」 폴더에서 지정된 파일을 선택하여 삽입하십시오.
  - 삽입한 그림은 반드시 문서에 포함하여 저장해야 합니다(미포함 시 감점 처리).
  - 각 항목은 지정된 페이지에 출력형태와 같이 정확히 작성하시기 바라며, 그렇지 않을 경우에 해당 항목은 0점 처리됩니다.
    ※ 페이지 구분 : 1페이지 – 기능평가 Ⅰ (문제번호 표시 : 1. 2.),
    2페이지 – 기능평가 Ⅱ (문제번호 표시 : 3. 4.),
    3페이지 – 문서작성 능력평가

- **기능평가**
  - 문제와 ≪조건≫은 입력하지 않으며 문제번호와 답(≪출력형태≫)만 작성합니다.
  - 4번 문제는 묶기를 했을 경우 0점 처리됩니다.

- **문서작성 능력평가**
  - A4 용지(210㎜×297㎜) 1매 크기, 세로 서식 문서로 작성합니다.
  - [ ] 표시는 문서작성에 대한 지시사항이므로 작성하지 않습니다.

kpc 한국생산성본부

 (150점)

1. 다음의 ≪조건≫에 따라 스타일 기능을 적용하여 ≪출력형태≫와 같이 작성하시오. (50점)

≪조건≫ (1) 스타일 이름 – wind
(2) 문단 모양 – 왼쪽 여백 : 15pt, 문단 아래 간격 : 10pt
(3) 글자 모양 – 글꼴 : 한글(돋움)/영문(궁서), 크기 : 10pt, 장평 : 95%, 자간 : 5%

≪출력형태≫

Korea Wind Energy Industry Association will always strive to foster the wind industry based on active cooperation of company members.

풍력발전이란 바람에너지를 이용하여 전기를 생산하는 발전방식으로 블레이드가 회전하면서 발생하는 기계에너지를 발전기를 통해 전기에너지로 변환하는 원리이다.

2. 다음의 ≪조건≫에 따라 ≪출력형태≫와 같이 표와 차트를 작성하시오. (100점)

≪표 조건≫ (1) 표 전체(표, 캡션) – 돋움, 10pt
(2) 정렬 – 문자 : 가운데 정렬, 숫자 : 오른쪽 정렬
(3) 셀 배경(면색) : 노랑
(4) 한글의 계산 기능을 이용하여 빈칸에 평균(소수점 두 자리)을 구하고, 캡션 기능 사용할 것
(5) 선 모양은 ≪출력형태≫와 동일하게 처리할 것

≪출력형태≫

연도별 신재생에너지 보급 현황(단위 : TOE)

구분	2021년	2022년	2023년	2024년	평균
수력	892.2	581.2	453.8	603.2	
풍력	242.4	241.8	283.5	355.3	
수소연료전지	122.4	199.4	230.2	241.6	
태양열	27.8	28.5	28.5	28.5	

≪차트 조건≫ (1) 차트 데이터는 표 내용에서 연도별 수력, 풍력, 수소연료전지의 값만 이용할 것
(2) 종류 – 〈묶은 가로 막대형〉으로 작업할 것
(3) 제목 – 글꼴 : 굴림, 진하게, 12pt,
속성 : 채우기(밝은 색 : 하양), 테두리, 그림자(바깥쪽 : 왼쪽)
(4) 제목 이외의 전체 글꼴 – 굴림, 보통, 10pt
(5) 축 제목과 범례는 ≪출력형태≫와 동일하게 처리할 것

≪출력형태≫

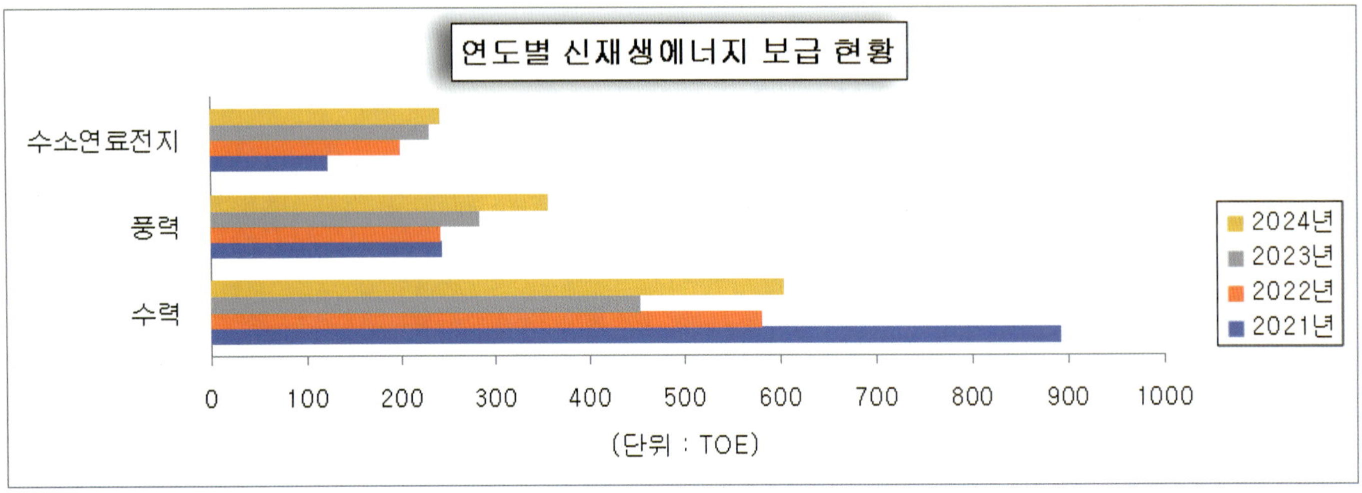

기능평가 Ⅱ (150점)

3. 다음 (1), (2)의 수식을 수식 편집기로 각각 입력하시오. (40점)

≪출력형태≫

(1) $G_n = n^2 \frac{h^2}{4\pi^2 Kme^2}$

(2) $\lim_{n \to \infty} P_n = 1 - \frac{9^3}{10^3} = \frac{271}{1000}$

4. 다음의 ≪조건≫에 따라 ≪출력형태≫와 같이 문서를 작성하시오. (110점)

≪조건≫

(1) 그리기 도구를 이용하여 작성하고, 모든 도형(글맵시, 지정된 그림 포함)을 ≪출력형태≫와 같이 작성하시오.

(2) 도형의 면색은 지시사항이 없으면 색 없음을 제외하고 서로 다르게 임의로 지정하시오.

≪출력형태≫

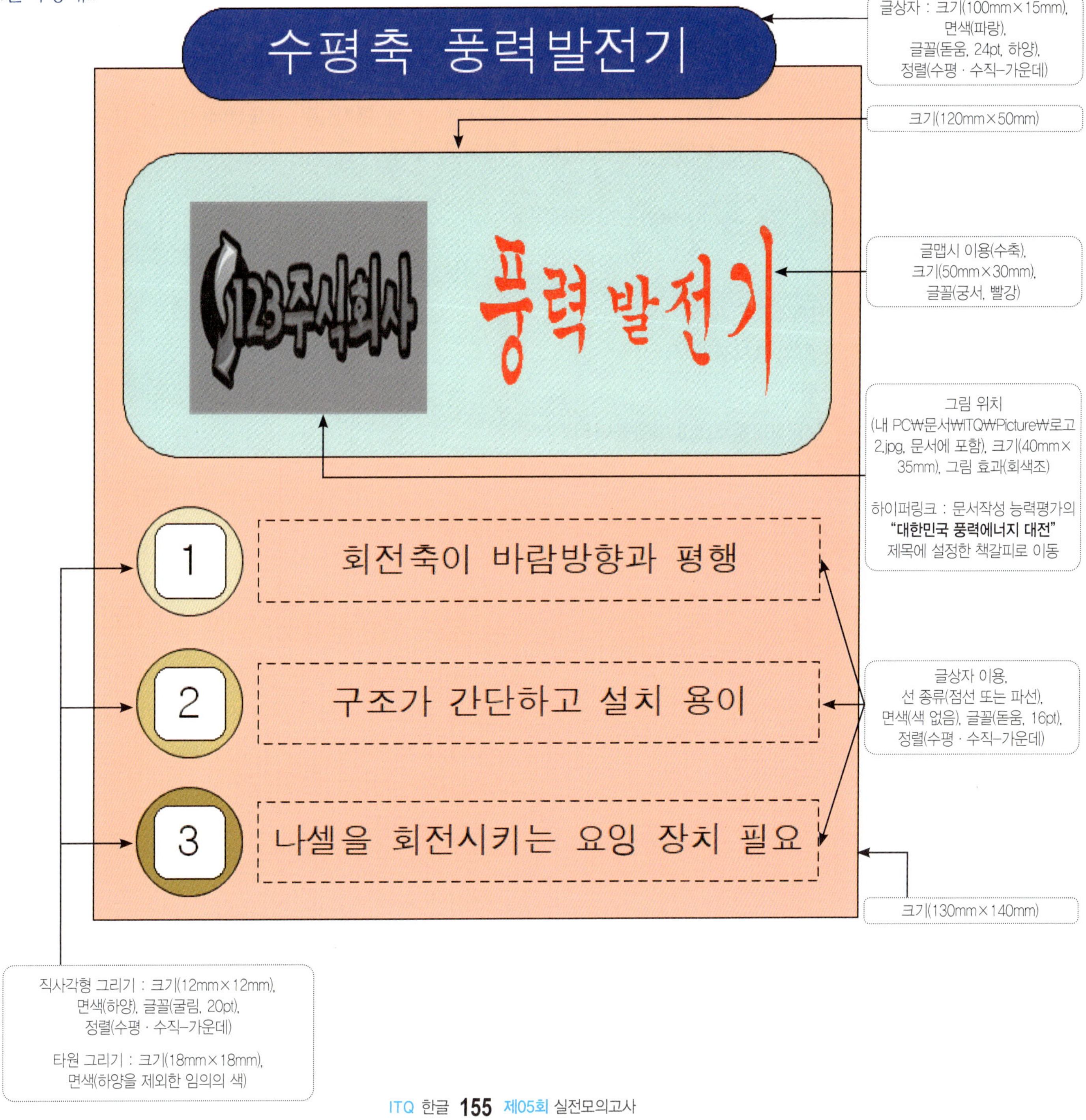

문서작성 능력평가 (200점)

글꼴 : 궁서, 18pt, 진하게, 가운데 정렬
책갈피 이름 : 풍력
덧말 넣기

머리말 기능
굴림, 10pt, 오른쪽 정렬 → 풍력에너지

풍력에너지 전문 전시회

대한민국 풍력에너지 대전

문단 첫 글자 장식 기능
글꼴 : 돋움, 면색 : 노랑

그림 위치(내 PC₩문서₩ITQ₩Picture₩그림4.jpg, 문서에 포함)
자르기 기능 이용, 크기(40mm×40mm), 바깥 여백 왼쪽 : 2mm

풍력은 바람으로부터 얻는 에너지이다. 아주 오래전부터 사람들은 항해를 하거나 풍차를 돌리고 물을 퍼 올리는 데 풍력을 이용했으며 최근에는 전기에너지를 생산하는 데 풍력을 이용한다. 풍력발전이란 자연의 바람을 이용하여 풍차를 돌리고, 이것으로 발전기를 돌리는 발전 방식이다. 풍력을 이용해 효율적으로 전기에너지를 얻기 위해서는 초속 5미터 이상의 바람이 지속적으로 불어야 한다. 풍력에너지는 환경오염 물질이 발생하지 않는 깨끗한 에너지이기 때문에 세계 각국에서 그 활용에 큰 관심을 보이고 있다. 최근의 풍력발전기는 풍력에너지의 약 30%를 발전기로 돌려 에너지로 전환시킬 수 있으며 현재 우리나라에서도 강원도의 대관령과 제주도 부근에 풍력발전 설비가 가동되고 있다.

풍력에너지를 이용한 풍력발전 기술은 신재생에너지 분야(分野) 중에서도 경제성과 기술 성숙도 면에서 세계적으로 가장 빠른 성장 속도를 보이는 에너지 산업이다. 이번 전시회는 개막식을 시작으로 풍력 부품 그룹별 집약화 전시행사, 해외 바이어 초청 및 상담 Zone 운영, 풍력 전문가 초청 강연, 부대 행사 등 신재생에너지Ⓐ 문화에 대한 관심 제고와 저변 확대(擴大)를 위한 다양한 참여형 체험 행사로 추진되고 있다.

각주

♥ 행사 개요

글꼴 : 굴림, 18pt, 하양
음영색 : 파랑

I. 기간 및 장소
  A. 기간 : 2024. 12. 18(수) - 2024. 12. 20(금)
  B. 장소 : 창원컨벤션센터 전시장
II. 규모 및 주요 프로그램
  A. 규모 : 4개국 88개사 302부스(5,870제곱미터)
  B. 주요 프로그램 : 구매상담회, 학술대회, 지식경제부 정책세미나 등

문단 번호 기능 사용
1수준 : 20pt, 오른쪽 정렬,
2수준 : 30pt, 오른쪽 정렬
줄 간격 : 180%

표 전체 글꼴 : 돋움, 10pt, 가운데 정렬
셀 배경(그러데이션) : 유형(가로),
시작색(하양), 끝색(노랑)

♥ 해상풍력 구조물 기술개발 연구

글꼴 : 굴림, 18pt, 밑줄, 강조점

기간	연구과제명	내용
2010-2014	대구경 대수심 해상	수심 30m이하 조건에 적합한 고효율 굴착식 모노파일 시스템 개발
	기초시스템 기술개발	토사지반이 두꺼운 대수심 조건에 적합한 석션버켓기초 시스템 개발
2012-2017	콘크리트 지지구조물 개발	항만과 연계된 콘크리트 해상풍력 지지구조물 개발 및 운영
2011-2020	심해용 부유식 풍력 발전	심해용 부유식 플랫폼 설계, 건조, 설치, 평가, 검증 핵심기술 개발
	플랫폼 기반 기술 개발	가혹한 해양환경 극복형 계류장치 및 소재, 방식 기술 개발

글꼴 : 돋움, 24pt, 진하게
장평 110%, 오른쪽 정렬

한국풍력산업협회

각주 구분선 : 5cm

Ⓐ 기존의 화석연료나 재생 가능한 에너지를 변환시켜 이용하는 에너지

쪽 번호 매기기
2로 시작 → ②

제 06 회 실전모의고사

한컴오피스

과목	코드	문제유형	시험시간	수험번호	성명
아래한글	1111	A	60분		

수험자 유의사항

- 수험자는 문제지를 받는 즉시 문제지와 **수험표상의 시험과목(프로그램)이 동일한지 반드시 확인**하여야 합니다.
- 파일명은 본인의 "수험번호-성명"으로 입력하여 답안폴더(내 PC₩문서₩ITQ)에 하나의 파일로 저장해야 하며, 답안문서 파일명이 "수험번호-성명"과 일치하지 않거나, 답안파일을 전송하지 않아 미제출로 처리될 경우 실격 처리합니다(예:12345678-홍길동.hwpx).
- 답안 작성을 마치면 파일을 저장하고, '답안 전송' 버튼을 선택하여 감독위원 PC로 답안을 전송하십시오. 수험생 정보와 저장한 파일명이 다를 경우 전송되지 않으므로 주의하시기 바랍니다.
- 답안 작성 중에도 **주기적으로 저장하고, '답안 전송'**하여야 문제 발생을 줄일 수 있습니다. 작업한 내용을 저장하지 않고 전송할 경우 이전에 저장된 내용이 전송되오니 이점 유의하시기 바랍니다.
- 답안문서는 지정된 경로 외의 다른 보조기억장치에 저장하는 경우, 지정된 시험 시간 외에 작성된 파일을 활용할 경우, 기타 통신수단(이메일, 메신저, 네트워크 등)을 이용하여 타인에게 전달 또는 외부 반출하는 경우는 부정 처리합니다.
- 시험 중 부주의 또는 고의로 시스템을 파손한 경우는 수험자가 변상해야 하며, 〈수험자 유의사항〉에 기재된 방법대로 이행하지 않아 생기는 불이익은 수험생 당사자의 책임임을 알려 드립니다.
- 문제의 조건은 한컴오피스 2022 버전으로 설정되어 있으니 유의하시기 바랍니다.
- 시험을 완료한 수험자는 답안파일이 전송되었는지 확인한 후 감독위원의 지시에 따라 문제지를 제출하고 퇴실합니다.

답안 작성요령

온라인 답안 작성 절차

수험자 등록 ➡ 시험 시작 ➡ 답안파일 저장 ➡ 답안 전송 ➡ 시험 종료

공통 부문

- 글꼴에 대한 기본설정은 함초롬바탕, 10포인트, 검정, 줄 간격 160%, 양쪽 정렬로 합니다.
- 색상은 조건의 색을 적용하고 색의 구분이 안 될 경우에는 RGB 값을 적용하십시오.
  (빨강 255,0,0 / 파랑 0,0,255 / 노랑 255,255,0)
- 각 문항에 주어진 ≪조건≫에 따라 작성하고 언급하지 않은 조건은 ≪출력형태≫와 같이 작성합니다.
- 용지 여백은 왼쪽 · 오른쪽 11㎜, 위쪽 · 아래쪽 · 머리말 · 꼬리말 10㎜, 제본 0㎜로 합니다.
- 그림 삽입 문제의 경우 「내 PC₩문서₩ITQ₩Picture」 폴더에서 지정된 파일을 선택하여 삽입하십시오.
- 삽입한 그림은 반드시 문서에 포함하여 저장해야 합니다(미포함 시 감점 처리).
- 각 항목은 지정된 페이지에 출력형태와 같이 정확히 작성하시기 바라며, 그렇지 않을 경우에 해당 항목은 0점 처리됩니다.
  ※ 페이지 구분 : 1페이지 – 기능평가 Ⅰ (문제번호 표시 : 1. 2.),
  2페이지 – 기능평가 Ⅱ (문제번호 표시 : 3. 4.),
  3페이지 – 문서작성 능력평가

기능평가

- 문제와 ≪조건≫은 입력하지 않으며 문제번호와 답(≪출력형태≫)만 작성합니다.
- 4번 문제는 묶기를 했을 경우 0점 처리됩니다.

문서작성 능력평가

- A4 용지(210㎜×297㎜) 1매 크기, 세로 서식 문서로 작성합니다.
- ▭ 표시는 문서작성에 대한 지시사항이므로 작성하지 않습니다.

kpc 한국생산성본부

1. 다음의 ≪조건≫에 따라 스타일 기능을 적용하여 ≪출력형태≫와 같이 작성하시오. (50점)

≪조건≫ (1) 스타일 이름 – kosme
(2) 문단 모양 – 왼쪽 여백 : 15pt, 문단 아래 간격 : 10pt
(3) 글자 모양 – 글꼴 : 한글(돋움)/영문(굴림), 크기 : 10pt, 장평 : 95%, 자간 : 5%

≪출력형태≫

The Korea SMEs and Startups Agency has dedicated its energy to support the stable management and growth of small and medium enterprises.

기업 스스로 단계별 점검을 통해 중소벤처기업진흥공단에서 지원하는 자금 융자 사업의 이용 가능성을 확인하여 적합한 자금을 신청하는 시스템을 정책자금 융자 도우미라고 한다.

2. 다음의 ≪조건≫에 따라 ≪출력형태≫와 같이 표와 차트를 작성하시오. (100점)

≪표 조건≫ (1) 표 전체(표, 캡션) – 굴림, 10pt
(2) 정렬 – 문자 : 가운데 정렬, 숫자 : 오른쪽 정렬
(3) 셀 배경(면색) : 노랑
(4) 한글의 계산 기능을 이용하여 빈칸에 합계를 구하고, 캡션 기능 사용할 것
(5) 선 모양은 ≪출력형태≫와 동일하게 처리할 것

≪출력형태≫

과학 및 기술서비스업 사업체 현황(단위 : 십억 원, 개)

구분	소상공인	소기업	중기업	중소기업	합계
매출액	7,618	34,295	15,184	49,479	
사업비용	6,534	30,712	13,658	44,371	
인건비	2,294	12,551	5,536	18,087	
사업체	58,289	85,997	1,089	87,086	

≪차트 조건≫ (1) 차트 데이터는 표 내용에서 구분별 매출액, 사업비용, 인건비의 값만 이용할 것
(2) 종류 – 〈묶은 가로 막대형〉으로 작업할 것
(3) 제목 – 글꼴 : 돋움, 진하게, 12pt,
속성 : 채우기(밝은 색 : 하양), 테두리, 그림자(바깥쪽 : 대각선 오른쪽 위)
(4) 제목 이외의 전체 글꼴 – 돋움, 보통, 10pt
(5) 축 제목과 범례는 ≪출력형태≫와 동일하게 처리할 것

≪출력형태≫

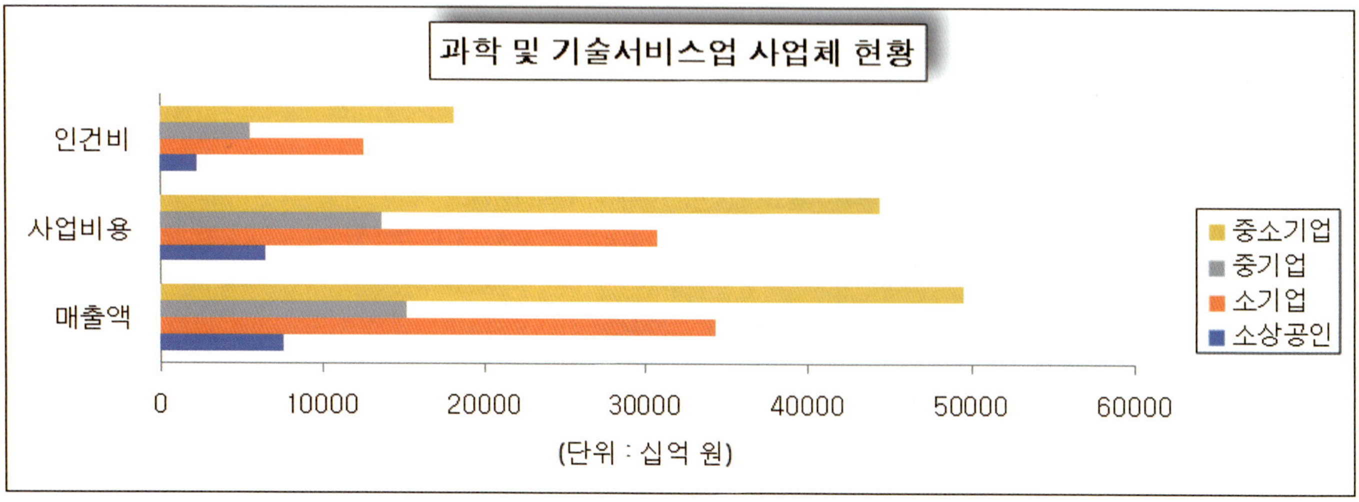

3. 다음 (1), (2)의 수식을 수식 편집기로 각각 입력하시오. (40점)

≪출력형태≫

(1) $AB = \sqrt{(x_2 - x_1)^2 + (y_2 - y_1)^2}$

(2) $E = mc^2 = \frac{bc^2}{\sqrt{1 - \frac{k^2}{c^2}}}$

4. 다음의 ≪조건≫에 따라 ≪출력형태≫와 같이 문서를 작성하시오. (110점)

≪조건≫

(1) 그리기 도구를 이용하여 작성하고, 모든 도형(글맵시, 지정된 그림 포함)을 ≪출력형태≫와 같이 작성하시오.

(2) 도형의 면색은 지시사항이 없으면 색 없음을 제외하고 서로 다르게 임의로 지정하시오.

≪출력형태≫

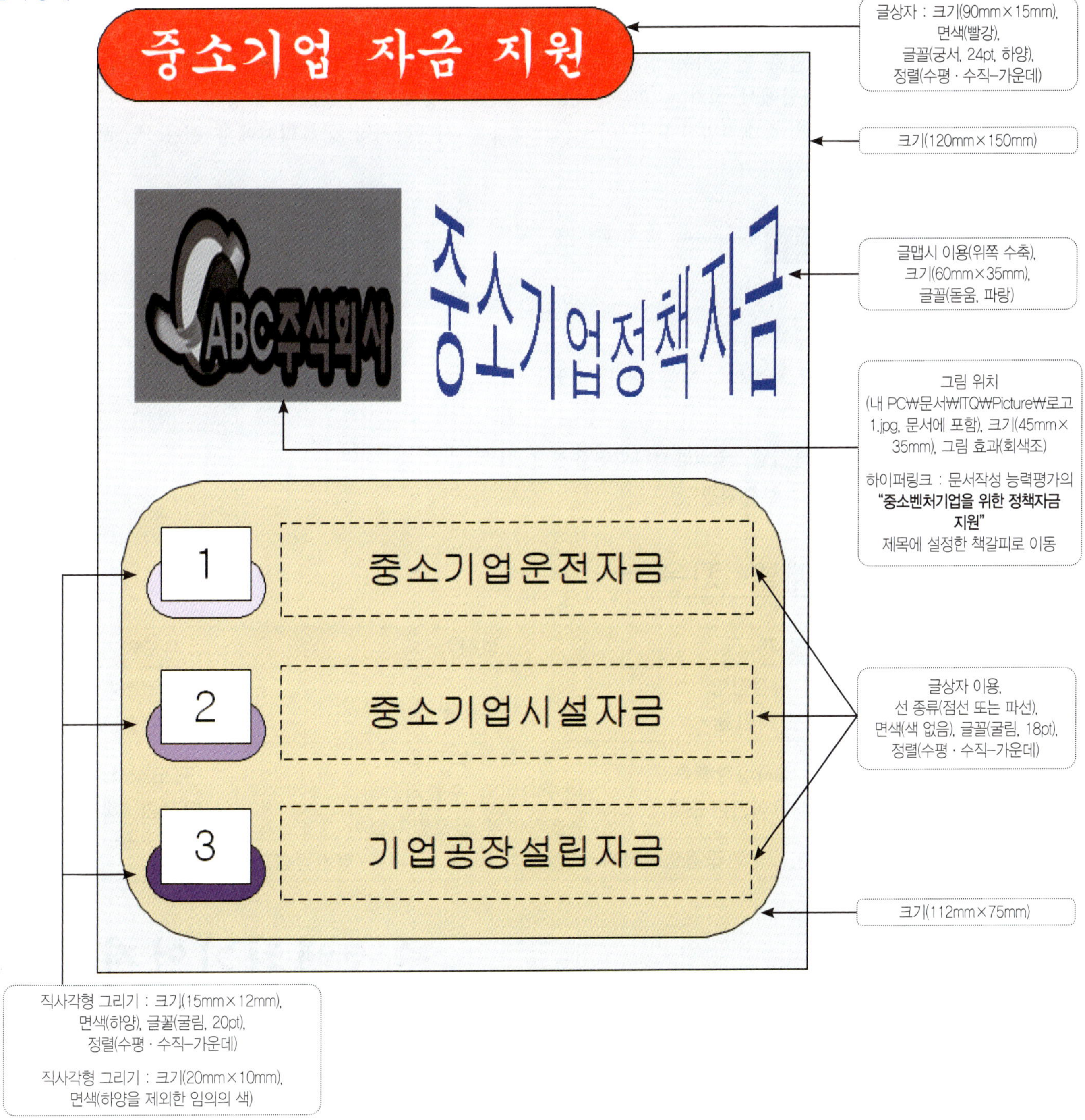

글꼴 : 돋움, 18pt, 진하게, 가운데 정렬
책갈피 이름 : 중소기업
덧말 넣기

머리말 기능
굴림, 10pt, 오른쪽 정렬 → 중소기업 지원

정책자금융자

중소벤처기업을 위한 정책자금 지원

문단 첫 글자 장식 기능
글꼴 : 궁서, 면색 : 노랑

각주

그림 위치(내 PC₩문서₩ITQ₩Picture₩그림4.jpg, 문서에 포함)
자르기 기능 이용, 크기(40mm×40mm), 바깥 여백 왼쪽 : 2mm

대한민국 경제의 뿌리 역할을 하고 있는 산업 역군ⓐ으로서 그 기반을 이루어 핵심 과제를 수행하게 될 중소기업의 체질을 개선하고 국제 경쟁력을 향상시키고자 정책자금을 지원하는 사업이 추진 중에 있다. 이 지원 사업은 기업 스스로 단계별 점검을 통해 중소벤처기업진흥공단(KOSME)에서 지원하는 자금 융자 사업의 이용 가능성을 확인하고 가장 적합한 자금을 안내 받는 시스템이다.

총 3조 6,700억 원을 지원하는 본 사업의 주요 규모(規模)를 살펴보면, 융자 한도가 중소기업 창업 및 진흥기금의 융자 잔액 기준으로 60억 원까지이며(수도권을 제외한 지방 소재 기업은 70억 원), 매출액의 150% 이내에서 지원된다(최대 100억 원). 대출금리는 공공자금관리기금의 대출금리에 분기별로 연동하는 변동금리를 적용(適用)한다. 단, 청년 전용 창업자금, 투융자 복합 금융자금, 재해 중소기업은 세부 사업에서 정하는 고정금리를 적용한다. 중소기업진흥공단에 융자를 신청 및 접수한 사업체 가운데 지원 대상이 결정되면 중소기업진흥공단이 직접 대출을 시행하거나 금융회사에서 신용, 담보부(보증서 포함) 대출을 시행한다.

♠ 지원 사업 개요

글꼴 : 굴림, 18pt, 하양
음영색 : 파랑

i. 시기
   a. 융자 시기 : 월별 구분 접수
   b. 사업별로 접수 기간 차별화 : 자금 소진 시까지
ii. 절차
   a. 신청 및 접수 : 중소기업, 중소벤처기업진흥공단 지역 본부 및 지부
   b. 서류 및 현장 실사 : 보증기관 등

문단 번호 기능 사용
1수준 : 20pt, 오른쪽 정렬,
2수준 : 30pt, 오른쪽 정렬
줄 간격 : 180%

표 전체 글꼴 : 돋움, 10pt, 가운데 정렬
셀 배경(그러데이션) : 유형(가운데에서),
시작색(하양), 끝색(노랑)

♠ 기업성장 단계별 지원

글꼴 : 굴림, 18pt, 밑줄, 강조점

구분	창업기	성장기	재도약기
지원 방향	창업 및 시장진입 성장단계 디딤돌	성장단계진입 및 지속성장	재무구조개선 정상화/퇴출/재창업
지원 사업	혁신창업지원, 일자리창출촉진, 투융자복합금융(이익공유형)	제조현장 스마트화, 내수기업의 수출기업화, 수출기업의 글로벌기업화	재도약지원 (사업전환, 재창업)
	긴급경영안정자금-일시적 애로 및 재해/일반경영안전지원		

글꼴 : 궁서, 24pt, 진하게
장평 95%, 오른쪽 정렬

중소벤처기업진흥공단

각주 구분선 : 5cm

ⓐ 일정한 부문에서 중요한 역할을 하는 일꾼

쪽 번호 매기기
2로 시작 → ②

제 07 회 실전모의고사

한컴오피스

과목	코드	문제유형	시험시간	수험번호	성명
아래한글	1111	B	60분		

수험자 유의사항

- 수험자는 문제지를 받는 즉시 문제지와 **수험표상의 시험과목(프로그램)이 동일한지 반드시 확인**하여야 합니다.
- 파일명은 본인의 "수험번호-성명"으로 입력하여 답안폴더(내 PC₩문서₩ITQ)에 하나의 파일로 저장해야 하며, 답안문서 파일명이 "수험번호-성명"과 일치하지 않거나, 답안파일을 전송하지 않아 미제출로 처리될 경우 실격 처리합니다(예:12345678-홍길동.hwpx).
- 답안 작성을 마치면 파일을 저장하고, '답안 전송' 버튼을 선택하여 감독위원 PC로 답안을 전송하십시오. 수험생 정보와 저장한 파일명이 다를 경우 전송되지 않으므로 주의하시기 바랍니다.
- 답안 작성 중에도 **주기적으로 저장하고, '답안 전송'**하여야 문제 발생을 줄일 수 있습니다. 작업한 내용을 저장하지 않고 전송할 경우 이전에 저장된 내용이 전송되오니 이점 유의하시기 바랍니다.
- 답안문서는 지정된 경로 외의 다른 보조기억장치에 저장하는 경우, 지정된 시험 시간 외에 작성된 파일을 활용할 경우, 기타 통신수단(이메일, 메신저, 네트워크 등)을 이용하여 타인에게 전달 또는 외부 반출하는 경우는 부정 처리합니다.
- 시험 중 부주의 또는 고의로 시스템을 파손한 경우는 수험자가 변상해야 하며, 〈수험자 유의사항〉에 기재된 방법대로 이행하지 않아 생기는 불이익은 수험생 당사자의 책임임을 알려 드립니다.
- 문제의 조건은 한컴오피스 2022 버전으로 설정되어 있으니 유의하시기 바랍니다.
- 시험을 완료한 수험자는 답안파일이 전송되었는지 확인한 후 감독위원의 지시에 따라 문제지를 제출하고 퇴실합니다.

답안 작성요령

온라인 답안 작성 절차

수험자 등록 ➡ 시험 시작 ➡ 답안파일 저장 ➡ 답안 전송 ➡ 시험 종료

공통 부문

- 글꼴에 대한 기본설정은 함초롬바탕, 10포인트, 검정, 줄 간격 160%, 양쪽 정렬로 합니다.
- 색상은 조건의 색을 적용하고 색의 구분이 안 될 경우에는 RGB 값을 적용하십시오.
  (빨강 255,0,0 / 파랑 0,0,255 / 노랑 255,255,0)
- 각 문항에 주어진 ≪조건≫에 따라 작성하고 언급하지 않은 조건은 ≪출력형태≫와 같이 작성합니다.
- 용지 여백은 왼쪽 · 오른쪽 11㎜, 위쪽 · 아래쪽 · 머리말 · 꼬리말 10㎜, 제본 0㎜로 합니다.
- 그림 삽입 문제의 경우 「내 PC₩문서₩ITQ₩Picture」 폴더에서 지정된 파일을 선택하여 삽입하십시오.
- 삽입한 그림은 반드시 문서에 포함하여 저장해야 합니다(미포함 시 감점 처리).
- 각 항목은 지정된 페이지에 출력형태와 같이 정확히 작성하시기 바라며, 그렇지 않을 경우에 해당 항목은 0점 처리됩니다.
  ※ 페이지 구분 : 1페이지 – 기능평가 Ⅰ(문제번호 표시 : 1. 2.),
  2페이지 – 기능평가 Ⅱ(문제번호 표시 : 3. 4.),
  3페이지 – 문서작성 능력평가

기능평가

- 문제와 ≪조건≫은 입력하지 않으며 문제번호와 답(≪출력형태≫)만 작성합니다.
- 4번 문제는 묶기를 했을 경우 0점 처리됩니다.

문서작성 능력평가

- A4 용지(210㎜×297㎜) 1매 크기, 세로 서식 문서로 작성합니다.
- ( ) 표시는 문서작성에 대한 지시사항이므로 작성하지 않습니다.

kpc 한국생산성본부

1. 다음의 ≪조건≫에 따라 스타일 기능을 적용하여 ≪출력형태≫와 같이 작성하시오. (50점)

≪조건≫ (1) 스타일 이름 – martial
(2) 문단 모양 – 첫 줄 들여쓰기 : 15pt, 문단 아래 간격 : 10pt
(3) 글자 모양 – 글꼴 : 한글(돋움)/영문(굴림), 크기 : 10pt, 장평 : 105%, 자간 : –5%

≪출력형태≫

You can see diligent and happy lives of Chungju citizens large and small festivals. Beginning of Spa Festival and holding Chungju Martial Arts Festival and Ureuk Cultural Festival will on the top rung.

한반도의 중심이며 국가 지정 중요무형문화재 제76호인 택견의 본고장 충주에서 세계 무술과 문화의 만남이라는 주제로 다양한 체험과 함께 세계무술축제가 개최됩니다.

2. 다음의 ≪조건≫에 따라 ≪출력형태≫와 같이 표와 차트를 작성하시오. (100점)

≪표 조건≫ (1) 표 전체(표, 캡션) – 궁서, 10pt
(2) 정렬 – 문자 : 가운데 정렬, 숫자 : 오른쪽 정렬
(3) 셀 배경(면색) : 노랑
(4) 한글의 계산 기능을 이용하여 빈칸에 평균(소수점 두 자리)을 구하고, 캡션 기능 사용할 것
(5) 선 모양은 ≪출력형태≫와 동일하게 처리할 것

≪출력형태≫

연도별 무술 수련자 현황(단위 : 천 명)

구분	2022년	2023년	2024년	2025년	평균
택견	124	186	206	225	
해동검도	141	174	194	223	
특공무술	162	185	248	268	
공권유술	154	159	168	198	

≪차트 조건≫ (1) 차트 데이터는 표 내용에서 연도별 택견, 해동검도, 특공무술의 값만 이용할 것
(2) 종류 – 〈꺾은선형〉으로 작업할 것
(3) 제목 – 글꼴 : 굴림, 진하게, 12pt,
속성 : 채우기(밝은 색 : 하양), 테두리, 그림자(바깥쪽 : 위쪽)
(4) 제목 이외의 전체 글꼴 – 굴림, 보통, 10pt
(5) 축 제목과 범례는 ≪출력형태≫와 동일하게 처리할 것

≪출력형태≫

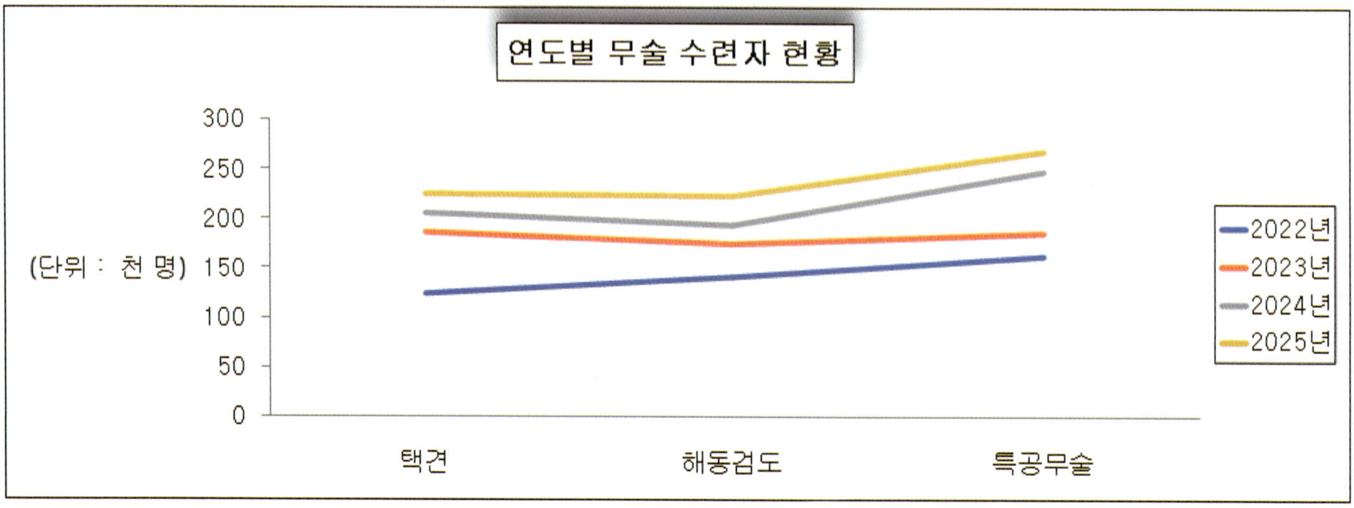

3. 다음 (1), (2)의 수식을 수식 편집기로 각각 입력하시오. (40점)

≪출력형태≫

(1) $h=\sqrt{k^2-r^2}, M=\frac{1}{3}\pi r^2 h$

(2) $\sum_{k=1}^{10}(k^3+6k^2+4k+3)=256$

4. 다음의 ≪조건≫에 따라 ≪출력형태≫와 같이 문서를 작성하시오. (110점)

≪조건≫

(1) 그리기 도구를 이용하여 작성하고, 모든 도형(글맵시, 지정된 그림 포함)을 ≪출력형태≫와 같이 작성하시오.

(2) 도형의 면색은 지시사항이 없으면 색 없음을 제외하고 서로 다르게 임의로 지정하시오.

≪출력형태≫

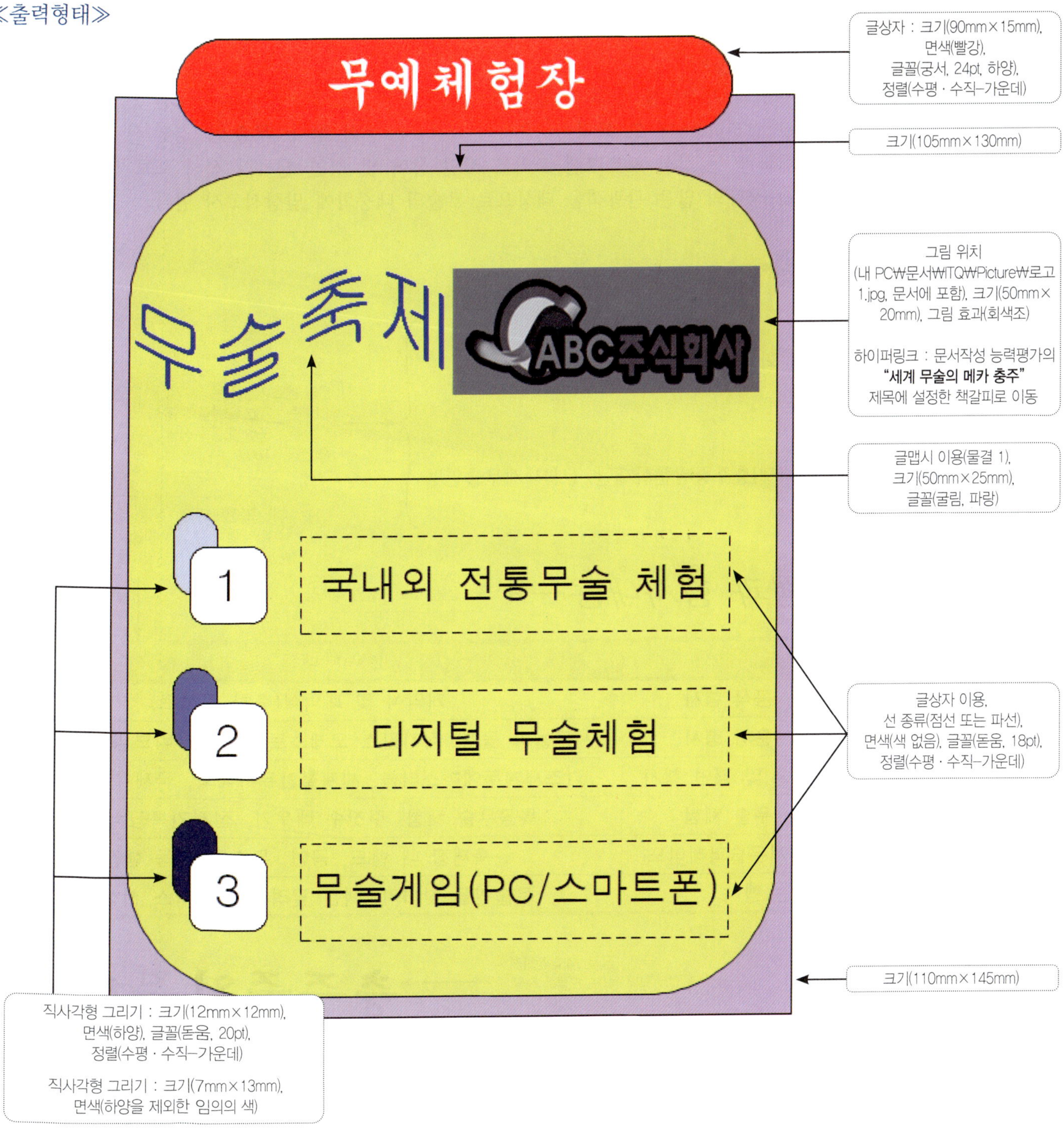

(200점)

글꼴 : 굴림, 18pt, 진하게, 가운데 정렬
책갈피 이름 : 무술
덧말 넣기

머리말 기능
돋움, 10pt, 오른쪽 정렬 → 무술 한마당

세계무술과 문화

세계 무술의 메카 충주

문단 첫 글자 장식 기능
글꼴 : 궁서, 면색 : 노랑

각주

그림 위치(내 PC₩문서₩ITQ₩Picture₩그림5.jpg, 문서에 포함)
자르기 기능 이용, 크기(40mm×40mm), 바깥 여백 왼쪽 : 2mm

문화의 시대로 불리는 21세기는 문화가 곧 국력이자 부가가치가 무한한 관광 자원이다. 찬란했던 중원문화①의 중심지인 충주는 국가 지정 중요무형문화재 제76호인 택견의 본고장으로 1998년부터 충주세계무술축제를 개최하고 있다. 유네스코가 공식 후원하는 본 행사는 국내 무술(武術)은 물론 아시아, 아메리카, 오세아니아, 아프리카, 유럽 등 전 세계 주요 무술을 만날 수 있는 생동감 넘치는 축제의 장이다. 제24회를 맞은 2024년에는 37개국 42개 세계무술연맹 단체를 비롯하여 국내외 유수의 무술 팀이 대거 참여해 풍성한 볼거리와 흥미진진하고 다양한 체험을 선사하면서 충주를 세계 무술의 메카로 확고히 자리매김하게 하였다.

세계무술축제는 충주 지역 관광의 세계화를 통해 지역 경제의 활성화를 도모(圖謀)하고, 외국인 관광객을 집중적으로 유치하여 문화관광 상품으로 발전하는 데 그 목적이 있다. 공식 행사, 문화 행사, 무술 및 경연 행사 등 무대 프로그램과 무술체험복합관, 건강체험관 등 상설 프로그램 그리고 시민 참여 및 경연 행사와 전시 프로그램을 통해 무술을 사랑하는 마니아뿐만 아니라 국내외 많은 관광객을 대상으로 무술의 대중화에 앞장서고자 한다.

♣ 무술축제 개요

글꼴 : 돋움, 18pt, 하양
음영색 : 파랑

가) 주제 및 장소
  a) 주제 : 세계무술과 문화의 만남
  b) 장소 : 세계무술공원
나) 주최/주관 및 후원
  a) 주최/주관 : 충주시/(재)충주중원문화재단, (사)세계무술연맹
  b) 후원 : 유네스코

문단 번호 기능 사용
1수준 : 20pt, 오른쪽 정렬,
2수준 : 30pt, 오른쪽 정렬
줄 간격 : 180%

표 전체 글꼴 : 돋움, 10pt, 가운데 정렬
셀 배경(그러데이션) : 유형(가로),
시작색(하양), 끝색(노랑)

♣ *주요 프로그램과 행사내용*

글꼴 : 돋움, 18pt, 기울임, 강조점

구분		내용
무대 프로그램	공식 행사	개막식 및 폐막식(축하 콘서트)
	문화 행사	사물놀이 몰개, 직지팝스 오케스트라, 택견 비보잉 쏠챔, 와우
	무술 및 경연 행사	키즈세계무예마스터쉽, 세계철인무사대회, 국제무예연무대회
상설 프로그램	무술 체험	특공무술 체험, 주짓수 배우기, 전자기록장비 체험
	세계무술퍼레이드	축제장 내 밴드, 공연, 무술팀 합동 행진
시민 참여 및 경연 행사		무술인을 찾아라, 택견 필리핀 아르니스 친선대회

글꼴 : 궁서, 24pt, 진하게
장평 110%, 오른쪽 정렬

충주중원문화재단

각주 구분선 : 5cm

① 충주 지역을 중심으로 형성되었던 정치, 경제, 사회 등 모든 상황을 포괄하는 개념

쪽 번호 매기기
7로 시작 → G

제 08 회 실전모의고사

한컴오피스

과목	코드	문제유형	시험시간	수험번호	성명
아래한글	1111	C	60분		

수험자 유의사항

- 수험자는 문제지를 받는 즉시 문제지와 **수험표상의 시험과목(프로그램)이 동일한지 반드시 확인**하여야 합니다.
- 파일명은 본인의 "수험번호-성명"으로 입력하여 답안폴더(내 PC₩문서₩ITQ)에 하나의 파일로 저장해야 하며, 답안문서 파일명이 "수험번호-성명"과 일치하지 않거나, 답안파일을 전송하지 않아 미제출로 처리될 경우 실격 처리합니다(예:12345678-홍길동.hwpx).
- 답안 작성을 마치면 파일을 저장하고, '답안 전송' 버튼을 선택하여 감독위원 PC로 답안을 전송하십시오. 수험생 정보와 저장한 파일명이 다를 경우 전송되지 않으므로 주의하시기 바랍니다.
- 답안 작성 중에도 **주기적으로 저장하고, '답안 전송'**하여야 문제 발생을 줄일 수 있습니다. 작업한 내용을 저장하지 않고 전송할 경우 이전에 저장된 내용이 전송되오니 이점 유의하시기 바랍니다.
- 답안문서는 지정된 경로 외의 다른 보조기억장치에 저장하는 경우, 지정된 시험 시간 외에 작성된 파일을 활용할 경우, 기타 통신수단(이메일, 메신저, 네트워크 등)을 이용하여 타인에게 전달 또는 외부 반출하는 경우는 부정 처리합니다.
- 시험 중 부주의 또는 고의로 시스템을 파손한 경우는 수험자가 변상해야 하며, 〈수험자 유의사항〉에 기재된 방법대로 이행하지 않아 생기는 불이익은 수험생 당사자의 책임임을 알려 드립니다.
- 문제의 조건은 한컴오피스 2022 버전으로 설정되어 있으니 유의하시기 바랍니다.
- 시험을 완료한 수험자는 답안파일이 전송되었는지 확인한 후 감독위원의 지시에 따라 문제지를 제출하고 퇴실합니다.

답안 작성요령

- **온라인 답안 작성 절차**
  수험자 등록 ➡ 시험 시작 ➡ 답안파일 저장 ➡ 답안 전송 ➡ 시험 종료
- **공통 부문**
  - 글꼴에 대한 기본설정은 함초롬바탕, 10포인트, 검정, 줄 간격 160%, 양쪽 정렬로 합니다.
  - 색상은 조건의 색을 적용하고 색의 구분이 안 될 경우에는 RGB 값을 적용하십시오.
    (빨강 255,0,0 / 파랑 0,0,255 / 노랑 255,255,0)
  - 각 문항에 주어진 ≪조건≫에 따라 작성하고 언급하지 않은 조건은 ≪출력형태≫와 같이 작성합니다.
  - 용지 여백은 왼쪽 · 오른쪽 11㎜, 위쪽 · 아래쪽 · 머리말 · 꼬리말 10㎜, 제본 0㎜로 합니다.
  - 그림 삽입 문제의 경우「내 PC₩문서₩ITQ₩Picture」폴더에서 지정된 파일을 선택하여 삽입하십시오.
  - 삽입한 그림은 반드시 문서에 포함하여 저장해야 합니다(미포함 시 감점 처리).
  - 각 항목은 지정된 페이지에 출력형태와 같이 정확히 작성하시기 바라며, 그렇지 않을 경우에 해당 항목은 0점 처리됩니다.
    ※ 페이지 구분 : 1페이지 – 기능평가 Ⅰ(문제번호 표시 : 1. 2.),
    2페이지 – 기능평가 Ⅱ(문제번호 표시 : 3. 4.),
    3페이지 – 문서작성 능력평가
- **기능평가**
  - 문제와 ≪조건≫은 입력하지 않으며 문제번호와 답(≪출력형태≫)만 작성합니다.
  - 4번 문제는 묶기를 했을 경우 0점 처리됩니다.
- **문서작성 능력평가**
  - A4 용지(210㎜×297㎜) 1매 크기, 세로 서식 문서로 작성합니다.
  - ⬚ 표시는 문서작성에 대한 지시사항이므로 작성하지 않습니다.

kpc 한국생산성본부

(150점)

1. 다음의 ≪조건≫에 따라 스타일 기능을 적용하여 ≪출력형태≫와 같이 작성하시오. (50점)

≪조건≫ (1) 스타일 이름 – mobile
(2) 문단 모양 – 왼쪽 여백 : 15pt, 문단 아래 간격 : 10pt
(3) 글자 모양 – 글꼴 : 한글(궁서)/영문(굴림), 크기 : 10pt, 장평 : 105%, 자간 : –5%

≪출력형태≫

5G technologies now we can use worldwide cellular phones and this technology also strike the china mobile market and a user being competent to get access to USA phone as a local phone.

5세대 이동통신은 고품질의 이동통신장비, 복합 디바이스 등을 통해 언제 어디서나 사람, 사물, 정보가 유기적으로 연결되어 맞춤형 실감 서비스를 제공할 수 있는 기술이다.

2. 다음의 ≪조건≫에 따라 ≪출력형태≫와 같이 표와 차트를 작성하시오. (100점)

≪표 조건≫ (1) 표 전체(표, 캡션) – 돋움, 10pt
(2) 정렬 – 문자 : 가운데 정렬, 숫자 : 오른쪽 정렬
(3) 셀 배경(면색) : 노랑
(4) 한글의 계산 기능을 이용하여 빈칸에 합계를 구하고, 캡션 기능 사용할 것
(5) 선 모양은 ≪출력형태≫와 동일하게 처리할 것

≪출력형태≫

5G 이동통신 세계 시장 매출액 전망(단위 : 백만 달러)

구분	2021년	2022년	2023년	2024년	2025년
통신서비스	3,717	33,925	67,402	210,874	321,741
단말	1,824	16,650	33,102	105,312	224,963
기지국장비	187	1,786	3,717	12,159	29,852
합계					

≪차트 조건≫ (1) 차트 데이터는 표 내용에서 구분별 2021년, 2022년, 2023년, 2024년의 값만 이용할 것
(2) 종류 – 〈꺾은선형〉으로 작업할 것
(3) 제목 – 글꼴 : 궁서, 진하게, 12pt,
속성 : 채우기(밝은 색 : 하양), 테두리, 그림자(바깥쪽 : 대각선 왼쪽 위)
(4) 제목 이외의 전체 글꼴 – 궁서, 보통, 10pt
(5) 축 제목과 범례는 ≪출력형태≫와 동일하게 처리할 것

≪출력형태≫

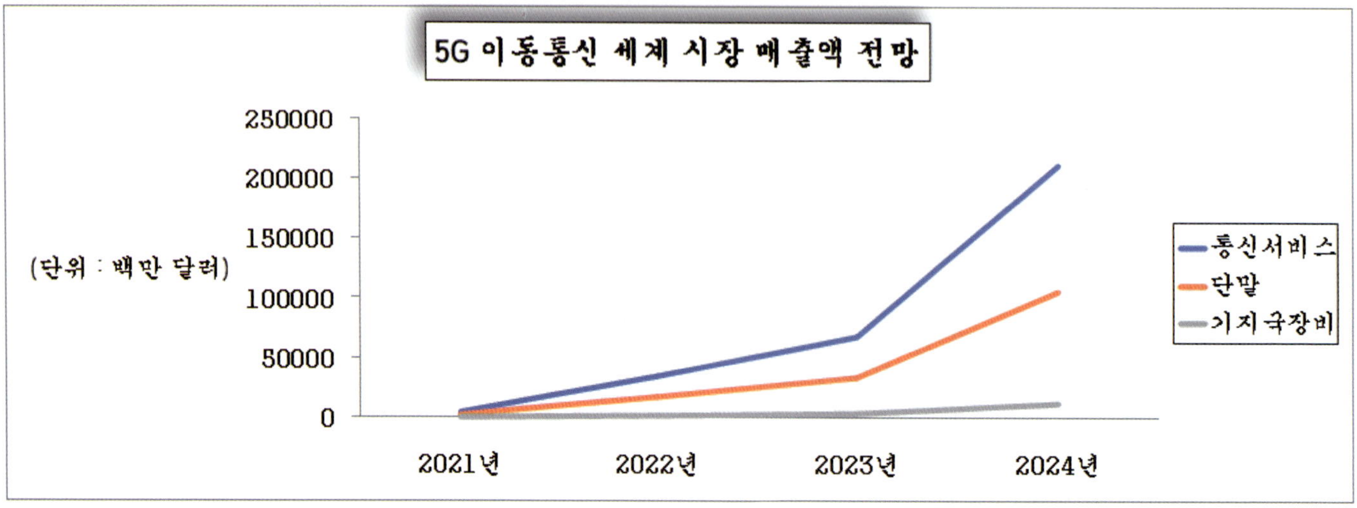

기능평가 II

(150점)

3. 다음 (1), (2)의 수식을 수식 편집기로 각각 입력하시오. (40점)

≪출력형태≫

(1) $\int_{0}^{3} \frac{\sqrt{6t^{2}-18t+12}}{5} dt = 11$

(2) $\frac{a^{4}}{T^{2}} - 1 = \frac{G}{4\pi^{2}}(M+m)$

4. 다음의 ≪조건≫에 따라 ≪출력형태≫와 같이 문서를 작성하시오. (110점)

≪조건≫

(1) 그리기 도구를 이용하여 작성하고, 모든 도형(글맵시, 지정된 그림 포함)을 ≪출력형태≫와 같이 작성하시오.

(2) 도형의 면색은 지시사항이 없으면 색 없음을 제외하고 서로 다르게 임의로 지정하시오.

≪출력형태≫

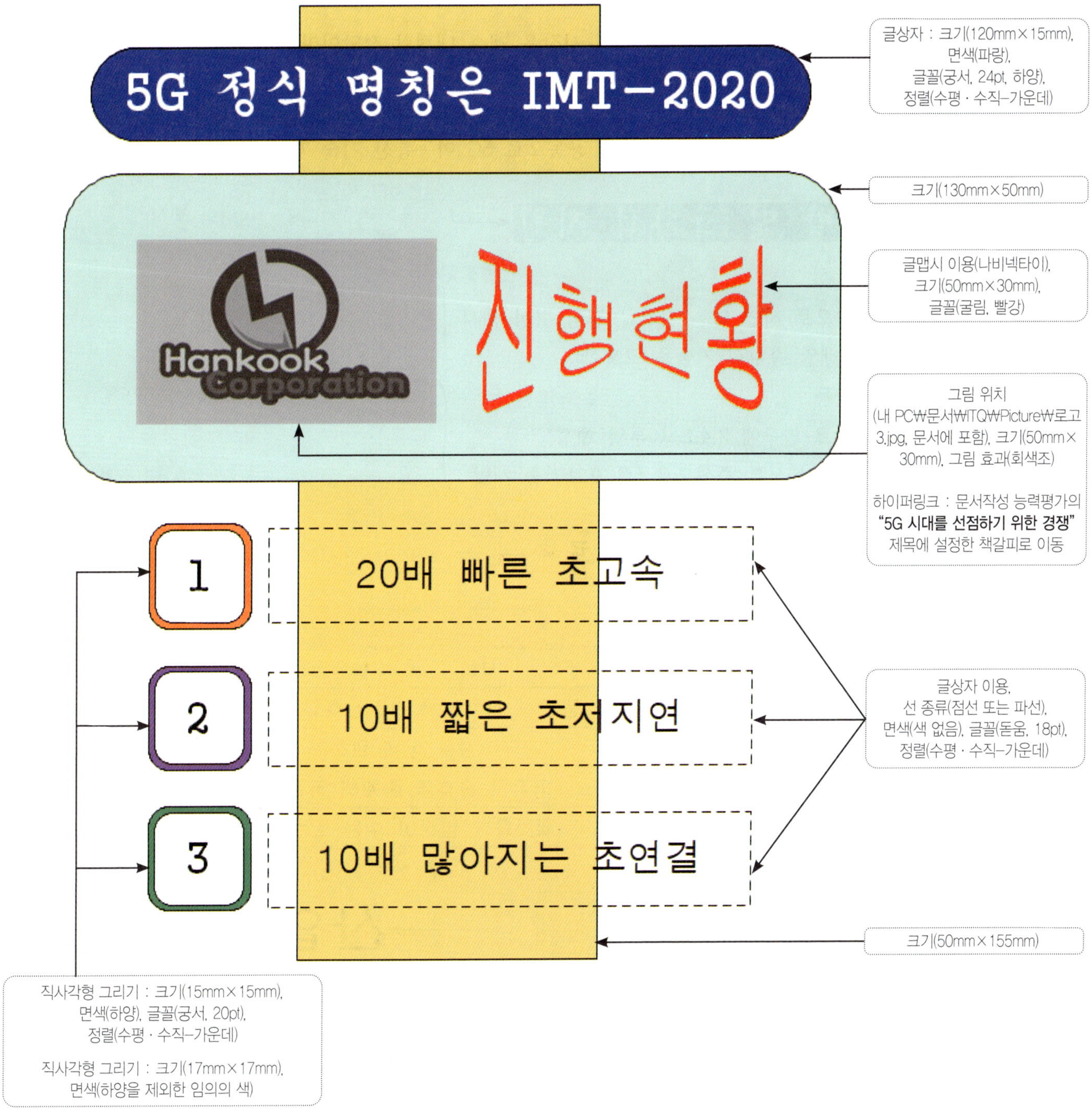

글꼴 : 돋움, 18pt, 진하게, 가운데 정렬
책갈피 이름 : 통신
덧말 넣기

머리말 기능
굴림, 10pt, 오른쪽 정렬 → 산업 인사이트

5세대이동통신
5G 시대를 선점하기 위한 경쟁

문단 첫 글자 장식 기능
글꼴 : 궁서, 면색 : 노랑

각주

그림 위치(내 PC₩문서₩ITQ₩Picture₩그림4.jpg, 문서에 포함)
자르기 기능 이용, 크기(40mm×40mm), 바깥 여백 왼쪽 : 2mm

IMT-2020은 고속의 네트워크에 다양한 유무선 네트워크를 연결해 각종 영상서비스와 정보기기를 제어하는 사물인터넷(IoTⓐ) 등 새로운 서비스들을 가능하게 해 준다. 빠른 속도뿐만 아니라 네트워크 전송속도 지연이 거의 없는 첨단 기술이다. 한국은 2018년 평창 동계올림픽에서 세계 최초로 5G 이동통신 시범 서비스를 실시(實施)하였으며, 일본은 2020년 개최된 도쿄올림픽에서 5G 이동통신 서비스를 상용화하였다. 중국은 5G 이동통신 기술 개발을 국가 주요 과제로 지정하고 이동통신사와 장비업체, 대학 연구소 등 52개 기관을 묶어 연구 개발을 촉진(促進)해 2024년대 초 5G 이동통신 서비스를 상용화할 계획이다.

5G 이동통신은 2020년에 상용화되어 4G 이동통신 시장을 계속 대체할 전망이며, 5G 시대를 선점하기 위한 경쟁은 이미 시작되었다. 이렇게 5G는 모바일 중심으로 변화하는 ICT산업에서 새로운 패러다임을 주도하고 산업 생태계에 미치는 경제적 파급효과가 클 것으로 예상된다. 세계 주요 이동통신 단말, 장비업체들은 5G 시대에 대비하여 KT, SK텔레콤, LG유플러스 등 전 세계 이동통신사업자들과 공동으로 5G 이동통신 기술 개발에 박차를 가하고 있다.

■ 5G 기술 개발 및 국가적 지원

글꼴 : 궁서, 18pt, 하양
음영색 : 파랑

가. 5G 기술 개발
  ㉮ 노키아 : 5G 비전으로 지연 없는 기가급 경험 형성 제시
  ㉯ 삼성전자 : 적응 배열 송수신 기술을 고도화
나. 나라별 5G 지원 활동
  ㉮ 유럽 : 5G 네트워크 연구에 2.4조원 투입 예정
  ㉯ 한국 : 과학기술정보통신부 중심으로 5G 후보기술 개발

문단 번호 기능 사용
1수준 : 20pt, 오른쪽 정렬,
2수준 : 30pt, 오른쪽 정렬
줄 간격 : 180%

■ 통신 네트워크 장비의 분류

글꼴 : 궁서, 18pt, 밑줄, 강조점

표 전체 글꼴 : 굴림, 10pt, 가운데 정렬
셀 배경(그러데이션) : 유형(세로),
시작색(하양), 끝색(노랑)

분류	중분류	세분류	설명
광 네트워크장비	교환장비	라우터	서로 다른 네트워크망을 연결하기 위한 장비
	광 모듈	광 트랜시버	광통신 장치에서 전기신호와 광신호를 상호 교환해주는 모듈
이동통신장비	중계기	광 중계기	광케이블을 통해 원하는 음영지역으로 전송하는 장비
		DAS	기지국 신호를 중계해 전파음역지역을 해소시키는 장비
보안 소프트웨어	방화벽 장비		패킷을 선별하여 수용 또는 거부, 수정하는 기능을 수행

글꼴 : 굴림, 24pt, 진하게
장평 120%, 오른쪽 정렬

산업정책조사부

각주 구분선 : 5cm

ⓐ 각종 사물에 센서와 통신 기능을 내장하여 인터넷에 연결하는 기술임

쪽 번호 매기기
4로 시작 → Ⅳ

제 09 회 실전모의고사 한컴오피스

과목	코드	문제유형	시험시간	수험번호	성명
아래한글	1111	D	60분		

수험자 유의사항

- 수험자는 문제지를 받는 즉시 문제지와 **수험표상의 시험과목(프로그램)이 동일한지 반드시 확인**하여야 합니다.
- 파일명은 본인의 "수험번호-성명"으로 입력하여 답안폴더(내 PC₩문서₩ITQ)에 하나의 파일로 저장해야 하며, 답안문서 파일명이 "수험번호-성명"과 일치하지 않거나, 답안파일을 전송하지 않아 미제출로 처리될 경우 실격 처리합니다(예:12345678-홍길동.hwpx).
- 답안 작성을 마치면 파일을 저장하고, '답안 전송' 버튼을 선택하여 감독위원 PC로 답안을 전송하십시오. 수험생 정보와 저장한 파일명이 다를 경우 전송되지 않으므로 주의하시기 바랍니다.
- 답안 작성 중에도 **주기적으로 저장하고, '답안 전송'**하여야 문제 발생을 줄일 수 있습니다. 작업한 내용을 저장하지 않고 전송할 경우 이전에 저장된 내용이 전송되오니 이점 유의하시기 바랍니다.
- 답안문서는 지정된 경로 외의 다른 보조기억장치에 저장하는 경우, 지정된 시험 시간 외에 작성된 파일을 활용할 경우, 기타 통신수단(이메일, 메신저, 네트워크 등)을 이용하여 타인에게 전달 또는 외부 반출하는 경우는 부정 처리합니다.
- 시험 중 부주의 또는 고의로 시스템을 파손한 경우는 수험자가 변상해야 하며, 〈수험자 유의사항〉에 기재된 방법대로 이행하지 않아 생기는 불이익은 수험생 당사자의 책임임을 알려 드립니다.
- 문제의 조건은 한컴오피스 2022 버전으로 설정되어 있으니 유의하시기 바랍니다.
- 시험을 완료한 수험자는 답안파일이 전송되었는지 확인한 후 감독위원의 지시에 따라 문제지를 제출하고 퇴실합니다.

답안 작성요령

- **온라인 답안 작성 절차**
  수험자 등록 ➡ 시험 시작 ➡ 답안파일 저장 ➡ 답안 전송 ➡ 시험 종료
- **공통 부문**
  - 글꼴에 대한 기본설정은 함초롬바탕, 10포인트, 검정, 줄 간격 160%, 양쪽 정렬로 합니다.
  - 색상은 조건의 색을 적용하고 색의 구분이 안 될 경우에는 RGB 값을 적용하십시오.
    (빨강 255,0,0 / 파랑 0,0,255 / 노랑 255,255,0)
  - 각 문항에 주어진 ≪조건≫에 따라 작성하고 언급하지 않은 조건은 ≪출력형태≫와 같이 작성합니다.
  - 용지 여백은 왼쪽 · 오른쪽 11㎜, 위쪽 · 아래쪽 · 머리말 · 꼬리말 10㎜, 제본 0㎜로 합니다.
  - 그림 삽입 문제의 경우 「내 PC₩문서₩ITQ₩Picture」 폴더에서 지정된 파일을 선택하여 삽입하십시오.
  - 삽입한 그림은 반드시 문서에 포함하여 저장해야 합니다(미포함 시 감점 처리).
  - 각 항목은 지정된 페이지에 출력형태와 같이 정확히 작성하시기 바라며, 그렇지 않을 경우에 해당 항목은 0점 처리됩니다.
    ※ 페이지 구분 : 1페이지 – 기능평가 Ⅰ(문제번호 표시 : 1. 2.),
    2페이지 – 기능평가 Ⅱ(문제번호 표시 : 3. 4.),
    3페이지 – 문서작성 능력평가
- **기능평가**
  - 문제와 ≪조건≫은 입력하지 않으며 문제번호와 답(≪출력형태≫)만 작성합니다.
  - 4번 문제는 묶기를 했을 경우 0점 처리됩니다.
- **문서작성 능력평가**
  - A4 용지(210㎜×297㎜) 1매 크기, 세로 서식 문서로 작성합니다.
  - ( ) 표시는 문서작성에 대한 지시사항이므로 작성하지 않습니다.

kpc 한국생산성본부

기능평가 I (150점)

1. 다음의 ≪조건≫에 따라 스타일 기능을 적용하여 ≪출력형태≫와 같이 작성하시오. (50점)

≪조건≫ (1) 스타일 이름 – disease
(2) 문단 모양 – 왼쪽 여백 : 15pt, 문단 아래 간격 : 10pt
(3) 글자 모양 – 글꼴 : 한글(굴림)/영문(궁서), 크기 : 10pt, 장평 : 95%, 자간 : 5%

≪출력형태≫

The Centers for Disease Control and tools protect the public health based on research on the mechanism, prevention and management of infectious and chronic diseases.

질병관리본부는 감염병과 만성병의 기전과 예방, 치료, 관리에 관한 연구와 환경과 유전 요인에 대한 분석연구를 바탕으로 국민 건강을 지킬 과학적 근거와 수단을 마련한다.

2. 다음의 ≪조건≫에 따라 ≪출력형태≫와 같이 표와 차트를 작성하시오. (100점)

≪표 조건≫ (1) 표 전체(표, 캡션) – 돋움, 10pt
(2) 정렬 – 문자 : 가운데 정렬, 숫자 : 오른쪽 정렬
(3) 셀 배경(면색) : 노랑
(4) 한글의 계산 기능을 이용하여 빈칸에 평균(소수점 두 자리)을 구하고, 캡션 기능 사용할 것
(5) 선 모양은 ≪출력형태≫와 동일하게 처리할 것

≪출력형태≫

최근 5년간 분기별 재난 사고발생 현황(단위 : 건)

구분	1사분기	2사분기	3사분기	4사분기	평균
산불	129	492	19	73	
해양	750	836	1,031	1,126	
전기	175	228	377	236	
승강기	16	37	31	13	

≪차트 조건≫ (1) 차트 데이터는 표 내용에서 분기별 산불, 해양, 전기의 값만 이용할 것
(2) 종류 – 〈묶은 세로 막대형〉으로 작업할 것
(3) 제목 – 글꼴 : 굴림, 진하게, 12pt,
속성 : 채우기(밝은 색 : 하양), 테두리, 그림자(바깥쪽 : 대각선 오른쪽 아래)
(4) 제목 이외의 전체 글꼴 – 굴림, 보통, 10pt
(5) 축 제목과 범례는 ≪출력형태≫와 동일하게 처리할 것

≪출력형태≫

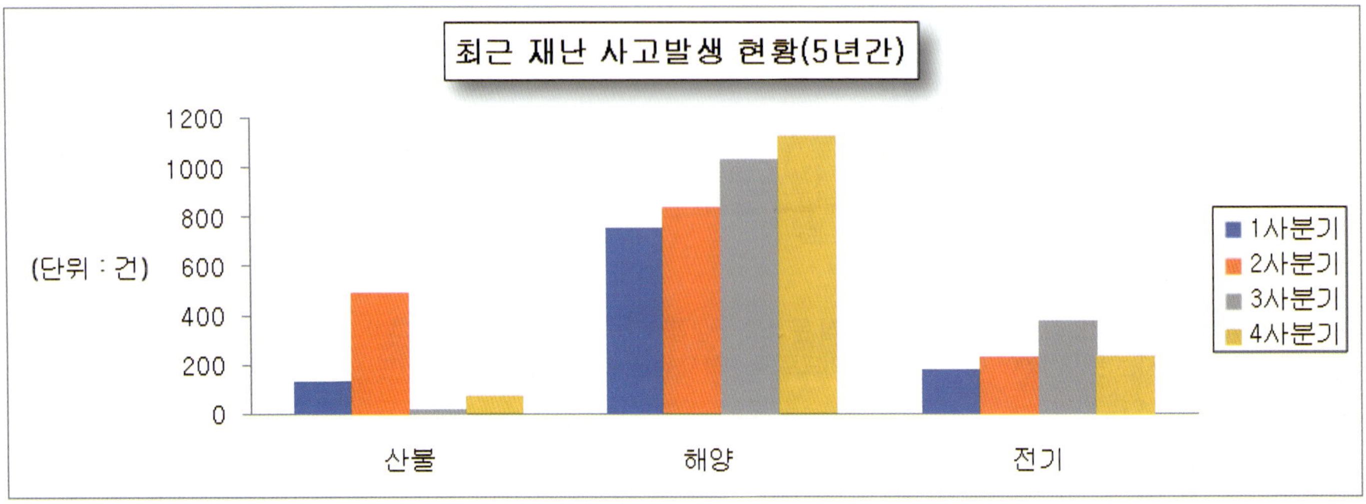

3. 다음 (1), (2)의 수식을 수식 편집기로 각각 입력하시오. (40점)

≪출력형태≫

(1) $h = \sqrt{k^2 - r^2}, M = \frac{1}{3}\pi r^2 h$

(2) $\sum_{k=1}^{n}(k^4+1) - \sum_{k=3}^{n}(k^4+1) = 19$

4. 다음의 ≪조건≫에 따라 ≪출력형태≫와 같이 문서를 작성하시오. (110점)

≪조건≫

(1) 그리기 도구를 이용하여 작성하고, 모든 도형(글맵시, 지정된 그림 포함)을 ≪출력형태≫와 같이 작성하시오.

(2) 도형의 면색은 지시사항이 없으면 색 없음을 제외하고 서로 다르게 임의로 지정하시오.

≪출력형태≫

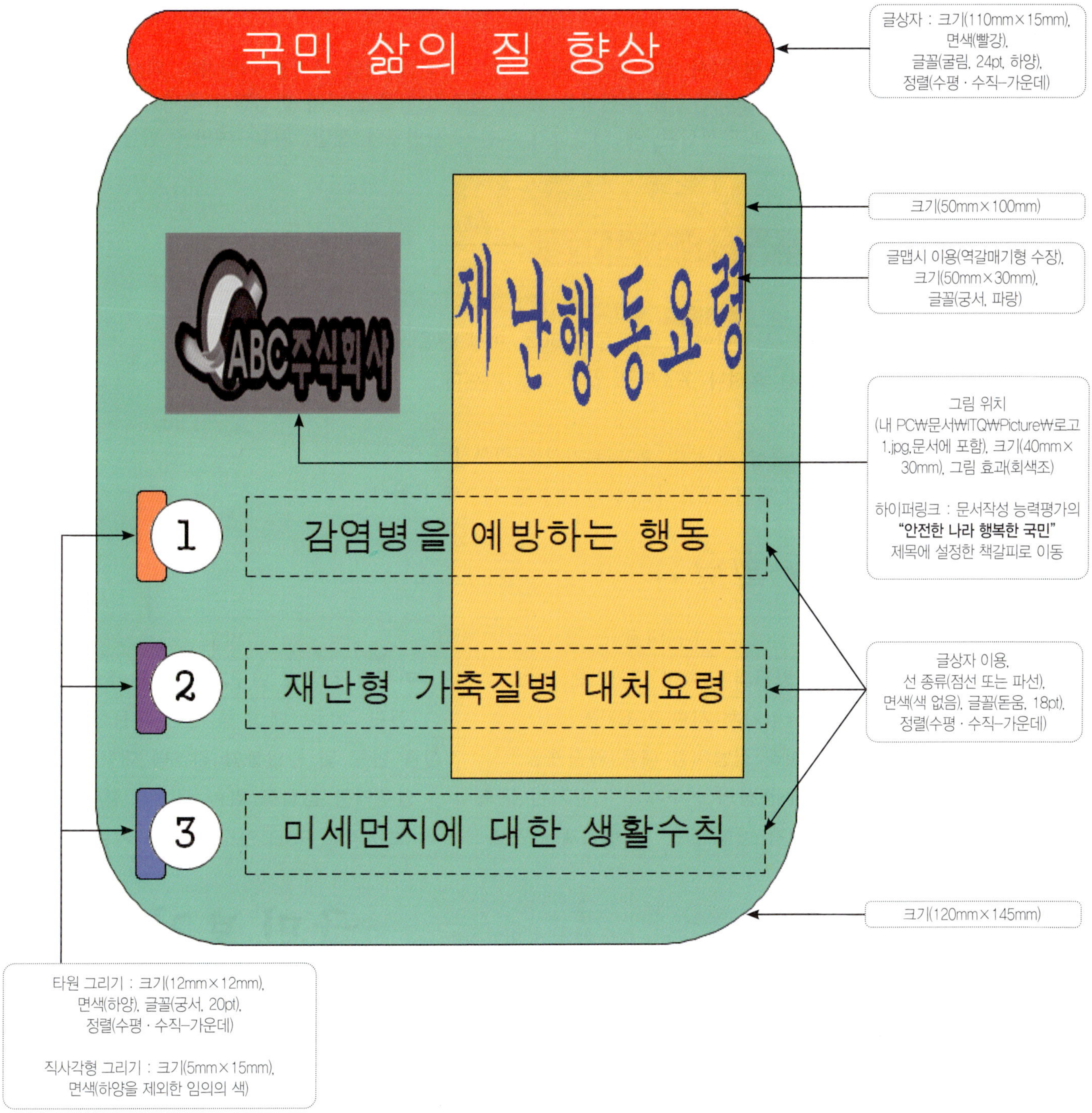

글꼴 : 궁서, 18pt, 진하게, 가운데 정렬
책갈피 이름 : 안전
덧말 넣기

머리말 기능
굴림, 10pt, 오른쪽 정렬 → 감염병 예방

안전한 나라 행복한 국민
(덧말: 감염병분야)

문단 첫 글자 장식 기능
글꼴 : 돋움, 면색 : 노랑

그림 위치(내 PC₩문서₩ITQ₩Picture₩그림4.jpg, 문서에 포함)
자르기 기능 이용, 크기(40mm×40mm), 바깥 여백 왼쪽 : 2mm

국립보건연구원은 질병을 예방하고 극복하는데 필요한 지식과 기술을 창출하고 보건정책에 필요한 과학적 근거를 제공하며 보건의료 연구자에게 과제와 연구자원을 지원하여 보건의료 연구를 활성화 시키고 궁극적으로는 국민 건강을 보호하고 증진하는 데 기여하는 국가 연구기관이다. 국립보건연구원은 1945년 9월에 설립된 조선방역연구소를 모태로 시작하여, 1963년 12월에 국립방역연구소, 국립화학연구소, 국립생약시험소를 통합하여 국립보건원으로 발족하였다. 이후 세계적으로 유행한 사스 등에 효과적으로 대응하기 위해 2004년 1월 질병관리본부로 확대 개편되면서 본 연구원은 국가질병연구기관으로서의 중추적(中樞的) 역할을 강화하고 있다.

감염병 연구개발을 통해 감염병 발생 시 신속한 대응을 위한 수단과 과학적 근거를 마련하기 위하여 주요 감염병 극복을 위한 진단제, 치료제, 백신 개발 연구를 추진하고 있다. 인구 고령화에 따라 만성질환 유병률과 함께 사회, 경제적 부담이 증가 하고 있으며 주요 만성질환Ⓐ에 대응하기 위한 조사연구와 진단, 치료, 예방을 위한 기술개발(技術開發) 연구를 수행하고 있다.

각주

◆ 감염병 예방을 위한 행동요령

글꼴 : 굴림, 18pt, 하양
음영색 : 빨강

A. 생활안전 행동요령
  ⓐ 비누 또는 세정제 등을 사용하여 흐르는 물에 30초 이상 손을 씻는다.
  ⓑ 기침, 재채기를 할 때는 휴지나 옷소매로 입과 코를 가린다.
B. 증상이 나타날 때 행동요령
  ⓐ 설사, 발열 및 호흡기 증상 시 문의 후 의료기관을 방문한다.
  ⓑ 해외 여행객은 귀국 시 발열, 호흡기 증상이 있으면 신고해야 한다.

문단 번호 기능 사용
1수준 : 20pt, 오른쪽 정렬,
2수준 : 30pt, 오른쪽 정렬
줄 간격 : 180%

표 전체 글꼴 : 돋움, 10pt, 가운데 정렬
셀 배경(그러데이션) : 유형(가로),
시작색(하양), 끝색(노랑)

◆ *연구기술 역량 확보*

글꼴 : 굴림, 18pt, 기울임, 강조점

구분	기반	추진내용	비고
추진전략	미션기반	질병관리 과학적 근거기반 마련	미해결 감염병 연구개발 지속 추진 확보
	수요기반	공익가치 지향 기초기반 연구	진단, 치료, 백신 등 현장 대응형 연구
	미래대비	미래 질병위험 대응 기술개발	신종 변종 및 원인불명 감염병 대응기술 확보
	연구기반	연구자 중심의 연구개발 지원기반 구축	연구역량 강화를 위한 국내외 협력 강화
기대효과	국가 보건의료 정책 방향 설정 및 협력체계 구축		보건의료 R&D 연구 활성화 기반 마련

글꼴 : 궁서, 24pt, 진하게
장평 110%, 오른쪽 정렬

국민보건연구원

각주 구분선 : 5cm

Ⓐ 보통 6개월 혹은 1년 이상 계속되는 질환을 말하며, 급성질환과 구분함

쪽 번호 매기기
5로 시작 → ⑤

제 10 회 실전모의고사

한컴오피스

과목	코드	문제유형	시험시간	수험번호	성명
아래한글	1111	E	60분		

수험자 유의사항

- 수험자는 문제지를 받는 즉시 문제지와 **수험표상의 시험과목(프로그램)이 동일한지 반드시 확인**하여야 합니다.
- 파일명은 본인의 "수험번호-성명"으로 입력하여 답안폴더(내 PC₩문서₩ITQ)에 하나의 파일로 저장해야 하며, 답안문서 파일명이 "수험번호-성명"과 일치하지 않거나, 답안파일을 전송하지 않아 미제출로 처리될 경우 실격 처리합니다(예:12345678-홍길동.hwpx).
- 답안 작성을 마치면 파일을 저장하고, '답안 전송' 버튼을 선택하여 감독위원 PC로 답안을 전송하십시오. 수험생 정보와 저장한 파일명이 다를 경우 전송되지 않으므로 주의하시기 바랍니다.
- 답안 작성 중에도 **주기적으로 저장하고, '답안 전송'**하여야 문제 발생을 줄일 수 있습니다. 작업한 내용을 저장하지 않고 전송할 경우 이전에 저장된 내용이 전송되오니 이점 유의하시기 바랍니다.
- 답안문서는 지정된 경로 외의 다른 보조기억장치에 저장하는 경우, 지정된 시험 시간 외에 작성된 파일을 활용할 경우, 기타 통신수단(이메일, 메신저, 네트워크 등)을 이용하여 타인에게 전달 또는 외부 반출하는 경우는 부정 처리합니다.
- 시험 중 부주의 또는 고의로 시스템을 파손한 경우는 수험자가 변상해야 하며, 〈수험자 유의사항〉에 기재된 방법대로 이행하지 않아 생기는 불이익은 수험생 당사자의 책임임을 알려 드립니다.
- 문제의 조건은 한컴오피스 2022 버전으로 설정되어 있으니 유의하시기 바랍니다.
- 시험을 완료한 수험자는 답안파일이 전송되었는지 확인한 후 감독위원의 지시에 따라 문제지를 제출하고 퇴실합니다.

답안 작성요령

- **온라인 답안 작성 절차**

  수험자 등록 ➡ 시험 시작 ➡ 답안파일 저장 ➡ 답안 전송 ➡ 시험 종료

- **공통 부문**
  - 글꼴에 대한 기본설정은 함초롬바탕, 10포인트, 검정, 줄 간격 160%, 양쪽 정렬로 합니다.
  - 색상은 조건의 색을 적용하고 색의 구분이 안 될 경우에는 RGB 값을 적용하십시오.
    (빨강 255,0,0 / 파랑 0,0,255 / 노랑 255,255,0)
  - 각 문항에 주어진 ≪조건≫에 따라 작성하고 언급하지 않은 조건은 ≪출력형태≫와 같이 작성합니다.
  - 용지 여백은 왼쪽 · 오른쪽 11㎜, 위쪽 · 아래쪽 · 머리말 · 꼬리말 10㎜, 제본 0㎜로 합니다.
  - 그림 삽입 문제의 경우 「내 PC₩문서₩ITQ₩Picture」 폴더에서 지정된 파일을 선택하여 삽입하십시오.
  - 삽입한 그림은 반드시 문서에 포함하여 저장해야 합니다(미포함 시 감점 처리).
  - 각 항목은 지정된 페이지에 출력형태와 같이 정확히 작성하시기 바라며, 그렇지 않을 경우에 해당 항목은 0점 처리됩니다.
    ※ 페이지 구분 : 1페이지 – 기능평가 Ⅰ (문제번호 표시 : 1. 2.),
    2페이지 – 기능평가 Ⅱ (문제번호 표시 : 3. 4.),
    3페이지 – 문서작성 능력평가

- **기능평가**
  - 문제와 ≪조건≫은 입력하지 않으며 문제번호와 답(≪출력형태≫)만 작성합니다.
  - 4번 문제는 묶기를 했을 경우 0점 처리됩니다.

- **문서작성 능력평가**
  - A4 용지(210㎜×297㎜) 1매 크기, 세로 서식 문서로 작성합니다.
  - [ ] 표시는 문서작성에 대한 지시사항이므로 작성하지 않습니다.

kpc 한국생산성본부

(150점)

1. 다음의 ≪조건≫에 따라 스타일 기능을 적용하여 ≪출력형태≫와 같이 작성하시오. (50점)

≪조건≫ (1) 스타일 이름 – culture
(2) 문단 모양 – 왼쪽 여백 : 15pt, 문단 아래 간격 : 10pt
(3) 글자 모양 – 글꼴 : 한글(굴림)/영문(궁서), 크기 : 10pt, 장평 : 95%, 자간 : 5%

≪출력형태≫

"Culture Day" is the last Wednesday of every month. It was established with a view to providing the public with a variety of cultural experiences.

문화란 인간에게만 있는 생각과 행동 방식 중 사회 구성원들로부터 배우고 전달 받은 모든 것, 즉 의식주, 언어, 풍습, 종교, 학문, 예술, 제도 등을 모두 포함한다.

2. 다음의 ≪조건≫에 따라 ≪출력형태≫와 같이 표와 차트를 작성하시오. (100점)

≪표 조건≫ (1) 표 전체(표, 캡션) – 돋움, 10pt
(2) 정렬 – 문자 : 가운데 정렬, 숫자 : 오른쪽 정렬
(3) 셀 배경(면색) : 노랑
(4) 한글의 계산 기능을 이용하여 빈칸에 합계를 구하고, 캡션 기능 사용할 것
(5) 선 모양은 ≪출력형태≫와 동일하게 처리할 것

≪출력형태≫

시도지정문화재 현황(단위 : 건)

구분	충북	충남	전북	전남	합계
시도유형문화재	319	197	239	236	
시도무형문화재	27	53	60	49	
시도민속문화재	138	163	116	193	
시도기념물	20	28	34	42	

≪차트 조건≫ (1) 차트 데이터는 표 내용에서 지역별 시도유형문화재, 시도무형문화재, 시도민속문화재의 값만 이용할 것
(2) 종류 – 〈묶은 가로 막대형〉으로 작업할 것
(3) 제목 – 글꼴 : 굴림, 진하게, 12pt,
속성 : 채우기(밝은 색 : 하양), 테두리, 그림자(바깥쪽 : 아래쪽)
(4) 제목 이외의 전체 글꼴 – 굴림, 보통, 10pt
(5) 축 제목과 범례는 ≪출력형태≫와 동일하게 처리할 것

≪출력형태≫

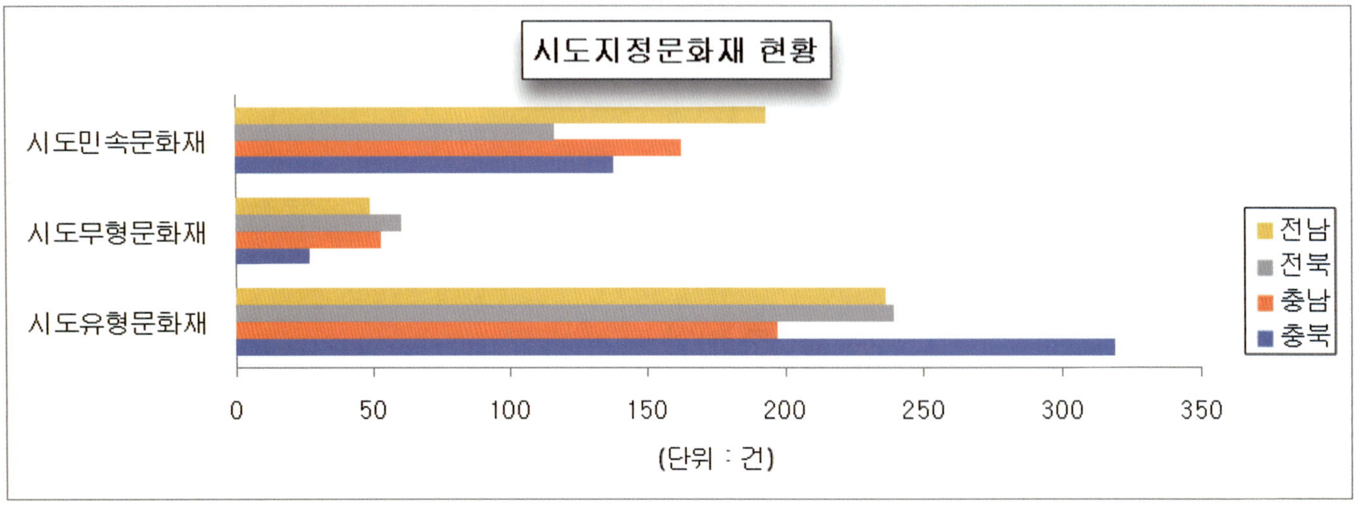

3. 다음 (1), (2)의 수식을 수식 편집기로 각각 입력하시오. (40점)

≪출력형태≫

(1) $\int_{0}^{1}(\sin x+\frac{x}{2})dx=\int_{0}^{1}\frac{1+\sin x}{2}dx$

(2) $L=\frac{m+M}{m}V=\frac{m+M}{m}\sqrt{2gh}$

4. 다음의 ≪조건≫에 따라 ≪출력형태≫와 같이 문서를 작성하시오. (110점)

≪조건≫

(1) 그리기 도구를 이용하여 작성하고, 모든 도형(글맵시, 지정된 그림 포함)을 ≪출력형태≫와 같이 작성하시오.

(2) 도형의 면색은 지시사항이 없으면 색 없음을 제외하고 서로 다르게 임의로 지정하시오.

≪출력형태≫

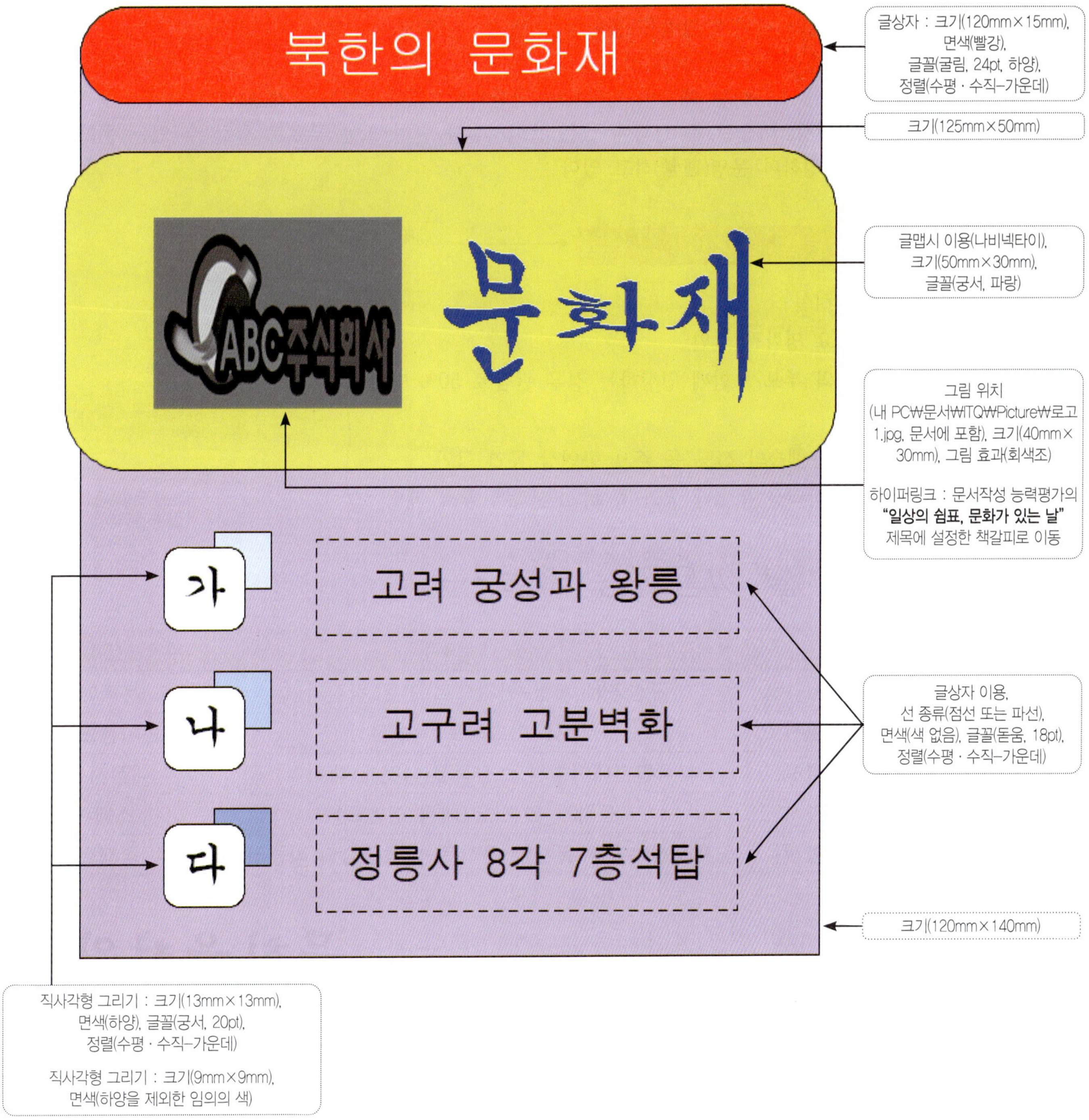

(200점)

글꼴 : 궁서, 18pt, 진하게, 가운데 정렬
책갈피 이름 : 문화
덧말 넣기

머리말 기능
굴림, 10pt, 오른쪽 정렬 → 문화포털

일상의 쉼표, 문화가 있는 날

매달 마지막 수요일

문단 첫 글자 장식 기능
글꼴 : 돋움, 면색 : 노랑

그림 위치(내 PC₩문서₩ITQ₩Picture₩그림4.jpg, 문서에 포함)
자르기 기능 이용, 크기(40mm×40mm), 바깥 여백 왼쪽 : 2mm

문화적 가치를 확산시키고 국민의 문화적 권리를 보장하며, 문화의 가치와 위상 제고 및 진흥을 위한 정책 수립과 시행에 관한 대통령 자문을 위해 문화융성위원회가 설립되었다. 본 위원회의 운영 방향은 문화융성 국가전략 및 정책 등에 대한 구체적 자문, 문화융성 국정과제 실현을 위한 범정부적 협력 및 추진 동력 확보, 문화가치의 정립, 문화에 관한 사회적 담론의 형성 및 확산, 현장 중심의 정책 수립(樹立)과 지원을 위한 문화현장과의 소통 강화 등이다.

높아진 한국의 정치, 경제적 위상만큼 국가 브랜드 가치와 이미지도 높아질 필요가 있다. 이러한 상황에서 침체된 경제와 사회에 활력을 불어넣고 행복을 증진할 수 있는 핵심으로 '문화'가 떠오르고 있다. 그 동안 우리의 삶과 생존에서 부차적인 것으로 인식하였던 문화의 가치에 대하여 주목하게 된 것이다. 문화는 아름다움을 추구하는 예술의 영역에만 국한되지 않는 포괄적인 개념이다. 이러한 문화융성을 위한 다양한 정책 중 영화관, 공연장, 미술관 등 전국에 있는 문화시설을 할인 또는 무료로 즐길 수 있는 문화가 있는 날㉮도 매달 마지막 수요일로 지정하여 운영(運營)하고 있다.

각주

★ 문화가 있는 날 참여 시설

글꼴 : 굴림, 18pt, 하양
음영색 : 빨강

가) 영화관 및 스포츠 시설
  a) 영화관 : 전국 주요 영화관 할인
  b) 프로 경기 : 자녀와 부모가 함께 입장하는 경우 관람료 50% 할인
나) 공연장 및 문화재
  a) 공연장 : 국립극장, 예술의 전당 등 주요 공연장 공연 할인
  b) 문화재 : 경복궁, 창덕궁 등 4대 궁과 종묘, 조선왕릉 무료 개방

문단 번호 기능 사용
1수준 : 20pt, 오른쪽 정렬,
2수준 : 30pt, 오른쪽 정렬
줄 간격 : 180%

표 전체 글꼴 : 돋움, 10pt, 가운데 정렬
셀 배경(그러데이션) : 유형(가로),
시작색(하양), 끝색(노랑)

★ *문화가 있는 날 이용가능 시설*

글꼴 : 굴림, 18pt, 기울임, 강조점

구분	지역	내용	문화 시설
강연/체험	세종시	규방공예 체험-인견으로 만든 각질제거	문화예술회관
전시	서울특별시	르네 마그리트 특별전	인사센트럴뮤지엄
	대전광역시	국립현대미술관 소장품전(이것에 대하여)	대전시립미술관
음악/무용	부산광역시	문화가 있는 날(매직 이벤트)	스페이스 움
	서울특별시	겸재정선미술관 뮤지엄 콘서트-여성중창단(라클라세)	겸재정미술관

글꼴 : 궁서, 24pt, 진하게
장평 110%, 오른쪽 정렬

문화융성위원회

각주 구분선 : 5cm

㉮ 보다 쉽게 문화생활을 누릴 수 있도록 2014년 1월부터 시행한 제도

쪽 번호 매기기
1로 시작 → 가

제 11 회 실전모의고사

한컴오피스

과목	코드	문제유형	시험시간	수험번호	성명
아래한글	1111	A	60분		

수험자 유의사항

- 수험자는 문제지를 받는 즉시 문제지와 **수험표상의 시험과목(프로그램)이 동일한지 반드시 확인**하여야 합니다.
- 파일명은 본인의 "수험번호-성명"으로 입력하여 답안폴더(내 PC₩문서₩ITQ)에 하나의 파일로 저장해야 하며, 답안문서 파일명이 "수험번호-성명"과 일치하지 않거나, 답안파일을 전송하지 않아 미제출로 처리될 경우 실격 처리합니다(예:12345678-홍길동.hwpx).
- 답안 작성을 마치면 파일을 저장하고, '답안 전송' 버튼을 선택하여 감독위원 PC로 답안을 전송하십시오. 수험생 정보와 저장한 파일명이 다를 경우 전송되지 않으므로 주의하시기 바랍니다.
- 답안 작성 중에도 **주기적으로 저장하고, '답안 전송'**하여야 문제 발생을 줄일 수 있습니다. 작업한 내용을 저장하지 않고 전송할 경우 이전에 저장된 내용이 전송되오니 이점 유의하시기 바랍니다.
- 답안문서는 지정된 경로 외의 다른 보조기억장치에 저장하는 경우, 지정된 시험 시간 외에 작성된 파일을 활용할 경우, 기타 통신수단(이메일, 메신저, 네트워크 등)을 이용하여 타인에게 전달 또는 외부 반출하는 경우는 부정 처리합니다.
- 시험 중 부주의 또는 고의로 시스템을 파손한 경우는 수험자가 변상해야 하며, 〈수험자 유의사항〉에 기재된 방법대로 이행하지 않아 생기는 불이익은 수험생 당사자의 책임임을 알려 드립니다.
- 문제의 조건은 한컴오피스 2022 버전으로 설정되어 있으니 유의하시기 바랍니다.
- 시험을 완료한 수험자는 답안파일이 전송되었는지 확인한 후 감독위원의 지시에 따라 문제지를 제출하고 퇴실합니다.

답안 작성요령

- **온라인 답안 작성 절차**

  수험자 등록 ➡ 시험 시작 ➡ 답안파일 저장 ➡ 답안 전송 ➡ 시험 종료

- **공통 부문**
  - 글꼴에 대한 기본설정은 함초롬바탕, 10포인트, 검정, 줄 간격 160%, 양쪽 정렬로 합니다.
  - 색상은 조건의 색을 적용하고 색의 구분이 안 될 경우에는 RGB 값을 적용하십시오.
    (빨강 255,0,0 / 파랑 0,0,255 / 노랑 255,255,0)
  - 각 문항에 주어진 ≪조건≫에 따라 작성하고 언급하지 않은 조건은 ≪출력형태≫와 같이 작성합니다.
  - 용지 여백은 왼쪽 · 오른쪽 11㎜, 위쪽 · 아래쪽 · 머리말 · 꼬리말 10㎜, 제본 0㎜로 합니다.
  - 그림 삽입 문제의 경우 「내 PC₩문서₩ITQ₩Picture」 폴더에서 지정된 파일을 선택하여 삽입하십시오.
  - 삽입한 그림은 반드시 문서에 포함하여 저장해야 합니다(미포함 시 감점 처리).
  - 각 항목은 지정된 페이지에 출력형태와 같이 정확히 작성하시기 바라며, 그렇지 않을 경우에 해당 항목은 0점 처리됩니다.
    ※ 페이지 구분 : 1페이지 – 기능평가 Ⅰ (문제번호 표시 : 1. 2.),
    2페이지 – 기능평가 Ⅱ (문제번호 표시 : 3. 4.),
    3페이지 – 문서작성 능력평가

- **기능평가**
  - 문제와 ≪조건≫은 입력하지 않으며 문제번호와 답(≪출력형태≫)만 작성합니다.
  - 4번 문제는 묶기를 했을 경우 0점 처리됩니다.

- **문서작성 능력평가**
  - A4 용지(210㎜×297㎜) 1매 크기, 세로 서식 문서로 작성합니다.
  - ( ) 표시는 문서작성에 대한 지시사항이므로 작성하지 않습니다.

kpc 한국생산성본부

기능평가 I (150점)

1. 다음의 ≪조건≫에 따라 스타일 기능을 적용하여 ≪출력형태≫와 같이 작성하시오. (50점)

≪조건≫ (1) 스타일 이름 – web
(2) 문단 모양 – 첫 줄 들여쓰기 : 10pt, 문단 아래 간격 : 10pt
(3) 글자 모양 – 글꼴 : 한글(굴림)/영문(궁서), 크기 : 10pt, 장평 : 110%, 자간 : -5%

≪출력형태≫

Web designers and developers will first establish a professional relationship with clients to develop a deep understanding of the requirements for their website.

국제기능올림픽의 웹 기술 종목 과제는 웹 사이트 계획 및 설계, 테스트, 유지 관리, 타사 플랫폼 통합 및 소셜 미디어 플랫폼을 통합하는 것이다. 이는 현대 플랫폼의 중심에 점점 더 웹을 배치하는 핵심 기술이다.

2. 다음의 ≪조건≫에 따라 ≪출력형태≫와 같이 표와 차트를 작성하시오. (100점)

≪표 조건≫ (1) 표 전체(표, 캡션) – 굴림, 10pt
(2) 정렬 – 문자 : 가운데 정렬, 숫자 : 오른쪽 정렬
(3) 셀 배경(면색) : 노랑
(4) 한글의 계산 기능을 이용하여 빈칸에 합계를 구하고, 캡션 기능 사용할 것
(5) 선 모양은 ≪출력형태≫와 동일하게 처리할 것

≪출력형태≫

전국기능경기대회 시도별 입상 점수(단위 : 점)

시도	경북	경기	서울	전남	합계
금메달	480	640	320	160	
은메달	800	500	450	350	
동메달	200	260	320	160	
4위	56	48	16	16	

≪차트 조건≫ (1) 차트 데이터는 표 내용에서 시도별 금메달, 은메달, 동메달의 값만 이용할 것
(2) 종류 – 〈묶은 가로 막대형〉으로 작업할 것
(3) 제목 – 글꼴 : 궁서, 진하게, 12pt,
속성 : 채우기(밝은 색 : 하양), 테두리, 그림자(바깥쪽 : 대각선 왼쪽 아래)
(4) 제목 이외의 전체 글꼴 – 궁서, 보통, 10pt
(5) 축 제목과 범례는 ≪출력형태≫와 동일하게 처리할 것

≪출력형태≫

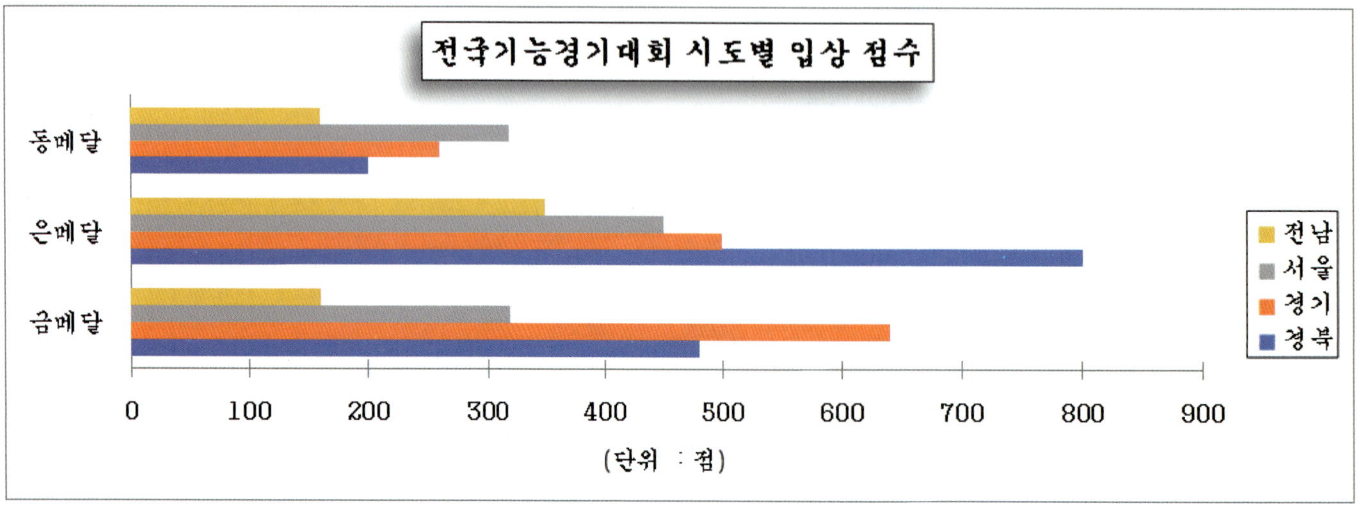

기능평가 II (150점)

3. 다음 (1), (2)의 수식을 수식 편집기로 각각 입력하시오. (40점)

≪출력형태≫

(1) $\int_{0}^{3} \frac{\sqrt{6t^2-18t+12}}{5} dt = 11$

(2) $\vec{F} = -\frac{4\pi^2 m}{T^2} + \frac{m}{T^3}$

4. 다음의 ≪조건≫에 따라 ≪출력형태≫와 같이 문서를 작성하시오. (110점)

≪조건≫

(1) 그리기 도구를 이용하여 작성하고, 모든 도형(글맵시, 지정된 그림 포함)을 ≪출력형태≫와 같이 작성하시오.

(2) 도형의 면색은 지시사항이 없으면 색 없음을 제외하고 서로 다르게 임의로 지정하시오.

≪출력형태≫

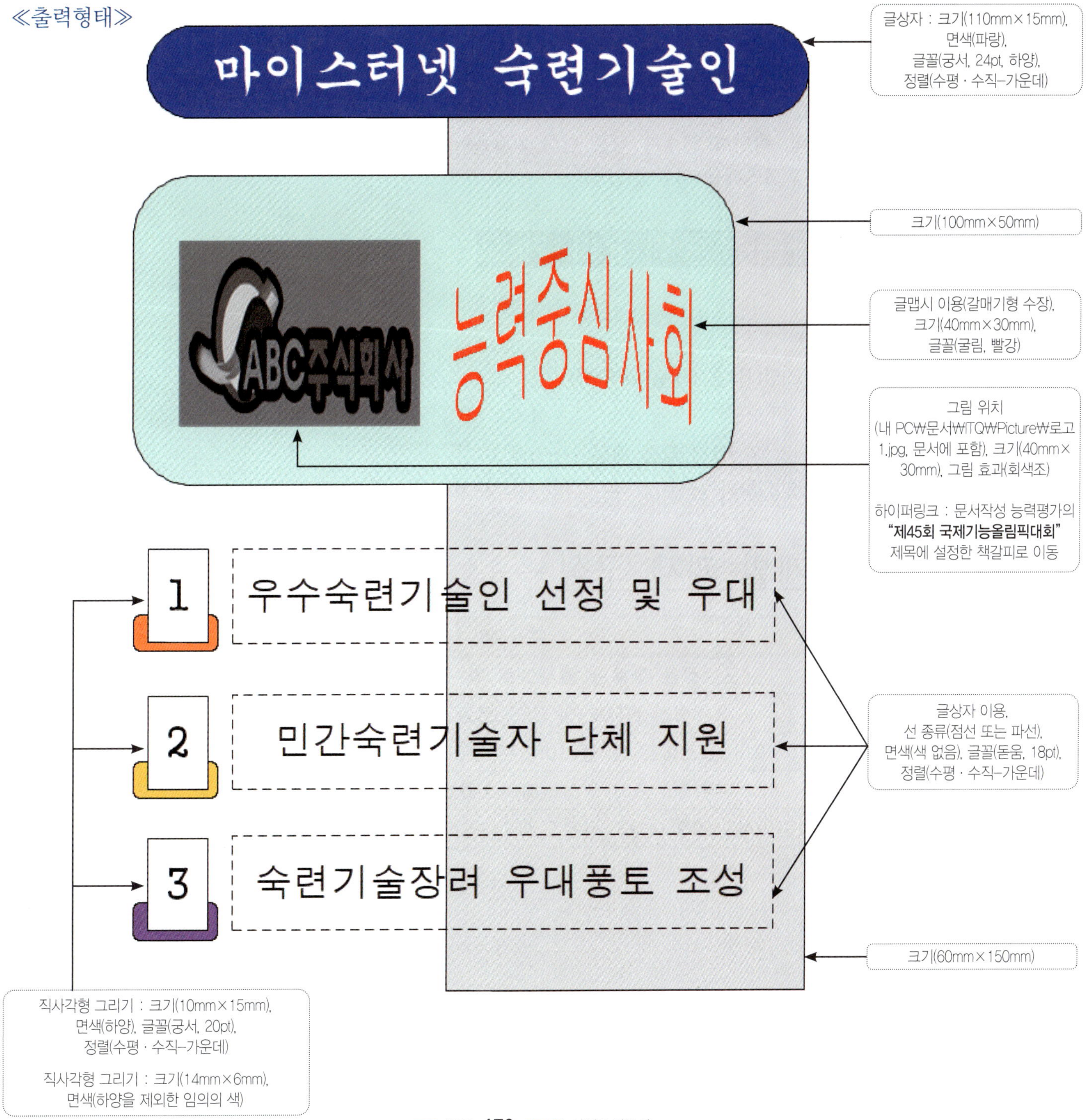

글꼴 : 굴림, 18pt, 진하게, 가운데 정렬
책갈피 이름 : 기능
덧말 넣기

머리말 기능
돋움, 10pt, 오른쪽 정렬 → 기능경기대회

실력이 존중받는 사회
제45회 국제기능올림픽대회

문단 첫 글자 장식 기능
글꼴 : 궁서, 면색 : 노랑

각주

그림 위치(내 PC₩문서₩ITQ₩Picture₩그림4.jpg, 문서에 포함)
자르기 기능 이용, 크기(40mm×40mm), 바깥 여백 왼쪽 : 2mm

국제기능올림픽대회Ⓐ 한국위원회의 발족은 경제발전과 숙련기술인력양성이라는 과제를 짊어진 시대적 요구에 의한 것이다. 국제기능올림픽대회의 개최 목적은 회원국 청소년간의 기능교류로 기능수준을 향상하고 기능개발을 촉진하며 직업훈련제도 및 방법 등의 정보교환에 있다.

아랍에미레이트 아부다비에서 열린 지난 제44회 대회에는 57개국 1,242명이 참가(參加)하였으며 모바일로보틱스, 목공 외 47개 직종과 2개의 시범 직종으로 총 51개 직종에서 대회가 이뤄졌으며 우리나라는 42개 직종에 46명이 참가하였다. 우리나라는 실내장식, 목공, 철골구조물, 통신망분배기술, 모바일로보틱스, 웹디자인, 기계설계, 냉동기술 8개 부문에서 금메달을 땄다. 금메달 수로는 중국(15개), 스위스(11개)에 뒤졌지만 공식지표(5개)로 산정(算定)한 종합환산점수로 종합 2위에 올라 준우승을 차지했다. 우리나라는 1977년 첫 우승 이후 19번을 우승하였으며, 이번 제44회 대회에서는 모바일로보틱스 직종에서 황주혁, 황민혁 선수가 팀을 이뤄 2009년 캐나다 대회 이후 직종 5연패를 이뤘다. 또한 목공에서는 2011년 영국 대회 이후 4연패를 일궈냈다.

◆ 제45회 국제기능올림픽대회 개요

글꼴 : 돋움, 18pt, 하양
음영색 : 파랑

가. 개최국 및 대회기간
  1) 개최국 : 러시아(카잔)
  2) 기간 : 2024년 08월 29일(목) - 09월 03일(화)
나. 참가직종 및 참가국
  1) 참가직종 : 폴리메카닉스 외 41개 직종 예정
  2) 참가국 : 56개국 1,178명 참가 예정

문단 번호 기능 사용
1수준 : 20pt, 오른쪽 정렬,
2수준 : 30pt, 오른쪽 정렬
줄 간격 : 180%

◆ 웹디자인 및 개발 과제 구성

글꼴 : 돋움, 18pt, 밑줄, 강조점

표 전체 글꼴 : 굴림, 10pt, 가운데 정렬
셀 배경(그러데이션) : 유형(가로),
시작색(하양), 끝색(노랑)

과제명	주요 내용	주관적 배점 비율
웹 사이트 디자인	포토샵을 활용한 웹사이트 및 구성요소 디자인	50%
웹 사이트 레이아웃	최신 HTML 및 CSS 코딩 기술 활용	각 20%
클라이언트 사이드	자바 스크립트 등 클라이언트 사이드 코딩 기술 사용	
서버 사이드	MySql 등의 데이터베이스를 설계 및 구축	
IBM호환 최신기종(RAM 16G 이상), 사운드카드, 스피커 또는 헤드셋 등이 포함된 PC		

글꼴 : 궁서, 24pt, 진하게
장평 105%, 오른쪽 정렬

숙련기술인포털

각주 구분선 : 5cm

Ⓐ 2년에 한 번씩 개최, 19세-22세의 청소년, 청년이 참가함

쪽 번호 매기기
6으로 시작 → ⑥

제 12 회 실전모의고사

한컴오피스

과목	코드	문제유형	시험시간	수험번호	성명
아래한글	1111	B	60분		

수험자 유의사항

- 수험자는 문제지를 받는 즉시 문제지와 **수험표상의 시험과목(프로그램)이 동일한지 반드시 확인**하여야 합니다.
- 파일명은 본인의 "수험번호-성명"으로 입력하여 답안폴더(내 PC₩문서₩ITQ)에 하나의 파일로 저장해야 하며, 답안문서 파일명이 "수험번호-성명"과 일치하지 않거나, 답안파일을 전송하지 않아 미제출로 처리될 경우 실격 처리합니다(예:12345678-홍길동.hwpx).
- 답안 작성을 마치면 파일을 저장하고, '답안 전송' 버튼을 선택하여 감독위원 PC로 답안을 전송하십시오. 수험생 정보와 저장한 파일명이 다를 경우 전송되지 않으므로 주의하시기 바랍니다.
- 답안 작성 중에도 **주기적으로 저장하고, '답안 전송'**하여야 문제 발생을 줄일 수 있습니다. 작업한 내용을 저장하지 않고 전송할 경우 이전에 저장된 내용이 전송되오니 이점 유의하시기 바랍니다.
- 답안문서는 지정된 경로 외의 다른 보조기억장치에 저장하는 경우, 지정된 시험 시간 외에 작성된 파일을 활용할 경우, 기타 통신수단(이메일, 메신저, 네트워크 등)을 이용하여 타인에게 전달 또는 외부 반출하는 경우는 부정 처리합니다.
- 시험 중 부주의 또는 고의로 시스템을 파손한 경우는 수험자가 변상해야 하며, 〈수험자 유의사항〉에 기재된 방법대로 이행하지 않아 생기는 불이익은 수험생 당사자의 책임임을 알려 드립니다.
- 문제의 조건은 한컴오피스 2022 버전으로 설정되어 있으니 유의하시기 바랍니다.
- 시험을 완료한 수험자는 답안파일이 전송되었는지 확인한 후 감독위원의 지시에 따라 문제지를 제출하고 퇴실합니다.

답안 작성요령

- **온라인 답안 작성 절차**

  수험자 등록 ➡ 시험 시작 ➡ 답안파일 저장 ➡ 답안 전송 ➡ 시험 종료

- **공통 부문**
  - 글꼴에 대한 기본설정은 함초롬바탕, 10포인트, 검정, 줄 간격 160%, 양쪽 정렬로 합니다.
  - 색상은 조건의 색을 적용하고 색의 구분이 안 될 경우에는 RGB 값을 적용하십시오.
    (빨강 255,0,0 / 파랑 0,0,255 / 노랑 255,255,0)
  - 각 문항에 주어진 ≪조건≫에 따라 작성하고 언급하지 않은 조건은 ≪출력형태≫와 같이 작성합니다.
  - 용지 여백은 왼쪽 · 오른쪽 11㎜, 위쪽 · 아래쪽 · 머리말 · 꼬리말 10㎜, 제본 0㎜로 합니다.
  - 그림 삽입 문제의 경우 「내 PC₩문서₩ITQ₩Picture」 폴더에서 지정된 파일을 선택하여 삽입하십시오.
  - 삽입한 그림은 반드시 문서에 포함하여 저장해야 합니다(미포함 시 감점 처리).
  - 각 항목은 지정된 페이지에 출력형태와 같이 정확히 작성하시기 바라며, 그렇지 않을 경우에 해당 항목은 0점 처리됩니다.
    ※ 페이지 구분 : 1페이지 – 기능평가 Ⅰ (문제번호 표시 : 1. 2.),
    2페이지 – 기능평가 Ⅱ (문제번호 표시 : 3. 4.),
    3페이지 – 문서작성 능력평가

- **기능평가**
  - 문제와 ≪조건≫은 입력하지 않으며 문제번호와 답(≪출력형태≫)만 작성합니다.
  - 4번 문제는 묶기를 했을 경우 0점 처리됩니다.

- **문서작성 능력평가**
  - A4 용지(210㎜×297㎜) 1매 크기, 세로 서식 문서로 작성합니다.
  - ⬚ 표시는 문서작성에 대한 지시사항이므로 작성하지 않습니다.

kpc 한국생산성본부

 (150점)

1. 다음의 ≪조건≫에 따라 스타일 기능을 적용하여 ≪출력형태≫와 같이 작성하시오. (50점)

≪조건≫ (1) 스타일 이름 – library
(2) 문단 모양 – 왼쪽 여백 : 15pt, 문단 아래 간격 : 10pt
(3) 글자 모양 – 글꼴 : 한글(궁서)/영문(굴림), 크기 : 10pt, 장평 : 95%, 자간 : 5%

≪출력형태≫

The collection of resources is done through submission of documents, and through the purchase, donation, and international exchanges of publications.

독서는 단순한 문자 판독이 아니라, 글쓴이와 읽는 이와의 간접적 만남이며 그 만남은 책이라는 작품을 매개로 하여 이루어지는 것이기 때문에 의사소통 행위라고 할 수 있다.

2. 다음의 ≪조건≫에 따라 ≪출력형태≫와 같이 표와 차트를 작성하시오. (100점)

≪표 조건≫ (1) 표 전체(표, 캡션) – 굴림, 10pt
(2) 정렬 – 문자 : 가운데 정렬, 숫자 : 오른쪽 정렬
(3) 셀 배경(면색) : 노랑
(4) 한글의 계산 기능을 이용하여 빈칸에 평균(소수점 두 자리)을 구하고, 캡션 기능 사용할 것
(5) 선 모양은 ≪출력형태≫와 동일하게 처리할 것

≪출력형태≫

공공 도서관 이용률 현황(단위 : %)

구분	2022년	2023년	2024년	2025년	평균
20대 이하	46.3	49.1	42.9	50.3	
30대	35.8	32.4	37.7	38.5	
40대	29.4	36.6	32.6	31.7	
50대 이상	18.6	16.5	21.4	17.8	

≪차트 조건≫ (1) 차트 데이터는 표 내용에서 연도별 20대 이하, 30대, 40대의 값만 이용할 것
(2) 종류 – 〈묶은 세로 막대형〉으로 작업할 것
(3) 제목 – 글꼴 : 궁서, 진하게, 12pt,
속성 : 채우기(밝은 색 : 하양), 테두리, 그림자(바깥쪽 : 오른쪽)
(4) 제목 이외의 전체 글꼴 – 궁서, 보통, 10pt
(5) 축 제목과 범례는 ≪출력형태≫와 동일하게 처리할 것

≪출력형태≫

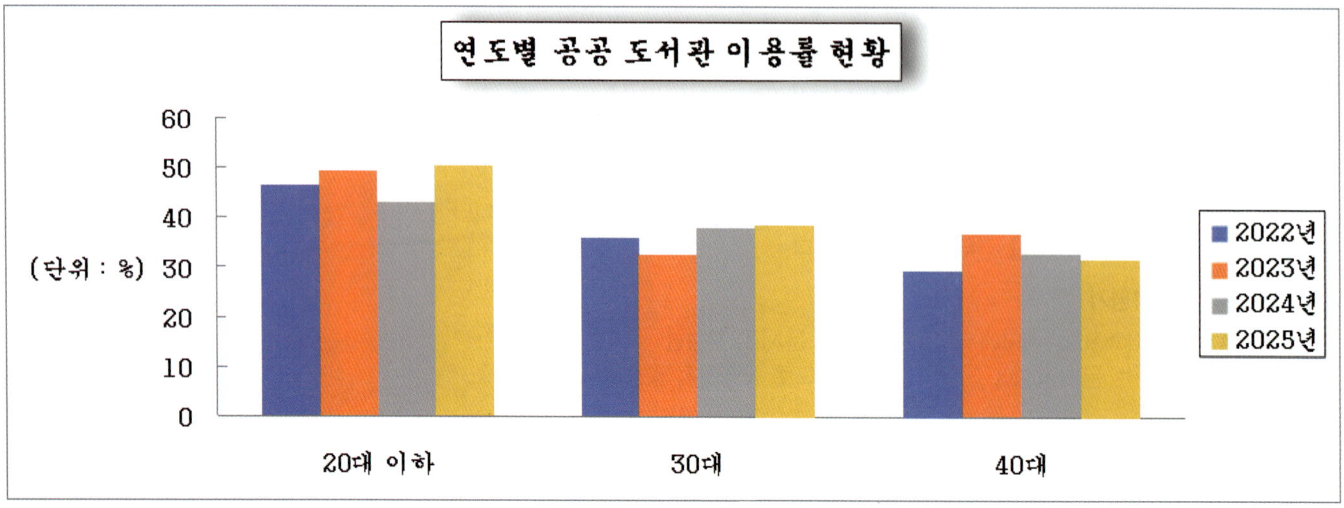

 (150점)

3. 다음 (1), (2)의 수식을 수식 편집기로 각각 입력하시오. (40점)

≪출력형태≫

(1) $\frac{F}{h_2} = I_2 k_1 \frac{I_1}{d} = 2 \times 10^{-7} \frac{I_1 I_2}{d}$

(2) $\lambda = \frac{h}{mh} = \frac{h}{\sqrt{2meV}}$

4. 다음의 ≪조건≫에 따라 ≪출력형태≫와 같이 문서를 작성하시오. (110점)

≪조건≫

(1) 그리기 도구를 이용하여 작성하고, 모든 도형(글맵시, 지정된 그림 포함)을 ≪출력형태≫와 같이 작성하시오.

(2) 도형의 면색은 지시사항이 없으면 색 없음을 제외하고 서로 다르게 임의로 지정하시오.

≪출력형태≫

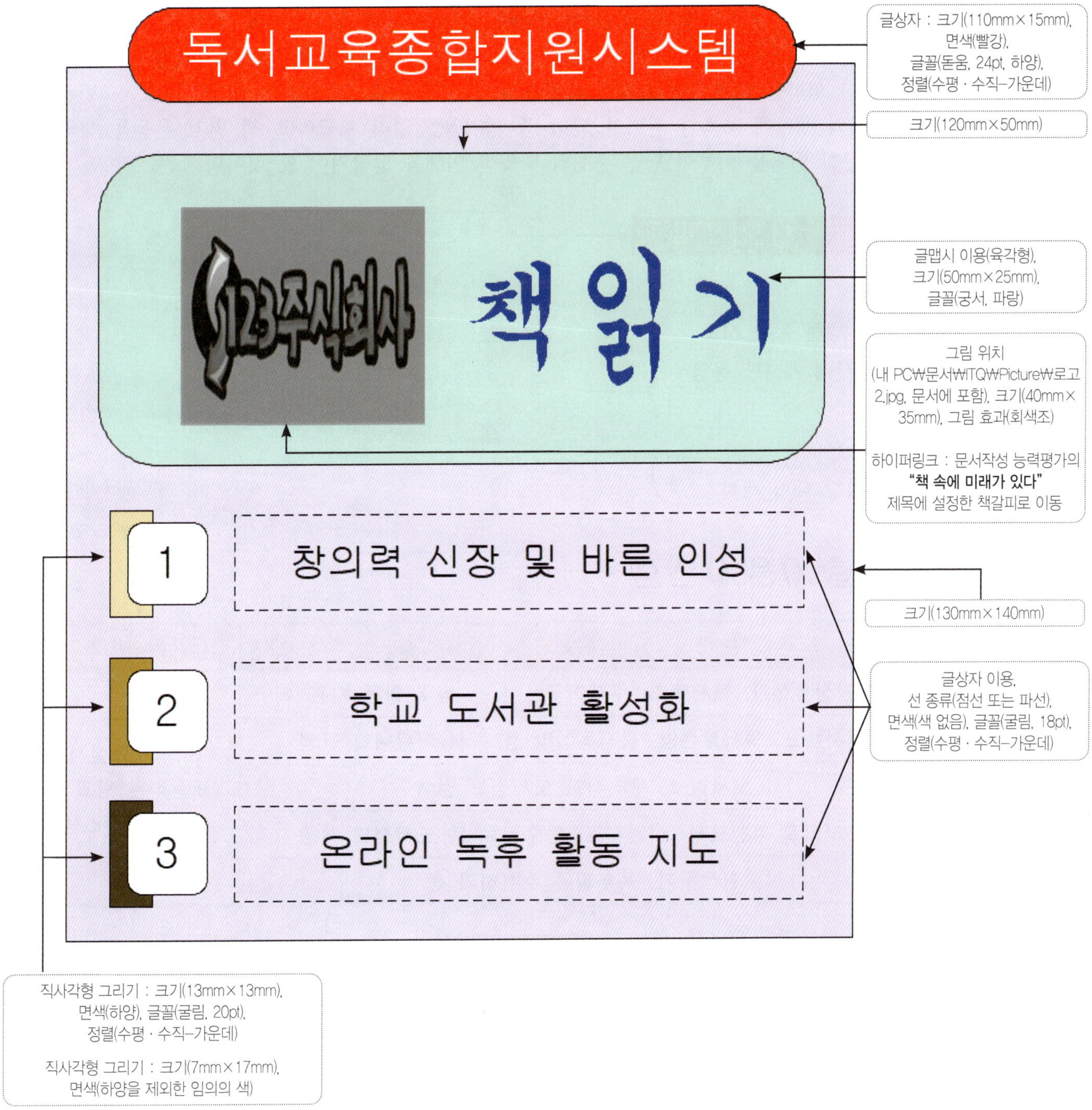

글꼴 : 궁서, 18pt, 진하게, 가운데 정렬
책갈피 이름 : 독서
덧말 넣기

머리말 기능
굴림, 10pt, 오른쪽 정렬

풍부한 글 읽기

책 속에 미래가 있다
(덧말: 책읽기 습관)

문단 첫 글자 장식 기능
글꼴 : 돋움, 면색 : 노랑

그림 위치(내 PC₩문서₩ITQ₩Picture₩그림4.jpg, 문서에 포함)
자르기 기능 이용, 크기(40mm×35mm), 바깥 여백 왼쪽 : 2mm

사람은 무의식적으로 여러 정보(情報)를 접하면서 본인이 마음에 들어 하는 것은 택하고 그렇지 않은 것은 버리는 취사선택을 한다. 어릴 때부터 바른 정서와 바람직한 행동을 하기 위해서는 교육적인 책을 통해서 좋은 정보를 접할 수 있도록 하는 것이 중요하다. 특히 현대 사회처럼 급변하는 변화의 물결 속에서 숨 가쁘게 돌아가는 시대에는 더욱 그렇다. 이러한 변화(變化)는 발전과 성장이라는 긍정적 성과의 원동력이기는 하나 그 이면에는 무한 경쟁과 물질 만능주의로 인한 인간성 상실의 위기 속에서 희망을 잃어버린 사람들이 늘어나고 있다는 부정적 측면 또한 외면할 수 없는 현실이다.

잃어버린 희망을 되찾고 올바른 가치관을 재정립하여 건전한 상식이 통용되는 사회를 이루기 위해서는 각 개인이 주체적 존재로서 삶의 주인이 되어야 한다. 책은 사고력 및 창조성 등 개인의 능력 계발과 적극성 및 추진력 등 바람직한 성격 형성에도 지대한 영향을 미쳐 전인교육의 바탕을 이루는 필수 요소라 할 수 있다. 풍요 속 빈곤의 시대를 살아가는 고독한 현대인들의 생활에 촉촉한 단비가 되어 줄 양서Ⓐ를 널리 보급하고 책 읽기 운동을 적극 전개하여 풍요로운 삶을 실현하고 문화 변혁을 이루어 인간 중심의 따뜻한 미래를 앞당겨야 할 것이다.

각주

♠ 책 읽는 학교 사업 개요

글꼴 : 굴림, 18pt, 하양
음영색 : 빨강

① 청소년과 어머니
  (ㄱ) 청소년을 위한 방문 독서 지도
  (ㄴ) 어머니 독서봉사대 게시판 운영
② 기관 행사
  (ㄱ) 주말 독서학교 운영
  (ㄴ) 고전 읽기 백일장 대회 개최

문단 번호 기능 사용
1수준 : 20pt, 오른쪽 정렬,
2수준 : 30pt, 오른쪽 정렬
줄 간격 : 180%

표 전체 글꼴 : 돋움, 10pt, 가운데 정렬
셀 배경(그러데이션) : 유형(가로),
시작색(하양), 끝색(노랑)

♠ *독서교육종합지원시스템*

글꼴 : 굴림, 18pt, 기울임, 강조점

구분	내용	비고
독후활동	감상문쓰기, 독서퀴즈, 주제어글쓰기 등 독후 활동 지원	디지털자료실지원센터 (표준화된 학교 도서관 정보시스템)
	독서캠프, 독서토론방, 독서동아리 등 독서 커뮤니티 운영	
도서정보	도서검색, 우리학교 도서정보 검색	
	우리학교 추천도서, 신간자료, 우수자료 등 도서정보 제공	
독후활동지도	별점주기, 독후활동 추천하기 등	

글꼴 : 돋움, 24pt, 진하게
장평 110%, 오른쪽 정렬

디지털자료실지원센터

각주 구분선 : 5cm

Ⓐ 내용이 건전하거나 교훈적이어서 생활에 지침이 될 만한 좋은 책

쪽 번호 매기기
7로 시작

사

제 13 회 실전모의고사

한컴오피스

과목	코드	문제유형	시험시간	수험번호	성명
아래한글	1111	C	60분		

수험자 유의사항

- 수험자는 문제지를 받는 즉시 문제지와 **수험표상의 시험과목(프로그램)이 동일한지 반드시 확인**하여야 합니다.
- 파일명은 본인의 "수험번호-성명"으로 입력하여 답안폴더(내 PC₩문서₩ITQ)에 하나의 파일로 저장해야 하며, 답안문서 파일명이 "수험번호-성명"과 일치하지 않거나, 답안파일을 전송하지 않아 미제출로 처리될 경우 실격 처리합니다(예:12345678-홍길동.hwpx).
- 답안 작성을 마치면 파일을 저장하고, '답안 전송' 버튼을 선택하여 감독위원 PC로 답안을 전송하십시오. 수험생 정보와 저장한 파일명이 다를 경우 전송되지 않으므로 주의하시기 바랍니다.
- 답안 작성 중에도 **주기적으로 저장하고, '답안 전송'**하여야 문제 발생을 줄일 수 있습니다. 작업한 내용을 저장하지 않고 전송할 경우 이전에 저장된 내용이 전송되오니 이점 유의하시기 바랍니다.
- 답안문서는 지정된 경로 외의 다른 보조기억장치에 저장하는 경우, 지정된 시험 시간 외에 작성된 파일을 활용할 경우, 기타 통신수단(이메일, 메신저, 네트워크 등)을 이용하여 타인에게 전달 또는 외부 반출하는 경우는 부정 처리합니다.
- 시험 중 부주의 또는 고의로 시스템을 파손한 경우는 수험자가 변상해야 하며, 〈수험자 유의사항〉에 기재된 방법대로 이행하지 않아 생기는 불이익은 수험생 당사자의 책임임을 알려 드립니다.
- 문제의 조건은 한컴오피스 2022 버전으로 설정되어 있으니 유의하시기 바랍니다.
- 시험을 완료한 수험자는 답안파일이 전송되었는지 확인한 후 감독위원의 지시에 따라 문제지를 제출하고 퇴실합니다.

답안 작성요령

온라인 답안 작성 절차

수험자 등록 ➡ 시험 시작 ➡ 답안파일 저장 ➡ 답안 전송 ➡ 시험 종료

공통 부문

- 글꼴에 대한 기본설정은 함초롬바탕, 10포인트, 검정, 줄 간격 160%, 양쪽 정렬로 합니다.
- 색상은 조건의 색을 적용하고 색의 구분이 안 될 경우에는 RGB 값을 적용하십시오.
  (빨강 255,0,0 / 파랑 0,0,255 / 노랑 255,255,0)
- 각 문항에 주어진 ≪조건≫에 따라 작성하고 언급하지 않은 조건은 ≪출력형태≫와 같이 작성합니다.
- 용지 여백은 왼쪽 · 오른쪽 11㎜, 위쪽 · 아래쪽 · 머리말 · 꼬리말 10㎜, 제본 0㎜로 합니다.
- 그림 삽입 문제의 경우 「내 PC₩문서₩ITQ₩Picture」 폴더에서 지정된 파일을 선택하여 삽입하십시오.
- 삽입한 그림은 반드시 문서에 포함하여 저장해야 합니다(미포함 시 감점 처리).
- 각 항목은 지정된 페이지에 출력형태와 같이 정확히 작성하시기 바라며, 그렇지 않을 경우에 해당 항목은 0점 처리됩니다.
  ※ 페이지 구분 : 1페이지 – 기능평가 Ⅰ (문제번호 표시 : 1. 2.),
  2페이지 – 기능평가 Ⅱ (문제번호 표시 : 3. 4.),
  3페이지 – 문서작성 능력평가

기능평가

- 문제와 ≪조건≫은 입력하지 않으며 문제번호와 답(≪출력형태≫)만 작성합니다.
- 4번 문제는 묶기를 했을 경우 0점 처리됩니다.

문서작성 능력평가

- A4 용지(210㎜×297㎜) 1매 크기, 세로 서식 문서로 작성합니다.
- ⬚ 표시는 문서작성에 대한 지시사항이므로 작성하지 않습니다.

kpc 한국생산성본부

기능평가 I (150점)

1. 다음의 ≪조건≫에 따라 스타일 기능을 적용하여 ≪출력형태≫와 같이 작성하시오. (50점)

≪조건≫ (1) 스타일 이름 – skiing
(2) 문단 모양 – 왼쪽 여백 : 15pt, 문단 아래 간격 : 10pt
(3) 글자 모양 – 글꼴 : 한글(돋움)/영문(궁서), 크기 : 10pt, 장평 : 95%, 자간 : 5%

≪출력형태≫

New ski and binding designs, coupled with the introduction of ski lifts and snow cars to carry skiers up mountains, enabled the development of alpine skis.

스키는 길고 평평한 활면에 신발을 붙인 도구를 신고 눈 위를 활주하는 스포츠로 스웨덴의 중부 호팅 지방에서 발견된 4,500년 전의 스키가 가장 오래된 것으로 알려져 있다.

2. 다음의 ≪조건≫에 따라 ≪출력형태≫와 같이 표와 차트를 작성하시오. (100점)

≪표 조건≫ (1) 표 전체(표, 캡션) – 돋움, 10pt
(2) 정렬 – 문자 : 가운데 정렬, 숫자 : 오른쪽 정렬
(3) 셀 배경(면색) : 노랑
(4) 한글의 계산 기능을 이용하여 빈칸에 평균(소수점 두 자리)을 구하고, 캡션 기능 사용할 것
(5) 선 모양은 ≪출력형태≫와 동일하게 처리할 것

≪출력형태≫

크로스컨트리 K-Point(단위 : 점)

구분	회장배	학생종별	전국체전	종별	평균
김용철	137.5	112.1	120.5	112.3	
박민식	135.4	131.8	154.4	114.7	
이창호	185.4	164.2	190.1	206.9	
최재은	162.7	157.2	153.4	168.4	

≪차트 조건≫ (1) 차트 데이터는 표 내용에서 구분별 김용철, 박민식, 이창호의 값만 이용할 것
(2) 종류 – 〈묶은 가로 막대형〉으로 작업할 것
(3) 제목 – 글꼴 : 굴림, 진하게, 12pt,
속성 : 채우기(밝은 색 : 하양), 테두리, 그림자(바깥쪽 : 왼쪽)
(4) 제목 이외의 전체 글꼴 – 굴림, 보통, 10pt
(5) 축 제목과 범례는 ≪출력형태≫와 동일하게 처리할 것

≪출력형태≫

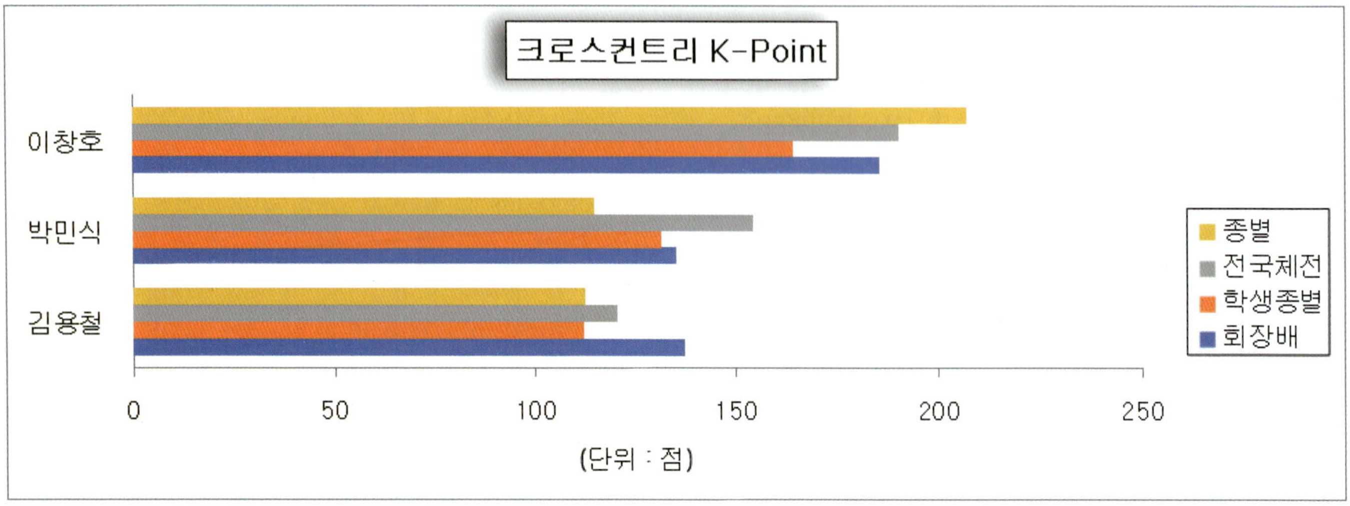

 (150점)

3. 다음 (1), (2)의 수식을 수식 편집기로 각각 입력하시오. (40점)

≪출력형태≫

(1) $\sum_{k=1}^{n} k^2 = \frac{1}{6} n(n+1)(2n+1)$

(2) $F_n = \frac{a(r^n - 1)}{r-1} = \frac{a(1+r^n)}{1-r}(r \neq 1)$

4. 다음의 ≪조건≫에 따라 ≪출력형태≫와 같이 문서를 작성하시오. (110점)

≪조건≫

(1) 그리기 도구를 이용하여 작성하고, 모든 도형(글맵시, 지정된 그림 포함)을 ≪출력형태≫와 같이 작성하시오.

(2) 도형의 면색은 지시사항이 없으면 색 없음을 제외하고 서로 다르게 임의로 지정하시오.

≪출력형태≫

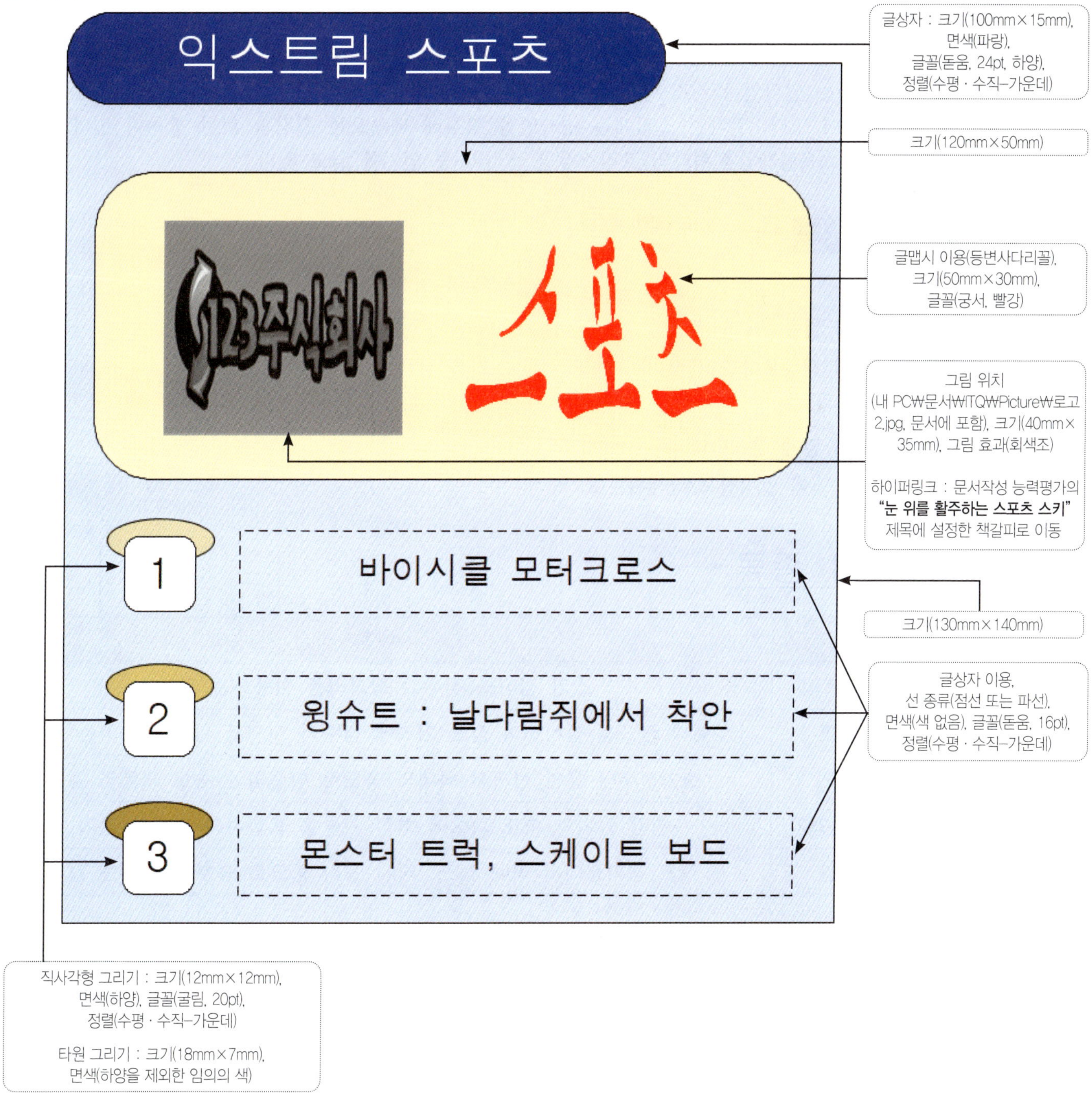

글꼴 : 궁서, 18pt, 진하게, 가운데 정렬
책갈피 이름 : 스포츠
덧말 넣기

머리말 기능
굴림, 10pt, 오른쪽 정렬 → 겨울 레포츠

이동수단에서 스포츠로

눈 위를 활주하는 스포츠 스키

문단 첫 글자 장식 기능
글꼴 : 돋움, 면색 : 노랑

그림 위치(내 PC\문서\ITQ\Picture\그림4.jpg, 문서에 포함)
자르기 기능 이용, 크기(40mm×40mm), 바깥 여백 왼쪽 : 2mm

스키는 오랜 옛날부터 이동수단으로서의 목적으로 이를 이용하여 사냥을 하고 전쟁을 수행하여 제2의 발이라고 칭해지며 자연스럽게 개발되었다. 스키의 유래는 기원전 3000년경으로 추측(推測)되며, 발생지는 러시아 동북부 알다이와 바이칼호 지방으로 알려져 있다. 우리나라 역시 정확한 기록은 없지만 2000-3000년 전부터 스키를 타 왔던 것으로 짐작(斟酌)된다. 함경도에서 발굴된 석기시대 유물에서 고대에 사용된 것으로 보이는 썰매가 나온 사례도 있다. 일제 강점기에는 제1회 조선스키대회가 열렸고, 1946년에는 조선스키협회가 창립되었다. 그리고 1948년 정부 수립과 함께 그 명칭이 대한스키협회로 바뀌어 오늘에 이르고 있다.

스키는 완만한 구릉 지대인 북유럽에서는 거리 경기 위주의 노르딕 스키가 발달했고, 산세가 험한 알프스 지역에서는 경사면을 빠르게 활강하는 알파인 스키가 발달했다. 노르딕 스키에는 크로스컨트리와 스키 점프, 그리고 두 가지를 합한 노르딕 복합 종목이 있다. 알파인 스키에는 경사면을 활주해 내려오는 활강과 회전 종목이 있다. 최근에는 고난도 묘기를 선보이는 익스트림게임Ⓐ 형태의 프리스타일 스키가 큰 인기를 끌고 있다.

각주

※ 스키 플레이트

글꼴 : 굴림, 18pt, 하양
음영색 : 파랑

① 스키 플레이트
  (ㄱ) 초심자는 스키가 짧을수록 안정성이 높다.
  (ㄴ) 상급자는 자신의 신장보다 20센티미터 정도 짧은 스키를 선택
② 플레이트 보관법
  (ㄱ) 스키를 맞물리지 않게 분리한다.
  (ㄴ) 두 개의 스키를 벽에 일직선으로 세워둔다.

문단 번호 기능 사용
1수준 : 20pt, 오른쪽 정렬,
2수준 : 30pt, 오른쪽 정렬
줄 간격 : 180%

표 전체 글꼴 : 돋움, 10pt, 가운데 정렬
셀 배경(그러데이션) : 유형(세로),
시작색(하양), 끝색(노랑)

※ 스키 경기의 종류

글꼴 : 굴림, 18pt, 밑줄, 강조점

구분		내용
노르딕	크로스컨트리	스키 장비를 갖추고 장거리를 이동하는 경기
	스키 점프	2회의 점프를 실시하여 점프 거리에 점수와 자세를 합하여 가리는 경기
알파인	활강 경기	출발선부터 골인 선까지 최대의 속도로 활주하는 속도 계통의 경기
	슈퍼대회전경기	활강 경기의 속도 기술에 회전 기술을 복합하여 겨루는 경기
프리스타일	에어리얼	점프 경기장에서 곡예 점프, 착지 동작 등으로 승부를 가리는 경기

글꼴 : 돋움, 24pt, 진하게
장평 110%, 오른쪽 정렬

전국스키연합회

각주 구분선 : 5cm

Ⓐ 갖가지 고난도 묘기를 행하는 모험 레포츠로서 극한스포츠라고도 칭함

쪽 번호 매기기
5로 시작 → ⑤

제 14 회 실전모의고사

한컴오피스

과목	코드	문제유형	시험시간	수험번호	성명
아래한글	1111	D	60분		

수험자 유의사항

- 수험자는 문제지를 받는 즉시 문제지와 **수험표상의 시험과목(프로그램)이 동일한지 반드시 확인**하여야 합니다.
- 파일명은 본인의 "수험번호-성명"으로 입력하여 답안폴더(내 PC₩문서₩ITQ)에 하나의 파일로 저장해야 하며, 답안문서 파일명이 "수험번호-성명"과 일치하지 않거나, 답안파일을 전송하지 않아 미제출로 처리될 경우 실격 처리합니다 (예:12345678-홍길동.hwpx).
- 답안 작성을 마치면 파일을 저장하고, '답안 전송' 버튼을 선택하여 감독위원 PC로 답안을 전송하십시오. 수험생 정보와 저장한 파일명이 다를 경우 전송되지 않으므로 주의하시기 바랍니다.
- 답안 작성 중에도 **주기적으로 저장하고, '답안 전송'**하여야 문제 발생을 줄일 수 있습니다. 작업한 내용을 저장하지 않고 전송할 경우 이전에 저장된 내용이 전송되오니 이점 유의하시기 바랍니다.
- 답안문서는 지정된 경로 외의 다른 보조기억장치에 저장하는 경우, 지정된 시험 시간 외에 작성된 파일을 활용할 경우, 기타 통신수단(이메일, 메신저, 네트워크 등)을 이용하여 타인에게 전달 또는 외부 반출하는 경우는 부정 처리합니다.
- 시험 중 부주의 또는 고의로 시스템을 파손한 경우는 수험자가 변상해야 하며, 〈수험자 유의사항〉에 기재된 방법대로 이행하지 않아 생기는 불이익은 수험생 당사자의 책임임을 알려 드립니다.
- 문제의 조건은 한컴오피스 2022 버전으로 설정되어 있으니 유의하시기 바랍니다.
- 시험을 완료한 수험자는 답안파일이 전송되었는지 확인한 후 감독위원의 지시에 따라 문제지를 제출하고 퇴실합니다.

답안 작성요령

- **온라인 답안 작성 절차**

  수험자 등록 ➡ 시험 시작 ➡ 답안파일 저장 ➡ 답안 전송 ➡ 시험 종료

- **공통 부문**
  - 글꼴에 대한 기본설정은 함초롬바탕, 10포인트, 검정, 줄 간격 160%, 양쪽 정렬로 합니다.
  - 색상은 조건의 색을 적용하고 색의 구분이 안 될 경우에는 RGB 값을 적용하십시오.
    (빨강 255,0,0 / 파랑 0,0,255 / 노랑 255,255,0)
  - 각 문항에 주어진 ≪조건≫에 따라 작성하고 언급하지 않은 조건은 ≪출력형태≫와 같이 작성합니다.
  - 용지 여백은 왼쪽 · 오른쪽 11㎜, 위쪽 · 아래쪽 · 머리말 · 꼬리말 10㎜, 제본 0㎜로 합니다.
  - 그림 삽입 문제의 경우 「내 PC₩문서₩ITQ₩Picture」 폴더에서 지정된 파일을 선택하여 삽입하십시오.
  - 삽입한 그림은 반드시 문서에 포함하여 저장해야 합니다(미포함 시 감점 처리).
  - 각 항목은 지정된 페이지에 출력형태와 같이 정확히 작성하시기 바라며, 그렇지 않을 경우에 해당 항목은 0점 처리됩니다.

    ※ 페이지 구분 : 1페이지 – 기능평가 Ⅰ(문제번호 표시 : 1. 2.),
2페이지 – 기능평가 Ⅱ(문제번호 표시 : 3. 4.),
3페이지 – 문서작성 능력평가

- **기능평가**
  - 문제와 ≪조건≫은 입력하지 않으며 문제번호와 답(≪출력형태≫)만 작성합니다.
  - 4번 문제는 묶기를 했을 경우 0점 처리됩니다.

- **문서작성 능력평가**
  - A4 용지(210㎜×297㎜) 1매 크기, 세로 서식 문서로 작성합니다.
  - [ ] 표시는 문서작성에 대한 지시사항이므로 작성하지 않습니다.

kpc 한국생산성본부

1. 다음의 ≪조건≫에 따라 스타일 기능을 적용하여 ≪출력형태≫와 같이 작성하시오. (50점)

≪조건≫ (1) 스타일 이름 – taegeukgi
(2) 문단 모양 – 첫 줄 들여쓰기 : 10pt, 문단 아래 간격 : 10pt
(3) 글자 모양 – 글꼴 : 한글(돋움)/영문(굴림), 크기 : 10pt, 장평 : 95%, 자간 : –5%

≪출력형태≫

One thing that cannot be overlooked in understanding Koreans is the national flag, Taegeukgi, which has always been flown at the most turbulent times in the country's history.

예로부터 우리 선조들이 생활 속에서 즐겨 사용하던 태극 문양은 동양사상의 근본적인 내용인 음양의 조화를 상징하며 태극기는 우주와 더불어 끝없이 창조와 번영을 희구하는 한민족의 이상을 담고 있다.

2. 다음의 ≪조건≫에 따라 ≪출력형태≫와 같이 표와 차트를 작성하시오. (100점)

≪표 조건≫ (1) 표 전체(표, 캡션) – 궁서, 10pt
(2) 정렬 – 문자 : 가운데 정렬, 숫자 : 오른쪽 정렬
(3) 셀 배경(면색) : 노랑
(4) 한글의 계산 기능을 이용하여 빈칸에 합계를 구하고, 캡션 기능 사용할 것
(5) 선 모양은 ≪출력형태≫와 동일하게 처리할 것

≪출력형태≫

국경일 태극기 게양 현황(단위 : %)

구분	2022년	2023년	2024년	2025년	합계
경기도	83.7	84.6	64.9	67.9	
경상도	82.9	85.7	72.9	71.8	
충청도	83.3	75.2	80.6	72.5	
전라도	74.9	70.5	69.7	74.1	

≪차트 조건≫ (1) 차트 데이터는 표 내용에서 연도별 경기도, 경상도, 충청도의 값만 이용할 것
(2) 종류 – 〈묶은 세로 막대형〉으로 작업할 것
(3) 제목 – 글꼴 : 굴림, 진하게, 12pt,
속성 : 채우기(밝은 색 : 하양), 테두리, 그림자(바깥쪽 : 대각선 오른쪽 아래)
(4) 제목 이외의 전체 글꼴 – 굴림, 보통, 10pt
(5) 축 제목과 범례는 ≪출력형태≫와 동일하게 처리할 것

≪출력형태≫

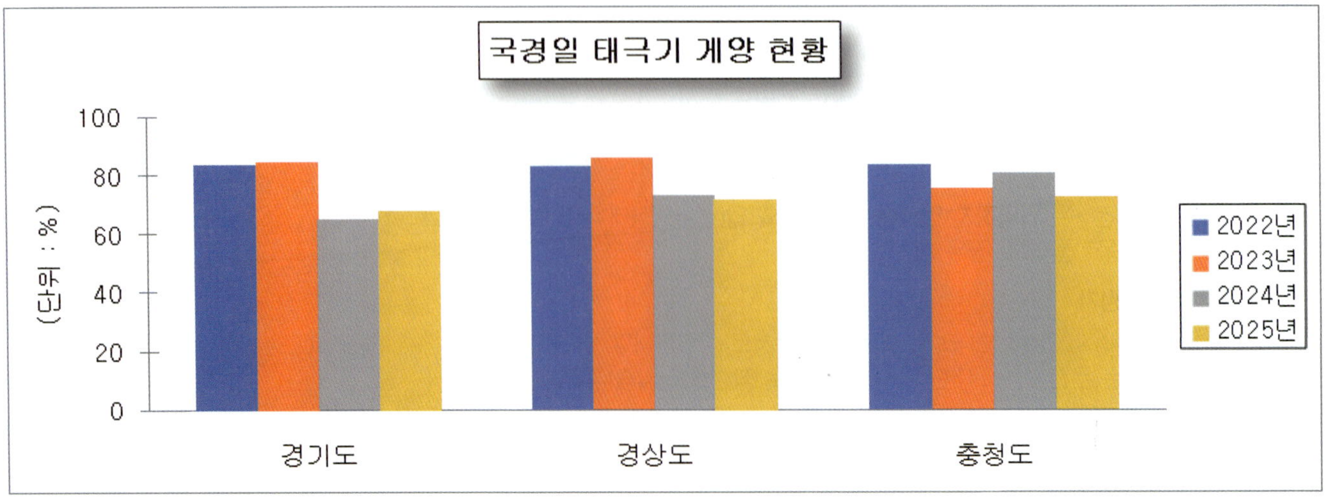

(150점)

3. 다음 (1), (2)의 수식을 수식 편집기로 각각 입력하시오. (40점)

≪출력형태≫

(1) $\lim_{n \to \infty} P_n = 1 - \frac{9^3}{10^3} = \frac{271}{1000}$

(2) $\frac{a^3}{T^2} = \frac{G}{4\pi^2}(M+m)$

4. 다음의 ≪조건≫에 따라 ≪출력형태≫와 같이 문서를 작성하시오. (110점)

≪조건≫

(1) 그리기 도구를 이용하여 작성하고, 모든 도형(글맵시, 지정된 그림 포함)을 ≪출력형태≫와 같이 작성하시오.

(2) 도형의 면색은 지시사항이 없으면 색 없음을 제외하고 서로 다르게 임의로 지정하시오.

≪출력형태≫

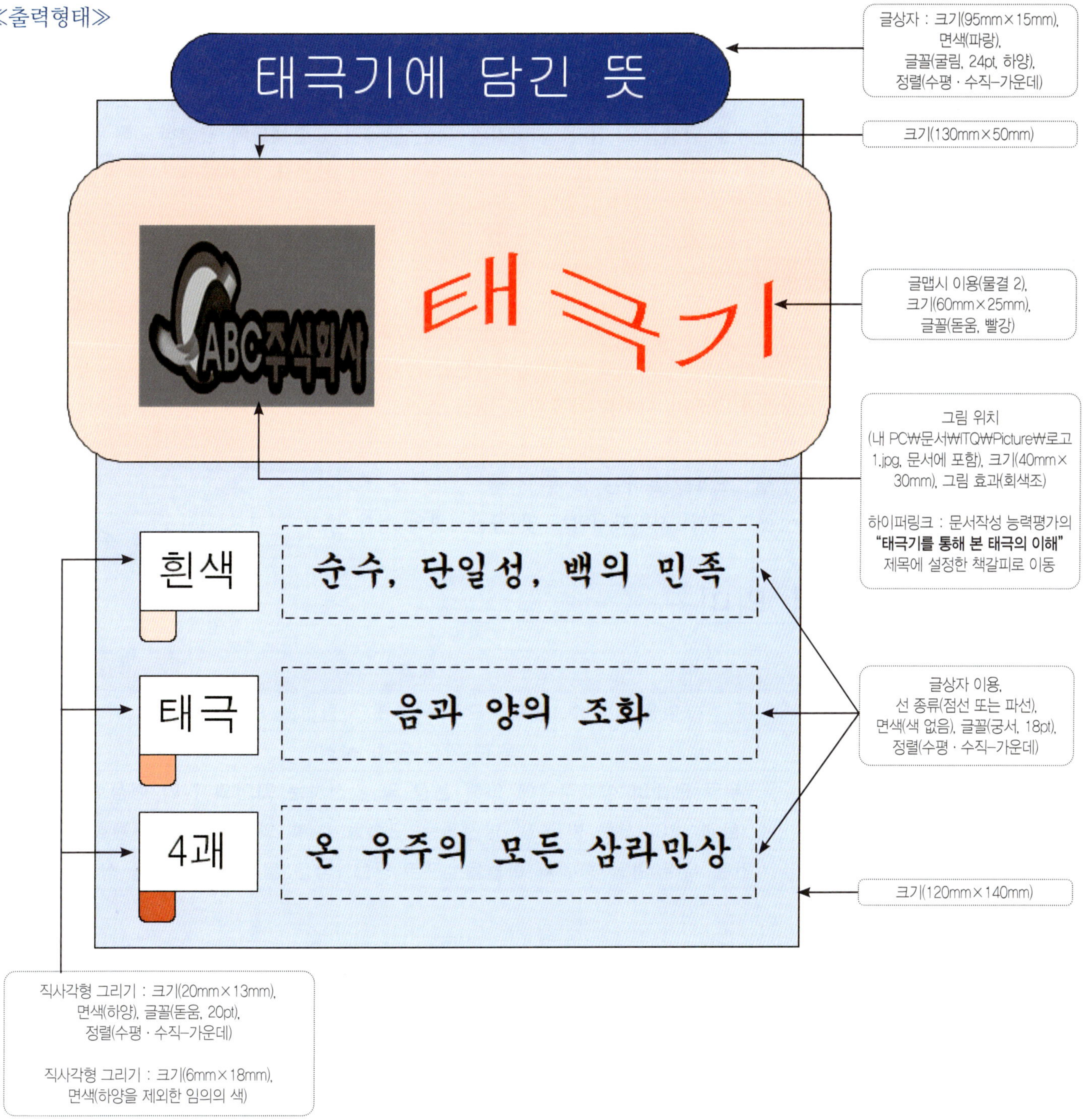

글꼴 : 돋움, 18pt, 진하게, 가운데 정렬
책갈피 이름 : 태극기
덧말 넣기

머리말 기능
굴림, 10pt, 오른쪽 정렬

국가의 상징

태극기를 통해 본 태극의 이해

(덧말: 우리나라 국기)

문단 첫 글자 장식 기능
글꼴 : 궁서, 면색 : 노랑

각주

그림 위치(내 PC₩문서₩ITQ₩Picture₩그림4.jpg, 문서에 포함)
자르기 기능 이용, 크기(40mm×35mm), 바깥 여백 왼쪽 : 2mm

근대 국가가 발전하면서 세계 각국은 국기를 제정(制定)하여 사용하기 시작하였다. 우리나라의 국기 제정은 1882년(고종 19년) 5월 22일 조미수호통상조약 조인식이 직접적인 계기(契機)가 되었다. 이후 1882년 9월 수신사①로 일본으로 가던 박영효가 배 안에서 태극 문양과 그 둘레에 건곤감리 4괘를 그려 넣은 '태극4괘 도안'의 기를 만들어 그 달 25일부터 사용하였고, 이듬해인 1883년 3월 6일에 왕명으로 이것이 국기로 제정 및 공포되었다. 그러나 공포할 당시 구체적인 국기제작 방법을 명시하지 않은 탓에 이후 다양한 형태의 국기가 사용되었다.

태극기는 흰 바탕의 한가운데에 적색은 양, 청색은 음의 태극을 두고, 괘는 사방의 대각선상에 검은빛으로 기면을 향하여 건을 왼편 위, 곤을 오른편 아래, 감을 오른편 위, 이를 왼편 아래에 둔다. 기봉은 무궁화 봉오리로 하되 하반부에 꽃받침을 뚜렷이 표시하고 전체를 금색으로 한다. 태극기의 색은 태극기 표준색도에 근접하도록 표현하며 견본은 자연광 아래에서 확인한다. 처음 제작된 태극기는 도형의 통일성이 없어 사괘와 태극양의의 위치가 혼용되다가 1948년 대한민국 정부 수립을 계기로 도안과 규격이 통일되었다.

♥ 국기의 게양방법

글꼴 : 돋움, 18pt, 하양
음영색 : 파랑

I. 게양국기의 높이
  A. 경축일 또는 평일 : 깃봉과 깃면의 사이를 떼지 않고 게양
  B. 조의를 표하는 날 : 깃봉과 깃면의 사이를 세로만큼 내려 조기로 게양
II. 국기를 전국적으로 게양하는 날
  A. 5대 국경일 및 국군의 날, 조의를 표하는 날 등
  B. 국기를 연중 게양하는 곳 : 국가, 지방자치단체 및 공공기관의 청사 등

문단 번호 기능 사용
1수준 : 20pt, 오른쪽 정렬,
2수준 : 30pt, 오른쪽 정렬
줄 간격 : 180%

표 전체 글꼴 : 굴림, 10pt, 가운데 정렬
셀 배경(그러데이션) : 유형(가로),
시작색(하양), 끝색(노랑)

♥ 태극기에 담긴 의미

글꼴 : 돋움, 18pt, 밑줄, 강조점

구분	내용
흰색 바탕	밝음과 순수, 전통적으로 평화를 사랑하는 민족성 상징
태극 문양	음과 양의 조화 상징
	우주 만물이 상호작용에 의해 생성 및 발전하는 자연의 진리 형상화
4괘(건곤감리)	음과 양이 서로 변화 및 발전하는 모습을 효(획)의 조합으로 구체화
	건은 우주 만물 중에서 하늘을, 곤은 땅을, 감은 물을, 이는 불을 상징

글꼴 : 궁서, 24pt, 진하게
장평 95%, 오른쪽 정렬

국가기록원

각주 구분선 : 5cm

① 강화도 조약 이후 조선정부가 일본에 파견한 외교사절

쪽 번호 매기기
6으로 시작

vi

제 15 회 실전모의고사

한컴오피스

과목	코드	문제유형	시험시간	수험번호	성명
아래한글	1111	E	60분		

수험자 유의사항

- 수험자는 문제지를 받는 즉시 문제지와 **수험표상의 시험과목(프로그램)이 동일한지 반드시 확인**하여야 합니다.
- 파일명은 본인의 "수험번호-성명"으로 입력하여 답안폴더(내 PC₩문서₩ITQ)에 하나의 파일로 저장해야 하며, 답안문서 파일명이 "수험번호-성명"과 일치하지 않거나, 답안파일을 전송하지 않아 미제출로 처리될 경우 실격 처리합니다(예:12345678-홍길동.hwpx).
- 답안 작성을 마치면 파일을 저장하고, '답안 전송' 버튼을 선택하여 감독위원 PC로 답안을 전송하십시오. 수험생 정보와 저장한 파일명이 다를 경우 전송되지 않으므로 주의하시기 바랍니다.
- 답안 작성 중에도 **주기적으로 저장하고, '답안 전송'**하여야 문제 발생을 줄일 수 있습니다. 작업한 내용을 저장하지 않고 전송할 경우 이전에 저장된 내용이 전송되오니 이점 유의하시기 바랍니다.
- 답안문서는 지정된 경로 외의 다른 보조기억장치에 저장하는 경우, 지정된 시험 시간 외에 작성된 파일을 활용할 경우, 기타 통신수단(이메일, 메신저, 네트워크 등)을 이용하여 타인에게 전달 또는 외부 반출하는 경우는 부정 처리합니다.
- 시험 중 부주의 또는 고의로 시스템을 파손한 경우는 수험자가 변상해야 하며, 〈수험자 유의사항〉에 기재된 방법대로 이행하지 않아 생기는 불이익은 수험생 당사자의 책임임을 알려 드립니다.
- 문제의 조건은 한컴오피스 2022 버전으로 설정되어 있으니 유의하시기 바랍니다.
- 시험을 완료한 수험자는 답안파일이 전송되었는지 확인한 후 감독위원의 지시에 따라 문제지를 제출하고 퇴실합니다.

답안 작성요령

- **온라인 답안 작성 절차**
  수험자 등록 ➡ 시험 시작 ➡ 답안파일 저장 ➡ 답안 전송 ➡ 시험 종료
- **공통 부문**
  - 글꼴에 대한 기본설정은 함초롬바탕, 10포인트, 검정, 줄 간격 160%, 양쪽 정렬로 합니다.
  - 색상은 조건의 색을 적용하고 색의 구분이 안 될 경우에는 RGB 값을 적용하십시오.
    (빨강 255,0,0 / 파랑 0,0,255 / 노랑 255,255,0)
  - 각 문항에 주어진 ≪조건≫에 따라 작성하고 언급하지 않은 조건은 ≪출력형태≫와 같이 작성합니다.
  - 용지 여백은 왼쪽 · 오른쪽 11㎜, 위쪽 · 아래쪽 · 머리말 · 꼬리말 10㎜, 제본 0㎜로 합니다.
  - 그림 삽입 문제의 경우 「내 PC₩문서₩ITQ₩Picture」 폴더에서 지정된 파일을 선택하여 삽입하십시오.
  - 삽입한 그림은 반드시 문서에 포함하여 저장해야 합니다(미포함 시 감점 처리).
  - 각 항목은 지정된 페이지에 출력형태와 같이 정확히 작성하시기 바라며, 그렇지 않을 경우에 해당 항목은 0점 처리됩니다.
    ※ 페이지 구분 : 1페이지 – 기능평가 Ⅰ(문제번호 표시 : 1. 2.),
    2페이지 – 기능평가 Ⅱ(문제번호 표시 : 3. 4.),
    3페이지 – 문서작성 능력평가
- **기능평가**
  - 문제와 ≪조건≫은 입력하지 않으며 문제번호와 답(≪출력형태≫)만 작성합니다.
  - 4번 문제는 묶기를 했을 경우 0점 처리됩니다.
- **문서작성 능력평가**
  - A4 용지(210㎜×297㎜) 1매 크기, 세로 서식 문서로 작성합니다.
  - ( ) 표시는 문서작성에 대한 지시사항이므로 작성하지 않습니다.

kpc 한국생산성본부

기능평가 Ⅰ

(150점)

1. 다음의 ≪조건≫에 따라 스타일 기능을 적용하여 ≪출력형태≫와 같이 작성하시오. (50점)

≪조건≫ (1) 스타일 이름 – creature
(2) 문단 모양 – 왼쪽 여백 : 15pt, 문단 아래 간격 : 10pt
(3) 글자 모양 – 글꼴 : 한글(굴림)/영문(돋움), 크기 : 10pt, 장평 : 95%, 자간 : 5%

≪출력형태≫

An organism may either be unicellular or be composed of, as in humans, many billions of cells grouped into specialized tissues and organs.

국립생물자원관은 국가 생물자원의 총체적 관리 시스템을 확립하고 이로부터 생물주권 확립의 기반을 다져 국가 경쟁력 제고에 기여하기 위해 설립되었다.

2. 다음의 ≪조건≫에 따라 ≪출력형태≫와 같이 표와 차트를 작성하시오. (100점)

≪표 조건≫ (1) 표 전체(표, 캡션) – 굴림, 10pt
(2) 정렬 – 문자 : 가운데 정렬, 숫자 : 오른쪽 정렬
(3) 셀 배경(면색) : 노랑
(4) 한글의 계산 기능을 이용하여 빈칸에 평균(소수점 두 자리)을 구하고, 캡션 기능 사용할 것
(5) 선 모양은 ≪출력형태≫와 동일하게 처리할 것

≪출력형태≫

생물다양성 교실 참여 신청 현황(단위 : 백 명)

구분	2021년	2022년	2023년	2024년	평균
어린이	624	706	720	924	
청소년	754	798	831	932	
가족	405	453	406	827	
단체	426	578	796	891	

≪차트 조건≫ (1) 차트 데이터는 표 내용에서 연도별 어린이, 청소년, 가족의 값만 이용할 것
(2) 종류 – 〈묶은 세로 막대형〉으로 작업할 것
(3) 제목 – 글꼴 : 돋움, 진하게, 12pt,
속성 : 채우기(밝은 색 : 하양), 테두리, 그림자(바깥쪽 : 대각선 왼쪽 아래)
(4) 제목 이외의 전체 글꼴 – 돋움, 보통, 10pt
(5) 축 제목과 범례는 ≪출력형태≫와 동일하게 처리할 것

≪출력형태≫

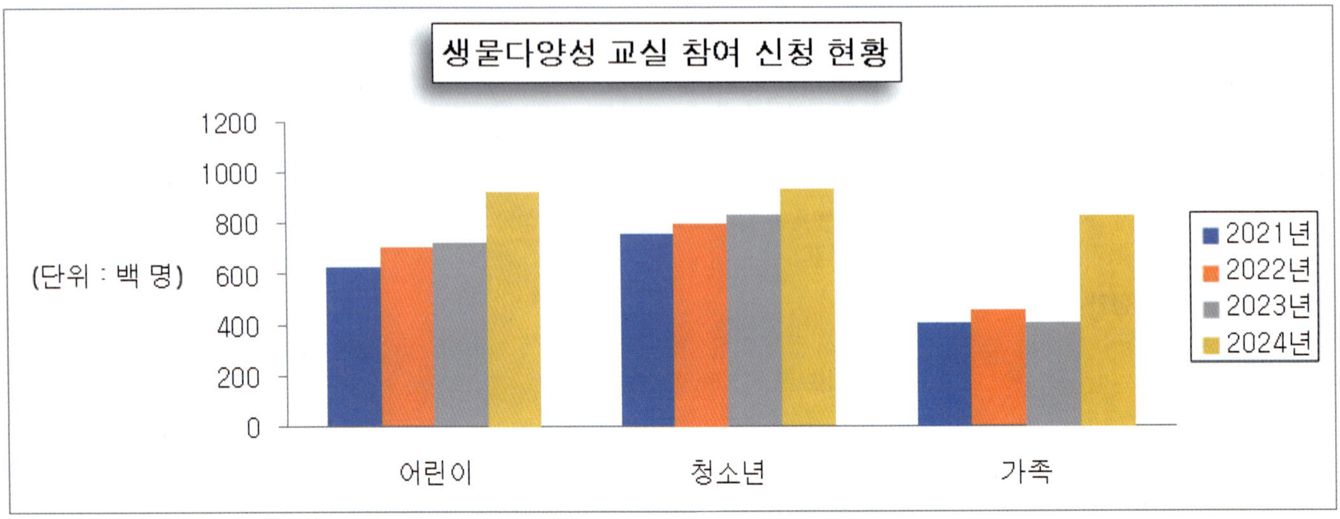

 (150점)

3. 다음 (1), (2)의 수식을 수식 편집기로 각각 입력하시오. (40점)

≪출력형태≫

(1) $F=1-\frac{9(9n-1)(9n-2)}{10(10n-1)(10n-2)}$

(2) $\triangle W=\frac{1}{2}m(f_x)^2+\frac{1}{2}m(f_y)^2$

4. 다음의 ≪조건≫에 따라 ≪출력형태≫와 같이 문서를 작성하시오. (110점)

≪조건≫

(1) 그리기 도구를 이용하여 작성하고, 모든 도형(글맵시, 지정된 그림 포함)을 ≪출력형태≫와 같이 작성하시오.

(2) 도형의 면색은 지시사항이 없으면 색 없음을 제외하고 서로 다르게 임의로 지정하시오.

≪출력형태≫

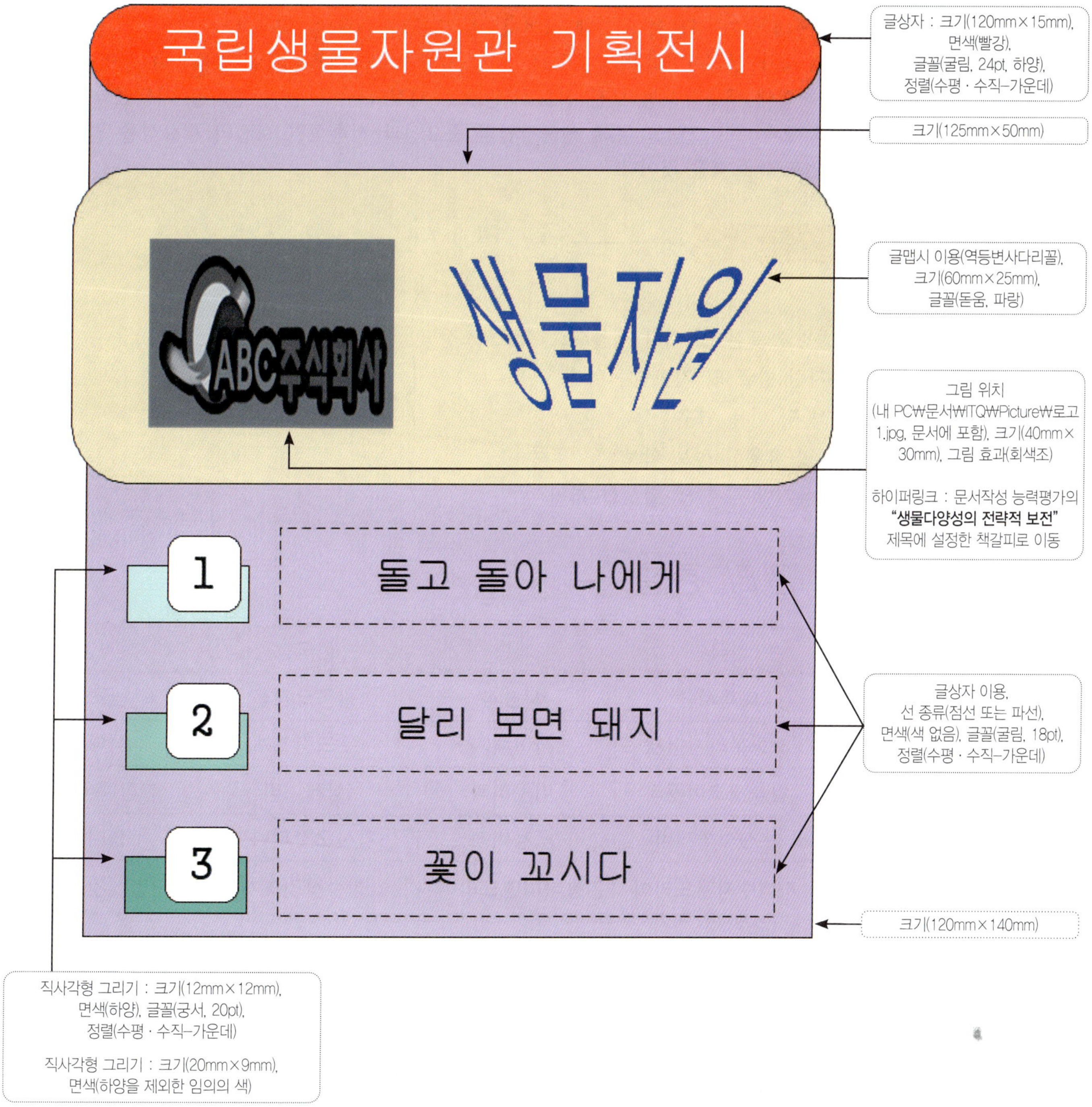

글꼴 : 돋움, 18pt, 진하게, 가운데 정렬
책갈피 이름 : 생물자원
덧말 넣기

머리말 기능
굴림, 10pt, 오른쪽 정렬

생물산업의 원천

생물자원은 우리의 힘

생물다양성의 전략적 보전

문단 첫 글자 장식 기능
글꼴 : 궁서, 면색 : 노랑

그림 위치(내 PC₩문서₩ITQ₩Picture₩그림4.jpg, 문서에 포함)
자르기 기능 이용, 크기(40mm×40mm), 바깥 여백 왼쪽 : 2mm

국립생물자원관은 지속적인 우리나라 자생생물 연구를 통해 1,800종의 생물자원을 발굴하여 50,827종의 국사생물종목록을 구축하였다. 우리 국내외 생물자원을 보전(保全)하고 이들을 지속 가능하고 현명하게 이용하는 데 솔선수범하여 21세기 생물자원의 주권 확립의 중심이 되고자 노력하고 있다.

우리나라에 서식하는 다양한 자생생물은 생명공동체를 구현하는 핵심 요소인 동시에 21세기를 주도하는 중요한 성장 동력 중의 하나인 생물산업의 원천(源泉) 소재가 되고 있다. 국립생물자원관은 이러한 미래의 소중한 국가적 자산인 자생생물자원의 총체적 관리와 생물 주권 확립의 기반 마련을 통해 국가 경쟁력 제고에 기여하고자 2007년 3월 설립되었다. 지난 7년간 국립생물자원관은 국가 생물자원의 발굴, 확보, 소장 및 연구를 체계적으로 수행하여 우리나라 생물자원의 인프라를 구축하고 UN①에 의해 생물다양성 보전 선도 기관으로 지정되는 등 많은 성과를 거두었다. 앞으로도 전시 교육관의 다양한 전시물과 교육 프로그램을 통해 생물자원의 중요성과 지속적인 보전의 필요성을 널리 알리는 살아 있는 교육의 장이 될 수 있도록 노력할 것이다.

각주

★ 자원관의 주요 기능

글꼴 : 굴림, 18pt, 하양
음영색 : 빨강

① 생물자원 주권 확립
  (ㄱ) 한반도 고유 자생생물 표본 및 기타 생물재료 확보, 소장
  (ㄴ) 국가차원의 생물자원 발굴 및 기반연구 수행
② 생물자원 유용성 분석 및 이용 연구
  (ㄱ) 생물자원의 특성 및 유용성 정보 확보
  (ㄴ) 국가 생물자원 이용기반 구축 및 활성화 지원

문단 번호 기능 사용
1수준 : 20pt, 오른쪽 정렬,
2수준 : 30pt, 오른쪽 정렬
줄 간격 : 180%

표 전체 글꼴 : 돋움, 10pt, 가운데 정렬
셀 배경(그러데이션) : 유형(왼쪽 대각선), 시작색(하양), 끝색(노랑)

★ *야생 동식물 관리 현황*

글꼴 : 굴림, 18pt, 기울임, 강조점

구분	한국명	과명	한국명	과명
멸종 위기 야생 동식물 1급	대륙사슴	사슴과	광릉요강꽃	난초과
	노랑부리저어새	저어새과	두드럭조개	석패과
	얼룩새코미꾸리	미꾸리과	상제나비	흰나비과
멸종 위기 야생 동식물 2급	무산쇠족제비	족제비과	가시오갈피나무	두릅나무과
	자색수지맨드라미	곤봉바다맨드라미과	장수삿갓조개	구멍삿갓조개과

글꼴 : 궁서, 24pt, 진하게
장평 95%, 오른쪽 정렬

국립생물자원관

각주 구분선 : 5cm

① 제2차 세계 대전 이후 국제 협력을 달성하기 위하여 창설된 국제 협력 기구

쪽 번호 매기기
7로 시작

vii

PART 03

최신기출유형

제 01 회 최신기출유형

한컴오피스

과목	코드	문제유형	시험시간	수험번호	성명
아래한글	1111	A	60분		

수험자 유의사항

- 수험자는 문제지를 받는 즉시 문제지와 **수험표상의 시험과목(프로그램)이 동일한지 반드시 확인**하여야 합니다.
- 파일명은 본인의 "수험번호-성명"으로 입력하여 답안폴더(내 PC₩문서₩ITQ)에 하나의 파일로 저장해야 하며, 답안문서 파일명이 "수험번호-성명"과 일치하지 않거나, 답안파일을 전송하지 않아 미제출로 처리될 경우 실격 처리합니다(예:12345678-홍길동.hwpx).
- 답안 작성을 마치면 파일을 저장하고, '답안 전송' 버튼을 선택하여 감독위원 PC로 답안을 전송하십시오. 수험생 정보와 저장한 파일명이 다를 경우 전송되지 않으므로 주의하시기 바랍니다.
- 답안 작성 중에도 **주기적으로 저장하고, '답안 전송'**하여야 문제 발생을 줄일 수 있습니다. 작업한 내용을 저장하지 않고 전송할 경우 이전에 저장된 내용이 전송되오니 이점 유의하시기 바랍니다.
- 답안문서는 지정된 경로 외의 다른 보조기억장치에 저장하는 경우, 지정된 시험 시간 외에 작성된 파일을 활용할 경우, 기타 통신수단(이메일, 메신저, 네트워크 등)을 이용하여 타인에게 전달 또는 외부 반출하는 경우는 부정 처리합니다.
- 시험 중 부주의 또는 고의로 시스템을 파손한 경우는 수험자가 변상해야 하며, 〈수험자 유의사항〉에 기재된 방법대로 이행하지 않아 생기는 불이익은 수험생 당사자의 책임임을 알려 드립니다.
- 문제의 조건은 한컴오피스 2022 버전으로 설정되어 있으니 유의하시기 바랍니다.
- 시험을 완료한 수험자는 답안파일이 전송되었는지 확인한 후 감독위원의 지시에 따라 문제지를 제출하고 퇴실합니다.

답안 작성요령

- **온라인 답안 작성 절차**

  수험자 등록 ➡ 시험 시작 ➡ 답안파일 저장 ➡ 답안 전송 ➡ 시험 종료

- **공통 부문**
  - 글꼴에 대한 기본설정은 함초롬바탕, 10포인트, 검정, 줄 간격 160%, 양쪽 정렬로 합니다.
  - 색상은 조건의 색을 적용하고 색의 구분이 안 될 경우에는 RGB 값을 적용하십시오.
    (빨강 255,0,0 / 파랑 0,0,255 / 노랑 255,255,0)
  - 각 문항에 주어진 ≪조건≫에 따라 작성하고 언급하지 않은 조건은 ≪출력형태≫와 같이 작성합니다.
  - 용지 여백은 왼쪽 · 오른쪽 11㎜, 위쪽 · 아래쪽 · 머리말 · 꼬리말 10㎜, 제본 0㎜로 합니다.
  - 그림 삽입 문제의 경우 「내 PC₩문서₩ITQ₩Picture」 폴더에서 지정된 파일을 선택하여 삽입하십시오.
  - 삽입한 그림은 반드시 문서에 포함하여 저장해야 합니다(미포함 시 감점 처리).
  - 각 항목은 지정된 페이지에 출력형태와 같이 정확히 작성하시기 바라며, 그렇지 않을 경우에 해당 항목은 0점 처리됩니다.
    ※ 페이지 구분 : 1페이지 – 기능평가 Ⅰ(문제번호 표시 : 1. 2.),
    2페이지 – 기능평가 Ⅱ(문제번호 표시 : 3. 4.),
    3페이지 – 문서작성 능력평가

- **기능평가**
  - 문제와 ≪조건≫은 입력하지 않으며 문제번호와 답(≪출력형태≫)만 작성합니다.
  - 4번 문제는 묶기를 했을 경우 0점 처리됩니다.

- **문서작성 능력평가**
  - A4 용지(210㎜×297㎜) 1매 크기, 세로 서식 문서로 작성합니다.
  - [점선 상자] 표시는 문서작성에 대한 지시사항이므로 작성하지 않습니다.

기능평가 Ⅰ (150점)

1. 다음의 ≪조건≫에 따라 스타일 기능을 적용하여 ≪출력형태≫와 같이 작성하시오. (50점)

≪조건≫ (1) 스타일 이름 – cio
(2) 문단 모양 – 왼쪽 여백 : 10pt, 문단 아래 간격 : 10pt
(3) 글자 모양 – 글꼴 : 한글(궁서)/영문(돋움), 크기 : 10pt, 장평 : 95%, 자간 : –5%

≪출력형태≫

As information technology and systems have become more important, the CIO has come to be viewed in many organizations as a key contributor.

최고정보관리책임자란 기업 활동에서 기업 전략으로서의 정보 시스템을 어떻게 활용할 것인가를 입안, 실행하는 정보 자원 관리의 책임을 지는 사람을 말한다.

2. 다음의 ≪조건≫에 따라 ≪출력형태≫와 같이 표와 차트를 작성하시오. (100점)

≪표 조건≫ (1) 표 전체(표, 캡션) – 돋움, 10pt
(2) 정렬 – 문자 : 가운데 정렬, 숫자 : 오른쪽 정렬
(3) 셀 배경(면색) : 노랑
(4) 한글의 계산 기능을 이용하여 빈칸에 평균(소수점 두 자리)을 구하고, 캡션 기능 사용할 것
(5) 선 모양은 ≪출력형태≫와 동일하게 처리할 것

≪출력형태≫

최고정보관리책임자 채용 현황(단위 : %)

구분	2021년	2022년	2023년	2024년	평균
정보기술	37.2	28.6	57.4	69.6	
정보통신	46.8	59.3	70.8	75.1	
금융기관	32.1	45.3	40.6	76.3	
제조업	22.6	35.3	46.2	49.7	

≪차트 조건≫ (1) 차트 데이터는 표 내용에서 연도별 정보기술, 정보통신, 금융기관의 값만 이용할 것
(2) 종류 – 〈묶은 세로 막대형〉으로 작업할 것
(3) 제목 – 글꼴 : 굴림, 진하게, 12pt,
속성 : 채우기(밝은 색 : 하양), 테두리, 그림자(바깥쪽 : 대각선 오른쪽 아래)
(4) 제목 이외의 전체 글꼴 – 굴림, 보통, 10pt
(5) 축 제목과 범례는 ≪출력형태≫와 동일하게 처리할 것

≪출력형태≫

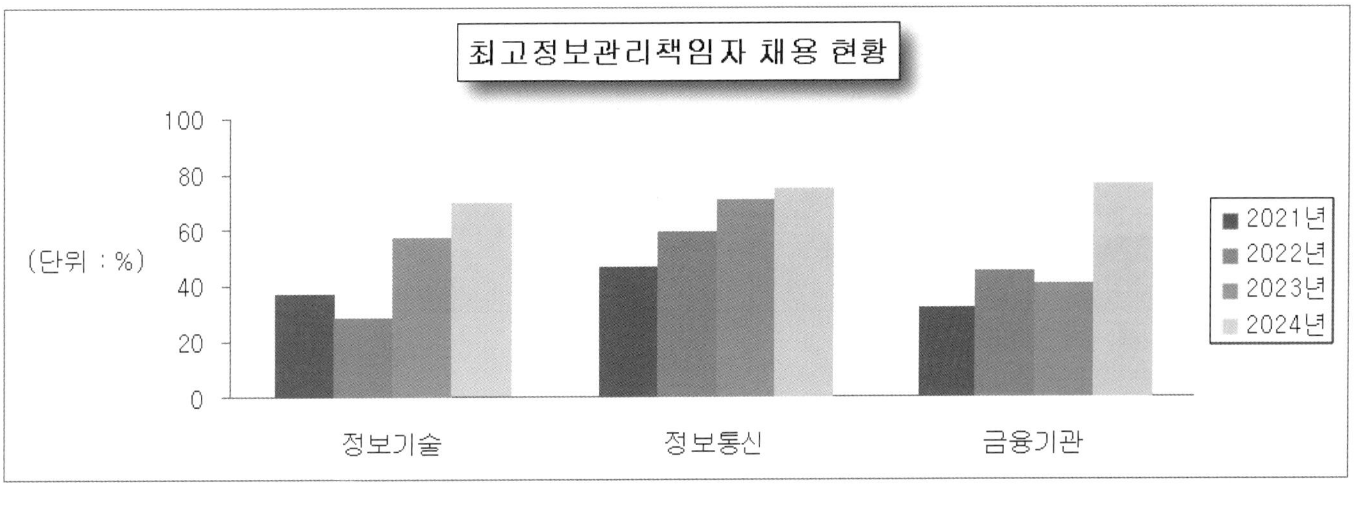

3. 다음 (1), (2)의 수식을 수식 편집기로 각각 입력하시오. (40점)

≪출력형태≫

(1) $G = 2\int_{\frac{a}{2}}^{a} \frac{b\sqrt{a^2 - x^2}}{a} dx$

(2) $L = \frac{m+M}{m} V = \frac{m+M}{m}\sqrt{2gh}$

4. 다음의 ≪조건≫에 따라 ≪출력형태≫와 같이 문서를 작성하시오. (110점)

≪조건≫

(1) 그리기 도구를 이용하여 작성하고, 모든 도형(글맵시, 지정된 그림 포함)을 ≪출력형태≫와 같이 작성하시오.

(2) 도형의 면색은 지시사항이 없으면 색 없음을 제외하고 서로 다르게 임의로 지정하시오.

≪출력형태≫

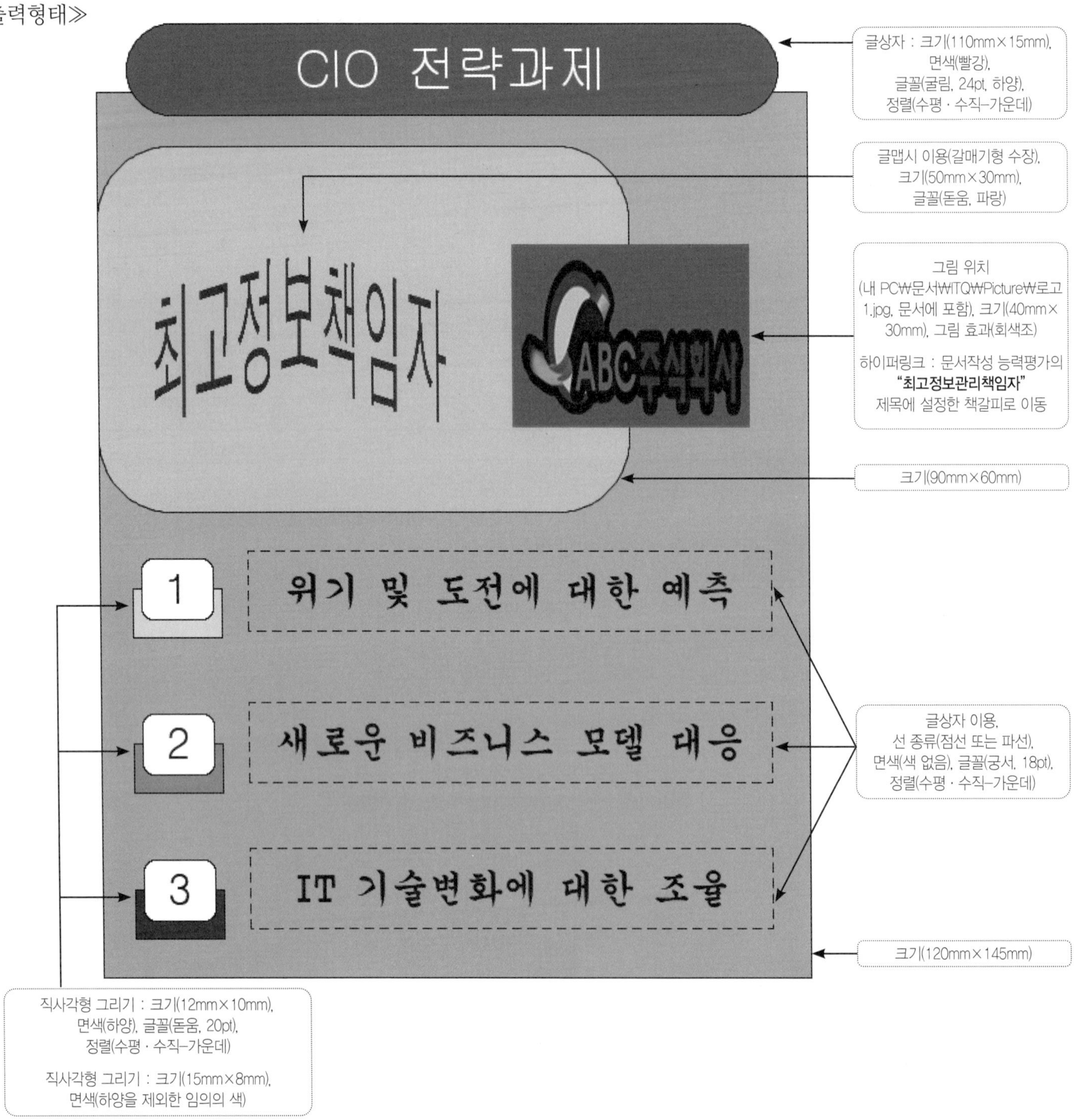

글꼴 : 돋움, 18pt, 진하게, 가운데 정렬
책갈피 이름 : 정보관리
덧말 넣기

머리말 기능
돋움, 10pt, 오른쪽 정렬 → CIO 아카데미

정보시스템 관리
최고정보관리책임자

문단 첫 글자 장식 기능
글꼴 : 궁서, 면색 : 노랑

각주

그림 위치(내 PC₩문서₩ITQ₩Picture₩그림4.jpg, 문서에 포함)
자르기 기능 이용, 크기(40mm×35mm), 바깥 여백 왼쪽 : 2mm

최근 경영환경의 급속한 변화는 최고정보관리책임자(CIO)로 하여금 정보 통신기술의 전략적 활용을 통한 기업의 경영혁신을 선도(先導)하고 새로운 비즈니스 가치를 창출해야 하는 다양한 역할을 요구하고 있다. CIO는 기업의 경영 목표를 이루기 위해 정보기술을 감독하고 정보전략을 세우는 것을 주 임무로 한다. 따라서 기업 경영에 대한 통찰력이 있어야 하며 정보기술을 기업 구석구석까지 전략적으로 사용할 수 있는 능력을 갖춰야 한다. e비즈니스ⓐ의 보급과 전산화의 영향으로 기업 내의 정보 및 정보시스템 관리 능력이 기업의 주요 경쟁력으로 꼽히면서 중요성이 강조되고 있는 직책(職責)이다.

CIO는 이렇게 한 기업의 정보기술과 컴퓨터 시스템 부문을 책임지는 사람에게 부여되는 명칭이다. 기업의 인터넷과 월드와이드웹 등을 장기 전략과 중기 비즈니스 계획에 통합하기 위한 사업을 지휘하는 경우도 많다. 따라서 최고정보관리책임자는 정보기술과 이의 활용에 관한 기술적 지식 및 경험도 필요하며, 사업 운영에 대한 지식과 전략적 안목이 있어야 한다.

★ CIO의 자질과 역할

글꼴 : 굴림, 18pt, 하양
음영색 : 빨강

i. CIO의 자질
   a. 리더십, 의사소통능력, 전략/혁신감각, IT지식, 자원관리
   b. 업계에 대한 지식, 창의력, 긍정적 사고, 정치적 능력
ii. CIO의 역할
   a. 경영전략에 부응하는 IT전략 수립 및 정보시스템 구축
   b. 기업이 필요로 하는 IT기반의 새로운 비즈니스 모델 창출

문단 번호 기능 사용
1수준 : 20pt, 오른쪽 정렬,
2수준 : 30pt, 오른쪽 정렬
줄 간격 : 180%

★ CIO 아카데미 커리큘럼

글꼴 : 굴림, 18pt, 밑줄, 강조점

표 전체 글꼴 : 돋움, 10pt, 가운데 정렬
셀 배경(그러데이션) : 유형(가로),
시작색(하양), 끝색(노랑)

일자	구분	주요 내용	장소
1월 16일	IT 기술 트렌드	4차 산업혁명시대, 디지털 신기술과 미래 전략	국제관
1월 23일		블록체인 기술과 산업별 적용 사례	전략실
1월 30일		빅데이터 활용 이슈와 성공 사례	기획실
2월 13일	정보관리 정보보호 소양 교육	국내 개인정보보호규정 대응 현황 및 국제적 전망	회의실

글꼴 : 궁서, 24pt, 진하게
장평 105%, 오른쪽 정렬 → **한국CIO포럼**

각주 구분선 : 5cm

ⓐ 인터넷을 기업 경영에 도입하여 기존 기업의 경영 활동 영역을 가상공간으로 이전시킨 것

쪽 번호 매기기
4로 시작 → iv

제 02 회 최신기출유형

한컴오피스

과목	코드	문제유형	시험시간	수험번호	성명
아래한글	1111	B	60분		

수험자 유의사항

- 수험자는 문제지를 받는 즉시 문제지와 **수험표상의 시험과목(프로그램)이 동일한지 반드시 확인**하여야 합니다.
- 파일명은 본인의 "수험번호-성명"으로 입력하여 답안폴더(내 PC₩문서₩ITQ)에 하나의 파일로 저장해야 하며, 답안문서 파일명이 "수험번호-성명"과 일치하지 않거나, 답안파일을 전송하지 않아 미제출로 처리될 경우 실격 처리합니다(예:12345678-홍길동.hwpx).
- 답안 작성을 마치면 파일을 저장하고, '답안 전송' 버튼을 선택하여 감독위원 PC로 답안을 전송하십시오. 수험생 정보와 저장한 파일명이 다를 경우 전송되지 않으므로 주의하시기 바랍니다.
- 답안 작성 중에도 **주기적으로 저장하고, '답안 전송'**하여야 문제 발생을 줄일 수 있습니다. 작업한 내용을 저장하지 않고 전송할 경우 이전에 저장된 내용이 전송되오니 이점 유의하시기 바랍니다.
- 답안문서는 지정된 경로 외의 다른 보조기억장치에 저장하는 경우, 지정된 시험 시간 외에 작성된 파일을 활용할 경우, 기타 통신수단(이메일, 메신저, 네트워크 등)을 이용하여 타인에게 전달 또는 외부 반출하는 경우는 부정 처리합니다.
- 시험 중 부주의 또는 고의로 시스템을 파손한 경우는 수험자가 변상해야 하며, 〈수험자 유의사항〉에 기재된 방법대로 이행하지 않아 생기는 불이익은 수험생 당사자의 책임임을 알려 드립니다.
- 문제의 조건은 한컴오피스 2022 버전으로 설정되어 있으니 유의하시기 바랍니다.
- 시험을 완료한 수험자는 답안파일이 전송되었는지 확인한 후 감독위원의 지시에 따라 문제지를 제출하고 퇴실합니다.

답안 작성요령

- **온라인 답안 작성 절차**
  수험자 등록 ➡ 시험 시작 ➡ 답안파일 저장 ➡ 답안 전송 ➡ 시험 종료
- **공통 부문**
  - 글꼴에 대한 기본설정은 함초롬바탕, 10포인트, 검정, 줄 간격 160%, 양쪽 정렬로 합니다.
  - 색상은 조건의 색을 적용하고 색의 구분이 안 될 경우에는 RGB 값을 적용하십시오.
    (빨강 255,0,0 / 파랑 0,0,255 / 노랑 255,255,0)
  - 각 문항에 주어진 ≪조건≫에 따라 작성하고 언급하지 않은 조건은 ≪출력형태≫와 같이 작성합니다.
  - 용지 여백은 왼쪽 · 오른쪽 11㎜, 위쪽 · 아래쪽 · 머리말 · 꼬리말 10㎜, 제본 0㎜로 합니다.
  - 그림 삽입 문제의 경우 「내 PC₩문서₩ITQ₩Picture」 폴더에서 지정된 파일을 선택하여 삽입하십시오.
  - 삽입한 그림은 반드시 문서에 포함하여 저장해야 합니다(미포함 시 감점 처리).
  - 각 항목은 지정된 페이지에 출력형태와 같이 정확히 작성하시기 바라며, 그렇지 않을 경우에 해당 항목은 0점 처리됩니다.
    ※ 페이지 구분 : 1페이지 – 기능평가 Ⅰ(문제번호 표시 : 1. 2.),
    2페이지 – 기능평가 Ⅱ(문제번호 표시 : 3. 4.),
    3페이지 – 문서작성 능력평가
- **기능평가**
  - 문제와 ≪조건≫은 입력하지 않으며 문제번호와 답(≪출력형태≫)만 작성합니다.
  - 4번 문제는 묶기를 했을 경우 0점 처리됩니다.
- **문서작성 능력평가**
  - A4 용지(210㎜×297㎜) 1매 크기, 세로 서식 문서로 작성합니다.
  - ( ) 표시는 문서작성에 대한 지시사항이므로 작성하지 않습니다.

kpc 한국생산성본부

1. 다음의 ≪조건≫에 따라 스타일 기능을 적용하여 ≪출력형태≫와 같이 작성하시오. (50점)

≪조건≫ (1) 스타일 이름 – dementia
(2) 문단 모양 – 왼쪽 여백 : 15pt, 문단 아래 간격 : 10pt
(3) 글자 모양 – 글꼴 : 한글(돋움)/영문(궁서), 크기 : 10pt, 장평 : 95%, 자간 : –5%

≪출력형태≫

They may lose their ability to solve problems or control their emotions. Their personalities may change. They may become agitated or see things that are not there.

치매 질환은 정상적인 지적 능력을 유지하던 사람이 다양한 원인으로 뇌기능의 기질성 손상으로 지적 능력이 감퇴하거나 소실하여 사회적 또는 직업적 기능장애를 가져오는 경우를 통칭한다.

2. 다음의 ≪조건≫에 따라 ≪출력형태≫와 같이 표와 차트를 작성하시오. (100점)

≪표 조건≫ (1) 표 전체(표, 캡션) – 돋움, 10pt
(2) 정렬 – 문자 : 가운데 정렬, 숫자 : 오른쪽 정렬
(3) 셀 배경(면색) : 노랑
(4) 한글의 계산 기능을 이용하여 빈칸에 평균(소수점 두 자리)을 구하고, 캡션 기능 사용할 것
(5) 선 모양은 ≪출력형태≫와 동일하게 처리할 것

≪출력형태≫

치매 환자수 및 유병률 추이(단위: 만 명, %)

구분	2020년	2030년	2040년	2050년	평균
남성	31	55	90	126	
여성	68	107	162	225	
고령자 합계	812	163	252	351	
치매 유병률	12.3	12.6	14.7	18.5	

≪차트 조건≫ (1) 차트 데이터는 표 내용에서 연도별 남성, 여성, 고령자 합계의 값만 이용할 것
(2) 종류 – 〈묶은 세로 막대형〉으로 작업할 것
(3) 제목 – 글꼴 : 굴림, 진하게, 12pt,
속성 : 채우기(밝은 색 : 하양), 테두리, 그림자(바깥쪽 : 대각선 오른쪽 아래)
(4) 제목 이외의 전체 글꼴 – 굴림, 보통, 10pt
(5) 축 제목과 범례는 ≪출력형태≫와 동일하게 처리할 것

≪출력형태≫

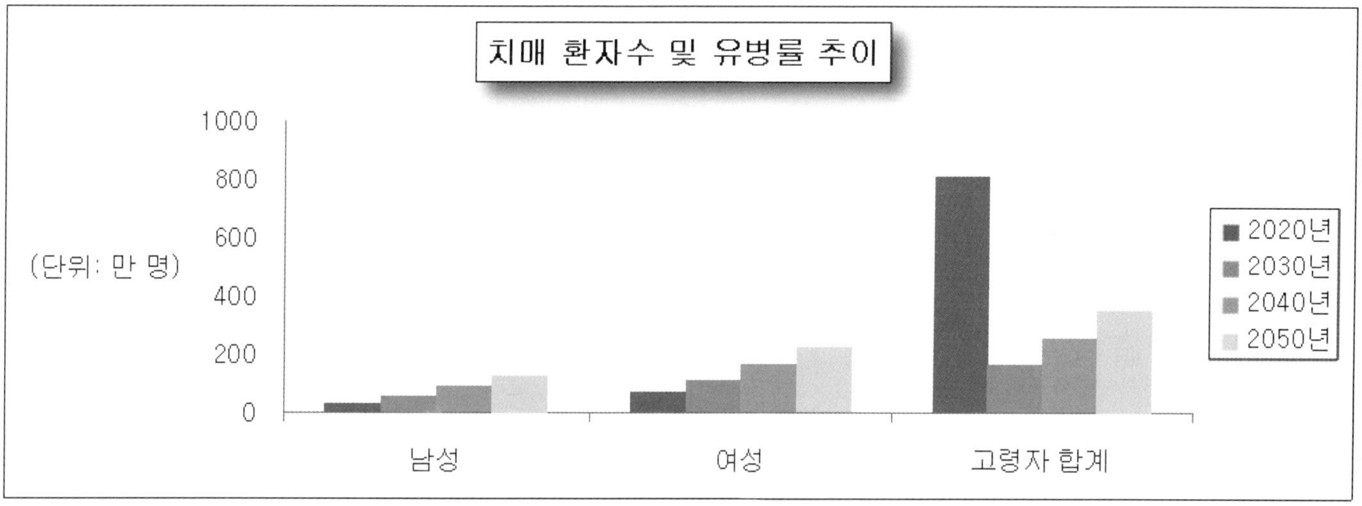

3. 다음 (1), (2)의 수식을 수식 편집기로 각각 입력하시오. (40점)

≪출력형태≫

(1) $h = \sqrt{k^2 - r^2}, M = \frac{1}{5}\pi r^2 h$

(2) $\sum_{k=1}^{n}(k^4+1) - \sum_{k=3}^{n}(k^4+1) = 27$

4. 다음의 ≪조건≫에 따라 ≪출력형태≫와 같이 문서를 작성하시오. (110점)

≪조건≫

(1) 그리기 도구를 이용하여 작성하고, 모든 도형(글맵시, 지정된 그림 포함)을 ≪출력형태≫와 같이 작성하시오.

(2) 도형의 면색은 지시사항이 없으면 색 없음을 제외하고 서로 다르게 임의로 지정하시오.

≪출력형태≫

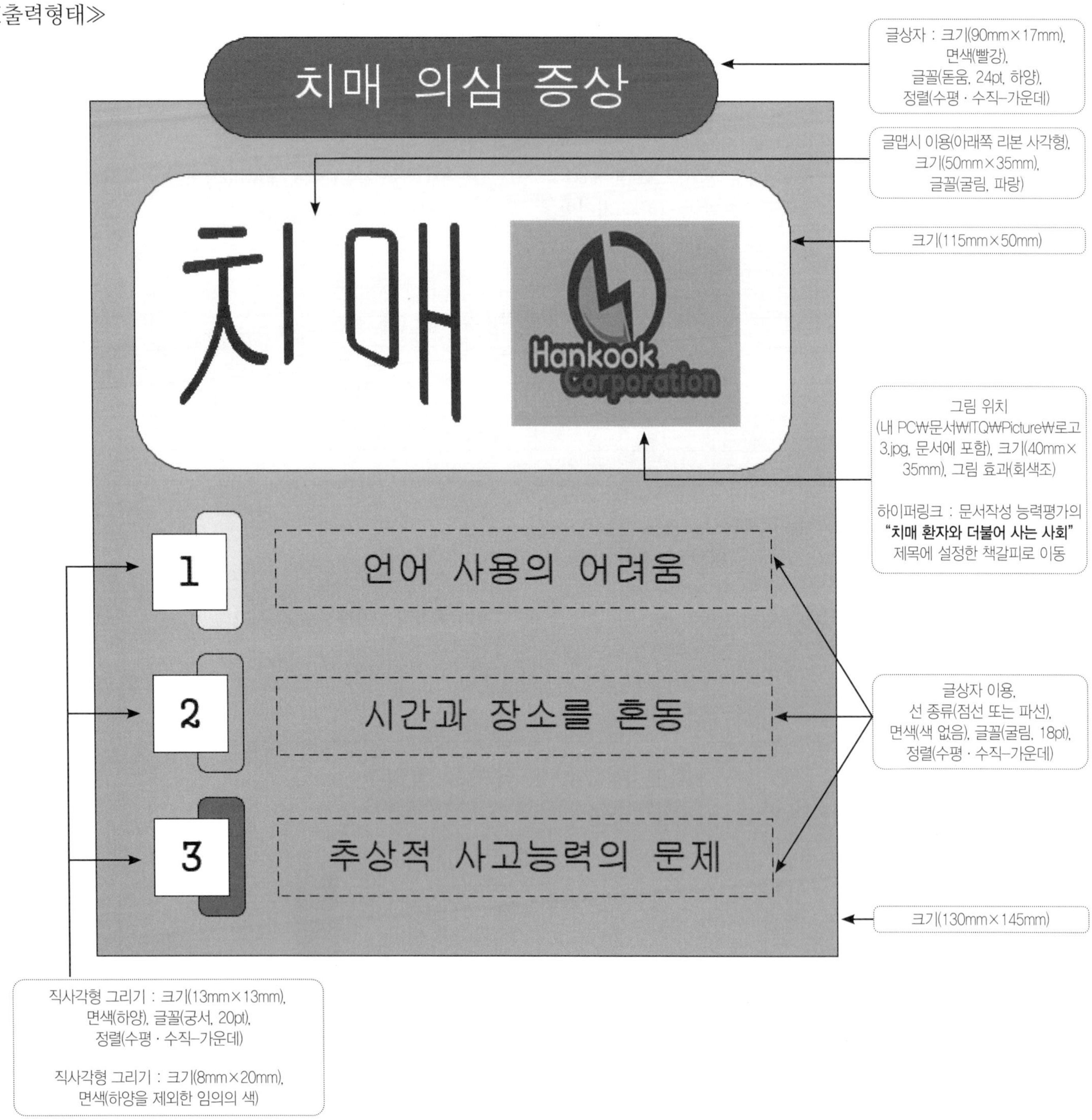

(200점)

머리말 기능
돋움, 10pt, 오른쪽 정렬 → 치매 예방

글꼴 : 굴림, 18pt, 진하게, 가운데 정렬
책갈피 이름 : 치매
덧말 넣기

치매 환자와 더불어 사는 사회
(덧말: 치매 안심 사회)

문단 첫 글자 장식 기능
글꼴 : 궁서, 면색 : 노랑

그림 위치(내 PC₩문서₩ITQ₩Picture₩그림4.jpg, 문서에 포함)
자르기 기능 이용, 크기(40mm×40mm), 바깥 여백 왼쪽 : 2mm

각주

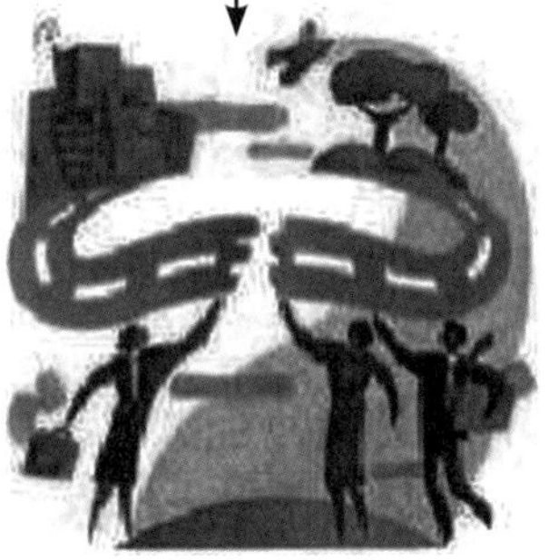

한국 65세 이상 노인 인구 중 치매㉮로 추정되는 환자는 66만명에 달하며 2024년에는 100만 명, 2041년에는 200만 명을 넘어설 것으로 예상(豫想)된다. 치매는 최근의 기억부터 잃기 시작해 나중에는 가족도 알아보지 못하고 대소변도 가리지 못해 혼자 일상생활을 하기가 어려워진다. 흔히 건망증과 치매를 혼동하는데, 열쇠를 어디에 뒀는지 모르면 건망증이고 열쇠를 보고도 열쇠인 줄 모르면 치매이다. 뻔히 아는 것조차 잊어버리면 치매 증상이라는 것이다.

치매 예방에 가장 좋은 것은 시속 6킬로미터 이상 속도로 빠르게 걷는 것이다. 땀내가 살짝 나는 꾸준한 걷기가 뇌 혈류를 개선하고 기억 중추(中樞)인 해마를 활성화한다. 고혈압, 고혈당, 고지혈증을 모두 낮추니 일석삼조이다. 치매 예방을 위해 고스톱을 치라는 속설이 있는데 이는 엄밀히 말해 과학적 방법이 아니다. 반복적인 것보다 평소 뇌가 쓰이지 않던 새로운 것을 자주 해야 한다. 그런 의미에서 전문가들은 외국어 공부가 치매 예방에 가장 좋다고 말한다. 뇌의 가용 용량을 다양하게 늘려 놓으면 설사 치매로 일부 뇌세포가 손상되더라도 그것을 보충해 줄 뇌 기능의 여유분이 있기 때문에 치매 증상이 상당히 줄어든다고 한다.

★ 치매의 종류 및 증상

글꼴 : 돋움, 18pt, 하양
음영색 : 빨강

A. 루이소체 치매
   1. 루이체가 뇌 겉질에 축적되면 치매, 중뇌에 축적되면 파킨슨병
   2. 행동이 느려짐, 뻣뻣한 움직임, 손의 떨림, 종종걸음 등
B. 알코올성 치매
   1. 신경세포에 부정적인 영향을 주며 장기간 과음 시 치매로 진행
   2. 작화증, 눈 움직임의 문제, 비틀거리는 걸음걸이, 기억력 저하

문단 번호 기능 사용
1수준 : 20pt, 오른쪽 정렬,
2수준 : 30pt, 오른쪽 정렬
줄 간격 : 180%

표 전체 글꼴 : 궁서, 10pt, 가운데 정렬
셀 배경(그러데이션) : 유형(가로),
시작색(하양), 끝색(노랑)

★ *영국의 치매 돌봄 서비스 제공 지표*

글꼴 : 돋움, 18pt, 기울임, 강조점

평가영역	구분	지표명
종사자들의 적절한 교육훈련	구조	치매 관련 종사자를 위한 지역사회 치매 교육 프로그램 제공
	과정	전체 치매 관련 종사자들 중 최신 보수교육을 이수 받은 사람들의 비율
평가 및 개인별 맞춤형 케어 플랜 수립	구조	환자 개인별 맞춤형 서비스 제공을 위한 준비
	과정1	치매 환자 중 케어 플랜이 수립된 환자 비율
	과정2	치매 환자 중 보건 및 복지 서비스 코디네이터 할당된 환자 비율

글꼴 : 굴림, 24pt, 진하게
장평 105%, 오른쪽 정렬 → **치매안심센터**

각주 구분선 : 5cm

㉮ 2030년 치매인구는 전 세계적으로 6,600만 명으로 늘어날 것으로 예상

쪽 번호 매기기
4로 시작 → D

제 03 회 최신기출유형

한컴오피스

과목	코드	문제유형	시험시간	수험번호	성명
아래한글	1111	C	60분		

수험자 유의사항

- 수험자는 문제지를 받는 즉시 문제지와 **수험표상의 시험과목(프로그램)이 동일한지 반드시 확인**하여야 합니다.
- 파일명은 본인의 "수험번호-성명"으로 입력하여 답안폴더(내 PC₩문서₩ITQ)에 하나의 파일로 저장해야 하며, 답안문서 파일명이 "수험번호-성명"과 일치하지 않거나, 답안파일을 전송하지 않아 미제출로 처리될 경우 실격 처리합니다(예:12345678-홍길동.hwpx).
- 답안 작성을 마치면 파일을 저장하고, '답안 전송' 버튼을 선택하여 감독위원 PC로 답안을 전송하십시오. 수험생 정보와 저장한 파일명이 다를 경우 전송되지 않으므로 주의하시기 바랍니다.
- 답안 작성 중에도 **주기적으로 저장하고, '답안 전송'**하여야 문제 발생을 줄일 수 있습니다. 작업한 내용을 저장하지 않고 전송할 경우 이전에 저장된 내용이 전송되오니 이점 유의하시기 바랍니다.
- 답안문서는 지정된 경로 외의 다른 보조기억장치에 저장하는 경우, 지정된 시험 시간 외에 작성된 파일을 활용할 경우, 기타 통신수단(이메일, 메신저, 네트워크 등)을 이용하여 타인에게 전달 또는 외부 반출하는 경우는 부정 처리합니다.
- 시험 중 부주의 또는 고의로 시스템을 파손한 경우는 수험자가 변상해야 하며, 〈수험자 유의사항〉에 기재된 방법대로 이행하지 않아 생기는 불이익은 수험생 당사자의 책임임을 알려 드립니다.
- 문제의 조건은 한컴오피스 2022 버전으로 설정되어 있으니 유의하시기 바랍니다.
- 시험을 완료한 수험자는 답안파일이 전송되었는지 확인한 후 감독위원의 지시에 따라 문제지를 제출하고 퇴실합니다.

답안 작성요령

- **온라인 답안 작성 절차**

  수험자 등록 ➡ 시험 시작 ➡ 답안파일 저장 ➡ 답안 전송 ➡ 시험 종료

- **공통 부문**
  - 글꼴에 대한 기본설정은 함초롬바탕, 10포인트, 검정, 줄 간격 160%, 양쪽 정렬로 합니다.
  - 색상은 조건의 색을 적용하고 색의 구분이 안 될 경우에는 RGB 값을 적용하십시오.
    (빨강 255,0,0 / 파랑 0,0,255 / 노랑 255,255,0)
  - 각 문항에 주어진 ≪조건≫에 따라 작성하고 언급하지 않은 조건은 ≪출력형태≫와 같이 작성합니다.
  - 용지 여백은 왼쪽 · 오른쪽 11㎜, 위쪽 · 아래쪽 · 머리말 · 꼬리말 10㎜, 제본 0㎜로 합니다.
  - 그림 삽입 문제의 경우 「내 PC₩문서₩ITQ₩Picture」 폴더에서 지정된 파일을 선택하여 삽입하십시오.
  - 삽입한 그림은 반드시 문서에 포함하여 저장해야 합니다(미포함 시 감점 처리).
  - 각 항목은 지정된 페이지에 출력형태와 같이 정확히 작성하시기 바라며, 그렇지 않을 경우에 해당 항목은 0점 처리됩니다.
    ※ 페이지 구분 : 1페이지 – 기능평가 Ⅰ (문제번호 표시 : 1. 2.),
    2페이지 – 기능평가 Ⅱ (문제번호 표시 : 3. 4.),
    3페이지 – 문서작성 능력평가

- **기능평가**
  - 문제와 ≪조건≫은 입력하지 않으며 문제번호와 답(≪출력형태≫)만 작성합니다.
  - 4번 문제는 묶기를 했을 경우 0점 처리됩니다.

- **문서작성 능력평가**
  - A4 용지(210㎜×297㎜) 1매 크기, 세로 서식 문서로 작성합니다.
  - [ ] 표시는 문서작성에 대한 지시사항이므로 작성하지 않습니다.

kpc 한국생산성본부

기능평가 I (150점)

1. 다음의 ≪조건≫에 따라 스타일 기능을 적용하여 ≪출력형태≫와 같이 작성하시오. (50점)

≪조건≫ (1) 스타일 이름 – keis

(2) 문단 모양 – 왼쪽 여백 : 15pt, 문단 아래 간격 : 10pt

(3) 글자 모양 – 글꼴 : 한글(돋움)/영문(굴림), 크기 : 10pt, 장평 : 95%, 자간 : 5%

≪출력형태≫

Korea Employment Information Service (KEIS) is working diligently to create a society where everyone can have work opportunity.

한국고용정보원은 고용과 직업에 관한 정보를 수집, 분석, 제공하고 고용서비스 선진화를 지원하는 고용노동부 산하기관으로 모두가 원하는 일자리에서 행복하게 일할 수 있도록 노력하고 있습니다.

2. 다음의 ≪조건≫에 따라 ≪출력형태≫와 같이 표와 차트를 작성하시오. (100점)

≪표 조건≫ (1) 표 전체(표, 캡션) – 돋움, 10pt

(2) 정렬 – 문자 : 가운데 정렬, 숫자 : 오른쪽 정렬

(3) 셀 배경(면색) : 노랑

(4) 한글의 계산 기능을 이용하여 빈칸에 평균(소수점 두 자리)을 구하고, 캡션 기능 사용할 것

(5) 선 모양은 ≪출력형태≫와 동일하게 처리할 것

≪출력형태≫

고용보험 신중년 피보험자의 연령 구성(단위 : %)

구분	2021년	2022년	2023년	2024년	평균
50-54세	37.5	37.1	36.6	36.4	
55-59세	32.1	31.1	30.1	28.9	
60-64세	20.5	21.3	21.9	22.6	
65-69세	10.1	10.6	11.5	12.1	

≪차트 조건≫ (1) 차트 데이터는 표 내용에서 연도별 50-54세, 55-59세, 60-64세의 값만 이용할 것

(2) 종류 – 〈묶은 세로 막대형〉으로 작업할 것

(3) 제목 – 글꼴 : 굴림, 진하게, 12pt,

속성 : 채우기(밝은 색 : 하양), 테두리, 그림자(바깥쪽 : 대각선 오른쪽 아래)

(4) 제목 이외의 전체 글꼴 – 굴림, 보통, 10pt

(5) 축 제목과 범례는 ≪출력형태≫와 동일하게 처리할 것

≪출력형태≫

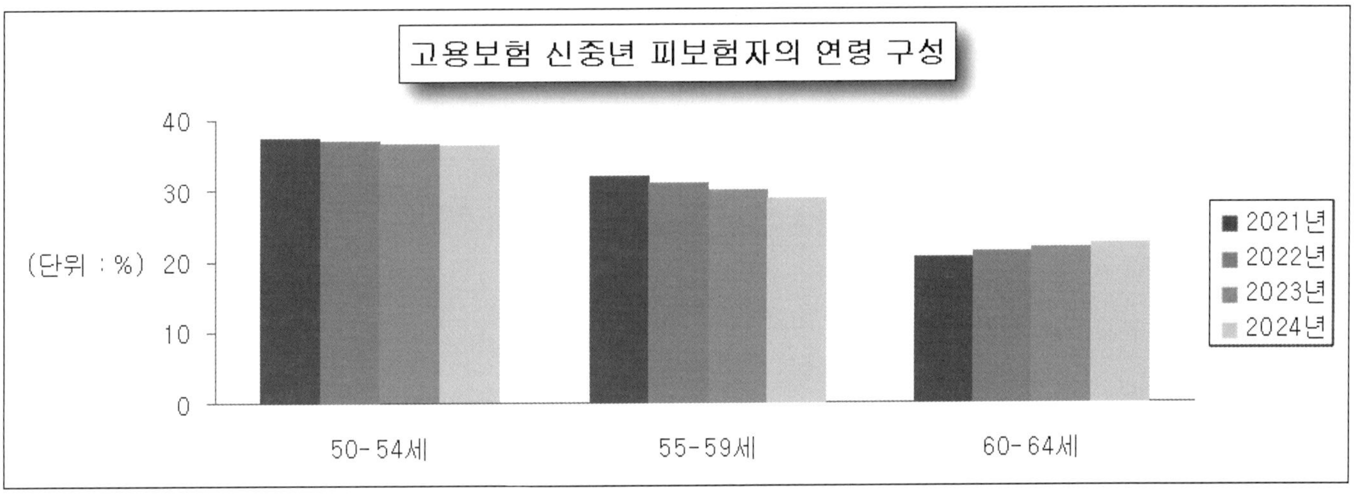

3. 다음 (1), (2)의 수식을 수식 편집기로 각각 입력하시오. (40점)

≪출력형태≫

(1) $m_2 - m_1 = \frac{5}{2}\log\frac{h_1}{h_2}$

(2) $\lim_{n \to \infty} P_n = 1 - \frac{9^3}{10^3} = \frac{271}{1000}$

4. 다음의 ≪조건≫에 따라 ≪출력형태≫와 같이 문서를 작성하시오. (110점)

≪조건≫

(1) 그리기 도구를 이용하여 작성하고, 모든 도형(글맵시, 지정된 그림 포함)을 ≪출력형태≫와 같이 작성하시오.

(2) 도형의 면색은 지시사항이 없으면 색 없음을 제외하고 서로 다르게 임의로 지정하시오.

≪출력형태≫

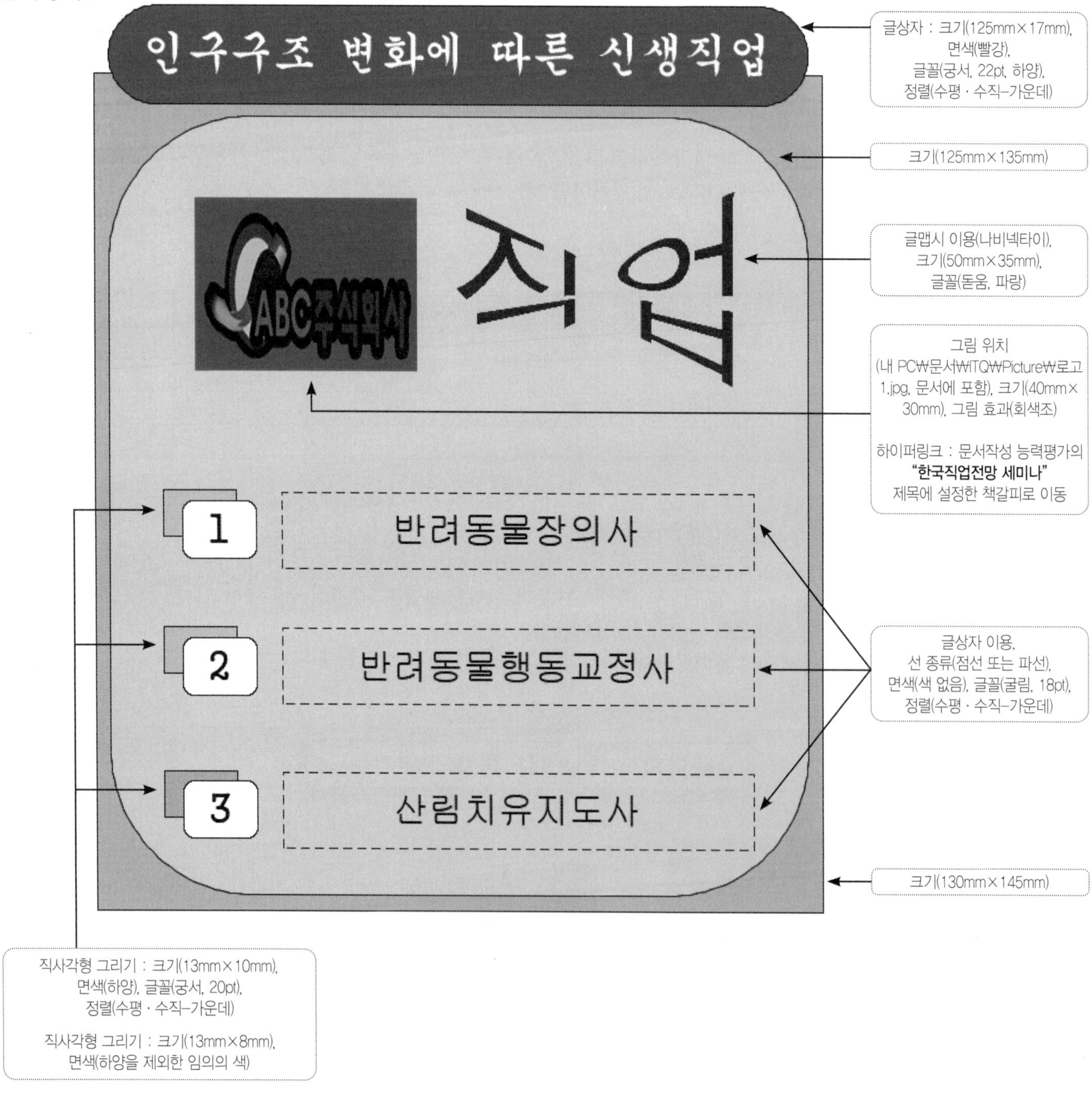

글꼴 : 굴림, 18pt, 진하게, 가운데 정렬
책갈피 이름 : 직업
덧말 넣기

머리말 기능
돋움, 10pt, 오른쪽 정렬
→ 한국직업전망

좋은 일자리
한국직업전망 세미나

문단 첫 글자 장식 기능
글꼴 : 궁서, 면색 : 노랑

그림 위치(내 PC₩문서₩ITQ₩Picture₩그림4.jpg, 문서에 포함)
자르기 기능 이용, 크기(40mm×40mm), 바깥 여백 왼쪽 : 2mm

최근 사회는 다양한 요인으로 인해 빠르게 변화하고 있습니다. 첨단산업 기술의 발전과 IT 기술의 보편화로 우리의 생활은 몇 년 전에 비해 크게 달라졌으며 저출산, 고령화로 인한 인구구조의 변화, 정부정책기조 및 산업구조의 변화 등에 의해서도 영향을 받고 있습니다. 이러한 사회 환경의 변화는 직업에도 큰 영향을 미치고 있습니다. 기존의 직업들이 축소되거나 사라지기도 하고, 기술의 발전 등으로 없던 직업이 새로이 등장하기도 합니다. 또한 산업을 이끌어가는 주요 직업들도 변화하게 됩니다. 특히 고령인구 및 1인 가구의 증가, 국민생활 수준의 향상, IT 기술의 발달 등으로 향후에는 보건 및 의료 서비스와 문화 관련 전문가의 수요(需要)가 증대할 것으로 보입니다.

한국고용정보원은 변화하는 상황에 따른 직업의 변화, 향후 전망(展望) 및 창직㉠에 대한 세미나를 개최하오니 일자리를 구하고자 하는 구직자와 대학생에게는 직업 탐색의 정보로, 학생들의 진로를 상담하고 설계하는 중고등학교의 진로진학상담교사에게는 중요한 진로 자료로 활용되길 바랍니다.

각주

♥ 세미나 일정 및 내용

글꼴 : 궁서, 18pt, 하양
음영색 : 빨강

가. 일정 및 장소
  ㉠ 일정 : 2024. 10. 14(월) - 2024. 10. 17(목)
  ㉡ 장소 : 고용노동부 7층 회의실
나. 내용
  ㉠ 구인구직 및 취업 동향
  ㉡ 새로운 직업 소개 및 취업지원 프로그램 소개

문단 번호 기능 사용
1수준 : 20pt, 오른쪽 정렬,
2수준 : 30pt, 오른쪽 정렬
줄 간격 : 180%

표 전체 글꼴 : 굴림, 10pt, 가운데 정렬
셀 배경(그러데이션) : 유형(세로), 시작색(하양), 끝색(노랑)

♥ *취업희망 프로그램*

글꼴 : 궁서, 18pt, 기울임, 강조점

모듈명	시간	세부 내용
나를 만나는 날	6시간	빗장 열기, 나와의 만남(교류 분석, 역경을 통해 발견한 나의 힘)
너를 만나는 날		우리는 한 운명, 건강한 만남의 조건, 내 마음 또는 상대방 마음 헤아리기
직업을 만나는 날	4시간	안성맞춤 직업 찾기, 직업 정보 찾기
희망으로 가는 날		장기 목표 및 단기 계획 세우기, 동아리 구성 및 카페 소개, 수료식

글꼴 : 돋움, 24pt, 진하게
장평 105%, 오른쪽 정렬

한국고용정보원

각주 구분선 : 5cm

㉠ 창조적 아이디어를 통해 개인이 새로운 직업을 발굴하고 일자리를 창출하는 것

쪽 번호 매기기
6으로 시작
→ 바

제 04 회 최신기출유형

한컴오피스

과목	코드	문제유형	시험시간	수험번호	성명
아래한글	1111	D	60분		

수험자 유의사항

- 수험자는 문제지를 받는 즉시 문제지와 **수험표상의 시험과목(프로그램)이 동일한지 반드시 확인**하여야 합니다.
- 파일명은 본인의 "수험번호-성명"으로 입력하여 답안폴더(내 PC₩문서₩ITQ)에 하나의 파일로 저장해야 하며, 답안문서 파일명이 "수험번호-성명"과 일치하지 않거나, 답안파일을 전송하지 않아 미제출로 처리될 경우 실격 처리합니다(예:12345678-홍길동.hwpx).
- 답안 작성을 마치면 파일을 저장하고, '답안 전송' 버튼을 선택하여 감독위원 PC로 답안을 전송하십시오. 수험생 정보와 저장한 파일명이 다를 경우 전송되지 않으므로 주의하시기 바랍니다.
- 답안 작성 중에도 **주기적으로 저장하고, '답안 전송'**하여야 문제 발생을 줄일 수 있습니다. 작업한 내용을 저장하지 않고 전송할 경우 이전에 저장된 내용이 전송되오니 이점 유의하시기 바랍니다.
- 답안문서는 지정된 경로 외의 다른 보조기억장치에 저장하는 경우, 지정된 시험 시간 외에 작성된 파일을 활용할 경우, 기타 통신수단(이메일, 메신저, 네트워크 등)을 이용하여 타인에게 전달 또는 외부 반출하는 경우는 부정 처리합니다.
- 시험 중 부주의 또는 고의로 시스템을 파손한 경우는 수험자가 변상해야 하며, 〈수험자 유의사항〉에 기재된 방법대로 이행하지 않아 생기는 불이익은 수험생 당사자의 책임임을 알려 드립니다.
- 문제의 조건은 한컴오피스 2022 버전으로 설정되어 있으니 유의하시기 바랍니다.
- 시험을 완료한 수험자는 답안파일이 전송되었는지 확인한 후 감독위원의 지시에 따라 문제지를 제출하고 퇴실합니다.

답안 작성요령

- **온라인 답안 작성 절차**

  수험자 등록 ➡ 시험 시작 ➡ 답안파일 저장 ➡ 답안 전송 ➡ 시험 종료
- **공통 부문**
  - 글꼴에 대한 기본설정은 함초롬바탕, 10포인트, 검정, 줄 간격 160%, 양쪽 정렬로 합니다.
  - 색상은 조건의 색을 적용하고 색의 구분이 안 될 경우에는 RGB 값을 적용하십시오.
    (빨강 255,0,0 / 파랑 0,0,255 / 노랑 255,255,0)
  - 각 문항에 주어진 ≪조건≫에 따라 작성하고 언급하지 않은 조건은 ≪출력형태≫와 같이 작성합니다.
  - 용지 여백은 왼쪽 · 오른쪽 11㎜, 위쪽 · 아래쪽 · 머리말 · 꼬리말 10㎜, 제본 0㎜로 합니다.
  - 그림 삽입 문제의 경우 「내 PC₩문서₩ITQ₩Picture」 폴더에서 지정된 파일을 선택하여 삽입하십시오.
  - 삽입한 그림은 반드시 문서에 포함하여 저장해야 합니다(미포함 시 감점 처리).
  - 각 항목은 지정된 페이지에 출력형태와 같이 정확히 작성하시기 바라며, 그렇지 않을 경우에 해당 항목은 0점 처리됩니다.

    ※ 페이지 구분 : 1페이지 – 기능평가 Ⅰ(문제번호 표시 : 1. 2.),
    2페이지 – 기능평가 Ⅱ(문제번호 표시 : 3. 4.),
    3페이지 – 문서작성 능력평가
- **기능평가**
  - 문제와 ≪조건≫은 입력하지 않으며 문제번호와 답(≪출력형태≫)만 작성합니다.
  - 4번 문제는 묶기를 했을 경우 0점 처리됩니다.
- **문서작성 능력평가**
  - A4 용지(210㎜×297㎜) 1매 크기, 세로 서식 문서로 작성합니다.
  - ⬚ 표시는 문서작성에 대한 지시사항이므로 작성하지 않습니다.

kpc 한국생산성본부

 (150점)

1. 다음의 ≪조건≫에 따라 스타일 기능을 적용하여 ≪출력형태≫와 같이 작성하시오. (50점)

≪조건≫ (1) 스타일 이름 – festival
(2) 문단 모양 – 왼쪽 여백 : 15pt, 문단 아래 간격 : 10pt
(3) 글자 모양 – 글꼴 : 한글(돋움)/영문(굴림), 크기 : 10pt, 장평 : 95%, 자간 : 5%

≪출력형태≫

Celebrating its 23th anniversary this year, the Festival has been held annually in Pohang, the Republic of Korea, collaborating with other local arts festivals.

포항바다국제연극제는 포항시와 경상북도에서 후원하는 국제 공연 축제로서 매년 새로운 콘텐츠와 콘셉트를 도입하여 국제 행사로서의 입지를 굳혀가고 있습니다.

2. 다음의 ≪조건≫에 따라 ≪출력형태≫와 같이 표와 차트를 작성하시오. (100점)

≪표 조건≫ (1) 표 전체(표, 캡션) – 돋움, 10pt
(2) 정렬 – 문자 : 가운데 정렬, 숫자 : 오른쪽 정렬
(3) 셀 배경(면색) : 노랑
(4) 한글의 계산 기능을 이용하여 빈칸에 합계를 구하고, 캡션 기능 사용할 것
(5) 선 모양은 ≪출력형태≫와 동일하게 처리할 것

≪출력형태≫

포항시 축제 방문객 현황(단위 : 만 명)

축제명	2021년	2022년	2023년	2024년	합계
바다연극축제	115	123	152	212	
해맞이축제	67	65	87	113	
우리불빛축제	54	67	74	98	
구룡포해변축제	38	49	55	82	

≪차트 조건≫ (1) 차트 데이터는 표 내용에서 연도별 바다연극축제, 해맞이축제, 우리불빛축제의 값만 이용할 것
(2) 종류 – 〈묶은 세로 막대형〉으로 작업할 것
(3) 제목 – 글꼴 : 굴림, 진하게, 12pt,
속성 : 채우기(밝은 색 : 하양), 테두리, 그림자(바깥쪽 : 대각선 오른쪽 아래)
(4) 제목 이외의 전체 글꼴 – 굴림, 보통, 10pt
(5) 축 제목과 범례는 ≪출력형태≫와 동일하게 처리할 것

≪출력형태≫

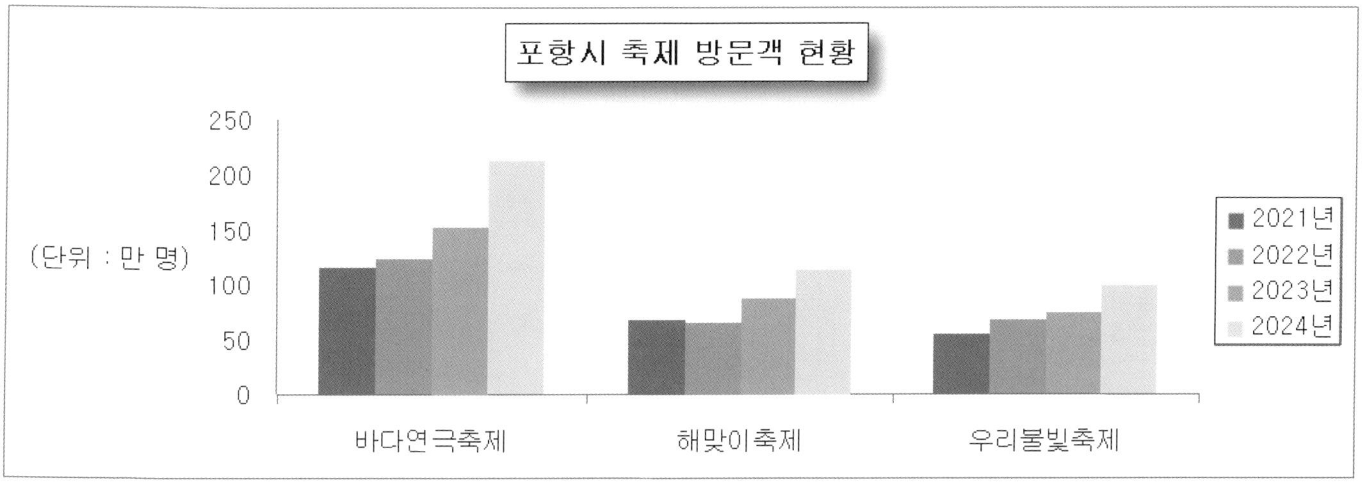

기능평가 II (150점)

3. 다음 (1), (2)의 수식을 수식 편집기로 각각 입력하시오. (40점)

≪출력형태≫

(1) $\sum_{k=1}^{n} k^3 = \frac{n(n+1)}{2} = \sum_{k=1}^{n} k$

(2) $\frac{t_A}{t_B} = \sqrt{\frac{d_B}{d_A}} = \sqrt{\frac{M_B}{M_A}}$

4. 다음의 ≪조건≫에 따라 ≪출력형태≫와 같이 문서를 작성하시오. (110점)

≪조건≫

(1) 그리기 도구를 이용하여 작성하고, 모든 도형(글맵시, 지정된 그림 포함)을 ≪출력형태≫와 같이 작성하시오.

(2) 도형의 면색은 지시사항이 없으면 색 없음을 제외하고 서로 다르게 임의로 지정하시오.

≪출력형태≫

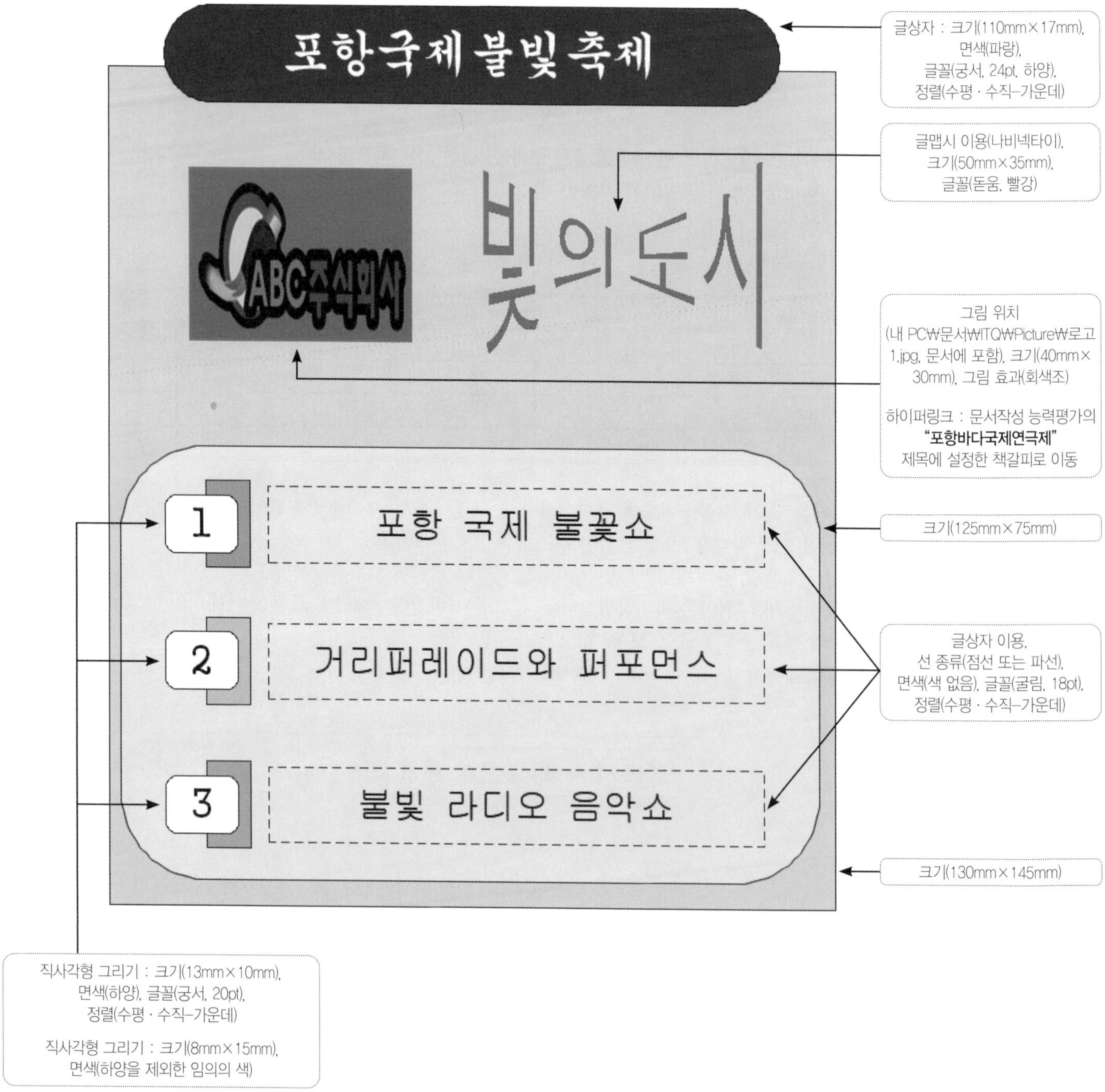

머리말 기능
돋움, 10pt, 오른쪽 정렬 → 연극 축제

글꼴 : 굴림, 18pt, 진하게, 가운데 정렬
책갈피 이름 : 연극
덧말 넣기

포항바다국제연극제
(덧말: 공연예술)

그림 위치(내 PC₩문서₩ITQ₩Picture₩그림4.jpg, 문서에 포함)
자르기 기능 이용, 크기(40mm×40mm), 바깥 여백 왼쪽 : 2mm

문단 첫 글자 장식 기능
글꼴 : 궁서, 면색 : 노랑

각주

포항바다국제연극제㉠는 매년 여름에 열리는 국제 연극 축제로서 포항시와 경상북도에서 후원하여 올해로 24회를 맞이한다. 포항바다국제연극제는 지역의 문화 발전 및 관광 자원 개발을 주도(主導)하고자 개최되며, 공연예술제의 테마는 자연과 바다 그리고 인간이 하나 되는 세상을 만드는 데 있다.

포항바다국제연극제는 여름이면 생각나는 바다와 백사장 그리고 포항의 상징인 포스코를 배경으로 포항의 대표적인 랜드마크로 자리 잡은 영일대 해상누각 앞에서 10월 14일부터 7일간 펼쳐진다. 코믹극, 공포극, 1인극 등 다양한 연극과 거리 퍼포먼스, 콘서트, 뮤지컬 등 다채로운 공연으로 축제의 분위기가 더욱 고조(高潮)될 전망이다. 또한, 포항 국제불빛축제와 연계하여 축제 분위기를 한껏 돋울 거리 퍼포먼스와 화려한 공연 예술을 선보일 예정이다. 2024년 축제에서는 국내 20여 팀 외에 중국과 베트남, 오스트리아, 네덜란드, 일본, 미국 등 해외 팀 19단체가 참여할 예정이어서 국제 행사로서의 입지도 굳혀가고 있다.

♥ 행사 개요

글꼴 : 궁서, 18pt, 하양
음영색 : 파랑

가. 일정 및 주제
  ㉠ 일정 : 2024. 10. 14(월) - 2024. 10. 20(일)
  ㉡ 주제 : 꿈꾸는 바다 그리고 인간
나. 장소 및 주최
  ㉠ 장소 : 포항북부해수욕장 영일대 해상누각 앞
  ㉡ 주최 : 포항시, (사)포항바다국제연극제진흥회

문단 번호 기능 사용
1수준 : 20pt, 오른쪽 정렬,
2수준 : 30pt, 오른쪽 정렬
줄 간격 : 180%

♥ 공연 관람 일정

글꼴 : 궁서, 18pt, 기울임, 강조점

표 전체 글꼴 : 굴림, 10pt, 가운데 정렬
셀 배경(그러데이션) : 유형(가로),
시작색(하양), 끝색(노랑)

일자	시간	공연 및 연극	국가	장소
10. 14(월)	오후 7시	배소고지 이야기	한국	중앙무대
10. 15(화)	오후 3시	라마야나	중국	연극무대
10. 19(토)	오후 7시	화이어쇼	오스트리아	시립아트홀
10. 20(일)	오후 7시	오페라 부룽불불	말레이시아	연극무대
		이야기가 있는 음악회	한국	중앙무대

글꼴 : 돋움, 24pt, 진하게
장평 105%, 오른쪽 정렬

포항바다국제연극제진흥회

각주 구분선 : 5cm

㉠ 산과 바다 그리고 문화와 인간이 어우러진 국제 연극 축제

쪽 번호 매기기
4로 시작 → D

제 05 회 최신기출유형

한컴오피스

과목	코드	문제유형	시험시간	수험번호	성명
아래한글	1111	E	60분		

수험자 유의사항

- 수험자는 문제지를 받는 즉시 문제지와 **수험표상의 시험과목(프로그램)이 동일한지 반드시 확인**하여야 합니다.
- 파일명은 본인의 "수험번호-성명"으로 입력하여 답안폴더(내 PC₩문서₩ITQ)에 하나의 파일로 저장해야 하며, 답안문서 파일명이 "수험번호-성명"과 일치하지 않거나, 답안파일을 전송하지 않아 미제출로 처리될 경우 실격 처리합니다(예:12345678-홍길동.hwpx).
- 답안 작성을 마치면 파일을 저장하고, '답안 전송' 버튼을 선택하여 감독위원 PC로 답안을 전송하십시오. 수험생 정보와 저장한 파일명이 다를 경우 전송되지 않으므로 주의하시기 바랍니다.
- 답안 작성 중에도 **주기적으로 저장하고, '답안 전송'**하여야 문제 발생을 줄일 수 있습니다. 작업한 내용을 저장하지 않고 전송할 경우 이전에 저장된 내용이 전송되오니 이점 유의하시기 바랍니다.
- 답안문서는 지정된 경로 외의 다른 보조기억장치에 저장하는 경우, 지정된 시험 시간 외에 작성된 파일을 활용할 경우, 기타 통신수단(이메일, 메신저, 네트워크 등)을 이용하여 타인에게 전달 또는 외부 반출하는 경우는 부정 처리합니다.
- 시험 중 부주의 또는 고의로 시스템을 파손한 경우는 수험자가 변상해야 하며, 〈수험자 유의사항〉에 기재된 방법대로 이행하지 않아 생기는 불이익은 수험생 당사자의 책임임을 알려 드립니다.
- 문제의 조건은 한컴오피스 2022 버전으로 설정되어 있으니 유의하시기 바랍니다.
- 시험을 완료한 수험자는 답안파일이 전송되었는지 확인한 후 감독위원의 지시에 따라 문제지를 제출하고 퇴실합니다.

답안 작성요령

- **온라인 답안 작성 절차**

  수험자 등록 ➡ 시험 시작 ➡ 답안파일 저장 ➡ 답안 전송 ➡ 시험 종료

- **공통 부문**
  - 글꼴에 대한 기본설정은 함초롬바탕, 10포인트, 검정, 줄 간격 160%, 양쪽 정렬로 합니다.
  - 색상은 조건의 색을 적용하고 색의 구분이 안 될 경우에는 RGB 값을 적용하십시오.
    (빨강 255,0,0 / 파랑 0,0,255 / 노랑 255,255,0)
  - 각 문항에 주어진 ≪조건≫에 따라 작성하고 언급하지 않은 조건은 ≪출력형태≫와 같이 작성합니다.
  - 용지 여백은 왼쪽 · 오른쪽 11㎜, 위쪽 · 아래쪽 · 머리말 · 꼬리말 10㎜, 제본 0㎜로 합니다.
  - 그림 삽입 문제의 경우 「내 PC₩문서₩ITQ₩Picture」 폴더에서 지정된 파일을 선택하여 삽입하십시오.
  - 삽입한 그림은 반드시 문서에 포함하여 저장해야 합니다(미포함 시 감점 처리).
  - 각 항목은 지정된 페이지에 출력형태와 같이 정확히 작성하시기 바라며, 그렇지 않을 경우에 해당 항목은 0점 처리됩니다.
    ※ 페이지 구분 : 1페이지 – 기능평가 Ⅰ (문제번호 표시 : 1. 2.),
    2페이지 – 기능평가 Ⅱ (문제번호 표시 : 3. 4.),
    3페이지 – 문서작성 능력평가

- **기능평가**
  - 문제와 ≪조건≫은 입력하지 않으며 문제번호와 답(≪출력형태≫)만 작성합니다.
  - 4번 문제는 묶기를 했을 경우 0점 처리됩니다.

- **문서작성 능력평가**
  - A4 용지(210㎜×297㎜) 1매 크기, 세로 서식 문서로 작성합니다.
  - ( ) 표시는 문서작성에 대한 지시사항이므로 작성하지 않습니다.

kpc 한국생산성본부

기능평가 Ⅰ (150점)

1. 다음의 ≪조건≫에 따라 스타일 기능을 적용하여 ≪출력형태≫와 같이 작성하시오. (50점)

≪조건≫ (1) 스타일 이름 – money
(2) 문단 모양 – 왼쪽 여백 : 15pt, 문단 아래 간격 : 10pt
(3) 글자 모양 – 글꼴 : 한글(돋움)/영문(굴림), 크기 : 10pt, 장평 : 95%, 자간 : 5%

≪출력형태≫

Money is a unit of account for the prices of goods, services, and financial and real assets. It can be a medium of exchange and carry out a storage of value.

화폐는 거래를 원활히 하는 데 쓰이는 매개물의 일종으로 재화와 서비스, 금융 및 실물자산의 가격을 나타내는 척도로써 교환의 매개가 되며 가치저장의 기능을 수행한다.

2. 다음의 ≪조건≫에 따라 ≪출력형태≫와 같이 표와 차트를 작성하시오. (100점)

≪표 조건≫ (1) 표 전체(표, 캡션) – 굴림, 10pt
(2) 정렬 – 문자 : 가운데 정렬, 숫자 : 오른쪽 정렬
(3) 셀 배경(면색) : 노랑
(4) 한글의 계산 기능을 이용하여 빈칸에 합계를 구하고, 캡션 기능 사용할 것
(5) 선 모양은 ≪출력형태≫와 동일하게 처리할 것

≪출력형태≫

기간별 정기예금 저축 현황(단위 : 천억 원)

구분	2021년	2022년	2023년	2024년	합계
6개월	725	788	712	719	
1년	654	577	623	697	
2년	179	245	209	199	
3년	119	127	138	143	

≪차트 조건≫ (1) 차트 데이터는 표 내용에서 연도별 6개월, 1년, 2년의 값만 이용할 것
(2) 종류 – 〈묶은 세로 막대형〉으로 작업할 것
(3) 제목 – 글꼴 : 돋움, 진하게, 12pt,
속성 : 채우기(밝은 색 : 하양), 테두리, 그림자(바깥쪽 : 대각선 오른쪽 아래)
(4) 제목 이외의 전체 글꼴 – 돋움, 보통, 10pt
(5) 축 제목과 범례는 ≪출력형태≫와 동일하게 처리할 것

≪출력형태≫

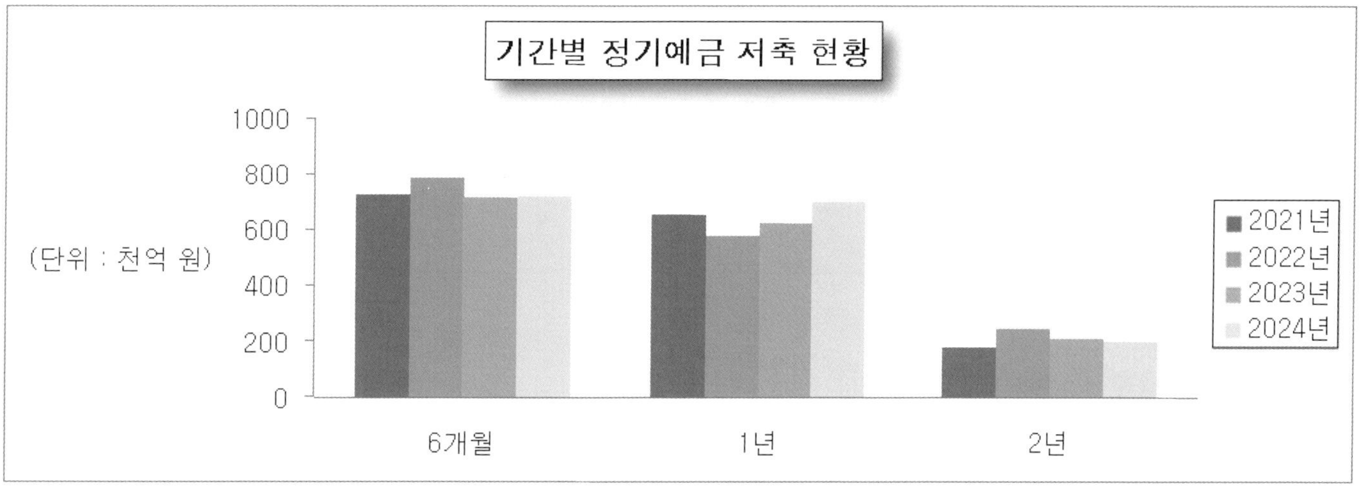

기능평가 II (150점)

3. 다음 (1), (2)의 수식을 수식 편집기로 각각 입력하시오. (40점)

≪출력형태≫

(1) $\frac{k_x}{3h}\times(-5mk_x)=-\frac{mk^2}{h}$

(2) $\int_{a}^{b}xf(x)dx=\frac{1}{b-a}\int_{a}^{b}xdx=\frac{a+b}{2}$

4. 다음의 ≪조건≫에 따라 ≪출력형태≫와 같이 문서를 작성하시오. (110점)

≪조건≫

(1) 그리기 도구를 이용하여 작성하고, 모든 도형(글맵시, 지정된 그림 포함)을 ≪출력형태≫와 같이 작성하시오.

(2) 도형의 면색은 지시사항이 없으면 색 없음을 제외하고 서로 다르게 임의로 지정하시오.

≪출력형태≫

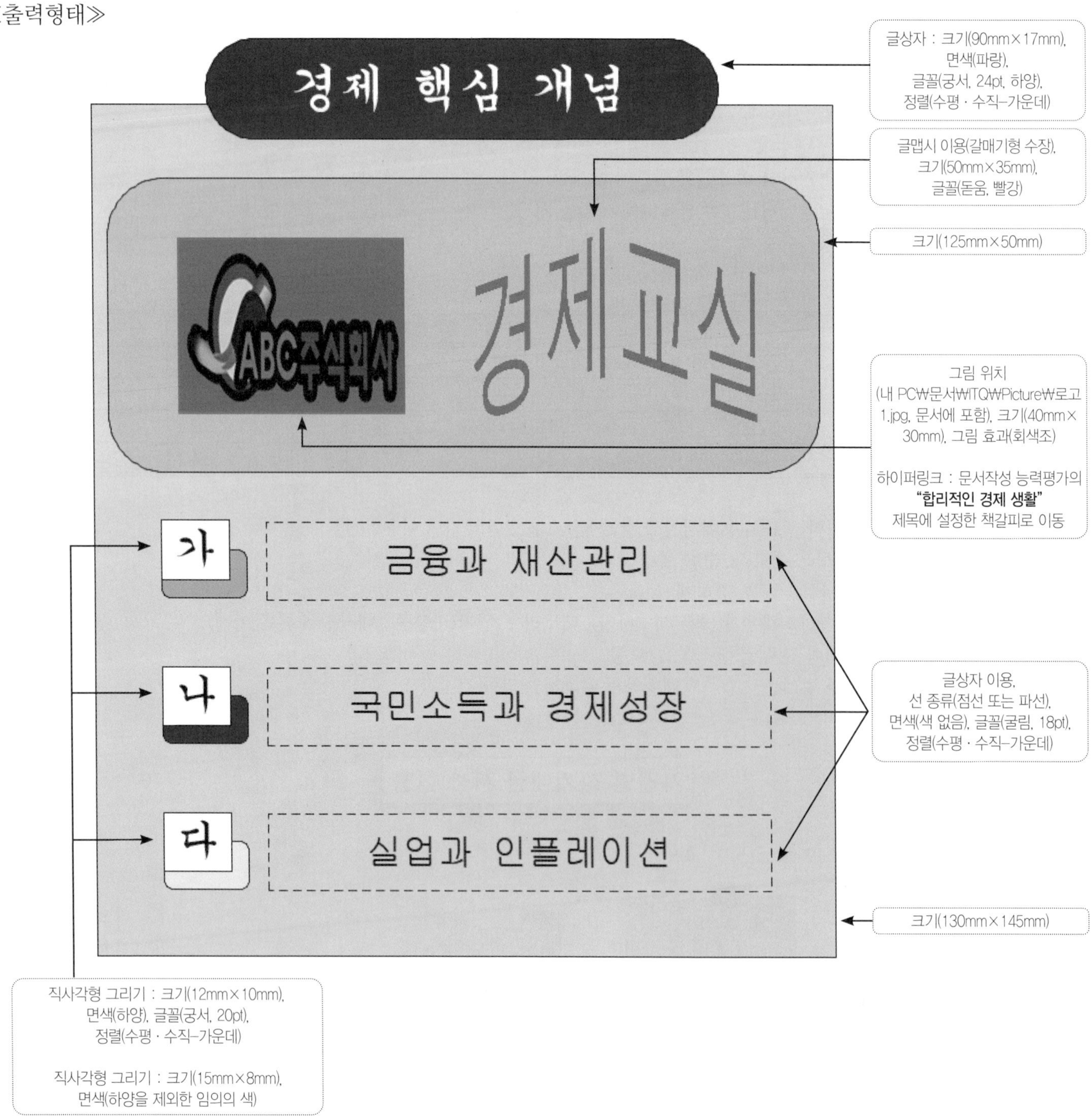

머리말 기능
굴림, 10pt, 오른쪽 정렬 → 경제 생활

글꼴 : 궁서, 18pt, 진하게, 가운데 정렬
책갈피 이름 : 저축
덧말 넣기

합리적인 경제 생활 (슬기로운 예금)

문단 첫 글자 장식 기능
글꼴 : 궁서, 면색 : 노랑

그림 위치(내 PC₩문서₩ITQ₩Picture₩그림4.jpg, 문서에 포함)
자르기 기능 이용, 크기(40mm×30mm), 바깥 여백 왼쪽 : 2mm

사람은 누구나 행복한 삶을 소망한다. 물질적인 조건만 갖춘다고 해서 행복이 보장되는 것은 아니지만 자족(自足)할 만한 수준 이상의 경제적 능력은 행복한 생활을 위해 필수적이다. 그래서 지금 이 시간에도 사람들은 경제적 능력을 향상시키기 위해 저마다의 위치에서 열심히 노력하고 있다. 여유가 없어 지금 당장은 저축을 하지 못한다 하더라도 실망할 필요는 없다. 여유 자금이 없더라도 우선은 가까운 금융기관을 자주 방문하여 금융서비스 정보를 모으거나 금융상품 선택 방법 등을 배우는 것부터 시작할 수 있다.

여유 자금이 생겼을 때를 대비하여 준비를 철저히 한다면 좀 더 수월하게 유리한 저축 수단(手段)을 선택할 수 있으며 자신이 꿈꾸어 왔던 행복한 미래에 더 빨리 다가갈 수 있다. 따라서 먼저 생활 속에서 금융 서비스 정보에 친숙해질 수 있는 방법들과 금융상품을 선택하는 기준을 바르게 알아야 한다. 저축을 생활화하기 위한 방법과 고령화시대 노후 준비를 위한 자금 마련 방법 등도 함께 알아두어야 한다. 이 밖에도 저축은 불필요한 소비를 줄임으로써 물가안정과 자원절약에 기여하는 한편 근검절약㉮의 생활화를 유도하여 건전한 사회풍토를 조성하는 데에도 일익을 담당하고 있다.

각주

♥ 생활설계를 위한 저축의 필요성

글꼴 : 궁서, 18pt, 하양
음영색 : 빨강

A. 가족의 성장과 주요 계획
   1. 주택 마련 시기, 자녀의 진학, 취직, 결혼 시기
   2. 세대주의 정년퇴직 시기와 재취직 계획, 기타 장래에 있을 일들
B. 자금 준비 계획
   1. 주택 자금, 자녀의 교육과 결혼, 노후 대비, 해외여행 등
   2. 현재 저축액, 향후 저축액, 매년의 적립 또는 차입상환액 등

문단 번호 기능 사용
1수준 : 20pt, 오른쪽 정렬,
2수준 : 30pt, 오른쪽 정렬
줄 간격 : 180%

표 전체 글꼴 : 굴림, 10pt, 가운데 정렬
셀 배경(그러데이션) : 유형(가로),
시작색(하양), 끝색(노랑)

♥ 한국은행 경제특강 교육주제

글꼴 : 궁서, 18pt, 밑줄, 강조점

구분	주요 내용	담당 부서
통화정책	주요 경제 이슈 및 이에 대한 한국은행의 통화정책 대응	국제협력국
	중앙은행 통화정책과 직접 관련된 금리가 자산가격과 일반물가에 미치는 영향	통화정책국
금융시장	금융제도의 개념 및 유형, 각종 금융시장의 기능과 역할	금융안정국
	금리와 환율에 대한 이해, 한 시간에 배우는 금융	금융시장국
	국제금융시장의 주요 참가자, 거래상품 및 매매방식, 기능 및 최근 동향	금융통화국
경제이론	경제현상 이해에 필요한 주요 경제지표의 개념, 특징, 이용방법 및 주의사항	경제교육국

각주 구분선 : 5cm

글꼴 : 돋움, 24pt, 진하게
장평 105%, 오른쪽 정렬 → 한국은행경제교육

㉮ 부지런하고 알뜰하게 재물을 아낌

쪽 번호 매기기
7로 시작 → G

제 06 회 최신기출유형

한컴오피스

과목	코드	문제유형	시험시간	수험번호	성명
아래한글	1111	A	60분		

수험자 유의사항

- 수험자는 문제지를 받는 즉시 문제지와 **수험표상의 시험과목(프로그램)이 동일한지 반드시 확인**하여야 합니다.
- 파일명은 본인의 "수험번호-성명"으로 입력하여 답안폴더(내 PC₩문서₩ITQ)에 하나의 파일로 저장해야 하며, 답안문서 파일명이 "수험번호-성명"과 일치하지 않거나, 답안파일을 전송하지 않아 미제출로 처리될 경우 실격 처리합니다(예:12345678-홍길동.hwpx).
- 답안 작성을 마치면 파일을 저장하고, '답안 전송' 버튼을 선택하여 감독위원 PC로 답안을 전송하십시오. 수험생 정보와 저장한 파일명이 다를 경우 전송되지 않으므로 주의하시기 바랍니다.
- 답안 작성 중에도 **주기적으로 저장하고, '답안 전송'**하여야 문제 발생을 줄일 수 있습니다. 작업한 내용을 저장하지 않고 전송할 경우 이전에 저장된 내용이 전송되오니 이점 유의하시기 바랍니다.
- 답안문서는 지정된 경로 외의 다른 보조기억장치에 저장하는 경우, 지정된 시험 시간 외에 작성된 파일을 활용할 경우, 기타 통신수단(이메일, 메신저, 네트워크 등)을 이용하여 타인에게 전달 또는 외부 반출하는 경우는 부정 처리합니다.
- 시험 중 부주의 또는 고의로 시스템을 파손한 경우는 수험자가 변상해야 하며, 〈수험자 유의사항〉에 기재된 방법대로 이행하지 않아 생기는 불이익은 수험생 당사자의 책임임을 알려 드립니다.
- 문제의 조건은 한컴오피스 2022 버전으로 설정되어 있으니 유의하시기 바랍니다.
- 시험을 완료한 수험자는 답안파일이 전송되었는지 확인한 후 감독위원의 지시에 따라 문제지를 제출하고 퇴실합니다.

답안 작성요령

- **온라인 답안 작성 절차**
  수험자 등록 ➡ 시험 시작 ➡ 답안파일 저장 ➡ 답안 전송 ➡ 시험 종료
- **공통 부문**
  - 글꼴에 대한 기본설정은 함초롬바탕, 10포인트, 검정, 줄 간격 160%, 양쪽 정렬로 합니다.
  - 색상은 조건의 색을 적용하고 색의 구분이 안 될 경우에는 RGB 값을 적용하십시오.
    (빨강 255,0,0 / 파랑 0,0,255 / 노랑 255,255,0)
  - 각 문항에 주어진 ≪조건≫에 따라 작성하고 언급하지 않은 조건은 ≪출력형태≫와 같이 작성합니다.
  - 용지 여백은 왼쪽 · 오른쪽 11㎜, 위쪽 · 아래쪽 · 머리말 · 꼬리말 10㎜, 제본 0㎜로 합니다.
  - 그림 삽입 문제의 경우 「내 PC₩문서₩ITQ₩Picture」 폴더에서 지정된 파일을 선택하여 삽입하십시오.
  - 삽입한 그림은 반드시 문서에 포함하여 저장해야 합니다(미포함 시 감점 처리).
  - 각 항목은 지정된 페이지에 출력형태와 같이 정확히 작성하시기 바라며, 그렇지 않을 경우에 해당 항목은 0점 처리됩니다.
    ※ 페이지 구분 : 1페이지 – 기능평가 Ⅰ(문제번호 표시 : 1. 2.),
    2페이지 – 기능평가 Ⅱ(문제번호 표시 : 3. 4.),
    3페이지 – 문서작성 능력평가
- **기능평가**
  - 문제와 ≪조건≫은 입력하지 않으며 문제번호와 답(≪출력형태≫)만 작성합니다.
  - 4번 문제는 묶기를 했을 경우 0점 처리됩니다.
- **문서작성 능력평가**
  - A4 용지(210㎜×297㎜) 1매 크기, 세로 서식 문서로 작성합니다.
  - ⬚ 표시는 문서작성에 대한 지시사항이므로 작성하지 않습니다.

kpc 한국생산성본부

1. 다음의 ≪조건≫에 따라 스타일 기능을 적용하여 ≪출력형태≫와 같이 작성하시오. (50점)

≪조건≫ (1) 스타일 이름 – air
(2) 문단 모양 – 왼쪽 여백 : 15pt, 문단 아래 간격 : 10pt
(3) 글자 모양 – 글꼴 : 한글(돋움)/영문(굴림), 크기 : 10pt, 장평 : 95%, 자간 : 5%

≪출력형태≫

Concern about air pollution has led to the acceptance of electric vehicles as a viable alternative to vehicles powered by gasoline.

친환경 자동차의 특징은 화석연료를 사용하는 일반 자동차보다 적은 연료로 먼 거리를 주행하고 동시에 이산화탄소 배출을 크게 줄일 수 있는 기술을 적용한 것이다.

2. 다음의 ≪조건≫에 따라 ≪출력형태≫와 같이 표와 차트를 작성하시오. (100점)

≪표 조건≫ (1) 표 전체(표, 캡션) – 굴림, 10pt
(2) 정렬 – 문자 : 가운데 정렬, 숫자 : 오른쪽 정렬
(3) 셀 배경(면색) : 노랑
(4) 한글의 계산 기능을 이용하여 빈칸에 합계를 구하고, 캡션 기능 사용할 것
(5) 선 모양은 ≪출력형태≫와 동일하게 처리할 것

≪출력형태≫

친환경 자동차 보급 현황(단위 : 천 대)

연도	하이브리드	플러그인하이브리드	전기	수소전지	합계
2021년	73	5	30	0.3	
2022년	108	10	40	2.0	
2023년	166	13	50	2.6	
2024년	253	19	64	3.9	

≪차트 조건≫ (1) 차트 데이터는 표 내용에서 연도별 하이브리드, 플러그인하이브리드, 전기, 수소전지 값만 이용할 것
(2) 종류 – 〈묶은 가로 막대형〉으로 작업할 것
(3) 제목 – 글꼴 : 돋움, 진하게, 12pt,
속성 : 채우기(밝은 색 : 하양), 테두리, 그림자(바깥쪽 : 대각선 오른쪽 아래)
(4) 제목 이외의 전체 글꼴 – 돋움, 보통, 10pt
(5) 축 제목과 범례는 ≪출력형태≫와 동일하게 처리할 것

≪출력형태≫

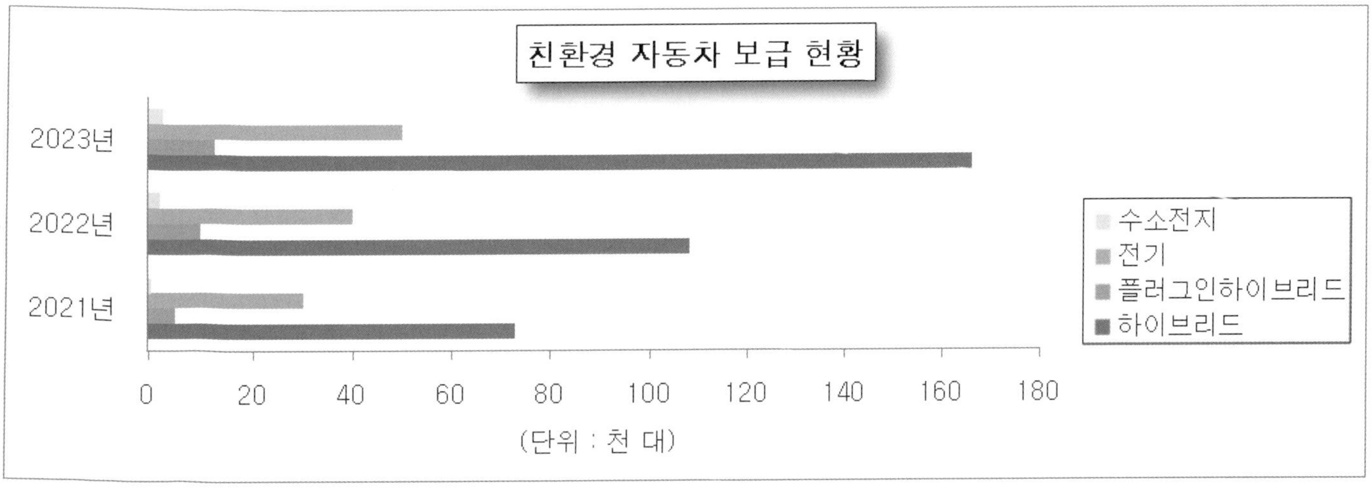

기능평가 II (150점)

3. 다음 (1), (2)의 수식을 수식 편집기로 각각 입력하시오. (40점)

≪출력형태≫

(1) $m=\frac{\Delta P}{K_a}=\frac{\Delta t_b}{K_b}=\frac{\Delta t_f}{K_f}$

(2) $\int_0^3 \frac{\sqrt{6t^2-18t+14}}{7}dt=15$

4. 다음의 ≪조건≫에 따라 ≪출력형태≫와 같이 문서를 작성하시오. (110점)

≪조건≫

(1) 그리기 도구를 이용하여 작성하고, 모든 도형(글맵시, 지정된 그림 포함)을 ≪출력형태≫와 같이 작성하시오.

(2) 도형의 면색은 지시사항이 없으면 색 없음을 제외하고 서로 다르게 임의로 지정하시오.

≪출력형태≫

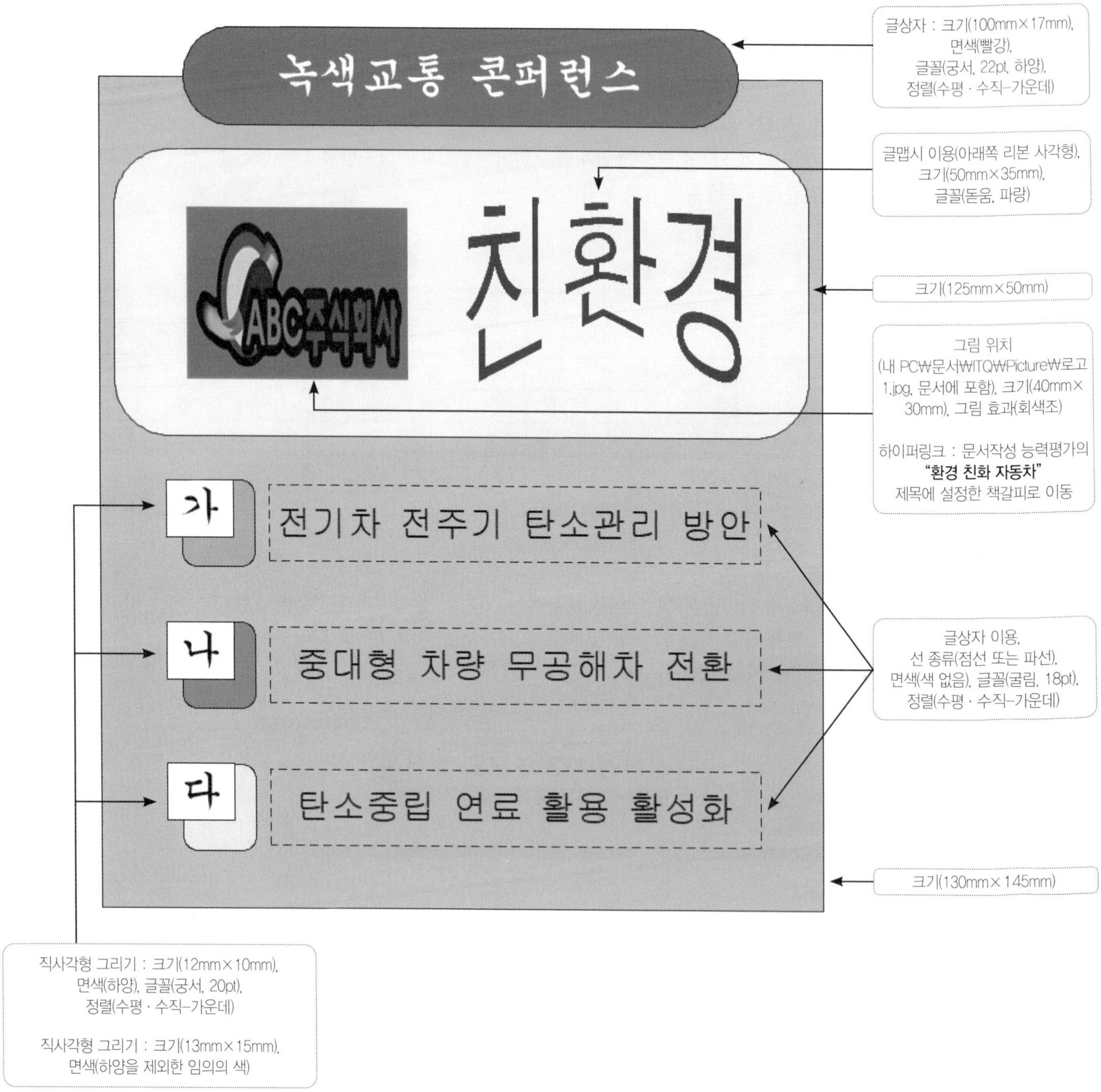

글꼴 : 궁서, 18pt, 진하게, 가운데 정렬
책갈피 이름 : 친환경
덧말 넣기

머리말 기능
굴림, 10pt, 오른쪽 정렬 → 녹색교통

문단 첫 글자 장식 기능
글꼴 : 궁서, 면색 : 노랑

각주

그림 위치(내 PC₩문서₩ITQ₩Picture₩그림4.jpg, 문서에 포함)
자르기 기능 이용, 크기(40mm×35mm), 바깥 여백 왼쪽 : 2mm

환경 친화 자동차 (기후위기 대응)

친환경 자동차란 전기 자동차나 수소연료 자동차㉮, 하이브리드 자동차 등과 같이 연료 효율을 극대화하고 유해물질이나 온실가스 배출량이 적어 환경 피해를 줄인 자동차를 말한다. 전기 자동차의 역사는 1828년 헝가리의 야노쉬 예드릭으로부터 시작되었으며, 1865년 프랑스의 물리학자 가스통 플랑테가 축전지를 개발하면서 전기를 동력원(動力源)으로 하는 최초의 실용적인 전기 자동차가 1884년 영국의 토머스 파커에 의해 만들어졌다. 1900년대 초반 내연기관 기술이 개발되면서 한동안 주춤했던 전기 자동차는 1980년대 들어 환경에 대한 관심이 증가하면서 다시 주목받기 시작했다.

세계적인 자동차 회사들은 친환경 자동차에 대한 다양한 기술 개발과 지속적인 투자(投資)에 노력하고 있다. BMW는 전기에너지를 풍력발전으로 생산하고 탄소섬유 부품에도 재활용에너지를 사용하며, 토요타는 하이브리드를 주력으로 생산하는 건물에 태양광 설비를 가동하여 태양열로 전기를 공급한다. 아우디도 원료의 조달과 부품의 생산공정에 친환경 기술을 도입하였다. 우리나라에서도 2013년 하반기부터 순수 전기 자동차 모델이 등장하기 시작했으며 현재는 다양한 하이브리드 자동차가 출시되고 있다.

♥ 국제 친환경 자동차 엑스포

글꼴 : 궁서, 18pt, 하양
음영색 : 파랑

1. 전시 기간 및 장소
   가. 일시 : 2024년 9월 4일(수) - 9월 6일(금)
   나. 장소 : 제주도국제컨벤션센터
2. 참가 규모 및 주요 행사
   가. 규모 : 친환경 자동차 제조사 및 관련 산업체 100개사
   나. 행사 : 전시회, 콘퍼런스, 부대 행사, 펌투어

문단 번호 기능 사용
1수준 : 20pt, 오른쪽 정렬,
2수준 : 30pt, 오른쪽 정렬
줄 간격 : 180%

♥ 엑스포 전시 품목

글꼴 : 궁서, 18pt, 밑줄, 강조점

표 전체 글꼴 : 굴림, 10pt, 가운데 정렬
셀 배경(그러데이션) : 유형(세로),
시작색(하양), 끝색(노랑)

구분	내용	비고
모빌리티	승용차, 상용차, 전기버스, 초소형 전기차	기타 자세한 사항은 협회의 홈페이지를 참고하기 바랍니다.
	이륜/삼륜차, 전동농기계, 전기선박, UAM	
충전기	완속 충전, 급속 충전, 무선 충전, 가정용 충전, 휴대용 충전	
자율주행/AI/로봇	자율주행, 원격조종, AI, 소프트웨어	
	로보틱스, 센서장비, 애플리케이션 등	
에너지	태양열, 풍력, 수소 등 친환경/신재생 에너지, 스마트그리드	

각주 구분선 : 5cm

글꼴 : 돋움, 24pt, 진하게
장평 105%, 오른쪽 정렬 → 한국전기차협회

㉮ 수소(H)와 산소(O)를 반응시켜 생산된 전기를 동력원으로 하는 자동차

쪽 번호 매기기
4로 시작 → D

제 07 회 최신기출유형

한컴오피스

과목	코드	문제유형	시험시간	수험번호	성명
아래한글	1111	B	60분		

수험자 유의사항

- 수험자는 문제지를 받는 즉시 문제지와 **수험표상의 시험과목(프로그램)이 동일한지 반드시 확인**하여야 합니다.
- 파일명은 본인의 "수험번호-성명"으로 입력하여 답안폴더(내 PC₩문서₩ITQ)에 하나의 파일로 저장해야 하며, 답안문서 파일명이 "수험번호-성명"과 일치하지 않거나, 답안파일을 전송하지 않아 미제출로 처리될 경우 실격 처리합니다(예:12345678-홍길동.hwpx).
- 답안 작성을 마치면 파일을 저장하고, '답안 전송' 버튼을 선택하여 감독위원 PC로 답안을 전송하십시오. 수험생 정보와 저장한 파일명이 다를 경우 전송되지 않으므로 주의하시기 바랍니다.
- 답안 작성 중에도 **주기적으로 저장하고, '답안 전송'**하여야 문제 발생을 줄일 수 있습니다. 작업한 내용을 저장하지 않고 전송할 경우 이전에 저장된 내용이 전송되오니 이점 유의하시기 바랍니다.
- 답안문서는 지정된 경로 외의 다른 보조기억장치에 저장하는 경우, 지정된 시험 시간 외에 작성된 파일을 활용할 경우, 기타 통신수단(이메일, 메신저, 네트워크 등)을 이용하여 타인에게 전달 또는 외부 반출하는 경우는 부정 처리합니다.
- 시험 중 부주의 또는 고의로 시스템을 파손한 경우는 수험자가 변상해야 하며, 〈수험자 유의사항〉에 기재된 방법대로 이행하지 않아 생기는 불이익은 수험생 당사자의 책임임을 알려 드립니다.
- 문제의 조건은 한컴오피스 2022 버전으로 설정되어 있으니 유의하시기 바랍니다.
- 시험을 완료한 수험자는 답안파일이 전송되었는지 확인한 후 감독위원의 지시에 따라 문제지를 제출하고 퇴실합니다.

답안 작성요령

- **온라인 답안 작성 절차**

  수험자 등록 ➡ 시험 시작 ➡ 답안파일 저장 ➡ 답안 전송 ➡ 시험 종료

- **공통 부문**
  - 글꼴에 대한 기본설정은 함초롬바탕, 10포인트, 검정, 줄 간격 160%, 양쪽 정렬로 합니다.
  - 색상은 조건의 색을 적용하고 색의 구분이 안 될 경우에는 RGB 값을 적용하십시오.
    (빨강 255,0,0 / 파랑 0,0,255 / 노랑 255,255,0)
  - 각 문항에 주어진 ≪조건≫에 따라 작성하고 언급하지 않은 조건은 ≪출력형태≫와 같이 작성합니다.
  - 용지 여백은 왼쪽 · 오른쪽 11㎜, 위쪽 · 아래쪽 · 머리말 · 꼬리말 10㎜, 제본 0㎜로 합니다.
  - 그림 삽입 문제의 경우 「내 PC₩문서₩ITQ₩Picture」 폴더에서 지정된 파일을 선택하여 삽입하십시오.
  - 삽입한 그림은 반드시 문서에 포함하여 저장해야 합니다(미포함 시 감점 처리).
  - 각 항목은 지정된 페이지에 출력형태와 같이 정확히 작성하시기 바라며, 그렇지 않을 경우에 해당 항목은 0점 처리됩니다.
    ※ 페이지 구분 : 1페이지 – 기능평가 Ⅰ(문제번호 표시 : 1. 2.),
    2페이지 – 기능평가 Ⅱ(문제번호 표시 : 3. 4.),
    3페이지 – 문서작성 능력평가

- **기능평가**
  - 문제와 ≪조건≫은 입력하지 않으며 문제번호와 답(≪출력형태≫)만 작성합니다.
  - 4번 문제는 묶기를 했을 경우 0점 처리됩니다.

- **문서작성 능력평가**
  - A4 용지(210㎜×297㎜) 1매 크기, 세로 서식 문서로 작성합니다.
  - ⬚ 표시는 문서작성에 대한 지시사항이므로 작성하지 않습니다.

kpc 한국생산성본부

기능평가 I

(150점)

1. 다음의 ≪조건≫에 따라 스타일 기능을 적용하여 ≪출력형태≫와 같이 작성하시오. (50점)

≪조건≫ (1) 스타일 이름 – cloud
(2) 문단 모양 – 왼쪽 여백 : 15pt, 문단 아래 간격 : 10pt
(3) 글자 모양 – 글꼴 : 한글(굴림)/영문(돋움), 크기 : 10pt, 장평 : 95%, 자간 : 5%

≪출력형태≫

As the cloud market in Korea is growing fast, global companies like Amazon, Microsoft and IBM are actively tackling the market by opening cloud data centers.

국내 클라우드 시장이 확대됨에 따라 아마존, 마이크로소프트, IBM은 국내 시장 선점을 위해 클라우드 데이터센터를 개소하고 적극적인 시장 공략에 나서고 있다.

2. 다음의 ≪조건≫에 따라 ≪출력형태≫와 같이 표와 차트를 작성하시오. (100점)

≪표 조건≫ (1) 표 전체(표, 캡션) – 굴림, 10pt
(2) 정렬 – 문자 : 가운데 정렬, 숫자 : 오른쪽 정렬
(3) 셀 배경(면색) : 노랑
(4) 한글의 계산 기능을 이용하여 빈칸에 평균(소수점 두 자리)을 구하고, 캡션 기능 사용할 것
(5) 선 모양은 ≪출력형태≫와 동일하게 처리할 것

≪출력형태≫

클라우드 컴퓨팅 사용 용도의 변화(단위 : %)

연도	2022년	2023년	2024년	2025년	평균
개발 및 테스트	42	42	41	41	
웹/모바일	36	37	45	48	
빅데이터/분석	30	39	47	37	
비즈니스 앱	22	24	32	29	

≪차트 조건≫ (1) 차트 데이터는 표 내용에서 연도별 개발 및 테스트, 웹/모바일, 빅데이터/분석의 값만 이용할 것
(2) 종류 – 〈묶은 세로 막대형〉으로 작업할 것
(3) 제목 – 글꼴 : 돋움, 진하게, 12pt,
속성 : 채우기(밝은 색 : 하양), 테두리, 그림자(바깥쪽 : 대각선 오른쪽 아래)
(4) 제목 이외의 전체 글꼴 – 돋움, 보통, 10pt
(5) 축 제목과 범례는 ≪출력형태≫와 동일하게 처리할 것

≪출력형태≫

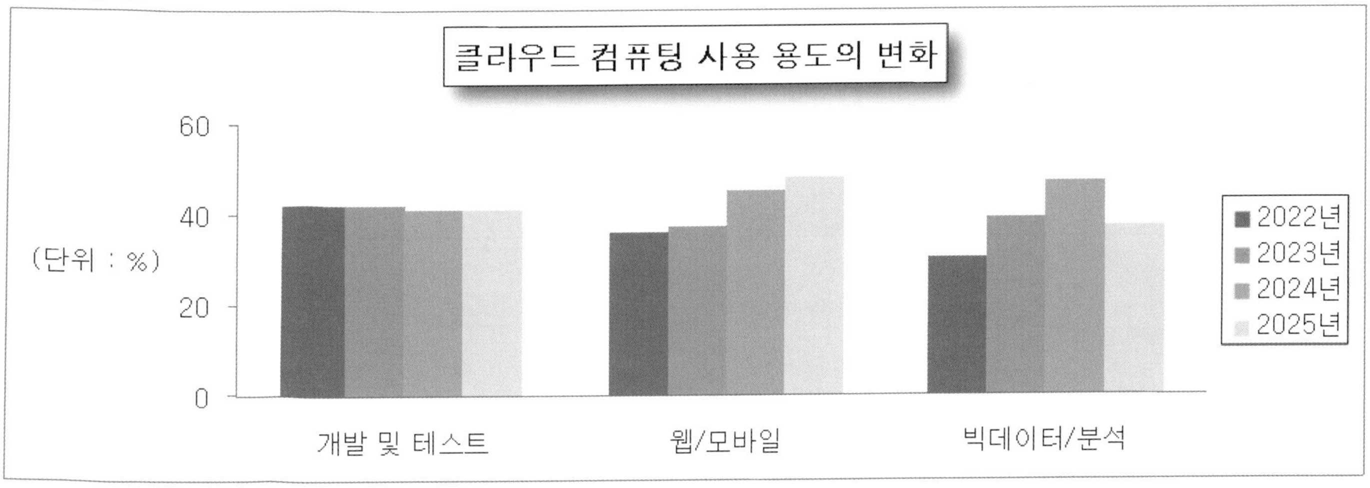

3. 다음 (1), (2)의 수식을 수식 편집기로 각각 입력하시오. (40점)

≪출력형태≫

(1) $T=\frac{b^2}{a}+2\pi\sqrt{\frac{r^3}{GM}}$

(2) $V=\frac{1}{R}\int_0^q qdq=\frac{1}{2}\frac{q^2}{R}$

4. 다음의 ≪조건≫에 따라 ≪출력형태≫와 같이 문서를 작성하시오. (110점)

≪조건≫

(1) 그리기 도구를 이용하여 작성하고, 모든 도형(글맵시, 지정된 그림 포함)을 ≪출력형태≫와 같이 작성하시오.

(2) 도형의 면색은 지시사항이 없으면 색 없음을 제외하고 서로 다르게 임의로 지정하시오.

≪출력형태≫

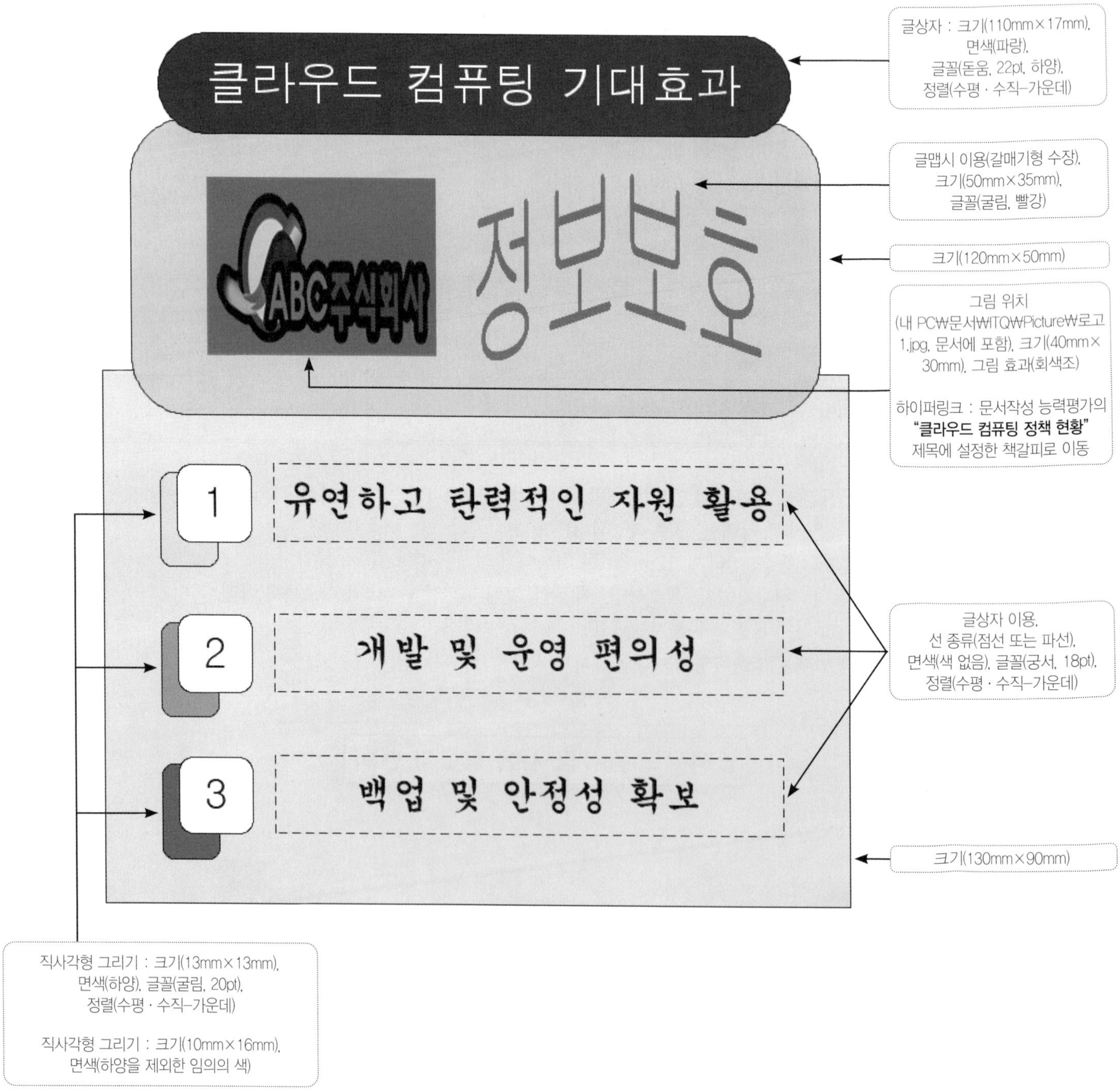

머리말 기능
돋움, 10pt, 오른쪽 정렬 → 클라우드 컴퓨팅

글꼴 : 돋움, 18pt, 진하게, 가운데 정렬
책갈피 이름 : 클라우드
덧말 넣기

4차 산업혁명을 위한 클라우드 컴퓨팅 정책 현황

문단 첫 글자 장식 기능
글꼴 : 굴림, 면색 : 노랑

그림 위치(내 PC₩문서₩ITQ₩Picture₩그림4.jpg, 문서에 포함)
자르기 기능 이용, 크기(40mm×35mm), 바깥 여백 왼쪽 : 2mm

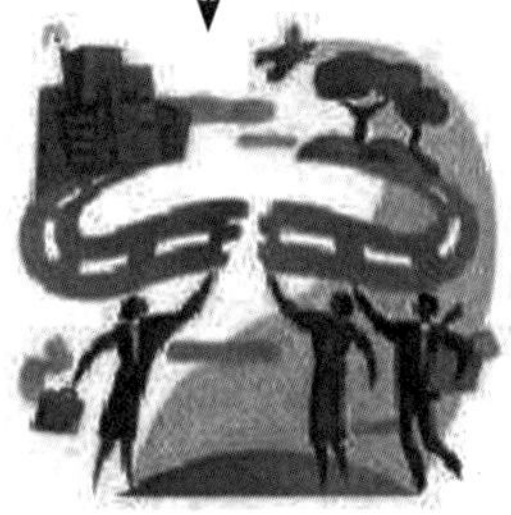

클라우드 컴퓨팅은 언제 어디서나 필요한 만큼의 컴퓨팅 자원을 인터넷을 통하여 활용할 수 있는 컴퓨팅 방식이다. 우리나라는 범정부 차원의 클라우드 컴퓨팅 도입(導入) 활성화를 위해 2009년 행정안전부, 지식경제부, 방송통신위원회가 합동으로 '범정부 클라우드 컴퓨팅 활성화 종합 계획'을 수립(樹立)한 것을 시작으로 산업 육성을 위한 다양한 계획을 수립하여 추진해 오고 있다. 정부는 2015년 '클라우드 컴퓨팅 발전법'을 제정한 이후 그 후속 조치로 범정부 차원의 법정 계획인 'K-ICT 클라우드 컴퓨팅 활성화 계획'을 발표하여 법 적용을 위한 관련 법제도 정비도 추진했다.

2015년 11월 발표한 'K-ICT 클라우드 컴퓨팅 활성화 계획'은 1단계로 2016년부터 2019년까지 클라우드 산업 성장 동력을 마련하고, 2단계로 클라우드 선도국가로 도약하기 위한 비전을 제시했으며, 공공 부문에 클라우드를 선제적으로 도입함으로써 민간 부문의 클라우드 이용을 확산하고 국내 클라우드 생태계를 구축하는 것을 주요 내용으로 하고 있다. 이를 위해 정부는 공공기관의 40%가 민간 클라우드를 이용하도록 유도하고 클라우드 생태계 구축을 위한 R&DⒶ 투자를 확대할 방침이다.

각주

※ 클라우드 컴퓨팅의 특징

글꼴 : 궁서, 18pt, 하양
음영색 : 파랑

i. 접속 용이성
  a. 시간과 장소에 상관없이 인터넷을 통한 이용
  b. 표준화된 접속을 통해 다양한 기기로 서비스 이용
ii. 가상화 및 분산 처리
  a. 가상화 기술을 접목하여 컴퓨팅 자원의 사용성을 최적화
  b. 여러 서버에 분산 처리함으로써 시스템 과부하 최소화

문단 번호 기능 사용
1수준 : 20pt, 오른쪽 정렬,
2수준 : 30pt, 오른쪽 정렬
줄 간격 : 180%

※ 클라우드 정책 추진 현황

글꼴 : 궁서, 18pt, 밑줄, 강조점

표 전체 글꼴 : 돋움, 10pt, 가운데 정렬
셀 배경(그러데이션) : 유형(가로), 시작색(하양), 끝색(노랑)

주요 정책 내용	국가	주요 정책 내용	국가
행정 명령을 통해 클라우드 도입 의무화	미국	클라우드 퍼스트 정책을 통해 공공 부문 클라우드 적극 도입	미국, 영국, 호주
강제 조항을 두어 명령하고 이행성과 평가			
중소기업 클라우드 서비스의 활성화	영국	클라우드 핵심 기술 개발, 핵심 기업 육성, 클라우드 산업단지 조성 추진	중국
클라우드 컴퓨팅 보안 정책 추진	호주		

각주 구분선 : 5cm

과학기술정보통신부

글꼴 : 굴림, 24pt, 진하게
장평 105%, 오른쪽 정렬

Ⓐ 기업에서 연구를 기초로 하여 상품을 개발하는 활동

쪽 번호 매기기
4로 시작 → iv

제 08 회 최신기출유형

한컴오피스

과목	코드	문제유형	시험시간	수험번호	성명
아래한글	1111	C	60분		

수험자 유의사항

- 수험자는 문제지를 받는 즉시 문제지와 **수험표상의 시험과목(프로그램)이 동일한지 반드시 확인**하여야 합니다.
- 파일명은 본인의 "수험번호-성명"으로 입력하여 답안폴더(내 PC₩문서₩ITQ)에 하나의 파일로 저장해야 하며, 답안문서 파일명이 "수험번호-성명"과 일치하지 않거나, 답안파일을 전송하지 않아 미제출로 처리될 경우 실격 처리합니다(예:12345678-홍길동.hwpx).
- 답안 작성을 마치면 파일을 저장하고, '답안 전송' 버튼을 선택하여 감독위원 PC로 답안을 전송하십시오. 수험생 정보와 저장한 파일명이 다를 경우 전송되지 않으므로 주의하시기 바랍니다.
- 답안 작성 중에도 **주기적으로 저장하고, '답안 전송'**하여야 문제 발생을 줄일 수 있습니다. 작업한 내용을 저장하지 않고 전송할 경우 이전에 저장된 내용이 전송되오니 이점 유의하시기 바랍니다.
- 답안문서는 지정된 경로 외의 다른 보조기억장치에 저장하는 경우, 지정된 시험 시간 외에 작성된 파일을 활용할 경우, 기타 통신수단(이메일, 메신저, 네트워크 등)을 이용하여 타인에게 전달 또는 외부 반출하는 경우는 부정 처리합니다.
- 시험 중 부주의 또는 고의로 시스템을 파손한 경우는 수험자가 변상해야 하며, 〈수험자 유의사항〉에 기재된 방법대로 이행하지 않아 생기는 불이익은 수험생 당사자의 책임임을 알려 드립니다.
- 문제의 조건은 한컴오피스 2022 버전으로 설정되어 있으니 유의하시기 바랍니다.
- 시험을 완료한 수험자는 답안파일이 전송되었는지 확인한 후 감독위원의 지시에 따라 문제지를 제출하고 퇴실합니다.

답안 작성요령

- **온라인 답안 작성 절차**
  수험자 등록 ➡ 시험 시작 ➡ 답안파일 저장 ➡ 답안 전송 ➡ 시험 종료
- **공통 부문**
  - 글꼴에 대한 기본설정은 함초롬바탕, 10포인트, 검정, 줄 간격 160%, 양쪽 정렬로 합니다.
  - 색상은 조건의 색을 적용하고 색의 구분이 안 될 경우에는 RGB 값을 적용하십시오.
    (빨강 255,0,0 / 파랑 0,0,255 / 노랑 255,255,0)
  - 각 문항에 주어진 ≪조건≫에 따라 작성하고 언급하지 않은 조건은 ≪출력형태≫와 같이 작성합니다.
  - 용지 여백은 왼쪽 · 오른쪽 11㎜, 위쪽 · 아래쪽 · 머리말 · 꼬리말 10㎜, 제본 0㎜로 합니다.
  - 그림 삽입 문제의 경우「내 PC₩문서₩ITQ₩Picture」폴더에서 지정된 파일을 선택하여 삽입하십시오.
  - 삽입한 그림은 반드시 문서에 포함하여 저장해야 합니다(미포함 시 감점 처리).
  - 각 항목은 지정된 페이지에 출력형태와 같이 정확히 작성하시기 바라며, 그렇지 않을 경우에 해당 항목은 0점 처리됩니다.
    ※ 페이지 구분 : 1페이지 – 기능평가 Ⅰ(문제번호 표시 : 1. 2.),
    2페이지 – 기능평가 Ⅱ(문제번호 표시 : 3. 4.),
    3페이지 – 문서작성 능력평가
- **기능평가**
  - 문제와 ≪조건≫은 입력하지 않으며 문제번호와 답(≪출력형태≫)만 작성합니다.
  - 4번 문제는 묶기를 했을 경우 0점 처리됩니다.
- **문서작성 능력평가**
  - A4 용지(210㎜×297㎜) 1매 크기, 세로 서식 문서로 작성합니다.
  - ⬚ 표시는 문서작성에 대한 지시사항이므로 작성하지 않습니다.

kpc 한국생산성본부

기능평가 Ⅰ (150점)

1. 다음의 ≪조건≫에 따라 스타일 기능을 적용하여 ≪출력형태≫와 같이 작성하시오. (50점)

≪조건≫ (1) 스타일 이름 – health
(2) 문단 모양 – 왼쪽 여백 : 15pt, 문단 아래 간격 : 10pt
(3) 글자 모양 – 글꼴 : 한글(굴림)/영문(돋움), 크기 : 10pt, 장평 : 95%, 자간 : 5%

≪출력형태≫

Another successful social insurance program the Ministry has established is the National Health Insurance Systems (NHIS). In 1977, the NHIS was first introduced to professionals in the workforce.

보건복지부가 설립한 또 다른 성공적인 사회 보험 프로그램은 국민 건강 보험 시스템이다. 1977년, 이 시스템은 노동계의 전문가들에게 처음 소개되었다.

2. 다음의 ≪조건≫에 따라 ≪출력형태≫와 같이 표와 차트를 작성하시오. (100점)

≪표 조건≫ (1) 표 전체(표, 캡션) – 굴림, 10pt
(2) 정렬 – 문자 : 가운데 정렬, 숫자 : 오른쪽 정렬
(3) 셀 배경(면색) : 노랑
(4) 한글의 계산 기능을 이용하여 빈칸에 평균(소수점 두 자리)을 구하고, 캡션 기능 사용할 것
(5) 선 모양은 ≪출력형태≫와 동일하게 처리할 것

≪출력형태≫

청소년 상담복지센터 연계 현황(단위 : 건)

연도	2021년	2022년	2023년	2024년	평균
의료지원	142	250	234	204	
문화복지	548	647	562	589	
법률지원	50	58	61	58	
취업	105	80	69	82	

≪차트 조건≫ (1) 차트 데이터는 표 내용에서 연도별 의료지원, 문화복지, 법률지원의 값만 이용할 것
(2) 종류 – 〈묶은 가로 막대형〉으로 작업할 것
(3) 제목 – 글꼴 : 돋움, 진하게, 12pt,
속성 : 채우기(밝은 색 : 하양), 테두리, 그림자(바깥쪽 : 대각선 오른쪽 아래)
(4) 제목 이외의 전체 글꼴 – 돋움, 보통, 10pt
(5) 축 제목과 범례는 ≪출력형태≫와 동일하게 처리할 것

≪출력형태≫

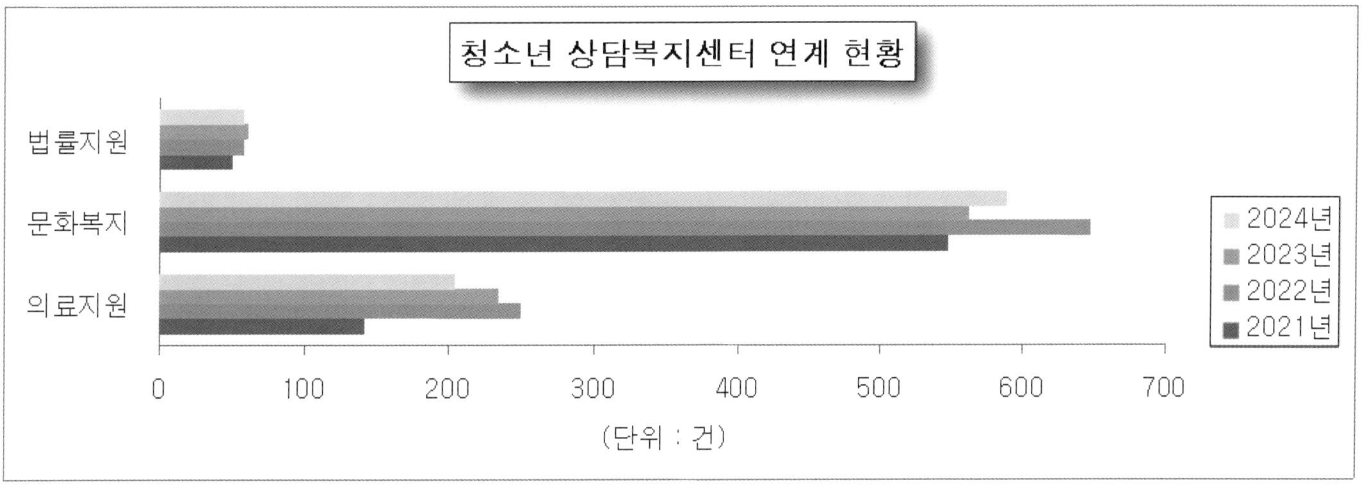

3. 다음 (1), (2)의 수식을 수식 편집기로 각각 입력하시오. (40점)

≪출력형태≫

(1) $Q = \lim_{\Delta t \to 0} \frac{\Delta s}{\Delta t} = \frac{d^2 s}{dt^2} + 1$

(2) $\sqrt{a+b+2\sqrt{ab}} = \sqrt{a} + \sqrt{b} (a > 0, b > 0)$

4. 다음의 ≪조건≫에 따라 ≪출력형태≫와 같이 문서를 작성하시오. (110점)

≪조건≫

(1) 그리기 도구를 이용하여 작성하고, 모든 도형(글맵시, 지정된 그림 포함)을 ≪출력형태≫와 같이 작성하시오.

(2) 도형의 면색은 지시사항이 없으면 색 없음을 제외하고 서로 다르게 임의로 지정하시오.

≪출력형태≫

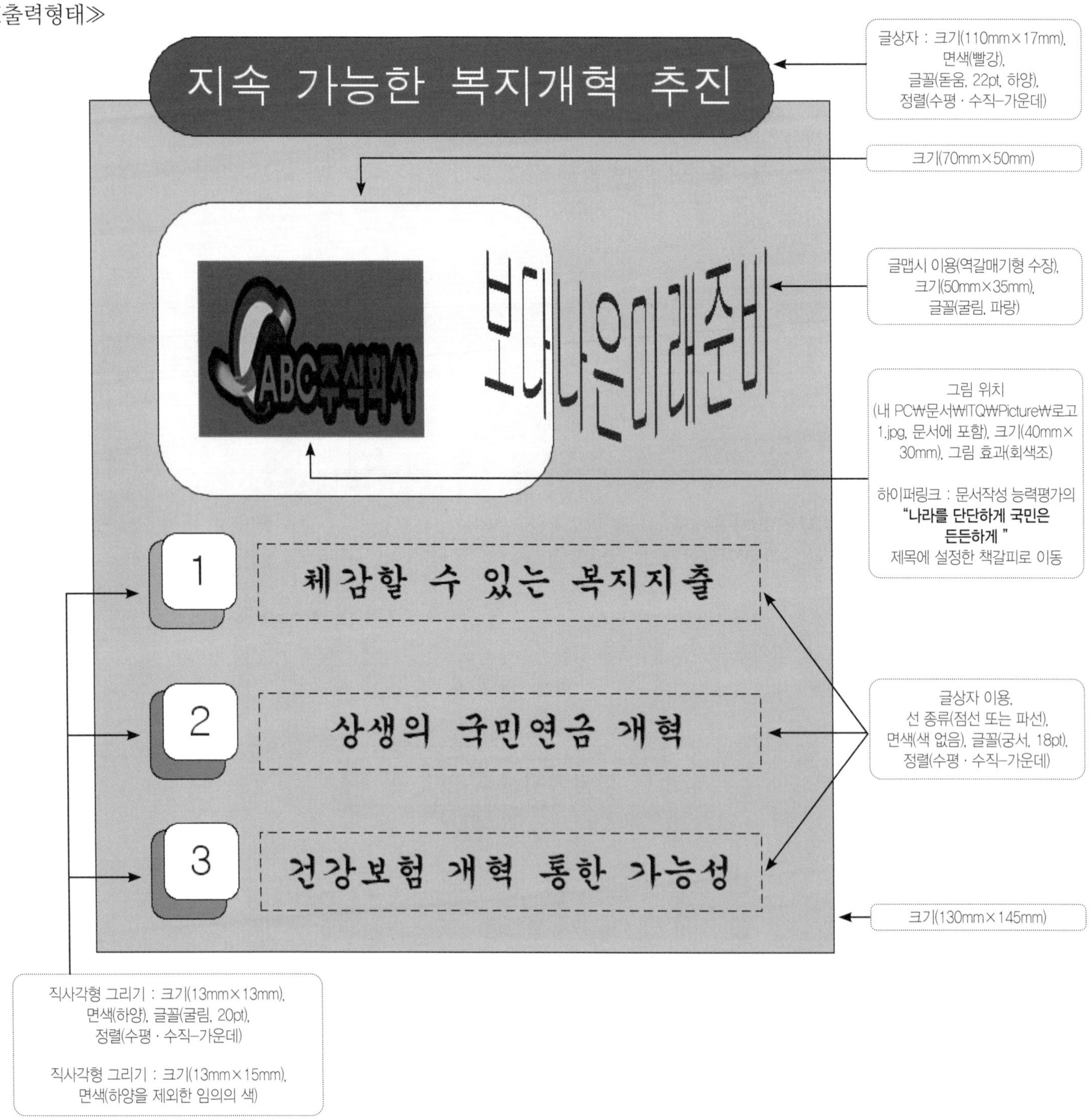

글꼴 : 돋움, 18pt, 진하게, 가운데 정렬
책갈피 이름 : 복지개혁
덧말 넣기

머리말 기능
돋움, 10pt, 오른쪽 정렬 → 보건복지 과제

나라를 단단하게 국민은 든든하게 (덧말: 보건복지)

문단 첫 글자 장식 기능
글꼴 : 굴림, 면색 : 노랑

그림 위치(내 PC₩문서₩ITQ₩Picture₩그림4.jpg, 문서에 포함)
자르기 기능 이용, 크기(40mm×40mm), 바깥 여백 왼쪽 : 2mm

각주

미래 도약을 위한 튼실한 복지국가 기반을 다지기 위해 보건복지부가 국민(國民)과 동행한다고 보건복지Ⓐ 핵심 동행 과제를 발표했다. 우리나라 국민의 소득을 일렬로 세워서 정확히 가운데를 차지하는 가구의 소득을 중위소득이라고 하는데 정부에서는 소득이 낮아 일상생활을 유지하기가 어려운 분들에게 여러 가지 지원을 하고 있다. 보건복지 용어에서는 정부가 지원하는 것을 '급여'라고 말한다. 정부에서는 이 중위소득 구간을 기준으로 생활이 어려운 분들을 기초생활수급자, 차상위계층 등으로 구분하여 정부지원(政府支援)을 하고 있다. 이렇게 정부의 지원을 받게 되는 구간을 중위소득에서 정하는 것이 바로 '기준중위소득'이다.

정부에서는 국민기초생활보장법에 따라 생계, 의료, 주거, 교육 서비스 등을 지원하는데 작년에는 기준중위소득의 30% 이하에 해당하면 생계급여를 지원받았지만, 올해부터는 35% 이하까지 생계급여를 지원받을 수 있게 목표를 잡았다. 또한, 아동 인권 보호를 위해 국제 표준에 맞는 입양 체계로 개편하고, 시설 중심의 보호 체계를 단계적으로 가정형으로 전환하는 로드맵과 아동기본법 제정도 추진한다고 한다. 그리고 바이오헬스 산업 육성 강화를 위해 보건복지부는 오는 2027년까지 블록버스터급 신약 개발과 의료기기 수출 세계 5위를 목표로 지원해 나간다.

♥ 촘촘하고 두터운 약자복지 확대

글꼴 : 궁서, 18pt, 하양
음영색 : 빨강

A. 촘촘한 발굴
  ⓐ 정확하고 신속하게 위기 가구 발굴
  ⓑ 위기 정보 입수 시 인공지능 활용 초기 상담
B. 두터운 보호
  ⓐ 기초생활보장 확대 등 취약 계층 보호 강화
  ⓑ 최중증 발달 장애인 맞춤형 돌봄을 강화

문단 번호 기능 사용
1수준 : 20pt, 오른쪽 정렬,
2수준 : 30pt, 오른쪽 정렬
줄 간격 : 180%

♥ 미래 대비 핵심 추진과제

글꼴 : 궁서, 18pt, 밑줄, 강조점

표 전체 글꼴 : 돋움, 10pt, 가운데 정렬
셀 배경(그러데이션) : 유형(세로), 시작색(하양), 끝색(노랑)

필수의료	약자복지	복지개혁	미래준비
보건의료 약자복지 실현	위기 가구 발굴	지속가능성 확보	인구 정책 패러다임
생애주기, 스마트 건강투자	취약계 층 보호	상생의 국민연금 개혁	저출산 완화를 위한 지원
대규모 재난 대응의료	복지수요 적극 대응	체감가능 복지지출 혁신	첨단기술로 보건 안보 선도
신종감염병 대응	수요자 맞춤형 서비스		바이오 헬스 육성 및 수출

글꼴 : 굴림, 24pt, 진하게
장평 105%, 오른쪽 정렬 → **보건복지부**

각주 구분선 : 5cm

Ⓐ 사회 복지, 사회 보장 및 공중위생의 향상과 증진을 도모하는 것

쪽 번호 매기기
5로 시작 → 마

제 09 회 최신기출유형

한컴오피스

과목	코드	문제유형	시험시간	수험번호	성명
아래한글	1111	D	60분		

수험자 유의사항

- 수험자는 문제지를 받는 즉시 문제지와 **수험표상의 시험과목(프로그램)이 동일한지 반드시 확인**하여야 합니다.
- 파일명은 본인의 "수험번호-성명"으로 입력하여 답안폴더(내 PC₩문서₩ITQ)에 하나의 파일로 저장해야 하며, 답안문서 파일명이 "수험번호-성명"과 일치하지 않거나, 답안파일을 전송하지 않아 미제출로 처리될 경우 실격 처리합니다(예:12345678-홍길동.hwpx).
- 답안 작성을 마치면 파일을 저장하고, '답안 전송' 버튼을 선택하여 감독위원 PC로 답안을 전송하십시오. 수험생 정보와 저장한 파일명이 다를 경우 전송되지 않으므로 주의하시기 바랍니다.
- 답안 작성 중에도 **주기적으로 저장하고, '답안 전송'**하여야 문제 발생을 줄일 수 있습니다. 작업한 내용을 저장하지 않고 전송할 경우 이전에 저장된 내용이 전송되오니 이점 유의하시기 바랍니다.
- 답안문서는 지정된 경로 외의 다른 보조기억장치에 저장하는 경우, 지정된 시험 시간 외에 작성된 파일을 활용할 경우, 기타 통신수단(이메일, 메신저, 네트워크 등)을 이용하여 타인에게 전달 또는 외부 반출하는 경우는 부정 처리합니다.
- 시험 중 부주의 또는 고의로 시스템을 파손한 경우는 수험자가 변상해야 하며, 〈수험자 유의사항〉에 기재된 방법대로 이행하지 않아 생기는 불이익은 수험생 당사자의 책임임을 알려 드립니다.
- 문제의 조건은 한컴오피스 2022 버전으로 설정되어 있으니 유의하시기 바랍니다.
- 시험을 완료한 수험자는 답안파일이 전송되었는지 확인한 후 감독위원의 지시에 따라 문제지를 제출하고 퇴실합니다.

답안 작성요령

- **온라인 답안 작성 절차**
  수험자 등록 ➡ 시험 시작 ➡ 답안파일 저장 ➡ 답안 전송 ➡ 시험 종료
- **공통 부문**
  - 글꼴에 대한 기본설정은 함초롬바탕, 10포인트, 검정, 줄 간격 160%, 양쪽 정렬로 합니다.
  - 색상은 조건의 색을 적용하고 색의 구분이 안 될 경우에는 RGB 값을 적용하십시오.
    (빨강 255,0,0 / 파랑 0,0,255 / 노랑 255,255,0)
  - 각 문항에 주어진 ≪조건≫에 따라 작성하고 언급하지 않은 조건은 ≪출력형태≫와 같이 작성합니다.
  - 용지 여백은 왼쪽 · 오른쪽 11㎜, 위쪽 · 아래쪽 · 머리말 · 꼬리말 10㎜, 제본 0㎜로 합니다.
  - 그림 삽입 문제의 경우 「내 PC₩문서₩ITQ₩Picture」 폴더에서 지정된 파일을 선택하여 삽입하십시오.
  - 삽입한 그림은 반드시 문서에 포함하여 저장해야 합니다(미포함 시 감점 처리).
  - 각 항목은 지정된 페이지에 출력형태와 같이 정확히 작성하시기 바라며, 그렇지 않을 경우에 해당 항목은 0점 처리됩니다.
    ※ 페이지 구분 : 1페이지 – 기능평가 Ⅰ(문제번호 표시 : 1. 2.),
    2페이지 – 기능평가 Ⅱ(문제번호 표시 : 3. 4.),
    3페이지 – 문서작성 능력평가
- **기능평가**
  - 문제와 ≪조건≫은 입력하지 않으며 문제번호와 답(≪출력형태≫)만 작성합니다.
  - 4번 문제는 묶기를 했을 경우 0점 처리됩니다.
- **문서작성 능력평가**
  - A4 용지(210㎜×297㎜) 1매 크기, 세로 서식 문서로 작성합니다.
  - ⬚ 표시는 문서작성에 대한 지시사항이므로 작성하지 않습니다.

kpc 한국생산성본부

기능평가 Ⅰ (150점)

1. 다음의 ≪조건≫에 따라 스타일 기능을 적용하여 ≪출력형태≫와 같이 작성하시오. (50점)

≪조건≫ (1) 스타일 이름 – bigdata
(2) 문단 모양 – 왼쪽 여백 : 15pt, 문단 아래 간격 : 10pt
(3) 글자 모양 – 글꼴 : 한글(돋움)/영문(굴림), 크기 : 10pt, 장평 : 95%, 자간 : 5%

≪출력형태≫

Big data is a field that treats of ways to analyze, or otherwise deal with data sets that are too large or complex to be dealt with by traditional data-processing application software.

빅데이터란 기존 데이터베이스 관리도구의 능력을 넘어서는 수십 테라바이트의 정형 또는 비정형의 데이터 집합조차 포함한 데이터로부터 가치를 추출하고 결과를 분석하는 기술이다.

2. 다음의 ≪조건≫에 따라 ≪출력형태≫와 같이 표와 차트를 작성하시오. (100점)

≪표 조건≫ (1) 표 전체(표, 캡션) – 돋움, 10pt
(2) 정렬 – 문자 : 가운데 정렬, 숫자 : 오른쪽 정렬
(3) 셀 배경(면색) : 노랑
(4) 한글의 계산 기능을 이용하여 빈칸에 합계를 구하고, 캡션 기능 사용할 것
(5) 선 모양은 ≪출력형태≫와 동일하게 처리할 것

≪출력형태≫

데이터산업 시장규모(단위 : 억 원)

구분	2021년	2022년	2023년	2024년	합계
데이터 수집	1,871	2,122	2,499	3,715	
데이터 분석	2,014	2,586	2,932	3,247	
데이터 관리	5,203	6,022	7,137	7,963	
데이터 보안	1,975	2,558	2,894	3,015	

≪차트 조건≫ (1) 차트 데이터는 표 내용에서 연도별 데이터 수집, 데이터 분석, 데이터 관리의 값만 이용할 것
(2) 종류 – 〈묶은 세로 막대형〉으로 작업할 것
(3) 제목 – 글꼴 : 굴림, 진하게, 12pt,
속성 : 채우기(밝은 색 : 하양), 테두리, 그림자(바깥쪽 : 대각선 오른쪽 아래)
(4) 제목 이외의 전체 글꼴 – 굴림, 보통, 10pt
(5) 축 제목과 범례는 ≪출력형태≫와 동일하게 처리할 것

≪출력형태≫

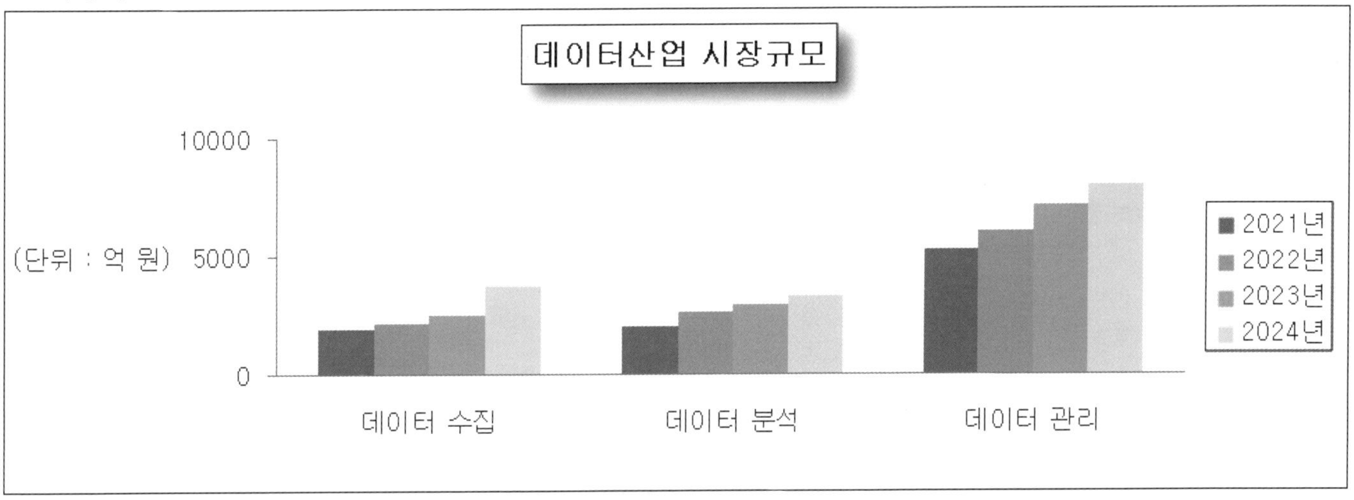

3. 다음 (1), (2)의 수식을 수식 편집기로 각각 입력하시오. (40점)

≪출력형태≫

(1) $\frac{F}{h_2}=t_2k_1\frac{t_1}{d}=2\times 10^{-7}\frac{t_1t_2}{d}$

(2) $\int_{a}^{b}A(x-a)(x-b)dx=-\frac{A}{6}(b-a)^3$

4. 다음의 ≪조건≫에 따라 ≪출력형태≫와 같이 문서를 작성하시오. (110점)

≪조건≫

(1) 그리기 도구를 이용하여 작성하고, 모든 도형(글맵시, 지정된 그림 포함)을 ≪출력형태≫와 같이 작성하시오.

(2) 도형의 면색은 지시사항이 없으면 색 없음을 제외하고 서로 다르게 임의로 지정하시오.

≪출력형태≫

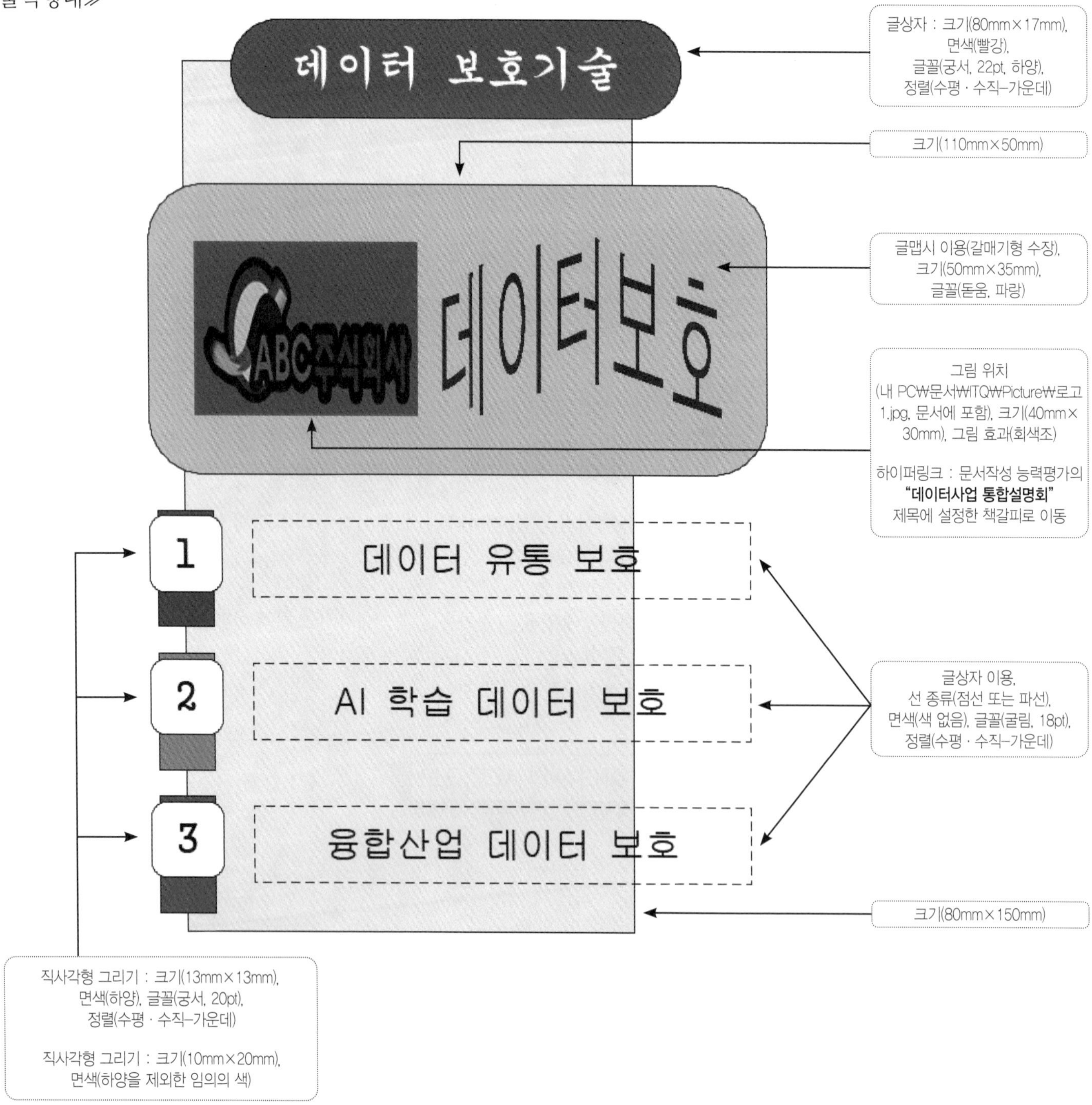

(200점)

글꼴 : 굴림, 18pt, 진하게, 가운데 정렬
책갈피 이름 : 데이터
덧말 넣기

머리말 기능
돋움, 10pt, 오른쪽 정렬

데이터 경제시대

데이터 플랫폼의 성장

데이터사업 통합설명회

문단 첫 글자 장식 기능
글꼴 : 궁서, 면색 : 노랑

각주

그림 위치(내 PC₩문서₩ITQ₩Picture₩그림4.jpg, 문서에 포함)
자르기 기능 이용, 크기(40mm×40mm), 바깥 여백 왼쪽 : 2mm

4차 산업혁명의 핵심 자원인 데이터가 양과 질적인 측면(側面)에서 선진국보다 뒤처진 상황㉠에서 이를 타개하기 위해 데이터 가치 사슬에 대한 전체 주기의 혁신이 필요하다. 이를 위해 공공기관과 민간이 협업(協業)하여 데이터의 생산, 수집, 분석, 유통을 지원하는 '빅데이터 플랫폼 및 네트워크 구축 사업'을 추진한다. '플랫폼'은 주요 분야별로 각종 데이터의 수집, 분석, 유통의 지원을 의미하며 '센터'는 중소기업, 대학 등 주요 기관별로 데이터를 체계적으로 생산하고 관리하는 것을 의미한다.

세부 추진 과제로는 첫째, 수요 기반의 활용 가치가 높은 양질의 데이터를 기관별로 생산 및 구축하고 플랫폼을 통해 개방과 공유를 할 수 있는 체계를 마련할 수 있는 빅데이터 센터를 육성하고 둘째, 데이터 생태계를 조성하고 추진할 수 있는 빅데이터 플랫폼을 구축 및 운영하며 셋째, 민관 협력을 통해 데이터 유통 활용 기반을 조성하고 플랫폼 간 연계와 이용활성화를 지원하는 빅데이터 네트워크 조성이다. 데이터의 공유와 활용을 촉진하는 민간 협력 거버넌스인 빅데이터 얼라이언스를 구성 운영하고 이종 플랫폼 간에도 효과적으로 유통, 활용할 수 있도록 플랫폼간 상호 연계 기준을 마련하고 데이터 상황판을 구축 운영한다.

◆ 데이터사업 통합설명회 개요

글꼴 : 궁서, 18pt, 하양
음영색 : 빨강

가. 일시 및 장소
  ㉠ 일시 : 2024. 7. 12(금), 15:00 - 18:00
  ㉡ 장소 : 코엑스 컨퍼런스룸 E5, 5홀
나. 주요 설명 사업
  ㉠ 빅데이터 플랫폼 및 네트워크 구축 사업
  ㉡ 본인 정보 활용 지원(마이데이터) 사업

문단 번호 기능 사용
1수준 : 20pt, 오른쪽 정렬,
2수준 : 30pt, 오른쪽 정렬
줄 간격 : 180%

표 전체 글꼴 : 굴림, 10pt, 가운데 정렬
셀 배경(그러데이션) : 유형(가로),
시작색(하양), 끝색(노랑)

◆ *사업 추진 절차 및 향후 일정*

글꼴 : 궁서, 18pt, 기울임, 강조점

구분	내용	일정	비고
과제 공모	홈페이지 등을 통한 과제 공모 공고	2월	한국지능정보사회진흥원
수행기관 선정평가	평가위원회(2단계)를 통해 수행기관 선정	4월	
과제 심의조정	과제 수행 내용 및 예산 조정 확정, 결과 통보	5월	한국지능정보사회진흥원 및 수행기관
결과 보고	사업 최종 결과 보고서 제출	12월	
최종 평가	2차년도 과제 수행 여부 판단을 위한 결과 평가		

글꼴 : 돋움, 24pt, 진하게
장평 105%, 오른쪽 정렬

한국데이터산업진흥원

각주 구분선 : 5cm

㉠ 2021년 기준 국내 기업의 빅데이터 도입률 : 15.9%

쪽 번호 매기기
4로 시작

iv

제 10 회 최신기출유형

한컴오피스

과목	코드	문제유형	시험시간	수험번호	성명
아래한글	1111	E	60분		

수험자 유의사항

- 수험자는 문제지를 받는 즉시 문제지와 **수험표상의 시험과목(프로그램)이 동일한지 반드시 확인**하여야 합니다.
- 파일명은 본인의 "수험번호-성명"으로 입력하여 답안폴더(내 PC₩문서₩ITQ)에 하나의 파일로 저장해야 하며, 답안문서 파일명이 "수험번호-성명"과 일치하지 않거나, 답안파일을 전송하지 않아 미제출로 처리될 경우 실격 처리합니다(예:12345678-홍길동.hwpx).
- 답안 작성을 마치면 파일을 저장하고, '답안 전송' 버튼을 선택하여 감독위원 PC로 답안을 전송하십시오. 수험생 정보와 저장한 파일명이 다를 경우 전송되지 않으므로 주의하시기 바랍니다.
- 답안 작성 중에도 **주기적으로 저장하고, '답안 전송'**하여야 문제 발생을 줄일 수 있습니다. 작업한 내용을 저장하지 않고 전송할 경우 이전에 저장된 내용이 전송되오니 이점 유의하시기 바랍니다.
- 답안문서는 지정된 경로 외의 다른 보조기억장치에 저장하는 경우, 지정된 시험 시간 외에 작성된 파일을 활용할 경우, 기타 통신수단(이메일, 메신저, 네트워크 등)을 이용하여 타인에게 전달 또는 외부 반출하는 경우는 부정 처리합니다.
- 시험 중 부주의 또는 고의로 시스템을 파손한 경우는 수험자가 변상해야 하며, 〈수험자 유의사항〉에 기재된 방법대로 이행하지 않아 생기는 불이익은 수험생 당사자의 책임임을 알려 드립니다.
- 문제의 조건은 한컴오피스 2022 버전으로 설정되어 있으니 유의하시기 바랍니다.
- 시험을 완료한 수험자는 답안파일이 전송되었는지 확인한 후 감독위원의 지시에 따라 문제지를 제출하고 퇴실합니다.

답안 작성요령

- **온라인 답안 작성 절차**
  수험자 등록 ➡ 시험 시작 ➡ 답안파일 저장 ➡ 답안 전송 ➡ 시험 종료
- **공통 부문**
  - 글꼴에 대한 기본설정은 함초롬바탕, 10포인트, 검정, 줄 간격 160%, 양쪽 정렬로 합니다.
  - 색상은 조건의 색을 적용하고 색의 구분이 안 될 경우에는 RGB 값을 적용하십시오.
    (빨강 255,0,0 / 파랑 0,0,255 / 노랑 255,255,0)
  - 각 문항에 주어진 ≪조건≫에 따라 작성하고 언급하지 않은 조건은 ≪출력형태≫와 같이 작성합니다.
  - 용지 여백은 왼쪽 · 오른쪽 11㎜, 위쪽 · 아래쪽 · 머리말 · 꼬리말 10㎜, 제본 0㎜로 합니다.
  - 그림 삽입 문제의 경우 「내 PC₩문서₩ITQ₩Picture」 폴더에서 지정된 파일을 선택하여 삽입하십시오.
  - 삽입한 그림은 반드시 문서에 포함하여 저장해야 합니다(미포함 시 감점 처리).
  - 각 항목은 지정된 페이지에 출력형태와 같이 정확히 작성하시기 바라며, 그렇지 않을 경우에 해당 항목은 0점 처리됩니다.
    ※ 페이지 구분 : 1페이지 – 기능평가 Ⅰ(문제번호 표시 : 1. 2.),
    2페이지 – 기능평가 Ⅱ(문제번호 표시 : 3. 4.),
    3페이지 – 문서작성 능력평가
- **기능평가**
  - 문제와 ≪조건≫은 입력하지 않으며 문제번호와 답(≪출력형태≫)만 작성합니다.
  - 4번 문제는 묶기를 했을 경우 0점 처리됩니다.
- **문서작성 능력평가**
  - A4 용지(210㎜×297㎜) 1매 크기, 세로 서식 문서로 작성합니다.
  - ( ) 표시는 문서작성에 대한 지시사항이므로 작성하지 않습니다.

kpc 한국생산성본부

기능평가 Ⅰ (150점)

1. 다음의 ≪조건≫에 따라 스타일 기능을 적용하여 ≪출력형태≫와 같이 작성하시오. (50점)

≪조건≫ (1) 스타일 이름 – methodology
(2) 문단 모양 – 왼쪽 여백 : 15pt, 문단 아래 간격 : 10pt
(3) 글자 모양 – 글꼴 : 한글(돋움)/영문(굴림), 크기 : 10pt, 장평 : 95%, 자간 : 5%

≪출력형태≫

We will review traffic data that can be used to develop an AI model, build an AI model through a methodology, and review ways to utilize and improve the construction model.

AI 모형을 개발하기 위해 활용 가능한 교통 데이터를 검토하고, 방법론을 통해 AI 모형을 구축하고, 구축 모형의 활용방안과 개선방안에 대해서도 검토하고자 한다.

2. 다음의 ≪조건≫에 따라 ≪출력형태≫와 같이 표와 차트를 작성하시오. (100점)

≪표 조건≫ (1) 표 전체(표, 캡션) – 돋움, 10pt
(2) 정렬 – 문자 : 가운데 정렬, 숫자 : 오른쪽 정렬
(3) 셀 배경(면색) : 노랑
(4) 한글의 계산 기능을 이용하여 빈칸에 합계를 구하고, 캡션 기능 사용할 것
(5) 선 모양은 ≪출력형태≫와 동일하게 처리할 것

≪출력형태≫

서울시 가구통행실태조사 표본 할당(단위 : 천 명)

구분	5-19세	20-24세	35-49세	50-64세	합계
남성	555	952	1,095	1,017	
여성	534	1,051	1,111	1,106	
표본1	140	240	270	250	
표본2	110	160	180	120	

≪차트 조건≫ (1) 차트 데이터는 표 내용에서 연령별 남성, 여성, 표본1의 값만 이용할 것
(2) 종류 – 〈묶은 세로 막대형〉으로 작업할 것
(3) 제목 – 글꼴 : 굴림, 진하게, 12pt,
속성 : 채우기(밝은 색 : 하양), 테두리, 그림자(바깥쪽 : 대각선 오른쪽 아래)
(4) 제목 이외의 전체 글꼴 – 굴림, 보통, 10pt
(5) 축 제목과 범례는 ≪출력형태≫와 동일하게 처리할 것

≪출력형태≫

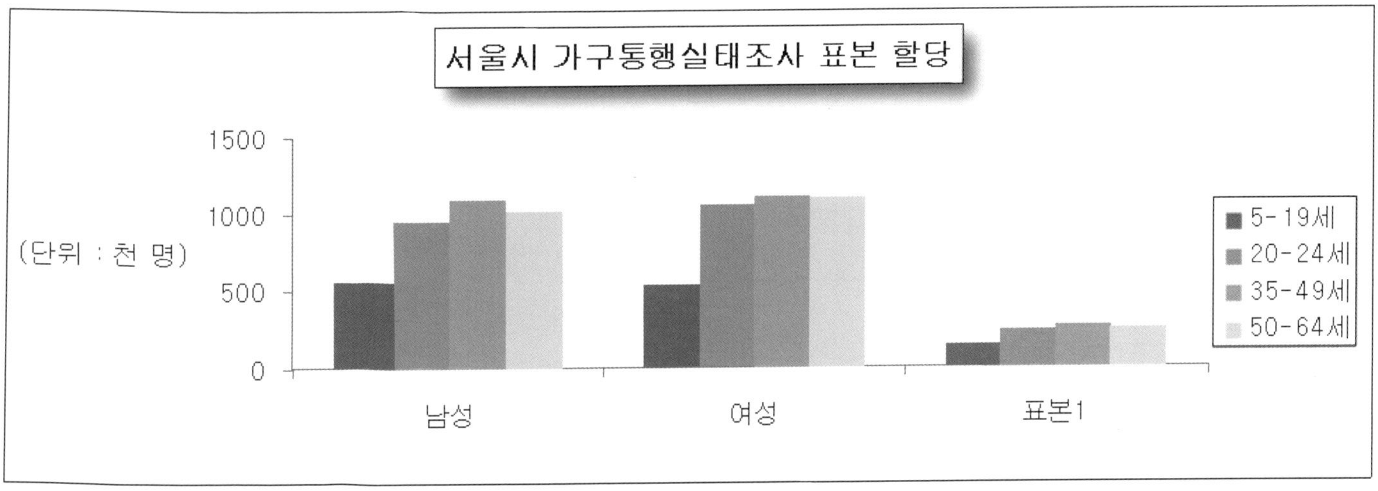

3. 다음 (1), (2)의 수식을 수식 편집기로 각각 입력하시오. (40점)

≪출력형태≫

(1) $\frac{PV}{T}=\frac{1\times 24.2}{285}\fallingdotseq 0.084$

(2) $\int_{a}^{b}A(x-a)(x-b)dx=-\frac{A}{6}(b-a)^{3}$

4. 다음의 ≪조건≫에 따라 ≪출력형태≫와 같이 문서를 작성하시오. (110점)

≪조건≫

(1) 그리기 도구를 이용하여 작성하고, 모든 도형(글맵시, 지정된 그림 포함)을 ≪출력형태≫와 같이 작성하시오.

(2) 도형의 면색은 지시사항이 없으면 색 없음을 제외하고 서로 다르게 임의로 지정하시오.

≪출력형태≫

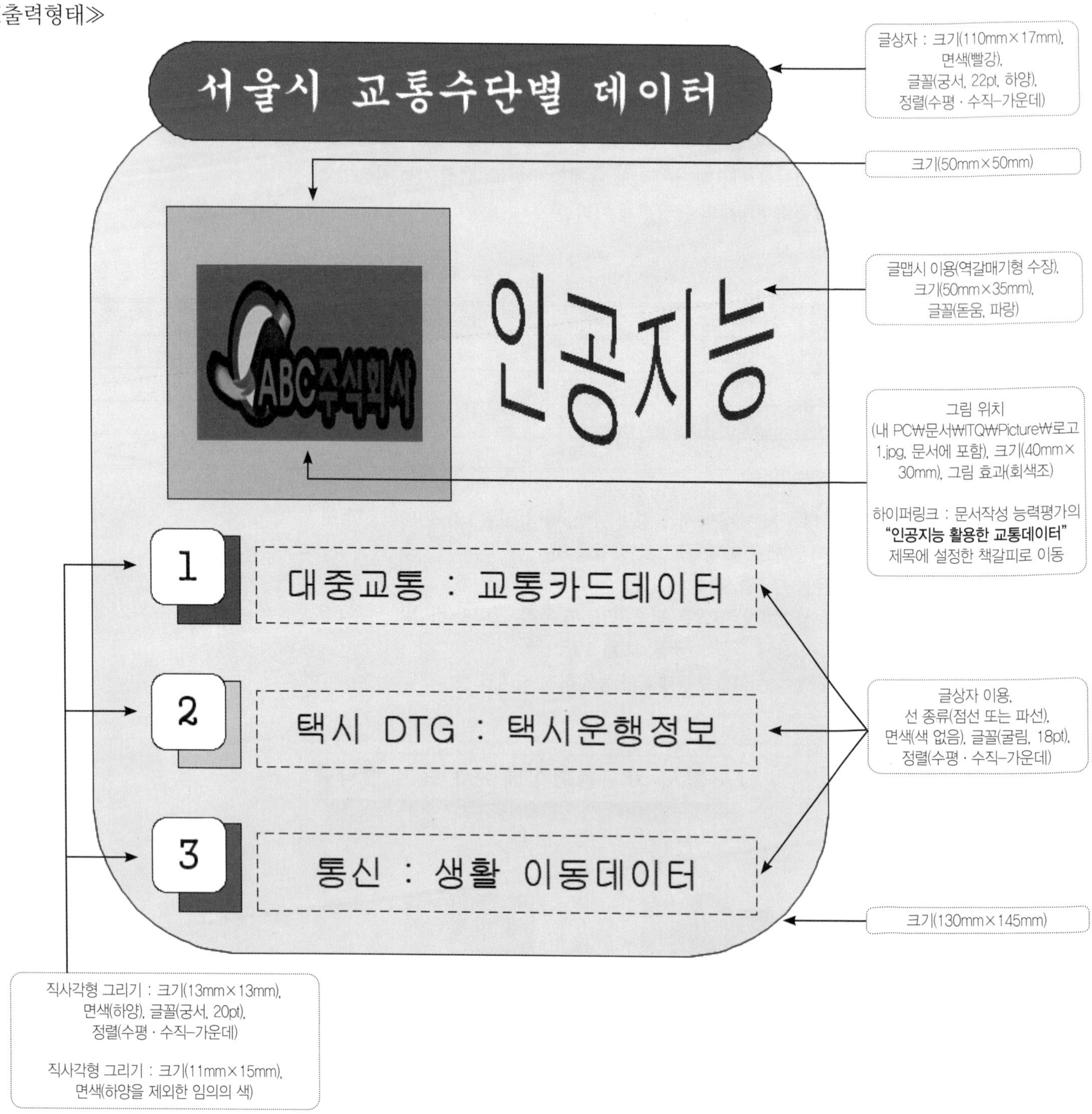

문서작성 능력평가

(200점)

글꼴 : 굴림, 18pt, 진하게, 가운데 정렬
책갈피 이름 : 인공지능
덧말 넣기

머리말 기능
돋움, 10pt, 오른쪽 정렬

→ 교통이용자 추정

서울연구원

인공지능 활용한 교통데이터

문단 첫 글자 장식 기능
글꼴 : 궁서, 면색 : 노랑

각주

그림 위치(내 PC₩문서₩ITQ₩Picture₩그림4.jpg, 문서에 포함)
자르기 기능 이용, 크기(40mm×40mm), 바깥 여백 왼쪽 : 2mm

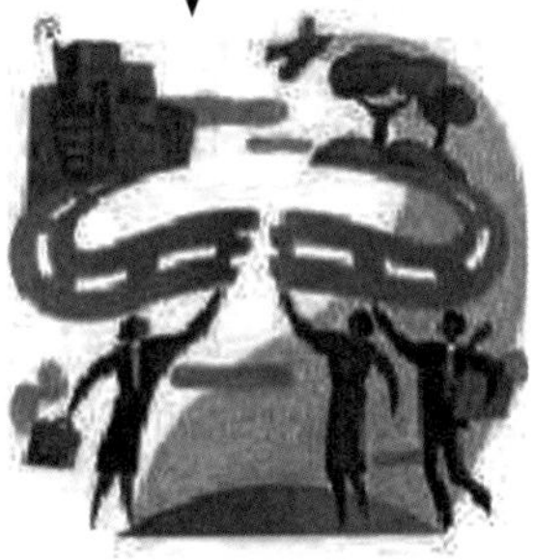

가구통행실태조사로 구축되는 여객 기종점통행량(O/D)㉠은 교통계획 및 사회간접자본의 타당성 평가에 활용되는 각종 교통통계지표를 산출하기 위한 핵심 기초자료이다. 표본율 감소에 따른 문제 해결을 위해 현장에서 수집(蒐集)되는 교통 빅데이터 활용이 논의되고 있다. 전수에 가까운 교통카드데이터와 택시데이터가 있음에도 불구하고, O/D 구축과정에서 이 데이터들의 구체적 활용방안은 여전히 미비한 실정이다. 교통데이터에 AI 방법론을 적용해 통행목적과 이용자특성 등 필요한 속성을 추정(推定)한다.

가구통행실태조사는 개인에 관한 풍부한 정보를 제공하지만, 극히 적은 표본이라는 단점이 있다. 반면, 교통카드데이터와 택시운행정보관리시스템 데이터는 전수 통행데이터라는 엄청난 장점이 있지만 통행목적과 이용자특성에 대한 정보가 없다. 통신데이터인 생활이동데이터는 표본율이 가구통행실태조사 대비 높고 통행목적과 이용자특성에 대한 정보가 있지만, 교통수단이 구분되어 있지 않다. 이처럼 필요한 속성이 있는 표본 데이터와 전수 데이터이지만 해당 속성이 없는 데이터가 존재하여, 각 데이터의 장점을 적절히 활용할 필요가 있다.

◈ 교통데이터 통행목적과 이용자특성 추정

글꼴 : 궁서, 18pt, 하양
음영색 : 빨강

가. AI모형 중 분류모형과 생성모형 적용
  ㉠ 가구통행실태조사의 통행정보와 이용자특성 학습
  ㉡ 교통카드데이터의 통행목적과 이용자특성 추정
나. 대중교통과 택시 각각의 AI모형 구축
  ㉠ 대중교통 AI모형 입력 변수와 모형에 따라 구축
  ㉡ 택시 AI모형 표본 매우 부족, 신뢰성 부족

문단 번호 기능 사용
1수준 : 20pt, 오른쪽 정렬,
2수준 : 30pt, 오른쪽 정렬
줄 간격 : 180%

표 전체 글꼴 : 굴림, 10pt, 가운데 정렬
셀 배경(그러데이션) : 유형(세로),
시작색(하양), 끝색(노랑)

◈ *교통데이터 특성 비교*

글꼴 : 궁서, 18pt, 기울임, 강조점

데이터 구분	표본율	이용자특성	데이터특성
가구통행실태조사	0.25%	성별, 연령, 소득 등	통행목적, 수단
교통카드데이터	100%	아동/청소년/고령자 구분	수단
택시운행정보관리시스템	100%	알 수 없음	수단
통신데이터	23.97%	성별, 연령대	통행목적
교통카드 및 택시 데이터		표본율은 100%에 가까우므로 100%라고 표기함	

도시인프라계획센터

각주 구분선 : 5cm

글꼴 : 돋움, 24pt, 진하게
장평 105%, 오른쪽 정렬

㉠ 시종점간의 통행수 추정, 차량대수 또는 승객수

쪽 번호 매기기
7로 시작

→ ⑦

memo